图书情报与档案管理

无尽的前沿 *之二*

风华正茂

马海群 等◎著

黑龙江大学出版社

HEILONGJIANG UNIVERSITY PRESS

哈尔滨

图书在版编目（CIP）数据

图书情报与档案管理：无尽的前沿．之二，风华正
茂 / 马海群等著． -- 哈尔滨：黑龙江大学出版社，
2022.10
ISBN 978-7-5686-0825-1

Ⅰ．①图… Ⅱ．①马… Ⅲ．①图书情报学－文集②档
案管理－文集 Ⅳ．① G250-53 ② G271-53

中国版本图书馆 CIP 数据核字（2022）第 104081 号

图书情报与档案管理　无尽的前沿　之二　风华正茂
TUSHU QINGBAO YU DANG'AN GUANLI WUJIN DE QIANYAN ZHIER FENGHUAZHENGMAO

马海群　等◎著

责任编辑　陈连生　张琳琳
出版发行　黑龙江大学出版社
地　　址　哈尔滨市南岗区学府三道街 36 号
印　　刷　哈尔滨市石桥印务有限公司
开　　本　720 毫米 ×1000 毫米　1/16
印　　张　26.75
字　　数　348 千
版　　次　2022 年 10 月第 1 版
印　　次　2022 年 10 月第 1 次印刷
书　　号　ISBN 978-7-5686-0825-1
定　　价　96.00 元

学术生涯

（代自序）

（一）

40 年前的 1982 年夏天，我在安徽省淮南市第二中学参加高考，考入了华东师范大学物理学系（现为物理与电子科学学院）物理学专业，从此离开家乡；在整理父亲专门奖励我而新买的行李箱时，我特意放入了一套《物理学基本原理》中译本，立志好好学习，不负韶华，将来向父母报恩。

但在大学报到体检后不久，我被告知眼睛色弱必须转专业。年少气盛的我负气地对抗好心的辅导员杨先芬老师（感谢大学同学王玲帮我确认该老师的姓名），可她还是热情地向我推荐了可以转入的图书馆学专业，并耐心地解释说该专业为新兴办且高分录取的，按我的高考成绩很可能不被录取。于是，在大学新生军训和短暂的物理学系学习之后，我带着复杂而略有沉重且不安的心情，转入图书馆学专业学习，当时没有想到的是，从此我与图书情报行业教育教学和科学研究结缘一生。

（二）

我的学术生涯起步并非工作之后，而是在读研期间。我至今仍然清晰地记得，研究生的班主任王世伟老师（后调至上海科学技术情报研究所工作，再后调至上海社会科学院信息研究所工作），对我们的学术研究的鼓励。他曾举例说，俄国著名作家契诃夫关于作家写作有一个比喻：大狗叫，小狗也要叫；不能因为大作家有巨作在前，小作家就卑微得不能写作了。从此我对大狗叫小狗叫有了深刻的认知，开始蹒跚学步，投身科学研究，其中饱含老师的殷殷期望。王世伟老师还专门订购了两种杂志，赠送给我们，一本是《新华文摘》，一本是《读书》，鼓励我们多读书，多读高水平文献。

我的学术研究理念萌芽于对近代图书馆学家的关注和对相关科研资料的收集。转入图书馆学专业学习之后，我就经常到学校图书馆搜集一些近代图书馆学家如沈祖荣、杜定友、刘国钧等的资料；随着学习陈誉、孙云畴、宓浩等老师的课程，我开始关注国外的一些近代图书馆学家如阮冈纳赞、杜威、施莱廷格、谢拉等，还专门做了一些笔记，通过相关知识的课外学习让专业基础更加扎实。

读研期间，我有幸发表了第一篇学术论文《图书馆事业中"人就是效益"的提倡》（《黑龙江图书馆》1987年第6期），"作为'万物之灵'的人，是创造所有财富最关键的因素""人……才是事业前进的一种活跃的、内在的、有创造性的促动力量"，这个理念一直在影响着我对于事业的价值判断和执着追求。只不过当时学识浅薄，所谓理念仅是自己的一点朴素的学术见解。后来阅读文献才发现，早在1945年行为科学的奠基人乔治·埃尔顿·梅奥（George Elton Mayo）就已经出版了代表作《工业文明的社会问题》，"以人为本"是梅奥人际关系理论的核心思想，从梅奥开始，在管理中，人的因素超越了设备的因素。在该书的中译本中清晰地表述道：在管理的发展史上，没有人能够忘记霍桑实验，也没有人能够忘记梅奥这个名字，当我们今天本着"以人为本"的视角看待管理问题的时候，重温梅奥的《工业文明的社会问题》，仍能给我们以新的启示。

可以看作是我的第二篇学术论文的是《政策学的兴起和发

展》（新兴学科，1988年第2期），之所以写作这篇论文，是因为在文献阅读过程中捕捉到相关信息。当时政策科学在发达国家尤其是美国得以快速发展，被誉为当代西方社会科学发展过程中的一次"科学革命"（德洛尔、里夫林）、当代西方政治学的一次"最重大的突破"（冯贝米）以及"当代公共行政学的最重要的发展"（罗迪），被认为是在人类实践中将日益成为左右社会发展进程的科学基础，在人类社会研究中将逐步发展成未来阶段的多彩科学。于是，结合政策科学产生发展的时代背景分析，尤其是对哈罗德·拉斯韦尔（Harold Lasswell）、叶海卡·德洛尔（Yehezkel Dror）、罗伯特·M.克朗（Robert M. Krone）等政策科学奠基人的著述，进行认真学习和粗浅的解读之后，完成了这一篇论文，并提出政策科学有可能在不久的将来发挥更大的功能而成为一门学术地位显著、成果丰富的"当采"科学。当时肯定是未曾预料到未来我的主要研究方向是"信息政策与法律"，早期成果的后期影响，着实是巧合。

隐隐地发现了书山有路，学海无涯的成长密码。

随着学科交叉的不断演化，文献计量、社会网络分析、系统动力学等图书情报学科方法渗入到文本文献的研究中，现在的政策科学、法学、政治学等已经衍生出了政策文本计算、政策信息学、法律信息学等前沿研究领域，彰显了传统文献信息学的新时代学科张力，重构文献信息学的时刻或许已经到来。

（三）

1989年夏天，我从华东师范大学图书馆学系图书馆学专业（科技情报方向）硕士毕业来到黑龙江大学工作，一个陌生的城市，一个陌生的工作环境，前途未卜，前景未知。

但研究生毕业时风华正茂，我有"学一行爱一行、干一行专一行"的意识，有"书山有路勤为径"的认知，更有对大学教师岗位的朴素意识，即大学教师不仅要教学，还应当搞科研，也就是大家常说的科教融合。因而参加工作之后，我在努力完成教学任务的同时还进行相关的科学研究与学术探索，并将自己的科研心得融入教学，在授课过程中，我对知识点的把控更加有底气，传递的知识也更加前沿。

1990 年 8 月 22 日，我第一次以教师身份赴北戴河参加中国兵工学会军民结合情报工作学术研讨会，并宣读论文《专利情报工作如何为外向型经济中的技术转移活动服务》，参会期间，我结识了一批业内专家学者，深切体会到了学海无涯、学无止境，此后，我不断争取参加学术会议的机会并积极地组织学术会议，不断拓展我的学术成长空间。

天道酬勤。由于丰富的科研积累及当时黑龙江省出台的鼓励青年教师成长的政策，我于 1991 年晋升为讲师，1994 年 11 月被授予黑龙江大学首届"十佳青年教师"称号，1995 年破格晋升为副教授，1997 年破格晋升为教授，并于 1999 年到位于珞珈山的武汉大学攻读博士学位。读博期间，我获得中国图书馆学会韦棣华奖学金，博士毕业后我被授予"优秀毕业生"称号，后来成了武汉大学优秀校友。

由于对科教融合理念的贯彻执行和对专业的执着追求，我逐步被业界所认可。2004 年 8 月 3 日，我被教育部高等教育司增补为高等学校图书馆学学科教学指导委员会委员；2007 年 11 月 22 日，我成功入选 2007 年度教育部新世纪优秀人才支持计划；2008 年 6 月 17 日入选第五批黑龙江省优秀中青年专家。

得益于黄长著、马费成等老师的提携与支持，2009 年我被选为国家社科基金图书馆、情报与文献学评审组成员，进一步提升了我在学界和业界的影响。2013 年，我获得"黑龙江文化名家暨六个一批人才"称号。2013年9月12日，经学校专家组评审，黑龙江大学推荐全省专业技术二级岗位评选聘用人选结果公示，学校中符合黑龙江省人力资源和社会保障厅规定的资格条件的人共25人，我名列其中；2014年5月8日—14日，黑龙江省人力资源和社会保障厅公示专业技术二级岗位聘用名单，当年7月我成功晋升为黑龙江省首批二级教授。2014年7月11日，我参加国务院政府特殊津贴申报答辩并通过评审，2015年成为国务院政府特殊津贴获得者。2017年6月27日在黑龙江大学举行的黑龙江省社会科学成果鉴评研究会第二次代表大会暨换届大会上，我当选理事长。2018年获批成为黑龙江省省级领军人才梯队（情报学梯队）学术带头人。2018年获批成为黑龙江省建设国内一流学科图书情报与档案管理学科带头人。2021年获批成为国家级一流本科专业建设点图书馆学专业负责人。

2022年1月，通过申报、单位推荐、换届选拔，我成为新一届全国图书情报专业学位研究生教育指导委员会委员，是本次黑龙江大学获得的两个专业学位研究生教育指导委员之一。

30多年努力取得的一点成绩，更激励我行远自迩，笃行不怠。

（四）

感谢每一位对我进行科研学术引导的指导教师。

我的本科论文指导教师是一位姓俞的男老师，当时是在华东师范大学科技处工作的校内兼职导师，主要负责科技成果转化工作（感谢周德明老师兼师兄帮忙查询得以确定他叫俞允超，在华东师范大学当时的科技处科技情报室工作，主要做的是专利代理检索），在俞老师的指导下，我的本科毕业论文选题是围绕科技成果转化中的情报工作确定的，虽然我读的是图书馆学专业，但是偏向科技情报方向。

　　我的硕士导师是华东师范大学图书馆学系的校外兼职教授（也是兼职导师），上海专利事务所所长须一平先生（毕业于复旦大学，专业是电子物理，在上海科技情报研究所长期从事电子科学情报研究工作，1979年受国家委托到美国进修专利审查和专利代理业务，1980年回国后即参与组建中国专利局上海分局，曾任中华全国专利代理人协会会长），他于1984年一手创办了上海专利事务所（后改名上海专利商标事务所），并在美国弗吉尼亚州设立了分所，他是中国第一代专利事务专家，中国专利代理领域的学术带头人，也是知识产权代理界的领军人物。作为一名研究生，当时我每次跟事业有成的导师见面时都有莫大的压力，但须老师总是那么稳重谦和、温文儒雅。由于导师是研究专利及专利情报的专家［是在联合国世界知识产权组织（WIPO）主办的《世界专利情报》（*World Patent Information*）这一国际知识产权学术刊物上发表专利学术论文的我国的第一位学者］，所以在他的指导下，我的硕士毕业论文的选题也是偏向专利情报、科技情报方向。华东师范大学的许多学术老前辈是我的偶像、学习的楷模，工作之后，在给研究生讲课中，我曾专门讲到了"胡焕庸线"，以彰显数据的魅力，后来才知道胡焕庸先生是中国现代人文地理学和自然地理学的重要奠基人，曾任教华东师范大学地理系40余年，我为母校华东师范大学感到骄傲。

　　尤其令我记忆深刻的是我的博士生导师邱均平先生（毕业于武汉大学，专业是化学，1978年考入武汉大学科技情报专业师资班学习，1981年毕业后留校任教至2018年4月退休，武汉大学珞珈杰出学者。现任杭州电子科技大学资深教授、博士生导师，中国科教评价研究院院长，浙江高等教育研究院院长，《评价与管理》杂志主编），是在我工作近10年后有缘结识的师长。

邱均平教授是我国著名的文献计量学专家，湖北省人文社会科学重点研究基地"武汉大学中国科学评价研究中心"创始人、首届主任、首席专家，金平果"四大评价报告"品牌创立者和负责人，在文献计量学、科学计量学与网络计量学、科学评价与大学评价、信息管理与知识管理、经济信息与竞争情报等方面有精深研究；中国科技信息研究所统计和发布，其著作被引次数和学术影响力在"图书馆、情报与档案管理"和"科研管理"（含情报学）学科领域均名列第一或前三名，并被收入英国剑桥《世界名人录》、美国《世界名人录》等十多种大型辞书中。①

邱均平先生被学界公认为中国文献计量学、信息计量学、网络计量学、科学计量学、知识计量学等"五计学"的主要奠基人，其创立的"金平果"和编著的《世界一流大学和一流学科评价研究报告》、《中国大学及学科专业评价报告》、《中国研究生教育及学科专业评价报告》、《中国学术期刊评价研究报告》（两年一次）在高等教育界广为人知。

机缘巧合之下，我拜师于邱均平教授，对于我攻读博士学位，邱老师做的"三个亲自"让我感动：第一，为了招我读博，亲自设置了适合我的研究方向；第二，考博外语分数出来时，亲自到相关部门帮我查分并第一时间告知我；第三，我第一次到武汉大学报到，他亲自到武汉火车站接我。

更令人钦佩的是，邱均平教授和夫人颜金莲教授拿出毕生积蓄，设立"邱均平颜金莲教育基金"，回报母校湖南涟源四中，重奖涟源四中优秀师生，滋兰树蕙，还奖励杭州电子科技大学在研究生教育发展中做出杰出贡献的优秀研究生导师、优秀研究生教育管理工作者和优秀研究生。

---

① 《中国大学知名评价品牌"中评榜"创始人邱均平》，https：//www. thepaper. cn/newsDetail_ forward_ 4659760.

以事业为怀、以培养人才为己任，2021年开始，经邱均平先生协调，中国科技情报学会，同全国情报学博士生学术论坛组委会和杭州电子科技大学邱均平颜金莲教育发展基金（简称"邱均平基金"），共同发起评选和奖励全国情报学优秀博士学位论文活动。

2022年1月23日，杭州电子科技大学邱均平颜金莲教育发展基金和 *Data Science and Informetrics* 编辑部又共同发起设立"邱均平计量学奖"，由全国评审委员会负责在国际范围内开展评审工作，奖励杰出计量学家、著名计量学家、优秀青年计量学家。

邱均平先生的学术修养、学术造诣以及人格品行、奉献精神，是我一生的学习榜样。

（五）

我对外语的重要性的认识，既因为与生俱来的理性，还因为繁重的学习过程中的现实压力。

我还在物理学系物理学专业学习的时候，大学英语第一课上，年轻帅气的男老师不仅写了满黑板的我不认识的英文单词，还用满口流畅的英文快速地讲解，让我这个从外地到上海读书、英语（尤其是口语）基础相对上海同学差距较大的大一新生倍感压力；更让人喘不过气的是，课堂上这位老师不讲英语的时候又大多数讲上海话，一节课下来我几乎什么也没听懂，挫败感极强，彻底傻眼了。

于是在转系后，我努力提高外语水平，经常在丽娃河畔、夏雨亭旁的图书馆学系教学楼的英语教室里学习英语。功夫不负有心人，后来我的英语成绩虽然不如女同学，但与男同学的英语成绩相比还是名列前茅的，因此，我获得在校生选拔报考GRE的机会，依稀记得我是班级中获得这个机会的少数男生之一，那时的自豪感和获得感油然而生。

然而，生活有时又是无情的，1985年春节前夕，我永失父爱，这对我是一个巨大的打击，当时远在他乡，束手无策。永远难忘上海歌手张行的歌曲《不要向失败低头》唱段：哦，爸爸，为何你走得匆匆，来不及告诉我你就走……为何在我最需要你的时候，牵不到你的手。

彼时彼景永不能忘，刻骨铭心，并由此埋下了抑郁的种子。

因家中变故，我被迫放弃GRE考试，也放弃了出国深造的机会，印象中，工作之后再也没有参加过GRE、TOEFL之类的考试，从此彻底放弃了出国梦。

当然，努力的汗水不会白流，我的考博英语成绩还是比较理想的，以致考博能够一举中的。当时面对的竞争对手十分强大，有的是留学回国后不久要考博士生的，有的是计划出国并准备各种外语考试但暂时选择考博的，还有的是一直没有中断外语学习的硕士研究生毕业当年直接考博的。相对来说，我当时已工作10年，英语几乎早已荒废。现在回想起来仍心有余悸而暗自庆幸。

当邱均平教授亲自查询我的考博英语成绩并告知我结果时，我真是感谢自己付出的努力，我的英语成绩在70分以上，绝对值不高但相对值还可以，远超当年武汉大学博士生考试英语录取分数线。

关于英语学习和运用还有一个小插曲。依稀记得我参加工作后曾经尝试投稿国际图联（IFLA）大会征文，但因当时通信条件受限，我没有接到论文录取信息和参会信息。大会结束之后，我才间接知道（记得是一个刊物的报道中提到了我）自己的论文被录取，但已错失了出国参加学术会议的大好机会。

因撰写自序的需要，我在网上百般搜索这篇文章，但都无果

（看来我的信息检索技能还有待提高），于是，我在微信群里发布求助信息，终于在吴建中馆长（师兄）那里获得了当年我入选IFLA 大会论文集的英文文献的信息，范并思教授（师兄）也很快给我发来了论文全文和会议目录。感谢两位老师，我终于找回了这篇一直"流浪在外"的英文论文。

2011 年 5 月 6 日至 8 日，我还曾到上海参加 The 2nd International Conference on E‐Business and E‐Government（ICEE 2011）国际学术会议，但终因环境和条件的局限，压力不大，动力不足，我没能坚持向外文专业期刊进行论文投稿。从后期看，专业的外文文章不足成为我的短板，限制了我的国际学术交流能力和学术影响力。

（六）

自发自由研究是难能可贵的，自由研究与兴趣相关，从上大学开始我便形成开卷有益的朴素意识，因而会根据兴趣广泛阅读。而且我一直认为它山之石可以助力学术论文创作。在后期获得一些高层次研究项目后，我仍然认为自由探索的研究成果质量更高并且更有特色。因而，广泛涉猎中外学科专业文献，在阅读之中捕捉思想的灵感，翻译国外专业文献并学以致用，一直伴随着我的学术成长之路。

《黑龙江图书馆》1987 年第 6 期发表的我的第一篇学术论文《图书馆事业中"人就是效益"的提倡》，表明了我对人作为事业发展决定因素的一贯认知，《中国图书馆学报》1994 年第 5 期发表的我的学术论文《学术争鸣与社科情报的真善美》，是我对社科情报领域的学术探索，也是我对学术争鸣良好学风的反思和认知。

1997 年我写作并发表的学术论文《论信息素质教育》（《中

国图书馆学报》1997 年第 2 期，据中国知网 2022 年 3 月 15 日检索结果，超过 400 次被引，超过 1380 次下载），被《中国图书馆学报》评选为纪念创刊六十周年发表于该刊的 130 篇重要文章之一，并被选入《中国图书馆学报》编辑部编，国家图书馆出版社 2018 年出版的《〈中国图书馆学报〉创刊六十周年文选（1957—2017）》中。

在这之后，这一研究主题成为我完成系列论文的逻辑起点，促成了我申报并获得黑龙江省高等教育教学改革工程项目，申报黑龙江省级教学成果奖评审。自认为具有开拓性的论文如《信息素质链：信息素质内涵的多维度延伸与工具介入》（《情报资料工作》2019 年第 3 期），被人大复印报刊资料全文转载（《图书馆学情报学》2019 年第 8 期），根据中国知网检索结果，发表不到 3 年，该文被引 13 次，下载超过 750 次。

2007 年发表的《信息政策研究的学科化进程及基本问题分析》（《情报学报》2007 年第 1 期）中提出，"随着学科门类之间、学科之间的交叉、渗透、融合日益加强，在知识体系、学科不断增多的大背景下，以多元、多层次、多途径的形式进行交汇、融合、渗透已成为创建新学科的一种主导方式"。文章试图对信息政策的学科化及基本问题进行探讨，以期呼唤信息政策学的产生。这是我继"信息法学"学科体系构建研究之后，对"信息政策学"学科的倡导和探索。

2012 年发表的《发达国家图书档案事业结盟与合作战略规划综述》（《中国图书馆学报》2012 年第 4 期）中提出，"从国外图书档案事业发展现状看，战略规划已成为图书档案机构确定发展目标、探索发展途径的重要顶层设计与管理工具"，发达国家在图书馆战略规划和档案战略规划中，"呈现出结盟与合作的态势，这不仅对我国目前正在发展中的图书馆战略规划、档案战略规划的理论研究与实践运作具有重要启示，更值得我们深化研究以推动我国图书档案管理的机制变革与体制改革"。根据2022年3月中国知网检索结果，此篇论文被引约40次，下载1200多次。

在新型信息技术推动的新一轮技术革命浪潮下，社会信用、科学研究信用遭遇新的危机，在对信息素质（按照我的理解，信息伦理和信息道德是信息素质的重要组成部分）研究积累的基础上，我认为信息信用及数据信用是信息伦理道德的一种社会化表现形式。在大数据、云计算、人工智能等新一代信息技术日益深化应用的环境下，包括数字伦理、数据伦理等在内的技术伦理、机器伦理、计算伦理、算法伦理、人工智能伦理等，已经引起多学科专家的关注与探索；但是，到底什么是"数据信用"（不同于信用数据），面对数据失信的危害如何进行综合治理，国内外尚未出现有针对性的学术阐述、理论总结和实现路径探索。我认为这是一个十分重要的理论和现实命题，也是我目前倾力进行自由探索的新领域。

（七）

自从教以来，我指导本科生的研究方向一直是知识产权与信息管理，招收研究生后，指导的研究领域开始从"信息法学"逐步扩展并稳定在"信息政策与法律"，涉及知识产权管理、数据治理等。2010年11月组建了"黑龙江大学高水平创新团队"（信息政策与法律），出版了《信息法学》（被首届中国信息化法制论坛暨中国法学会信息法学研究会2005年年会指定为唯一会议交流材料），奠定了我在国内信息法学研究领域学术领军人物的地位，由此我被推选为中国法学会信息法学研究会新一届理事，并延续至现在的中国法学会网络与信息法学研究会理事，还出版了《信息资源管理政策与法规》[2013年3月获得第六届高等学校科学研究优秀成果奖（人文社会科学）三等奖]、《现代知识产权管理》（将知识产权问题从法律视角拓展到政策、标准、经济、技术、行政管理、信息管理等领域，其中的观点一定程度上传承了由科学出版社出版的我的博士论文《网络时代的知识产权信息管理》）等。研究方向的延续性和稳定性成为我后期获得高层次科研项目的奠基石。

相对于自由探索，项目研究就是规范引导，项目主题一定程度上左右着研究领域及研究成果的数量和质量。我所获得的科研项目几乎都是围绕"信息政策与法律"的，体现了科研项目的关联性。经过多轮申报后，2005年，我终于获得第一个国家社科基金一般项目"以效率为导向的网络信息资源建设的政策法规调控与配置问题研究"（项目编号：05BTQ028）；2016年获得了第一个教育部人文社会科学规划项目"数字信息资源的国家宏观规划基金项目与管理"（项目编号：06JA870003）；入选2007年教育部"新世纪优秀人才支持计划"，项目"数字图书馆信息资源开发利用与高效率著作权法律制度的构建"，编号：NCET-07-0260，鉴定为优，并出版了结项著作《面向数字图书馆的著作权制度创新》；2011年获得第二个国家社科基金一般项目"高校信息公开制度的构建与绩效评价"（项目编号：11BTQ028），之后出版了结项著作《高校信息公开制度与评价研究》；2015年获得第一个国家社科基金重点项目"开放数据与数据安全的政策协同研究"（项目编号：15ATQ008），该项目结项著作《开放数据与数据安全的政策协同研究》正在计划出版中；2020年获得第二个国家社科基金项目"总体国家安全观下的国家情报工作制度创新研究"（项目编号：20ATQ004，在研）。

2021年11月26日傍晚，2021年度国家社科基金重大项目立项公示，我作为首席专家领衔的"面向数字化发展的公共数据开放利用体系与能力建设研究"成功上榜，编号为339号。我当时即在微信朋友圈里发了一条感想："寻常的日子，不一样的今天！"

12月6日，该项目正式获批，编号为21&ZD336，成为我学术生涯的一个重要里程碑，也是黑龙江省本学科领域第一个国家社科基金重大项目。

领衔国家社科基金重大项目，让我更加深刻地体会了这篇自序的初衷：以梦为马，只争朝夕；科学，无尽的前沿。

（八）

有机会参与国内的重要学术工程、重大项目，是拓宽视野、提升学术层次的十分宝贵的机会，也是敦促我踔厉奋发的力量源泉。基于学术积累和国内专家的认可，我有幸参与了新一轮的情报学大百科全书的编撰工作。《中国大百科全书》第三版是国务院持续支持的国家级大型出版项目，2014年9月启动（召开了第一次编委会会议）的《中国大百科全书》第三版（情报学卷）共有13个分支（马费成教授任主编），我是其中一个分支"情报事业管理"的副主编（乔晓东研究员任主编）。2014年9月20日—22日，我被邀请到武汉大学参加了中国大百科全书出版社情报学卷编委会工作会议，之后带领学院相关教师参与到相关词条的编撰工作中。

学术成长的道路上，我还有幸参加了相关专家的重大科研项目，对我的个人学术发展具有积极的促进作用。例如陈传夫教授国家社科基金重大项目（09&ZD039，我是子课题负责人），苏新宁教授国家社科基金重大项目（17ZDA291，我是子课题负责人），在完成子课题过程中所著《大数据观下的国家情报工作制度研究》（待定名）正在出版中。

另外，我还有幸被邀请参加了相关专家重大项目的专家论证会，例如，2011 年 12 月 25 日，到武汉大学信息管理学院参加邱均平教授作为首席专家领衔的 2011 年度国家社科基金重大项目"基于语义的馆藏资源深度聚合与可视化展示研究"（11&ZD152）的开题专家论证会。2014 年 12 月 9 日—10 日，到上海社科院参加王世伟研究员作为首席专家领衔的 2013 年度国家社科基金重大项目"大数据与云环境下国家信息安全管理范式及政策路径研究"（13&ZD185）开题专家论证会。2017 年 10 月，到南京大学信息管理学院参加苏新宁教授作为首席专家领衔的国家社科基金重大项目"情报学学科建设与情报工作未来发展路径研究"（17ZDA291）课题开题会议。

参与这些重要的科研学术项目，促进了我学术研究的精进，也扩大了我的学术影响力。

（九）

我对学术交流的重视不仅体现为积极参加相关学术会议，还体现为利用自身条件，积极参与、组织和主持相关学科专业会议。2002 年全国高校信息素质教育学术研讨会在黑龙江大学召开，会前根据我的建议，将沿用多年的名称"全国高校文献检索课学术研讨会"更名为"全国高校信息素质教育学术研讨会"，得到了教育部高教司及教育部高等学校图书馆学教育工作指导委员会领导的认可并予以采纳，由此开启了全国高校信息素质教育会议的新篇章。时任教育部高教司教学条件处李晓明处长致开幕词时说道："我们首次将文献检索课学术研讨会改名为信息素质教育学术研讨会召开，表明图书馆用户教育又向前迈进了一大步。"[①] 由黑龙江人民出版社出版的论文集《21 世纪创新信息素

---

① 王波：《全国高校信息素质教育学术研讨会综述》，载《大学图书馆学报》2002 年第 2 期，第 89 页。

质教育研究》（马海群主编）和《信息素质教育专题学术论文题录》（崔世勋主编）作为会议资料被分发给近 200 名来自全国各地的代表。此次会议大大提升了黑龙江大学在学界和业界的社会影响，有力促进了全国高校信息素质教育发展。

2004 年 7 月 9 日至 12 日，由黑龙江大学信息管理学院承办，中国科技情报学会牵头并组织国内情报学主要教学、科研机构相关专家参与的中国情报学百科全书第二次编委会会议在哈尔滨召开。来自中国科技情报学会、中国国防科技信息学会、武汉大学、北京大学、南京大学、吉林大学、中国大百科全书出版社的 20 余位专家学者汇集黑龙江大学，共同商讨中国情报学百科全书的类目设置、词条规范、编撰体例、分工协作等事宜。此次编委会会议代表了中国情报学的最高学术水平，同时也是情报学高等教育机构与研究院所进行沟通和互动的高层次会议。

当然，对于黑龙江大学和其信息管理学院来说，此次会议的承办还有一个特殊的重要成果，即通过专家建言献策，促成校方终下决心，计划将原隶属于历史学院的档案学专业合并到信息管理学院，实现图书情报与档案管理一级学科的整合。经过一段时间的准备和筹划工作，2007 年 1 月 15 日，时任副校长张政文教授到信息管理学院宣布档案学专业整建制并入信息管理学院的决定，这一行动在国内产生了积极的学术影响。

2005 年 1 月 7 日—10 日，在我的组织与积极推动下，黑龙江大学与黑龙江省图书馆学会共同承办了由中国图书馆学会主办的"中国图书馆学会 2005 年峰会"，会前通过我与中国图书馆学会秘书处及相关领导的沟通，将原计划的名称"高端论坛"改为"峰会"，由此开启了年会系列之外的峰会制度。

2006 年 12 月 27 日—29 日，中国科技情报学会主办的中国科协第 126 次中国青年科学家论坛在哈尔滨召开，此次论坛由郑彦宁研究员搭建平台，中国科技情报学会主办，黑龙江大学信息管理学院承办。武汉大学信息管理学院副院长李纲教授、中国科学技术信息研究所情报方法研究中心副主任张新民博士和我共同担任论坛的执行主席。来自北京大学、武汉大学、南京大学、南开大学、中国科学技术信息研究所等高校和研究所的青年专家作为青年科学家代表参加了此次研讨会并做报告。论坛以"面向自主创新的情报学创新与发展"为主题，围绕情报学理论与方法创新、情报学前沿研究领域、创新性情报学人才培养与情报学教育创新等议题进行了深入的学术交流讨论并达成相关共识。

2013年9月26日—28日，由中国科学技术情报学会主办，黑龙江大学信息管理学院、信息资源管理研究中心、黑龙江大学高水平创新团队（信息政策与法律）共同承办的"公平、公开、共享：我们需要的信息社会"学术研讨会在哈尔滨成功召开。时任吉林大学管理学院信息管理系主任、博士生导师李贺教授以"面向智慧城市的社会信息化服务"为题做主旨报告，提出智慧城市、智慧社会建设都是在保障信息公平基础上实现更大范围的信息共享，会议代表们围绕信息公平、信息公开与信息共享几个主题，分别进行了论文成果的展示和讨论。图书情报学界的智慧化研究，彼时已现端倪。由我担任负责人的"黑龙江大学高水平创新团队"（信息政策与法律）的成员，积极向大会提交了相关学术论文，提升了该团队在国内的学术影响。

2017年10月我应邀参加南京大学信息管理学院苏新宁教授作为首席专家领衔的国家社科基金重大项目"情报学学科建设与情报工作未来发展路径研究"课题开题会议，随着参加会议的单位和人员范围的不断扩大，开题会议最后演变成由中国科学技术情报学会与中国社会科学情报学会共同主办的"情报学与情报工作发展论坛（2017）"。

此次论坛不仅开创了中国科技情报学会和中国社会科学情报学会联手的先河，也搭建了年度性的全国情报学学术会议平台，开创了中国情报学领域的新的会议制度，之后由武汉大学（2018年）、华中师范大学（2019年）、中山大学（2020年，并入第十届全国情报学博士生学术论坛）、吉林大学（2021年，并入第十一届全国情报学博士生学术论坛，线上举办）承办的"中国情报学年会暨情报学与情报工作发展论坛"，均得以隆重召开并在业界产生较大影响，2022年的情报学年会暨双论坛预期由中国人民大学承办。

　　我认为情报学与情报工作发展论坛（2017）的更重要的成果是发布了《情报学与情报工作发展定位南京共识》（以下简称《南京共识》），按照我的理解，它是将情报之"魂"与国家创新、发展和安全相关联，在国家安全观框架内、在国家创新与发展进程中，更有效地发挥情报"耳目尖兵参谋"甚至"引领"的作用，将科技情报、社科情报、军事情报、安全情报等连为一体，形成"大情报科学"，实现军（军事情报、安全情报等）民（科技情报、社科情报等）情报学的融合，并努力将情报学发展成为具有智库功能的学科，彰显了积极拥抱大数据、人工智能等现代信息技术的具有中国特色的数智情报学体系的新时代转型。

　　因而，对于中国的情报学和情报事业来说，情报学与情报工作发展论坛（2017）及《南京共识》具有重要的里程碑作用和划时代意义，这也是我的2020年国家社科基金重点项目的前因。

　　2021年11月12日—13日，在中国人民大学举办的"中国信息分析论坛暨中国科学技术情报学会情报理论方法与教育培训专业委员会成立大会"上，我提出了构建新时代环境下数智情报学体系的初步想法，试图把数智情报学描绘成我国情报学的当代图景，会议中，我还被推选为理论方法与教育培训专业委员会副主任委员。

2022 年 1 月，我接到中国图书馆学会秘书处指示，重新组建中国图书馆学会学术委员会图书馆法律与知识产权研究专业组（原称专业委员会），2 月顺利完成团队组建。这既是对我之前的图书馆法学和知识产权法学（我认为跟信息法学也密切相关）研究成果的肯定，也提升了黑龙江大学信息管理学院图书馆学学术研究在国内的声誉。而且，根据中国图书馆学会要求，我提交了 2022 年中国图书馆年会的论文征集选题及指南："数智时代图书馆法律引领事业高质量发展"。题解：基于大数据、人工智能、互联网+、云计算、区块链等现代信息技术驱动。研究主题包括：《中华人民共和国公共图书馆法》的理论研究与实施效果分析，如大数据环境下的图书馆法制到法治、面向发展与安全的图书馆法律体系建设等；面向国家战略需求，如科技自立自强、国家科研论文和科技信息高端交流平台建设等的知识产权情报信息服务研究；图书馆资源建设与社会服务中的法律问题研究，如志愿者服务、智库服务、公共数据开放等；"十四五"规划与图书馆法治建设研究，如图书馆法律基本理论研究、行业与机构"十四五"规划中法律问题研究等；图书馆高质量发展，如非物质文化遗产开发利用、文献资源深度挖掘利用等涉及的知识产权法律相关问题研究。

（十）

大学的根本任务是人才培养，作为大学教师，我的天然职责就是教书育人。高等学校人才培养的基点是本科生教育，高层次人才培养的平台则是研究生教育。1998 年 10 月，黑龙江大学情报学硕士点通过国家学位办公室审查并获得批准。该学位点的成立具有一定的历史意义：其一，黑龙江大学是当年从国务院学位办获得情报学学科领域学位点的唯一一个地方高校；其二，是东北地区第一个从国务院学位办获得的情报学学位点；其三，该学位点将黑龙江大学情报学学科办学层次从本科教育提升到了研究生教育，进一步夯实了黑龙江大学在黑龙江省内作为情报学学科领域教育教学与科学研究排头兵的地位。

1999 年情报学硕士点开始招生，虽然只招收到两名研究生，其中一名为保送研究生乔立春（后改名为乔丽春），但却开创了黑龙江省情报学学科的研究生教育。我指导了乔立春，还协助李景正教授指导了另外一名研究生。至今还清晰地记得，乔立春因研究生阶段的科研训练及自身丰富的知识积累，工作后不久就考取了北京大学民商法专业、知识产权方向博士研究生，师从我国著名法学家郑胜利教授，并赴美国做高级访问学者。

1999 年也正是我进入武汉大学攻读博士学位的一年，既要远赴武汉大学读博，还要不时地赶回哈尔滨指导研究生，更不能耽误作为教授的本职工作的本科教学任务，另外还有一些管理工作在身，回过头来看，这一年真可以称为一段难得的锻炼意志品质的激情岁月。

2007 年 5 月 8 日，由于我在法学院民商法学二级学科申报并获得博士授予权中的贡献，根据黑龙江大学校发 2007（77）号文件"关于增列 17 名教师为黑龙江大学博士生指导教师（校内）的决定"，我被增列为民商法学博士研究生导师（暂不招生）。虽然因环境所限有名无实，但却是一种精神鼓励，也获得了学界的相应认可。后期法学院申报并获得法学一级学科博士点，也有我的功劳。我相信，努力是不会白白付出的。

2013 年 9 月 27 日，在学校领导及文学院一级学科博士点"中国语言文学"的大力支持下，目录外自设二级学科博士点"文献信息学"的申报材料在国务院学位办网站公示，并于 10 月

27 日结束公示而正式设立。2014 年 6 月 17 日，我被学校遴选为文献信息学学科博士生导师，并于 2015 年开始正式招收博士研究生。2020 年底，文献信息学专业第一个博士生姜鑫顺利通过博士论文答辩并获得文学博士学位，后来又成功晋升 2020 年度正高级职称。2021 年底，第二个博士洪伟达顺利通过博士论文答辩并获得文学博士学位，而且很快在 2022 年初晋升了正高级职称。目前，在读的博士生蔡庆平、刘兴丽（读博期间晋升正高级职称）、王德庄、张涛、韩娜、王本刚等，都逐步进入毕业论文答辩、中期检查、开题、选题等阶段。

另外，依托"文献信息学"二级学科博士点所在的一级学科中国语言文学博士后流动站，2019 年我开始招收博士后，陆续已有迟玉琢、邹纯龙、孙钦莹三名博士后进站进行合作研究，成为我的学术研究与科研团队的中坚力量。自 2010 年始，我的科研团队组建已有十余年，一直群策群力，勤奋耕耘。

英国哲学家弗朗西斯·培根有一句大家熟知的名言：知识就是力量。千百年来脍炙人口，广为流传。近几十年人类生产的知识数量几乎是过去几千年的总和，学会如何掌握知识以及运用知识，才获得了释放知识力量的密码。

我的理解是，研究生不仅要重视文献阅读，吸收和储备学科专业业已积累起来的浩瀚知识，不断革新自己的知识结构，更要不断学习和借鉴他人的思维方式和思考问题的角度，扎实地掌握数据驱动的科学研究范式及愈加重要的现代科学方法，把形成自己的学术思想作为努力的方向。如果能够插上想象的翅膀，不断追求创新，定能触摸和感受科学研究的真谛，也能够真正体会科学研究的魅力。

当然，对于研究生等人才的培养，我也在不断地反思：教书育人的真谛是什么？教书就必然能育人吗？是育"才"重要，还是育"人"重要？我认为，应当是先立德，然后才能树人。因此，不断加强信息素质教育，引导学生恪守学术伦理，打造数智时代数据信用品质，是培养高水平人才的必要而先决的条件。

合作、拓展、创新、努力、勤奋、守德，不仅是我对学生的要求，也是我对信息管理学院教师们的勉励，因此，我提出的院训口号是：协作发展、创新求实、德美勤勉。这也一直是科研团队及培养研究生过程中的座右铭。

（十一）

大学是国之重器，与传统的大学截然不同的是，现代大学的社会功能已经不再局限于人才培养、科学研究，而是延伸到服务社会、传承文明。

站在原点，譬画学术生涯的未来时间表和新路线图也许是困难的，但是笃行不息、发挥学科专业平台优势推动产学研合作、努力服务社会，或是可以希冀的。基于我的诸多学术造诣和专兼职工作职务，未来为之躬身践行的目标包括以下几点。一是学统化：完成国家社科基金重点项目和重大项目，借助于情报学省级领军人才梯队平台，打造有影响力的高质量科研团队，培养高水平实用型研究人才，当然，从学统走向道统也许是遥不可及的事情。二是平台化：在黑龙江大学中俄全面战略协作省部共建协同创新中心（教育部认定的首批省部共建协同创新中心）建设中，与团队更好地承担起数据服务平台的作用，打造有特色的俄罗斯问题研究数据平台。三是智库化：进一步与中国知网探讨合作方式及合作攻关领域，切实履行我作为黑龙江省社会科学成果鉴评研究会会长的职责，更好地彰显社会科学评价的社会价值及智库决策功能。四是产业化：积极思考探索黑龙江省档案学会的价值定位，与各类公司密切合作，共同探索产学研合作途径，挖掘与黑龙江省档案相关产业的潜力与生长空间，促进学校产业学院的建设和发展。

守正笃实，久久为功。30余年的成长道路上，并非没有外界的诱惑，相对东北人来说，我是一个外乡人、南方人，在"雁南飞"人群中我选择了逆流而上，扎根龙江，争取建功立业，释放自己的人生价值。相信一方水土养育一方人，一方山水有一方风情，我也在专家和导师的引导下，不断慎思尽物，问学问道。

"无尽的前沿"是我对图书情报与档案管理学科研究探寻的一种态度，《图书情报与档案管理 无尽的前沿》收录的是我30余年从事专业学习和科学研究的一些论文成果（部分文章由我和我的师长、同事及学生合作完成）。30多年的学术生涯只是转瞬之间，但也承载了一些历史记忆。其间很多事物已经时过境迁，甚至是翻天覆地的变化，但为了体现文章的原貌和笔者研究的发展脉络，依照原文收录，仅对不符合现行出版行业标准之处略作修改，部分文章存在时效性问题，文章中出现的部门名称、法律法规及时间限定词等仅就文章发表时而言。从今天来看，当时对一些涉及国外研究成果的借鉴，期望的是达到师夷制夷的目标，期盼的是中国哲学社会科学学术体系、学科体系、话语体系的逐步形成。

当然，早期文章中若确有不合时宜的地方，请各位同人指正。

（十二）

时光荏苒，我在黑龙江大学工作、在哈尔滨生活已过33年。娇妻爱儿，阖家承欢。丈母米寿，相期以茶。温馨的家庭港湾，成为我坚强的后盾和不竭的动力源泉。纵有百炼钢，愿化绕指柔。

人有悲欢离合，月有阴晴圆缺。2013 年 8 月 11 日，对我来说又是一个终生难忘之日，我永失母爱，身心再受打击，每每想起，都会泪流满面。永远难忘歌手陈明的歌曲《梨花又开放》唱段："一切都依然，树下空荡荡……纺车不再响……花雨满天飞扬，两行滚滚泪水流在树下。"常年学习工作在外，忽略了对父母的照顾，虽有书信、电话的问候，但终不及身边的尽孝，这是我此生的遗憾。即使现在有了报恩的条件，也终是子欲养而亲不在。忠孝未能两全，抱憾终生。

2022 年 3 月 20 日
于黑龙江大学汇文楼

目　录

世纪之交的新进展
——评《情报学进展》（第三卷）

拿到《情报学进展：1998—1999 年度评论》（第三卷）（以下简称"第三卷"），尚未详阅正文，心中便有一种沉甸甸的收获感。这不仅因为第三卷的装帧设计更趋完美，更主要的是继前两卷年度评论的出版在国内图书情报与信息管理界引起强烈反响后，第三卷年度评论在世纪之交如期出版发行，这清晰地昭示着：我国自己的情报学年度评论连续出版物的组稿、编辑、出版、发行工作，已脚踏实地地走向成熟和正规化。认真拜读第三卷中的 11 篇大作，让笔者切实感受到作者对我国情报学研究中核心问题的总结视角独特，对情报学社会实践的价值阐述深刻。概括起来，第三卷主要有以下 5 个特点。

一、标新立异，一如既往

新颖性是情报学进展年度评论的最主要特色之一，同前两卷一样，第三卷年度评论注重反映国内外情报学的最新研究动向。如：王知津等的《情报学的知识化趋势》、徐久龄等的《网络计量学的研究》、曾民族的《宽带时代信息服务业的技术动向和模式展望》、王征荣等的《网络环境下信息产品知识产权保护问题》等，都是情报学最新研究领域的综合性成果。

王知津、李德升在《情报学的知识化趋势》中提出：随着情报检索的发展，人们逐渐认识到情报组织的实质是知识组织，情报的知识化趋势日益明显。文章分别对情报与知识、情报学与知识组织、情报学与知识获取和知识表示及知识处理、情报学与知识库和知识库管理系统、情报学与知识管理和知识创新、情报学与知识经济、情报学的未来等问题进行了研究。作者还强调指出：为了适应外界要求，就情报学理论自身而言，其研究重点也必然从物理层次（文献）转向认识层次（知识）。只有在知识层面上不断量化，才能为情报学理论打下坚实的基础；也只有在知识层面上进行不断的改革与创新，才能建立起完整的情报学理论大厦。在未来的时代中，知识必将成为社会发展的主导力量，知识将渗透于包括科学研究在内的各种人类活动之中，知识化必将成为情报学研究的主要方向。

面对网络化信息资源的全球流通，徐久龄、刘春茂、刘亚轩在《网络计量学的研究》中为我们描述了一门新型的网络信息计量工具——网络计量学（Webmetrics），它不仅涉及当前因特网上普通数字信息的计量方法，还针对传统文献计量学在网络信息计量上的欠缺与不足提出了崭新的变革方式。作者认为，网络计量学的研究对象可以包括：对网络计量学文献著者规律、网络文献分散规律、文献增长规律、网络计量学文献老化规律的研究，对网络计量学文献引文的分析，对声音、图形、文字规律的研究，等。而 Webmetrics 的新应用领域则包括：新环境下的知识评介与解读、用网络计量学指导因特网信息检索、从网络计量学视角看待信息资源多样性、用网络计量学指导检索网站建设、将网络计量学应用于信息资源建设以及网络文献的处理等。

二、热点突出，明确方向

第三卷中精选了一批情报学热点问题，作者对该领域国内外动态的专深研究，为我们掌握情报学的研究方向提供了有力的借鉴。如：汪冰等的《情报学基础理论研究进展》、夏旭等的《万维网网络信息资源搜索引擎的研究》、霍国庆的《CIO 研究综述》等。

汪冰、岳剑波在《情报学基础理论研究进展》中对情报学若干理论问题的研究进展做出了相对全面的描述与评论，包括情报学史的研究、情报学研究范式的变化、情报学的学科地位以及当前研究重点与发展趋向等。在论及情报学范式转移时，文章指出，如果说情报学从机构范式转向信息运动范式是一次巨大的进步，那么，从 20 世纪 70 年代末期开始至今，情报学的研究取向又在酝酿着另一次重大的转变，即从系统观转向认知观。在谈到情报学的地位时，作者认为，情报学是信息科学群中面向信息交流与管理的信息管理学（Information Management）的一个子学科，只不过情报学关心的是信息管理学的高层次问题——知识管理与智能管理，因而，情报学将主要研究竞争情报、知识的有效管理与利用等方面的问题。关于情报学的研究趋向，作者提出，走向新世纪的情报学将在如下关键领域进行某些问题的重点研究，如：信息检索与查询、信息需求与使用、网络信息计量学、竞争情报与知识管理、网络环境下的信息资源管理等。

霍国庆的《CIO 研究综述》在综合 CIO 的各种定义、CIO 生成论的各种观点及对 CIO 源起的史实进行分析的基础上提出，CIO 更多地属于一种技术倾向性角色，CIO 的内核是信息资源管理或信息管理，信息资源管理理论是 CIO 生成的催化剂，CIO 的出现意味着信息和信息技术将成为决定公司生存与发展的重要力量。作者通过国外 CIO 研究文献综述、内容分析、1995—1998年美国 CIO 杂志论文主题分析，概述了国外 CIO 研究现状及 CIO 在国内的发展。作者还对 CIO 的分化与类型进行了较全面的归纳，并着重强调了 CIO 与 CKO 的区别。作者认为，CIO 与 CKO 具有很强的互补性，CKO 的出现不会取代现有的 CIO，CIO 在分化出 CKO 之后也不会再谋求逆向整合。此外，通过综合国内外 CIO 研究资料及研究内容，作者重点归纳出一个 CIO 研究模型，该模型的基本功能是研究 CIO 的主要职责。

夏旭、方平在《万维网网络信息资源搜索引擎的研究》中，从搜索引擎的分类研究、应用研究、比较研究、质量评价等几个方面，对国内外搜索引擎的研究现状进行了总结，并将搜索引擎收录内容、检索方法、用户界面、检索效率、检索结果的显示等列为搜索引擎的选择标准。基于因特网和搜索引擎的现状，作者分别探讨了两者存在的一些问题，如因特网信息组织的局部有序性与整体无序性，网络带来的严峻的信息污染，等；搜索引擎在数据库、检索功能和应用上存在的局限性，搜索引擎的分类方法的不统一性，搜索引擎选择的经验性，等。此外，作者就搜索引擎的主要发展趋势进行了分析和预测，如从单一的查询工具向因特网全功能服务工具发展、分类检索与主题检索相结合、向多国化和多语种化发展、集成搜索引擎尤其是专业化集成搜索引擎的研制与应用、发展自动分类和相关排序技术并加以应用等。

三、广泛专深，相得益彰

第三卷保持了前两卷年度评论内容选题的广泛性，评述的内容从情报学基础理论、信息产业研究、网络信息检索理论与技术到信息服务业的技术动向、网络信息产品的知识产权保护等，涵盖了当今情报学研究的主要领域。如：汪冰等的《情报学基础理论研究进展》、于清文等的《信息产业历史发展与管理研究》、曾民族的《宽带时代信息服务业的技术动向和模式展望》等。在此基础上，第三卷还选录了几篇较专深的研究报告，使得年度评论达到了更高的研究层次和深度。如：邹永利等的《情报学研究的认知观点》、曹树金的《国外情报检索语言与自然语言检索》、夏旭等的《万维网网络信息资源搜索引擎的研究》等。

曾民族在《宽带时代信息服务业的技术动向和模式展望》中侧重介绍了信息技术的发展对信息服务业急速成长和纵深发展的影响，着重探讨了宽带时代信息服务业的发展走向以及国内科技信息服务业技术模式等。作者在概述芯片、个人电脑、信息家电、磁盘、信息通道等信息技术发展现状的基础上提出，信息内容表达的数字化、信息传递的网络化和信息内容加工的自动化是现代化信息资源开发的主要模式。作者详细描述了数字照相机、可记录 DVD 播放机、中文输入整体解决方案、语音技术、在线翻译、自动摘要、新一代搜索引擎、新一代浏览器、推送技术等信息内容开发技术的发展动向，并展示了信息服务业的一系列新型业务，如网络门户、新型传媒、电子商务、在线书店、在线保健、在线教育、在线投资、电子图书、在线娱乐、在线求才求职等，为读者理解知识经济的特点提供了大量的感性材料。

于清文、姜富渠在《信息产业历史发展与管理研究》中通过描述信息产业的概念和信息产业的发展原理，在占有大量数据资料的基础上，向我们展示了信息产业的一些发展态势，如信息产业成为国民经济的主导产业、信息服务业快速发展、电子信息产业飞速发展。此外，在全面介绍国外信息产业发展管理现状的基础上，作者提出了推进我国信息产业进一步快速发展的一系列管理对策，如提高认识、统一思想，加强领导、建立强有力的领导机构，统一规划、强制实施，制定强有力的发展政策，加强信息立法、创造良好的发展环境等。

邹永利、细野公男的《情报学研究的认知观点》一文，则对情报学认知论进行了较为专深的研究。作者首先指出，自产生之日起，情报学就一直以研究物的情报，尤其是情报技术为主流，然而，情报学不是一门只以物为对象的学科，其根本特征在于它离不开主—客体之间，即人与情报之间的相互作用。因而，情报学是一门以人为主体的、带有人文性质的学科，情报学研究中认知观点的引入，就是以不同于物理范式的立场和方法观察、解释情报现象的变化之一。文章介绍了情报学认知研究范式形成过程中有影响的代表人物及其主要思想，如 B. C. Brookes、M. D. May、N. J. Belkin、P. Ingwersen 等；作者还概括了认知情报学研究的一些突出特征，如认知观点将研究的焦点对准情报过程中的人、情报学认知观点对近年"情报或文献的相关性"这一情报学领域关键性概念的演变产生巨大影响、情报学认知观点十分重视用户的认知模拟研究等。

此外，曹树金《国外情报检索语言与自然语言检索》一文，就国外情报检索语言和自然语言检索研究的进展进行了较全面而专深的介绍。文章指出，在联机及网络环境中，要更方便有效地利用分类法和词表提高检索效率，就需要应用电子版的分类法和叙词表；为了获得电子版的分类法，现今的研究重点是将原有的分类法电子化；为了获得电子版的叙词表，人们不再局限于现有叙词表的计算机化，而是进一步研究叙词表的自动生成。通过对信息网络中的检索语言问题（如分类法在因特网的应用、检索语言的兼容和整合等）、自然语言检索问题（如文本检索、自然语言处理在信息检索中的应用等）的综合分析和研究，作者提出，继承与创新、多样与统一是当前情报检索采用的语言方法及相关研究的显著特征，多种情报检索语言（受控语言）和自然语言的多种使用方式将共存于情报检索之中，甚至是共存于同一个情报检索系统之中。

四、应用研究得以强化

情报学应用研究的范围和深度，是其学科生命力和社会价值的重要体现。与前两卷相比，第三卷的应用研究得到了强化，包括情报学在其他研究领域的应用以及其他学科在情报学领域的应用。如：张锦的《图书情报学对传播学的引进与融合》、夏旭等的《万维网网络信息资源搜索引擎的研究》、王征荣等的《网络环境下信息产品知识产权保护问题》、邹永利等的《情报学研究的认知观点》等。

张锦在《图书情报学对传播学的引进与融合》中指出，传播学是一门研究人类社会信息传播现象的新兴学科，20世纪80年代以来的图书情报学研究，对于传播问题的探讨呈现出日益深入、广泛的趋势。作者认为，到目前为止国内的情报学对传播学的引入研究还存在着两个不足。一是对传播学整个理论体系缺乏深入的把握，因而多数是流于表面的、局部的肤浅联系。针对这个问题，不仅应把传播学引入情报学、图书馆学，也要把图书情报学原理引入传播学。二是引入研究尚缺乏统一的行动和认识。这就需要对差异的根源如情报、文献、图情系统的本质以及在传播系统中的位置和学科关系有一个明确的认识，需要更深入地比较研究和总体把握。

王征荣、霍忠文在《网络环境下信息产品知识产权保护问题》中综述了各主要国家和地区及世界知识产权组织（WIPO）的知识产权研究进展，并论证了网络信息产品知识产权保护的意义。作者认为，涉及信息产品著作权保护的主要问题包括作品进行数字化转换的法律性质、数据库知识产权的保护等，并详细介绍了WIPO两个新条约的内容。作者重点强调了科技信息产品创作者的自我保护措施，如：应明确信息产品的权利归属；各类信息产品在向公众提供时，应在其显著位置附加知识产权管理信息；网络信息服务单位将信息产品作为信息服务内容向公众提供服务时，应事先要求网络服务商签订书面使用合同；可采取一定的技术保护措施维护权利所有人的合法权益等。

五、作者队伍更趋有致

第三卷中的作者有着更广泛的来源，从年龄上看，既有我国情报学中老年骨干研究力量，如曾民族、霍忠文、于清文等，也吸收了一批情报学青年研究者的杰出代表，如汪冰、霍国庆、曹树金等。从研究单位看，更多的情报研究部门和高校院系参与了年度评论的撰稿工作，研究队伍进一步壮大了，而且，合作成果的比例进一步增加。

笔者认为，第三卷在坚持情报学与信息技术并重的基础上，随着研究内容的加深，其专著性、学术性、评论性得到了进一步加强。在前两卷的基础上，第三卷年度评论有了较大的提高和进步。虽然同美国情报科学学会（ASIS）出版的《情报科学与技术年度评论》（ARIST）相比，我国的《情报学进展》要想成为国际性的情报学核心出版物，仍有漫长的道路要走，但可以肯定，《情报学进展》已经成为国内情报学的重要核心文献。它不仅可供本专业师生参考，而且可以当作情报学专业研究生课程的教材。但也应该指出，第三卷仍有不足之处，如某些专题研究的新颖性尚且不足，个别论文的专深性、综合性稍欠力度等。但正如汪冰等在《情报学基础理论研究进展》中所指出的那样，"年轻的情报学还是一个动态发展的有机体，它在发展中出现的欠缺、不完善以及种种难如人意之处，都是正常的；情报学研究者应该持一种释然的态度，因为人们今日所付出的每一份努力，都将是未来情报学大厦的坚实砖石"，这种态度同样适用于我们看待《情报学进展》年度评论。

原载《情报理论与实践》2000 年第 2 期，作者马海群、邱均平。

专利信息组织整理中的标准化建设

目前，全世界每年发表约 400 万篇科技论文，100 多万件专利说明书，1 万种以上的会议记录和 60 万种以上的图书，其中专利文献占到了五分之一。另据估算，到 1996 年底全球专利文献总量已超过 4 500 万件。此外，专利文献还具有内容广泛、系统完整、可靠性强等特点，因而在科技文献构成体系中，专利文献具有举足轻重的地位。更值得引起重视的是，同其他科技文献如科技报告、会议资料、期刊论文、科技图书等相比，甚至同其他任何种类的文献相比，专利文献的信息组织与整理加工的标准化与规范化建设，都堪称先导和楷模。专利信息组织加工的标准化，不仅促进了专利信息的传播与国际交流，而且极大地推动了文献工作的标准化建设。本文试图从以下几个方面加以分析。

一、专利申请文件的区域标准化

专利申请文件是专利文献的重要基础，专利文献通常是在申请人递交的申请文件的基础上直接排版印刷而成的，因而申请文件的标准化直接影响着专利文献的标准化。跨国性专利组织及各国专利局对申请文件的打印排版标准均有较严格、较细致的规范。例如专利合作条约组织（PCT）规定，国际专利申请的所有文件（即申请书、说明书、权利要求书、附图和文摘）都应具备摄影、静电复制、照相胶印、摄制缩微胶卷等直接复制成任何数量副本的条件。纸张的规格应当是 A4 型，每页纸张的最小边页空白为：第一页纸的上端空白为 8 厘米，其他页纸的上端空白为 2 厘米，左边空白为 2.5 厘米，右边、下边空白为 2 厘米。又如欧洲专利局（EPO）规定，打印的文字应能直接复印，纸张尺寸为 A4 型，页边空白为左 2.5 厘米、右 2 厘米，每页用阿拉伯数字连续编号，每隔 5 行应标注数字。各国专利局对本国专利申请文件也都有一定的标准格式要求，这种几近烦琐的规定，保证了专利文献出版印刷及流通传播在一定区域范围内的标准化。另外，随着专利电子申请的增多与发展，各国际专利组织及各国专利局也分别对电子申请的格式进行了严格规范。例如，我国的电子申请项目开发始于 1997 年，同年 6 月开发出电子申请标准格式软件，中国专利电子申请系统 CP-EASY 即将投入使用；世界知识产权组织国际局为方便专利申请人的国际电子申请，也已开发出 PCT 专利电子申请系统 PCT-EASY。

除上述打印排版格式的标准化规定外，各国对专利申请文件的内容编排顺序也都有一定的规范。例如，专利申请人通常被要求按照请求书、说明书、权利要求书的顺序编排专利申请基础文件并向专利局递交；又如，专利申请文件中的说明书部分所包括的发明名称、发明所属技术领域、已有技术、发明目的、发明内容、优点或效果、附图说明、最佳实施方案或使用实例等八项内容，必须按照规定的顺序书写，不得任意改变。这在一定程度上，方便了专利信息的获取与开发。

二、专利说明书题录部分的国际标准化

专利说明书作为一次专利文献，是专利文献的主体。20 世纪 50 年代以来，在世界知识产权组织（WIPO）下属的巴黎联盟专利局信息检索国际合作委员会（ICIREPAT）及其标准化技术委员会（TCST）的努力下，各国的专利说明书逐渐趋于统一，主要由三部分组成，即题录部分、正文部分和附图部分。所谓题录部分实际上是专利著录项目的集合，这些著录项目或者表达专利技术信息特征，如发明名称、专利分类号、摘要、关键词等，或者表达专利法律信息特征，如申请日期、专利授权日期、专利权人等，同时还可以表达专利文献外在特征，如文献号、出版机构

等。著录项目所提供的信息是鉴别、检索专利文献的重要手段。为了便于专利文献的整理、贮存、检索以及国际交换，ICIREPAT 责成国际标准化组织（ISO）制定了一套专利文献著录项目识别代码国际标准，即 INID 代码。INID 代码共有八大项[①]：10 文献标志项目、20 国内登记项目、30 国际优先案项目、40 向公众提供使用（公布或出版）日期、50 技术信息项目、60 其他法定的有关国内专利文献的参考项目、70 与专利文献有关的人事项目、80 国际组织有关项目。每大项下又细分出不同数量的小项，每个项目均有固定的、各自的 INID 代码。这种具有国际标准性质的 INID 代码，方便了专利信息的确认、整理、交流。

三、专利国别标识的国际标准化

公布专利文献的国家和机构在 INID 中是第 19 项，各国专利局在著录国家或机构名称时，均采用了国际标准化组织制定的表示国家和地区名称的国际通用代码，如 CN 表示中国、US 表示美国、EP 表示欧洲专利、WO 表示世界知识产权组织等。这种国别代码的国际标准，还被广泛地应用于专利局出版的专利公报、专利检索工具之中，同时也被其他专利信息加工机构广泛采纳。

四、专利文献种类代码的国际统一化

由于专利审查制度存在差异，专利说明书的种类相当繁多，为了便于识别和管理，ICIREPAT 颁布了一系列统一代码来标识专利文献种类。例如，用于原始发明说明书的种类代码：A 代表第一次出版物，如美国专利说明书、中国发明专利申请公开说明书；B 代表第二次出版物，如早先的中国发明专利申请审定公告说明书；C 代表第三次出版物，如中国发明专利说明书。又如，用于实用新型说明书的种类代码：U 代表第一次出版物、Y 代表第二次出版物。再如，用于特定的专利说明书的代码：M 代表医

---

① 1997 年后，由八项扩充为九项。

药专利、P 代表植物专利、S 代表外观设计专利等。

五、专利文献分类的国际标准化

文献分类的标准化，是文献工作标准化的重要内容之一，同时也是文献工作者长期攻而难破的一项艰巨任务。例如在图书分类领域，尽管已经产生了诸如通用十进分类法（UDC）、杜威十进分类法（DDC）这样的有世界影响的分类系统，但图书分类法的国内标准化至今尚未实现，国际标准化更是远不可及。然而，国际专利分类法（IPC）仅仅经过不到 50 年的发展，便已真正成为国际通用的专利文献分类的统一性工具。目前，IPC 由 WIPO负责组织执行，已有 76 个国家和 4 个国际性组织采用国际专利分类法，按 IPC 进行细分的专利文献数量累计超过 2 300 万件，IPC 的版本也已发展到了第 6 版。用 IPC 分类号检索专利信息，已成为各国专利局、专利检索系统开发者、专利数据库生产者所编制的专利检索工具的重要检索途径。尽管美国和日本分别对本国专利分类体系有不同程度的偏爱或保留（例如，美国对其专利文献首先按照本国专利分类法进行分类，同时为便于国际交流而又标注上 IPC 分类号。又如，日本在其编辑出版的某些检索工具中仍一定程度地保留日本原先采用的有关专利的产业分类体系），但它们都在专利说明书及重要专利检索工具（包括数据库）中采纳了 IPC 分类系统。

另外，国际专利文献中心（INPADOC）组织开发建设并提供服务的 CAPRI 系统，已成为专利文献协作国际化的重要典范。CAPRI 系统即按国际专利分类法重新分类专利文献的计算机管理系统（Computerized Administration on Patent Documents Reclassified According to the IPC），始于 1975 年。WIPO 与 INPADOC 首先签订协议，根据协议精神，奥地利、德国、欧洲、日本等地专利局又各自与 INPADOC 签约，任务是将 PCT 规定的最低文献量中美国、日本、德国、法国、瑞士及苏联 1920 年以来公布的老专利文献全部按国际专利分类法进行一次重新分类。CAPRI 系统于 1988 年完成，共有约 1 600 万件老文献被重新分类。

六、专利文献分类工作的国内统一化

专利文献分类与一般文献分类的一个重要区别是，各种专利说明书在出版和公布时，在其扉页题录部分中都已标出专利分类号。这种专利分类号是在专利申请案进行形式审查时由审查员给出的，它既保证了专利文献分类的科学性以及在一个国家范围内的统一性，又节省了专利文献收藏机构信息人员的精力，为专利信息组织整理带来极大的方便。而这恰恰是图书情报工作致力于统一分类编目但长期悬而未决的难题。

七、专利数据库结构的相对规范化

专利数据库是计算机专利检索系统的重要组成部分。世界上著名的联机检索服务系统 DIALOG、QUESTEL-ORBIT、STN 等都提供一系列专利数据库供用户检索，因此它们构成了丰富的专利信息源。国内有关机构也已开发出一系列专利检索系统及专利数据库，如中国专利局自 1987 年以来相继开发成功中国专利管理系统（CPMS）、中国专利信息检索系统（CIPIS）、中国专利检索系统（CPRS）和 WPI-BS2000 世界专利文献检索系统。1993年，与 CIPIS 对应的光盘数据库及光盘检索系统 CNPAT 也开发成功。此外，中国科学技术信息研究所、北京文献服务处等单位也分别开发了包含专利数据库的信息检索系统。各种检索系统中专利数据库的著录项目数量、字段名称可能因国别、语种、开发者利益倾向不同而存在差异。字段代码也不尽相同，但不论国内还是国外的数据库结构中，主要的专利检索项的代码是基本一致的。如，AC：申请国；AN：申请号；AD：申请日；PN：公开/公告号；PD：公开/公告日；IC：IPC 分类号；PR：优先权项；IN（或 AU）：发明人；PA：申请人/专利权人；TI：题目；AB：

文摘；等等。尽管这种字段代码还未实现国际性、区域性标准化，但主要专利字段代码的上述规范化用法，方便了专利信息用户的跨文档、跨系统检索。

另外，为方便用户检索专利数据库，一些大型的检索系统规定了一系列系统内使用的标准格式。例如在 DIALOG 检索系统的所有专利数据库中，检索专利申请号的标准检索格式为 AN = CC NNNNNNNN（如：AN = US 68201）或 AN = CC YYNNNNNN（如：AN = GB 8331698）；检索专利号的标准检索格式为 PN = CC NNNNNNNN（如：PN = AR 202872）或 PN = CC YYNNNNN（如：PN = AT 8400271）；检索国际专利分类号的通用格式为 ANNA - NNN/NN（如：GO6FG - 015/66）；等等。这种标准检索格式的使用可在 DIALOG 系统中实现跨文档检索，因而有利于提高专利信息的检索效率。

通过以上分析不难看出，专利信息的组织整理不论是内容还是形式，均在很大程度上实现了区域标准化或规范化、国内统一化，甚至是国际标准化。尽管由于专利文献本身具有的艰深性可能影响到用户开发专利信息的效果，同时专利信息组织整理中的一些独特的方法和体系如 IPC 分类号、INID 代码等，可能不易于被用户较快掌握。但是毋庸置疑的是，正是上述专利信息整理工作的规范化、标准化才使得人们能够开发利用专利文献。文献工作者应当总结专利信息管理中的标准化建设经验，推动整个文献信息管理工作的标准化进程。

参考文献

［1］刘延淮. 中外专利数据库检索指南［M］. 北京：专利文献出版社，1997.

［2］赖洪. 专利文献［M］. 北京：专利文献出版社，1994.

［3］马海群，葛晓春，李松梅. 知识产权与信息管理［M］. 哈尔滨：黑龙江人民出版社，1997.

原载《情报科学》2000 年第 4 期，作者马海群。

论知识经济、知识管理与知识产权

经济合作与发展组织（OECD）在其《1996 科学、技术和产业展望》报告中指出："知识经济是指以知识资源的占有、配置、生产和使用为重要因素的经济。"这一定义既强调了依法对知识的占有进行界定是知识的生产、应用、传播得以实现的前提条件，又突出了知识的整序、配置在促进知识生产与应用中的重要地位。因而，探讨知识经济与知识管理、知识经济与知识产权、知识产权与知识管理之间的相互关系，对于推动知识经济发展具有重要的理论意义和实践指导价值。

一、知识经济与知识管理

知识经济的发展依赖于对知识的有效管理，下面略作分析。

首先，从宏观上看，知识管理是知识经济发展的重要动力。知识的生产率取决于知识的开发与传播，而不论是知识的开发还是传播，都必须以一定的知识库、知识交流机制以及知识实际应用为基础；知识管理正是一种通过知识整序并鼓励知识共享而实现知识创新目标的组织过程，其根本目的是运用集体的智慧提高应变和创新能力，进而推动整个社会知识经济的发展。相对完整的知识管理系统应由以下几个环节构成：（1）知识信息管理，即建立知识库（专家库、经验库、研究成果库、方法库、相关新闻库等），用以固化知识。（2）知识应用管理，即获取知识并应用于具体实践。（3）知识交流机制管理，即鼓励知识创造与共享，这需要建立一整套行之有效的挖掘知识的制度和方法。（4）知识财产管理，建立有效的知识产权管理机制。

其次，从微观上看，知识管理通过一系列核心功能的发挥，切实优化企业的商业活动。根据 OECD 的观点，知识经济中的知识可以划分为四类：知道是什么的知识，知道为什么的知识，知道怎么做的知识，知道是谁的知识。在这四类知识中，后两类知识的重要性在增加，它们成为自主知识产权的核心权项，成为知识产业化的基点，也将成为知识管理的重点。根据美国经济学博士、知识管理及有关商业和信息技术问题资深专家 Yogesh Malhotra 的观点，知识管理揭示了观念的转变，即从"信息价值链"转向"知识价值链"。"知识价值链"认为人力系统是最关键的组成部分，只有人们不断地认识和评估技术系统提供的信息，才能够更好地实现组织目标。没有人力的主动参与，所谓的"最佳方案"也不会被施行。由此可见，积极开发人力资源，掌握并运用第四类知识，是知识管理的核心功能与重要任务之一。实现知识共享则是知识管理的另一项核心任务与功能。当个人或小团体的知识转变成公司的知识后，共有的知识由这个企业共享并恰当地使用，才有可能创造出新的知识，形成知识生产的良性循环。

再次，知识管理既是一种策略和思想，又是一种可操作的技术。作为一种新的管理方式，知识管理必须建立一定的机构，包括知识管理的负责人、知识库、负责知识管理和流转的知识中心、计算机网络及协同工作软件的技术基础、智力资本管理队伍、有利于知识共享和增值的文化氛围等。而作为一种技术，知识管理应当具有较强的操作性，即在工程上和生产中把知识管理落实到技术层面。

二、知识经济与知识产权

知识经济是一种信息密集与智力密集的经济，它与知识产权制度存在着天然联系。知识的占有与法律确认，知识与信息的传播与管理，都可以说是知识经济的核心问题，同时也是知识产权制度的中心任务。因此，知识产权制度是促进知识经济发展的保障。

（一）知识经济是知识产权变革与发展的基础

知识产权的保护建立在一定的法制基础上，生产关系和生产力共同决定着知识产权法的性质、内容和发展程度。Theodore Roszak 说："法律试图跟上技术的发展，而结果总是技术走在前头，这几乎是一个永恒的规律。"因此，知识产权法不能成为知识经济发展的障碍，而应当在适应知识经济发展中不断修改和完善。不仅如此，经济、技术的飞速发展还将导致知识产权制度的巨大变化，全球一体化的发展进程已经给知识产权提出了一系列新的理论与实践问题；技术进步尤其是以因特网为代表的信息技术的广泛应用，引发了知识产权的巨大变革，如人们法律意识的转变、法律内容的深度和广度延伸、法律实践发生变革（如新的名词术语、新的司法手段等）及法律表现形式发生变化等。这一系列变化实际上是在知识经济大发展的背景下，知识产权的自我调整。也可以说，知识经济的发展使知识产权的客体日益丰富，知识产权成为整个法律机制调整和规范的财产重心。

（二）知识产权为知识经济的发展提供条件和保障

一方面，知识产权法对于知识经济的宏观发展和微观运行具有多种作用。一是引导作用。知识经济经历着复杂的生产分配与消费过程，为使人类的智力活动得以延续和良好激发，必须对智力活动成果的归属进行明确而合理的界定，引导知识的生产、应用和传播，如果不在法律上对知识的所有权加以界定，那么就不可能最大限度地占有市场，竞争力也就大大下降。相对有形物品来说，知识与信息具有突出的无形性特点，更需要一种与之配套的法律体系来界定知识的归属及相关权益问题。知识产权制度就是界定知识的占有即知识归谁所有的一种法律制度，如果没有知识产权制度，就会导致知识资产的生产缺乏动力，并导致整个知识资源短缺，从而影响知识经济的发展。二是制约作用，即防止自发性、盲目性等非有序化倾向和强调本位物质利益的消极因素。三是调节作用。知识产权法在规范与调节知识经济微观运行方面的作用可以包括：确认经济活动主体的法律地位，调整经济活动中的各种关系，解决经济活动中的各种纠纷，维护正常的经济秩序等。四是表现作用。知识产权的拥有量已成为衡量一国或一地区知识经济发展的重要标志，越来越多的国家和地区已明显感到，仅有知识创新成果还不足以发展本国和本地经济，知识成果只有在取得知识产权保护后，才能成为自己独特的竞争发展优势。

另一方面，知识经济的发展必须以相对完善的知识产权法制为保障。知识经济的发展需要具备一定的社会结构，包括理性化的文化、民主化的政治、市场化的经济、完备的科技法律、先进的科学技术、现代化的教育水平及高水平的国民素质。知识产权法即是一种重要的科技与经济法律。我们常说，知识经济应当是法制经济，其中包含两重含义：一是知识经济必须以法律体制作保障，因为知识要素转化为知识资本的实现手段之一是知识要素生产传播的法律化和制度化。二是与工业经济相比，知识经济对调整知识生产、利用关系的知识产权法有着更高的要求。在知识经济的知识构成中，创新知识最为关键，而创新知识的作用的发挥，必须以明确的产权为前提，这就要求建立包括知识产权保护在内的一系列制度。此外，知识的扩散和利用是以交易为基础的，在知识的交易中，知识产权始终伴随着知识进行交易，并在产权主体之间进行传递，因而知识的扩散与利用需要知识产权制度作保障。

（三）知识与信息成为商品和竞争的关键要素

知识经济的重要特征在于知识与信息成为重要的商品和竞争要素，而知识产权制度的一个重要功能是促进知识和信息的传播。在现代知识产权制度下，除商业秘密这种未公开披露的信息外，知识成果尤其是技术发明都是以文献形式迅速向社会公开，让广大公众了解，这是知识产权制度的要求。知识成果信息，对知识的创造具有极为重要的作用。例如，在知识创造立项前如能充分利用相关的信息，就能准确地把握国内外的科研与技术发展现状，提高知识创造的起点。又如，在知识创造立项后，注重进行知识产权的信息检索与研究，就能及时调整自己的研究或生产方向。因此，知识成果及其产权的信息，已经成为现代化企业乃至国家开展商业竞争与国际竞争的重要武器。

综上所述，知识产权制度既要适应知识经济发展的需要，又要为知识经济的快速发展提供切实保障。因此，应当全面实施和推进知识产权战略，切实提高知识产权制度的运行效率。

三、知识管理与知识产权

从以上所述可以看出，不论是知识库的构建与知识共享，还是人力资源开发及知识管理技术的具体实施，都必须明确知识的拥有者、加工处理者、使用者、管理者、操作者等各方的权益和责任。也就是说，知识管理需要知识契约，我们应当关注知识管理的合法性。笔者试图从以下几方面分析知识管理与知识产权之间的互动关系。

（一）二者以推动知识创新为共同目标

知识经济的核心是知识，知识的核心是科学技术，科学技术的核心是创新，因而知识经济的本质是知识创新，企业知识创新则构成国家知识创新的重要基础。不论是知识管理还是知识产权，都以促进企业知识创新活动为主要目标，因而二者在努力方向上具有一致性，只是功能和途径存在差别。一方面，知识管理通过开发智力，促进知识共享，进一步激发企业员工的智力创造活动，从而产生更多新的知识，实现知识创新。另一方面，知识创新意味着新知识、新发明、新技术的涌现，这些知识创新只有在法律上获得合法产权，形成知识产权并得到保护，知识经济所需要的良性知识创新机制才能健康运行。但是，知识管理和知识产权在推动知识创新活动中又不是相互孤立的，而是交织一体、相互作用的，这既表现为知识管理过程实际上即是构造知识契约的过程，又可通过二者的一系列相互促进、相互协调关系来反映。

（二）知识管理构造知识契约的过程

知识管理系统化过程事实上内含了构造知识契约的过程，而知识契约的确定，是知识产权机制建立的重要基础。这一过程主要包括以下几个关键环节。

1. 明确企业的知识结构。首先应评价企业的商业环境、发展目标、员工状况，以确定企业知识管理的方向与知识储备的结构与水平，在明确企业发展所需要的知识结构的基础上，寻找知识的主体、获取的方法和更新的内容。

2. 确定汲取知识的方法。知识可以划分为隐性知识和显性知识，企业知识管理者通常通过信息的搜寻、开发式的交流、逆向工程、竞争实战、项目反馈及外部参照等方法，系统地获取外部知识，并以文档、数据、表格等形式表示显性知识体系，以经验、体会和突破性的思想、观点等形式表示隐性知识体系。

3. 签订知识契约。在大多数企业中，知识的拥有、使用、传播等许多问题目前尚未明确。比如：员工的知识可否被企业拥有或租用？谁目前拥有或曾经拥有员工的知识使用权？当员工为客户提供服务时，他们的知识属于谁？一般认为，企业文件和信息系统中的知识属于企业，可以和员工共享；然而，当员工流向新的企业或临时员工使用这些知识时，这时知识又属于谁呢？知识作为企业中的一种宝贵资源，应当以一定的契约形式加以界定和明确，知识产权由此构成知识管理中的一个关键问题。

4. 共享知识。企业通过培训、通信、媒体、交流、工作会议等方式进行知识的传递和共享，知识共享能够为组织节约开支，并创造巨大的财富；但知识共享必须建立在尊重知识产权的基础之上，尤其应当重视对隐性知识的处置。许多企业管理者都认识到知识共享是应该奖励的行为，而这种奖励的基础是对可以共享的知识资产的确认。至于对员工创造的知识资产给予知识产权还是其他形式的奖励，则可协商选择。

（三）知识管理与知识产权的相互促进与相互协调

首先，知识管理对知识创新有着重要的激发作用，并推进了对知识产权的保护。正如前面所述，知识共享是知识创新的加速器，但在实现知识共享时应注意权级限制问题，以保护客户的商业秘密和公司的核心机密。如公司数据库目录可以全部开放，但如果需要详细资料则必须经过授权。

其次，人们的思考成果属于谁？是否有人有权迫使员工公开他们的思考成果呢？如果认为知识是一种"实物资产"，那么知识管理就非常容易。按照企业的知识是存储在企业界中的一切的认识，则命令某一员工输出他的知识以便其他人使用似乎是合情合理的，与知识管理有关的绝大多数管理人员、咨询人员和研究人员都持这种观点，大多数知识管理的实际操作也以此为依据。但事实上，员工头脑中的知识只是个人认识过程的体现，而不是一种实物资产，难以套用实物管理方式。因此，应注重知识管理中的柔性管理、个性化管理，并结合一定的激励机制，既尊重个人的知识产权，又达到知识共享的目标。激励机制有利于稳定人才和鼓励企业员工的知识与技术创新，其中包括企业内部员工技术创新呈报制度、企业员工技术创新奖励（包括分配股权奖励）制度等。

（四）知识管理中的知识产权

知识管理与知识产权的关系大致可归纳为两个方面：一是知识管理组成部分的知识产权的管理，二是知识管理实施中涉及的知识产权的保护。具体来说，包括以下几个方面。

1. 知识产权（知识资产）战略管理。企业知识产权战略管理的重点是理顺并解决企业知识产权归属关系，保管、收集界定知识产权归属的证据，以实现知识产权的有效保护，其任务包括：对知识产权项目系统化并分析其使用情况，主导知识产权项目，对知识产权实施法律保护，推动知识产权商业化，等。在充分考虑企业营销战略、销售市场、竞争环境、活动领域等影响因素的基础上，有必要建立以下几种知识产权管理制度：由企业出资建立的条件完善的知识产权归属管理制度；企业的技术开发档案（资料、文件）管理制度；企业知识产权的保密、保安制度；企业使用知识产权的管理和奖惩制度；企业知识产权产品销售和分销的许可证和保密制度；等。知识管理机构或知识产权管理机构的具体工作内容应包括：实施技术成果中的知识产权管理；整理开发文档、资料文件，保管企业完成的知识产权存储介质；决定企业智力成果的保护方式；就企业智力成果办理专利、商标申请和软件版权登记；对企业技术秘密采取保密措施；等。

2. 智力资本管理中的知识产权。在知识经济时代，智力资本（如知识技术诀窍、非编码信息等）已成为比物质资本更重要的企业资源。由于智力资本是"主动资本"，其输出和效率取决于主体的积极性与主动性，因而不能强迫只能激励，从而促进更多智力资本的产生。知识管理的目标之一是捕获和利用员工所知道的事情，即进行智力资本的收集与加工，以便利用。但这种捕获、利用是否合理合法？是否涉及员工的版权与隐私权？这些都是企业管理者需要慎重对待的问题。可以考虑采用一定的智力资本化运作手段（如按知识付酬），变相地购买个人的知识产权；也可以考虑采取赋予智力资本拥有者一定的科学荣誉的办法，促使智力成果转移到企业。

3. 知识管理技术的知识产权。知识管理技术的实现以信息技术为基础，如因特网、企业内部网和外联网、数据库管理系统、传播技术、推送技术、数据处理技术、文献管理技术、信息查询与搜索引擎技术及电子出版技术等等。企业对自我开发的这类技术，应当通过申请专利等形式，及早取得知识产权保护。

在电子商务世界中，知识管理技术（包括硬技术和特定的软技术）专利权将成为在网络中参与市场竞争的重要手段。

4. 知识管理文档的知识产权。企业知识管理过程所形成的各类文档和知识库，都具有数据库的特征，其中许多还涉及本企业的商业秘密，应当及时进行软件登记或采取恰当手段加以合理保护。另外，对企业大规模知识库中的知识进行价值评估，与知识产权密切相关，同时还与对贡献知识的员工的奖励机制密切相关。因而对知识管理文档实施有效的知识产权保护，既是尊重知识和人才的新型价值观，又是企业日益重视的一种商业化操作模式，它必然成为提高企业创新能力的重要因素。

参考文献

[1] 邱均平，岳亚，段宇锋. 论知识经济中的知识管理及其实施 [J]. 图书情报知识，1999（3）：9-13.

[2] 李佳. 关于"知识经济"基础的若干问题 [J]. 中国软科学，1999（3）：71-73.

[3] 小胡. 学习与忘却——关于知识管理、知识组织和知识工人 [J]. IT 经理世界，1999（7）：62-63.

[4] 刘慧. 走进知识管理 [J]. IT 经理世界，1999（7）：58-60.

[5] 郭晋华，刘湘明. 寻找知识管理 [J]. IT 经理世界，1999（6）：28-36.

[6] 李龙. 法理学 [M]. 武汉：武汉大学出版社，1996.

[7] 段瑞春. 关于现代知识产权问题 [J]. 中国软科学，1999（3）：5-9，26.

[8] 李京文. 试论知识经济的基础与灵魂——知识经济与软科学（下）[J]. 中国软科学，1999（1）：71-72.

[9] 李富强，关忠良，张景曾，等. 知识经济与信息化 [M]. 北京：社会科学文献出版社，1998.

[10] 高远洋，陈良猷. 智力资本参加分配是知识经济的必然 [J]. 中外管理，1999（4）：52-53.

［11］申明. 知识资本运营论［M］. 北京：企业管理出版社，1998.

［12］陈锐. 知识管理的实现思路与实现技术［J］. 图书情报知识，1999（1）：10-13.

原载《图书情报知识》2000 年第 2 期，作者马海群。

加强知识产权信息管理
促进知识经济快速发展

知识经济的蓬勃发展，需要以坚实的法律为基础，同时也需要以丰富的信息资源为主要动力。知识产权制度兼有法律和信息资源的双重功能，我们不仅应关注有关智力成果保护的知识产权法律法规的制订和完善，而且应重视研究知识产权信息及其管理，从而推动知识经济深入发展。

一、知识经济与知识产权

知识经济是一种信息密集、智力密集的经济，它与知识产权制度二者之间存在天然联系。知识的占有与法律确认、知识与信息的传播与管理，都可以说是知识经济的核心问题，同时也是知识产权制度的中心任务，因此知识产权制度是促进知识经济发展的法律保障。

（一）知识的占有与法律确认

1996 年经济合作与发展组织在其《1996 年科学、技术和产业展望》报告中指出："知识经济是指以知识资源的占有、配置、生产和使用为重要因素的经济。"这一定义强调了对知识资源的占有问题。知识的生产、应用和传播，其得以实现的前提条件是要依法对知识的占有进行界定，如果不在法律上对知识的所有权加以界定，那么就不可能最大限度地占有市场，竞争力也就大为下降。相对有形物品来说，知识与信息具有突出的无形性特点，需要一种与之配套的法律体系来界定知识的归属及相关权益问题。知识产权制度就是界定知识的占有即知识归谁所有的一种法律制度，因此，知识产权和知识经济有着一种天然的联系，知识经济的发展，必须以知识产权制度为法律基础。

（二）知识与信息成为商品和竞争的关键要素

知识经济的重要特征在于知识与信息成为重要的商品和竞争要素，而知识产权制度的一个重要功能是促进知识和信息的传播。在现代知识产权制度下，除商业秘密这种未披露过的信息外，知识成果尤其是技术发明都是以文献形式迅速向社会公开，让广大公众了解，这是知识产权制度所要求的。这些知识成果信息，对知识的创造具有极为重要的作用，而在知识创造立项前如能充分利用相关的信息（主要是对专利文献进行检索），就能准确地把握国内外的科研与技术发展现状，如此不仅能避免重复研究生产，而且能提高知识创造的起点。而在知识创造立项后进行知识产权的信息检索与研究，还能及时了解竞争对手的情况，及时调整自己的研究生产方向。因此，知识成果及其产权信息，已经成为现代企业乃至国家开展商业竞争与国际竞争的重要武器，实际上也成为传统企业向知识型企业转化的关键因素。

（三）知识产权信息是知识经济的重要信息资源

知识产权制度发展演变至今已有数百年的历史，它在促进市场经济发展方面的法律功能已被人们深刻认识和体会，但知识产权的社会信息资源功能并未被人们充分重视和挖掘，相对制约了知识产权制度社会作用的有效发挥。事实上，在知识产权制度运作过程中，伴生着丰富而独特的信息资源。据统计，截至1996年底，全世界专利文献总量已达到4 500万件，且每年以超过100万件的速度增长；在我国，1998年商标注册量达15.7万件，各年专利申请量已累计达到86万件且在20世纪末有望超过100万件。此外，我国乃至全球每天都产生着大量的未披露的商业信息、科学与文学作品及其他种类的人类智力成果。这种专利文献中所包含的新发明、新创造、新设计信息，以及注册商标所反映的商品新标记信息、有价值的商业新信息、科学与文艺创作新成果信息、受法律保护的知识创造客体信息、知识创造者的主体信息、有关知识成果的贸易信息、表征权利归属范围的信息等，实际上组成了一个新的集合概念，即知识产权信息。人们在经济生活、法律生活、文化生活中通常使用的，都是各种具体知识产权的信息，如专利信息、商标信息、著作权信息，而知识产权信息是对这些具体知识产权所包含的信息的哲学概括和升华，是对专利权、商标权、著作权等发生、发展过程中产生的信息的抽象规定。它不但有利于人们确认知识产权的客观存在方式和状态，有利于完善知识产权结构及内容体系，而且为知识经济的发展提供了一类重要的信息资源。

因此，要发挥知识产权的信息传播功能，促进知识经济的快速发展，就要在理论上建立知识产权信息资源体系学说，并在实践中加强知识产权信息管理。

二、知识产权信息的内涵与功能

知识产权信息是表征知识产权属性的信息，这种属性既包括知识产权作为整体的属性，又包括知识产权内各种具体智力成果权的属性。同时，知识产权信息又是表征知识产权保护主体与客体内涵的信息，它具体包括：权利人信息、权利状态信息、专利信息、商标信息、著作权信息、技术合同信息、涉及知识产权业务的竞争信息等等。因而，知识产权信息是关于知识产权保护客体内涵的信息，同时又是有关知识产权权利的信息。探讨知识产权信息的内涵、功能是为建立知识产权信息资源学说奠定理论基础，同时，在充分开发利用这种信息资源的基础上推进知识经济的发展。

（一）知识产权信息的内涵

知识产权信息涉及知识产权保护主体、智力成果客体、许可证贸易、行政管理等方面，因而它有着十分丰富的内涵，例如：（1）人类认识信息。知识产权保护客体涉及人类科学技术、文学、艺术、商业活动，是有关人们在这些领域从事智力劳动所创造的认识成果，因而知识产权信息首先是人类有关科技、文学、艺术、商业活动的认识信息。（2）知识产权法律信息。知识产权信息基于法律活动而存在，因而它必然表现出法律活动的存在状态，如识别作品、作品的作者、对作品拥有任何权利的所有人的著作权信息，或有关作品使用条款的著作权信息，它可以起到向公众声明其权利又便于公众合法地使用其作品的作用。（3）知识产权贸易信息。如：知识产权贸易主体信息、知识产权贸易标的信息、知识产权贸易方式信息、知识产权经营规则信息、知识产权价值计量信息等。

（二）知识产权信息的功能

知识产权信息对于技术贸易、经济交往、社会生活等各个方面都具有重要的价值和功能，例如：（1）显示功能。人们正是通过知识产权信息来认识知识产权，认识它在社会经济生活中的重要作用，同时利用知识产权信息促进技术开发与转移，促进商品销售与扩散，促进市场公平竞争，促进文化全球传播。（2）认识功能。知识产权信息的产生与发展，依赖于人类认识能力的提高，知识产权信息的传播与利用，反过来又拓宽了人类的认识范围，增加了人类的认识深度。例如人们借助于开发知识产权信息，可以充分地认识技术发明的新进展、技术水平提高对社会的重大意义，可以充分了解人类精神领域在对自然界和人自身的认识过程中已达到的深度和广度，可以借鉴他人创作成果，促进新的智力成果的进一步开发并结出新的硕果。（3）信息资源功能。信息资源已成为信息化社会中重要的人类资源之一，信息资源开发水平将影响甚至决定着经济的增长速度，因而信息资源已成为各国政府关注的热点问题。知识产权法律保护制度促进了知识产权信息资源的产生，并大大丰富了整个社会信息资源的种类，增加了其数量。专利信息、商标信息向人们展示了独特的信息资源类型，著作权信息资源则大大刺激了人类的科技、文学、艺术创作。（4）法律功能。知识产权信息在很大程度上可以说是一种法律信息，它有助于人们从事知识产权相关的法律活动。例如，在知识产权的申请、审查、获取过程中，在知识产权合同买卖中，在知识产权纠纷解决中，人们往往都需要开发与利用知识产权信息，以主张自己的权利、维护自己的利益。（5）凭证功能。知识产权信息很大一部分以文献信息的形式存在（印刷型文献、数据库、多媒体等），文献信息具有重要的凭证功能，人们可以据以确定法律事实，解决法律争端，打击侵权行为。商标文献、专利证书、专利权利要求、已出版或发表的作品等，不论是印刷型的，还是数字化、电子化的，都具有这样的凭证功能。（6）咨询功能。信息咨询逐步成为服务业乃至整个第三产业的核心智力行业，信息咨询业的重要支持条件之一即是具有专门化的信息源。知识产权信息可以帮助人们完成各种智力创造活动，如技术开发与改造、产品设计、商标设计、文学艺术创作等，因而它具有独特的咨询功能。（7）教育与娱乐功能。知识产权信息中丰富的内涵可以培养人们的创造意识、创造能力、创造水平，同时艺术性商标、文学艺术作品可供人们欣赏和娱乐，通过知识产权信息，人们可以得到较深刻的教育和充分的艺术享受。

三、知识产权信息管理的重要环节

为了合理开发利用知识产权信息资源，强化它标示法律状态的作用，并以此推动知识经济的发展，应对知识产权信息进行有效的管理。在实际工作中，知识产权行政管理机关、信息管理机构、舆论宣传机构等应当相互协作，重点抓好以下几个环节的工作。

（一）鼓励知识产权信息的生产

由上可知，知识产权信息是一类内涵丰富、功能多样并深刻影响社会经济与文化进程的重要信息资源，因此应当大力鼓励知识产权信息的生产，增强知识经济发展的动力。针对知识产权信息的主要生产来源（既包括直接生产者——智力成果创造、创作、设计主体，又包括间接生产者——国家或区域组织的专利局、商标局以及信息检索工具、数据库的生产与加工者等），应采取制度规范、舆论导向等各种措施来提高知识产权信息的产出量。从制度层面来看，知识产权保护制度本身即是有效刺激知识与信息生产的法律制度，但一方面，随着信息技术的发展和网络化进程的加速，传统知识产权法律制度必须更新并丰富，以满足网络化环境下有效保护知识产权的现实迫切需要，另一方面，只有制定与知识产权制度相配套的出版制度、奖励制度、产业体制等，才能推进知识产权信息的生产进程。从舆论导向上看，由于知识产权信息的产出速度受到法律保护观念、意识、觉悟等方面的影响，因而必须大力宣传知识产权的法律功能与信息资源功能，增强全社会的知识产权保护观念及合理开发利用意识。

（二）重视知识产权信息的组织加工

知识产权信息的组织加工主要是将各种知识产权所涉及的人类智力成果分门别类地加以整理和组织，以便用户能够按照一定的途径检索到这些知识产权所保护的客体。

（1）分类规范。从内容角度对知识产权保护客体进行分类处理，以便申请者、管理者和用户等各方使用，是目前各专利管理机关的一种共同选择。针对专利发明、工业品外观设计、商标和商业服务等不同的知识产权客体，许多国家都编制了一定规模的分类工具，甚至出现了一系列国际性的分类规范，例如《国际专利分类斯特拉斯堡协定》《商标注册用商品和服务国际分类尼斯协定》《建立商标图形要素国际分类维也纳协定》《建立工业品外观设计国际分类洛迦诺协定》等。尽管这些分类规范主要是供申请者和审查者在请求或审查权利保护范围时使用的，但它们实际上也可用作知识产权信息的分类组织工具。

（2）数据库。为便于人们利用计算机来检索各种知识产权信息，各国专利局及商业信息机构已经编制和建成了多种形式的专利数据库、商标数据库和版权管理数据库。在国际联机检索系统中，如 DIALOG、STN、QUESTEL-ORBIT 等，知识产权类数据库占据着重要的地位；在迅速发展并被广泛应用的因特网中，专利、商标、版权、商品、服务、企业类数据库，也成为当今社会人们获取经济、贸易、商业、科技信息的重要来源。因此，有必要更广泛地整理知识产权信息，并按照更严格的规范对其进行加工，以便生产出更多更好的知识产权类数据库，推动经济与社会发展。

（三）提高知识产权信息的检索技能

由于知识产权信息，尤其是专利信息具有较强的综合性和专深性，因而知识产权信息检索，特别是计算机检索工作，目前仍然由专业检索人员承担或协助完成。但随着知识产权信息数量的增多、检索工具或数据库的多样化，同时由于经济与技术活动与知识产权的联系日益紧密，不仅信息检索工作者必须不断强化各种数据库的检索技能，信息用户也有必要培养和提高知识产权信息检索技能，以有效满足自身信息需求。

（四）扩大知识产权信息的传播渠道

尽管知识产权早已成为社会热点问题，但由于其专业性较强，因而仍有必要在全社会范围内扩大知识产权信息的宣传与传播渠道，进一步增强用户的知识产权获取、保护、开发利用意识。在网络环境下，随着信息用户对网络信息资源依赖性的增强，应当大力宣传有关知识产权信息方面的主要网站，如中国专利信息网（http：//www.patent.com.cn）。

（五）强化权利管理信息的保护

呈现权利管理信息是版权人采取的权利保护与标示措施，在非网络环境下，它主要起着显示作品法律状态的作用，如作品的作者信息或有关作品使用的条款和条件的著作权信息等，它既可以向公众声明其权利，又便于公众合法地使用其作品。在网络环境下，权利管理信息都是电子形式的，它被嵌在电子文档中随同文件一起传送到用户终端，主要也起着标示权利人及作品状态的作用，但借助因特网它同时还具有一些其他功能，由于电子形式的权利管理信息很容易被非法修改，因而网络中的这种信息急需法律保护。美国 1995 年的白皮书建议对电子形式的权利管理信息给予法律保护，世界知识产权组织专家委员会在向 1996 年日内瓦外交会议提交的实质建议中，也采纳了美国的上述建议，并由此形成日内瓦会议的两个条约《世界知识产权组织版权条约》（World Intellectual Property Organization Copyright Treaty）和《世界知识产权组织表演和录音制品条约》（World Intellectual Property Organization Performances and Phonograms Treaty）中关于权利管理信息的条款。当然，应当注意消除因特网中权利管理信息具有的查找侵权行为、监控用户使用的功能而产生的负面影响，如，可能会侵犯用户的隐私权、可能会破坏《保护文学和艺术作品伯尔尼公约》的自动保护原则等。权利管理信息在我国版权保护中是一个全新的问题，但我国实际上存在一种由《出版管理条例》《电子出版物管理暂行规定》[①] 所派生的"行政管理信息"，其主要目的是查处非法出版物、制止倒卖书号、制裁盗版活动。尽管这种行政管理信息不是出版者为了保护自己的管理权利而采取的措施，但是有必要在此基础上设立关于权利管理信息的保护制度，在法定信息中加入更多的权利管理信息的内容，从而更有效地保护我国版权人的电子版权。

此外，加快知识产权信息的商品化步伐、建立适应新环境的知识产权信息管理网络（尤其是专利实施信息反馈网络、反盗版信息网络、商标侵权监测信息网络等），将成为知识产权信息管理工作者的重要历史职责，它也必然成为整个国家知识产权管理发展战略的重要环节。通过对知识产权信息的有效管理与开发利用，知识产权制度将更加完备和有效，知识经济的发展将获得更

①　1998 年《电子出版物管理规定》施行后，《电子出版物管理暂行规定》予以废止。

强大的动力和更可靠的保障。

参考文献

［1］马海群，葛晓春，李松梅. 知识产权与信息管理［M］.哈尔滨：黑龙江人民出版社，1997.

［2］邹忭. 修改著作权法面临的信息技术问题［N］. 光明日报，1999-04-07.

［3］刘延淮. 中外专利数据库检索指南［M］. 北京：专利文献出版社，1997.

［4］薛虹. 因特网上的版权及有关权保护［M］//郑成思. 知识产权文丛（第1卷）. 北京：中国政法大学出版社，1999.

［5］天武. 你注意到知识产权中所蕴涵的信息了吗？［J］.电子知识产权，1999（5）：2.

原载《知识产权》2000年第3期，作者马海群。

黑龙江省信息化建设的重中之重

——论开发建设有特色的电子信息资源网络

在国内外信息化发展热潮的推动下，黑龙江省已将信息化建设作为全省"二次创业、富民强省"的重大战略措施，纳入全省国民经济和社会发展总体规划——《黑龙江省信息化"九五"规划和2010年远景目标纲要》（已于1998年6月制定完成并公布）。但是，重硬件、轻软件，重有形技术网络建设，轻内在信息资源网络开发的倾向，在我省普遍存在，需要加以调整。因此笔者认为应重视特色信息资源的开发管理，将有特色的电子信息资源网络建设列为全省信息化建设的重中之重。

一、电子信息资源开发的战略意义

美国投入巨资兴建信息高速公路的目的是从整体上充分实现全国的信息资源共享，并实现信息扩张，以信息资源优势获取控制全球发展进程的优势。因此，美国信息高速公路的构成要素中，信息资源占据首位。而且现实情况表明：由于历史和技术的原因，在今天的因特网上我们所看到的90%以上的信息都是英文构成的，中文信息极其缺乏。因此有人惊呼："全球信息化"是否会成为"全球西方化"甚至"全球美国化"？

我国有识之士也已充分认识到信息资源在信息化建设中的重要地位和至关作用，并提出了许多精辟的观点。如：

（1）全国信息化工作会议上专家们提出，信息化建设有六个要素，首位是信息资源的开发建设。

（2）有人提出，信息资源是软黄金，信息资源建设是信息化的核心内容，是信息化中具主导性、永久性的要素和不变的主旋律。

（3）许多人已经认同，信息技术网络同信息资源的关系是"路"和"车"、"车"和"货"的关系，没有信息资源或缺乏吸引用户的信息资源，信息高速公路将陷入瘫痪状态。

（4）也有人提出，信息资源的开发利用是信息化建设的核心，因为所谓信息化就是要加强信息技术的推广利用、加速信息产业的成长与发展、扩大信息活动的规划与作用、统筹信息基础设施的建设与运作，最终促进信息资源的开发与利用。

由此可见，电子信息资源网络建设在整个信息化建设当中起着决定性的作用，具有终极目标的意义。

二、黑龙江省电子信息资源网络建设现状

电子信息资源网络的建设以信息系统为框架、信息数据库为结构、动态更新的信息流为主体。我省的电子信息资源网络建设已取得一定成就，但也存在不少问题。

例如，黑龙江信息港自始将打造信息资源网作为建港的核心内容，本着广联、共建的原则，已与 130 个单位合作开发了 90 多个专业信息库，共建专业信息网 8 个，开发各行业信息应用系统 40 多个，初步形成了我省信息资源与信息产品的集散地。但不少数据库及信息系统中缺乏动态实用型信息，尤其缺乏特色信息，强大技术支撑下的信息网络系统，仅能发挥档案数据库的功能。

黑龙江省科委系统的信息资源网络建设也已形成一定规模。如黑龙江省科技信息中心建设的科技信息网络系统（简称"龙网"），可以为用户提供"黑龙江省百万科技人才数据库""黑龙江省机械产品企业数据库"等地方信息资源检索与咨询服务。"黑龙江省在研项目基本情况数据库"等处于开发之中，但由于资金不足，数据库更新较慢。

再如，中国经济信息网（CEInet）黑龙江区域网、哈尔滨区

域网，在黑龙江省信息中心、哈尔滨市信息中心的合作下，已在我省开通运营。以信息资源网建设为中心的哈尔滨信息网（HRBnet）已进入运行阶段，并分为政府版和国际版两部分。哈尔滨市科委的哈尔滨科技信息网（HrbInfo）也已投入使用，并成为中国信息网（ChinaInfo）的一个地方节点。但它们的社会影响和市场吸引力都有待提高。

此外，其他信息机构如图书馆等也已开发出一定规模的、但主要是供系统内部使用的信息系统及书目数据库。

概而言之，我省电子信息资源网络建设方面存在着以下问题：科技类数据库多、商用数据库少；数据库产业缺乏规划和管理机构；软件开发力量薄弱；地方性特色信息资源少；电子信息资源建设缺乏重大建设项目和投资；政府机关、图书馆等拥有的大量印刷型信息资源亟待转换成电子型。而其中最大的问题在于：并未真正充分认识到电子信息资源网络开发的重要性及其在信息化进程中的关键作用。因此，必须强化政府干预行为，加大投资，并把建设有特色的电子信息资源网络作为我省信息化的工作重心。

三、特色电子信息资源的构成与开发难点

之所以把特色信息资源开发建设作为信息化和信息产业发展的重中之重，原因在于：（1）在软件开发及一般性、综合性信息资源的开发方面，我省已取得一定的成果，但尚未形成足够的优势，必须加大投资，尤其是软件园的长期、稳定的建设投资；（2）特色信息资源首先是中文信息资源，而中文信息资源目前是信息产业中的薄弱环节；（3）信息技术可以购买，中文信息资源只能靠自己开发，同样道理，黑龙江省的特色信息资源只能靠我们自主开发建设；（4）在一体化、全球化信息网络环境中，只有特色信息资源网络才能在国际国内交往中争得一席之地；（5）一个国家或地区的信息化和信息产业，本身应具有鲜明的

人文特色，而这种人文特色只有通过实质性信息内容才能深刻地表现出来，这种实质性信息内容则主要是特色信息资源网络开发建设的重点。

我省应加大信息资源建设投资力度，并把开发特色信息资源作为建设我省电子信息资源网络的主体工程。这种特色信息资源应包括：

（1）地方性信息，即能反映地区政治、经济、文化、科技、生活等领域活动的信息；

（2）有地域特色的信息，如反映东北亚经济发展特色的、反映对俄对东欧经济贸易特色的信息；

（3）支持地方主导经济的信息，如农业信息、旅游信息、大型国企改革信息等。

我省的特色信息资源网络建设事实上已经起步，如黑龙江省信息港开发建设的黑龙江旅游信息网，它们将成为我省电子信息资源的拳头产品。

同时我们也应当充分认识特色信息资源开发建设中的难点：第一，我国信息资源开发面临的"五多五少"问题在我省的表现尤为突出，即原始信息多、加工整理少，孤立分散的多、交流共享的少，印刷形式的多、电子形式的少，为政府宏观服务的多、为企业微观服务的少，静态的信息多、动态的信息少。第二，信息资源开发实际上是智力开发，因其领域不同而具有较强的专业性，需要一大批业务素质好的信息专职人员，而我省十分缺乏这种人才，因此应加大信息资源管理人才的培养工作。

四、黑龙江省电子信息资源网络建设的几个重点对策

（一）加强政府行为，统筹规划和管理信息资源网络的建设

由以上分析可以看出，我省的信息网络建设已经蓬勃兴起，为避免重复建设造成国家资金的大量浪费，政府机构应加快改革的步伐，组建我省信息资源网络的统一管理和规划部门。

（二）打破条块分割，合作开发面向社会需求的信息网络

特色电子信息资源网络的建设，必须打破条块分割界限，在风险共担、利益共享的原则下，由社会各有关单位共同参与、合作攻关。另外，社会需求的眼光应当放得长远一些，不应仅限于本省。只有当其他地区甚至其他国家的需求日益增多时，我省的电子信息资源网络才能真正形成自己的特色。

（三）加大倾斜力度，扶持电子信息资源网络建设立项

在我省"九五"期间信息化投资中，信息基础设施投资比例达93%以上，而信息资源网络建设投资没有明确比例，实则微乎其微，很难体现出我省信息化建设对信息资源开发建设的切实重视。因此应当对电子信息资源网络建设项目单独立项，或明确资助比例，并在未来发展规划中加大倾斜力度，从资金上根本保证我省特色电子信息资源网络建设的顺利开展。

（四）采取灵活机制，鼓励信息资源开发

我省电子信息资源网络正值初创时期，信息资源开发投入较大，而回报率不稳定，因此有必要采取灵活机制，对信息资源开发单位给予优惠政策，准许其收取一定的信息使用费，保证其得到应有的补偿。而政务信息资源、基础性信息资源、公益性信息资源，则应由政府投资建设并向社会公众提供服务，保证公众对网络信息资源的获取与利用。

（五）扶持数据库业，保护信息产权

如果说信息资源系统是信息化的主要构成要素，数据库则是信息资源系统的核心代表，因为网络环境下信息资源的组织与利用都是以数据库为中介和表现形式的。可以说，一个国家或地区的数据库业是否发达，是社会信息化程度的重要衡量指标。因此，我省应明确将数据库产业列为幼稚产业加以扶持，并加快信息资源保护与开发利用的地方立法步伐，保护信息资源的知识产权，实现网络环境下信息资源共享与信息产权保护之间的平衡。

（六）开发信息资源，促进信息资源增值

信息资源网络只是实现了信息的有序化管理，但并不能保证

满足所有信息用户的各种特定的信息需求。只有建立完善的信息咨询服务体系，向用户提供定向的信息查询体系或经过加工、定制的信息集成品，才能有效满足用户需求，实现信息资源的增值。而这种定向信息查询体系的规模、定制信息集成品的质量，应当是衡量一个电子信息资源网络特色成效的最重要指标。

参考文献

[1] 张恒昌，张晋平. 我国信息资源开发和数据库建设滞后原因及对策建议 [J]. 情报学报，1998（增刊）：57-61.

[2] 齐向华. 重视开发网络化信息资源 [J]. 情报理论与实践，1998（3）：169-171，189.

[3] 马费成，陈锐. 面向高速信息网络的信息资源管理（三）——从人文角度的分析 [J]. 中国图书馆学报，1998（3）：14-19.

[4] 陆群. 寻找互联网上的中国 [J]. 学会，1997（11）：10-12.

原载《图书馆建设》2000 年第 4 期，作者马海群。

信息咨询业崛起：难在何处
——中国信息咨询产业发展的条件分析

20 世纪 70 年代末在中国兴起的信息咨询业，本应成为支撑我国发展自身知识经济的探路者和中坚力量。然而，在知识经济已现端倪的大环境下，我国信息咨询业未能迅速崛起，这一现实表明，信息咨询业的成长必须依赖于特定的社会环境，它不但需要有充足的人才、信息、智力、服务、设备和资金的支撑，还需要有良好的政治与文化环境，由此才能健康成长，发挥出应有的效用和功能。本文旨在对中国信息咨询产业发展的各项条件进行全面分析，把握形势、认清不足，为推动我国信息咨询产业早日驶入快车道提供参考。

一、信息咨询产业发展态势

（一）我国信息咨询产业的发展历程

我国信息咨询产业于 20 世纪 70 年代末应运而生，现已经历了官办咨询、服务咨询、管理咨询的几个阶段。20 世纪 80 年代初，政府开始创办咨询企业，它们主要集中在投资、科技和财务咨询领域。比如，为了调整产业结构和建立合理的价格体系，国家计委在全国创立咨询公司；为了推动科技成果转化，原国家科委和中国科协创办和扶持了一批"科技咨询"企业等。随着我国经济向市场化方向发展，20 世纪 90 年代初一批外资和私营"信息咨询""市场调查"公司开始涌现，并为企业提供规范化咨询服务。

20 世纪 90 年代中期，市场经济日益发展，国外管理咨询公司大批进入中国，从此管理咨询业进入专业化发展阶段，到 20

世纪90年代末，一些国内管理咨询公司则开始在市场上崭露头角。信息咨询产业正逐步成为提升国家核心竞争力的一种原动力，在市场经济的环境里扮演着越来越重要的角色。

（二）我国信息咨询产业发展的宏观态势

据《中国国情报告：1998》统计，包括信息咨询、科研、旅游、文化、体育等在内的一类服务业，在1995年、1996年、1997年占GDP的比重分别为9.5%、9.4%、10.2%，这三年的增长速度分别为6.1%、6.0%、7.0%。随着社会经济的日益信息化，以信息基础设施和信息服务为主要组成部分的信息产业将会有十分迅速的发展，信息产业将在第三产业中占有越来越重要的地位。另外，"十五"时期我国产业发展的目标是：农业要完善功能，工业要优化升级，第三产业要拓展空间。其中第三产业要在继续强化传统行业服务功能的同时，大力发展新兴和高档次的第三产业，以此拓展增长空间，信息咨询业即是第三产业发展的重点之一。

（三）信息咨询产业发展形成的几个特点

信息咨询产业正呈现出蓬勃发展态势，所表现出的几个特点尤其值得关注：

（1）高速化。目前全世界咨询与信息服务业年营业额已达数千亿美元，咨询营业额的年增长率超过10%，95%以上的企业要求助于外界顾问咨询。

（2）全球化。1992年全球两家最大的市场调查公司分别在32个和62个国家建立分支机构。全球前3名的管理咨询公司的咨询业务收入中分别有52%、60%和57%来自国外。

（3）电子化。从传统文献与手工操作走向电子媒体。

（4）网络化。信息资源得以扩张，工作手段与流程发生巨变。其中，咨询机构之间的联网发展，是开展合作咨询的基础，有助于信息使用量的增加和人才之间的取长补短，扩大业务能力，提高服务质量。目前，美、英、法、德、日等发达国家的咨询机构，已有80%以上实现了各种形式的联网，在加拿大、澳大利亚、荷兰等国家，也有60%左右的咨询机构实现联网化。此外，咨询服务的网络化，是一种咨询服务的高级方式，国外已形成生活咨询网、技术咨询网。

（5）产业化。咨询服务的企业化、经济实体化已经成熟。

（6）多元化。咨询服务内容由单一性向丰富多彩发展，不仅咨询行业的种类不断增加，而且每种咨询行业中的内容也不断增多。

（7）国际化。目前，发达国家的咨询业是走向国际化的"主力军"，发展中国家是国际咨询竞争的主要对象。由于国际化发展扩大了咨询业生存的空间，也为国际化发展的咨询机构带来巨额外汇收益，因此，国际化发展是当今世界咨询业发展的重要趋势。

二、中国信息咨询产业发展的外部条件

（一）国家政策法规的引导力度

我国政府对信息咨询业给予了相当的重视，如中共中央、国务院在《关于加快发展第三产业的决定》中，把信息咨询业确立为加快发展的重点。《关于加快发展第三产业的决定》成为发展信息咨询产业的政策指南，但它只是包含性产业政策，目前尚缺乏直接性产业政策以及操作性政策与措施，如咨询价格、收费、市场管理、行业规范、机构审查、从业资格认证等政策规定尚不明确。另外，我国知识产权法律已较完备，网络法规相对配套，为信息咨询产业的发展奠定了一定的法律基础。

（二）社会环境及信息环境的改善与问题所在

一方面，转变经济增长方式是实现"九五"规划和2010年远景目标的关键环节，同时也为信息咨询业的发展提供了良好机遇。转变经济增长方式首先要求政府加强宏观调控，制定一系列与之配套的宏观经济政策、产业政策和发展战略。为确保决策的

科学性，政府需要借助其智囊团提供的政策咨询以辅助决策。转变经济增长方式还要求大力提高科技进步对经济增长的贡献率，加快企业技术进步，实现科学管理，企业技术咨询与管理咨询的需求将被极大地焕发。但同时，社会环境对信息咨询业的支撑还存在一定问题。

另一方面，20世纪90年代以来，我国社会整体信息环境已经大大改善，如：全民信息利用意识提高、社会信息技术装备大为改观，信息咨询的社会需求日渐旺盛，社会用户、企业用户、政府用户三足鼎立，国企改革方案咨询、再就业信息咨询等成为热点咨询领域。但咨询业发展所需的信息环境还存在问题，其中信息咨询意识不足是一个严重障碍，包括咨询有用意识、咨询先行意识、咨询有偿意识、咨询产业意识等。因此，应充分利用新闻媒介广泛宣传咨询，实施有针对性的咨询教育，加强咨询理论研究等。此外，我国信息咨询业发展还面临着一系列信息难题，如：信息资源质量不高，信息失真严重，有时甚至导致决策失误；有限的信息资源无法共享，被条条块块的部门所垄断着，民营信息咨询机构难以获得充足信息；信息咨询课题资源的配置存在着不公平现象；信息产品知识含量低，多数咨询企业只能提供原始信息，普遍缺乏再开发和深加工的能力；还有一些咨询机构忽视信息产品内在的知识特性，不进行认真的调查研究和分析，提供华而不实甚至虚假过时信息，侵害用户利益，也损害了咨询行业形象；等等。

（三）技术手段的强化与制约

随着计算机信息网络的发展，信息咨询机构可以享用网络带来的大规模信息资源和先进技术手段；网络服务的多样化、数据库（尤其是事实型数据库）的大规模开发，为信息咨询业奠定良好基础。由于信息咨询业务的实质内容即是咨询者针对用户课题，通过收集足够的信息数据，利用现代化手段和方法，为用户提供经过智力加工的咨询建议或行动方案，因而，信息网络的引入，既为咨询服务提供了自我收集所难以企及的信息资料，同时又提供了现代化的网络技术和网络手段，因而必将促进咨询服务业的进一步发展。但当前我国信息咨询业发展最突出的技术障碍是电话普及率和家庭电脑拥有率太低，严重影响了咨询需求的增长。对企业组织和政府部门现时影响最大的技术障碍，主要是各单位的信息咨询系统与国内外信息咨询中心和数据库的联网不够。此外，尽管从数量上看，我国信息咨询服务机构及企业已达1万多家，有几十万从业人员，但其发展速度及规模远不及电脑业和电信业；我国数据通信网络的利用率只有15%左右，信息咨询业的营业额也比电脑业低得多。可以说，大多数服务机构还未能开发与利用信息网络，仍大量采用手工手段从事着传统的信息咨询服务业。

由以上分析可以归纳出中国信息咨询产业发展的外在条件的三个主要不足之处：潜在需求巨大，显性需求不足；政府大力提倡，资助力度不足；社会已经认可，咨询利用不足。

三、中国信息咨询产业发展的内在条件

相对于已经大大改善的外部条件而言，中国信息咨询产业成长的内在条件不容乐观，从一定程度上讲，咨询业要有大的发展，应当将重点转移到修炼内功之上。

（一）信息咨询机构的主体地位尚未确立

一方面，咨询行业的形象模糊不清，尚未被看作是"知识产业"的重要组成部分，信息咨询公司的可信度较差，影响了客户的开发。而事实上，咨询业称得上是知识经济的先驱，它全凭从业者的知识为客户提供服务。另一方面，多数咨询机构依附于主管部门，还未成为自主经营、自负盈亏的实体，因而其咨询成果的价值没有得到社会的广泛认可。

（二）信息咨询业务缺乏规范

从管理机制来看，信息咨询业尚缺乏有效的规范化管理机

制，对咨询人员重使用、轻培训，运用技术手段管理咨询机构的水平较低。从市场建设来看，缺乏宏观管理，咨询收费与报酬的标准不明确，涉外发展不利。从咨询过程来看，无规则问题较突出，如缺乏必要的委托程序，用"君子协定"代替咨询合同，咨询程序不规范等。从发展模式和服务方式来看：我国信息咨询业的企业化刚刚起步，尚处于成长期；服务方式以手工为主，远未达到形式多样化、功能多元化；直答式服务方式比重大，利用现代技术手段差，服务质量不够理想；咨询服务的超脱性较差。从咨询人员情况来看，很多专业水平、素质、能力等都存在问题。从咨询服务网络建设来看，发达国家的咨询服务网为我们提供了一定的技术和经验，但我国咨询网络技术应用还存在一些问题，如应用不普及，生活信息咨询网络还没有形成，技术水平较低等。从信息管理机制来看，我国信息咨询机构的信息资料采集加工深度有限，不搞实证研究、案例分析，信息咨询的管理体制尚未建立起来，等等。

（三）信息咨询理论的匮乏

信息咨询产业的发展需要坚实的理论基础，尤其是作为人们行动指南和管理手段指导的理论，事实上这种理论是信息咨询产业发展的根本基础和思想来源。但是我国信息咨询理论研究尚存在许多未解决的问题，尤其是有关咨询活动的经济学理论，制约了信息咨询产业的快速发展。总体而言，需要强化研究的信息咨询产业经济学理论问题可分为宏观、中观、微观三个层次。

宏观理论问题包括：（1）直接影响社会生产力水平的问题，如咨询劳动者数量、质量对经济增长速度的影响；（2）直接影响社会生产关系的问题，如咨询行业就业人数对社会分配过程的影响；（3）咨询业总体结构的合理程度问题；（4）咨询业生产资料所有制结构问题。

微观理论问题包括：（1）经济目的问题，包括制定怎样的政策、运行机制，确定怎样的咨询目标，才能达到经济目的；

（2）资源配置问题，包括咨询机构生产资料的来源、数量、质量与咨询经济效果之间的联系和影响，咨询机构的生产资料采用怎样的形式才有利于咨询效益的提高，咨询机构中不同类型、层次人员如何配比，才有利于咨询项目完成；（3）咨询效益及收益问题，如咨询效益的源泉、实现方式，咨询收益构成等。

中观理论问题包括：（1）人员问题，包括人员管理体制、人才政策等；（2）市场问题，包括产业、行业、地区或专业对咨询机制的需求及相应的服务水平，咨询价格水平，交易途径与方式等；（3）管理与政策问题，包括某些经济法令对咨询机构和咨询人员给予法律上的保障，对咨询机构和咨询人员实施费用补贴政策，对决策者接受咨询给予鼓励等；（4）法律保护问题，包括咨询成果的知识产权保护问题等。

由此看来，我国信息咨询产业发展的自身条件尚存在不足，可集中归纳为以下四点：智能性服务含量较低，咨询方案实施率较低，现代化装备程度较低，法制化管理水平较低。

四、实现我国信息咨询业崛起的重要战略措施

针对我国信息咨询产业发展中存在的外在与自身条件的诸多不足之处，我认为，信息咨询业要尽快崛起，必须优先考虑和采取以下几种战略措施。

（一）优化产业政策

国家对技术密集的高科技行业发展给予了各种优惠政策扶持，而对于在产业结构上层次更高的知识密集型信息咨询业并没有给予特殊的优惠政策。因而，必须通过国家有关政策，明确咨询业为第三产业中的重点发展产业及在新兴第三产业中占有支柱地位，明确咨询业是当前产业结构调整中支持发展的产业；建议国家加大对咨询业发展的投入，鼓励集体和个人积极兴办咨询业实体，对咨询机构在拨款、审批、税收、信贷等方面给予优惠；建议国家对国有企业和集体企业实行咨询费适当补贴，对海外承

揽的咨询项目帮助拆借外汇；另外，严格实行咨询资格认定政策。

（二）强化信息咨询业务环节

在运行机制方面，应根据咨询活动规律，健全一般规则机制，如：通过政策手段，鼓励咨询机构与企业建立长期业务联系；通过法律手段，完善咨询合同条款；通过管理手段，要求咨询双方履行必要的委托手续；通过制度手段，使咨询活动各个环节都有必要的制度。此外，政府应创造条件帮助咨询机构遵循咨询活动的一般规则，如由政府组织建设必要的数据库，广泛宣传咨询活动的规则和介绍国外咨询业的现代方法等。

在咨询业和其队伍结构的调整方面，应加强资格管理，包括建立全国统一的咨询人员资格标准，建立专门的咨询人员资格审查机构、监督机构和考核机构，实行"有证"经营，并区分资格等级、资格范围等，最终实现咨询队伍管理的专业化、规范化。

在市场管理方面，应建立咨询行业管理的经济体制，实行咨询业的归口管理；建立国内咨询收费体系，对各种咨询分门别类地确定参考性收费标准；制定咨询市场的发展规划，颁布必要的法规和政策；进行咨询队伍的整顿，建立咨询协会制度和资格认定制度以及人员培训制度。

在数据库建设方面，应以咨询商品化为契机，带动咨询数据库迅速发展；以鼓励性政策为动力，推动数据库迅速发展；以原有的服务内容为基础，努力扩大数据库服务业务范围；以标准化改造为龙头，使一系列准数据库发展成为规范化的数据库；以效益为核心，推动数据库的自身改造和发展；以横向联合为纽带，推进数据库生产服务向集团化发展。

（三）理顺供需关系

一方面，要理顺咨询市场关系，包括利用公有制咨询企业在行为方面的引导作用、在价格水平上的钳制作用、在咨询方法上的示范作用、在走向国际市场中的先锋作用等，使咨询市场健康发展。

另一方面，应大力加强用户咨询意识，包括咨询有用意识、咨询先行意识、咨询有偿意识、咨询产业意识等。如：充分利用新闻媒体广泛宣传咨询服务，对于不同类别的人员施行有针对性的咨询教育，政府投资兴建一批民用咨询无偿服务机构，在全社会普及咨询意识。

信息咨询业是市场经济的产物，市场竞争越激烈，对咨询业的需求就越大；要依照"大力扶植，积极引导，按市场机制运行，与国际规范接轨"的原则，推动咨询机构和咨询企业的发展。可以预言，咨询产业将是我国21世纪最具希望的朝阳产业，政府应将咨询业作为我国的一个重要产业从宏观上引导发展并给予扶持，从事咨询服务的咨询公司应明晰咨询产业结构体系，选定专业化发展领域，咨询行业则应尽快建立行业协会，形成行业自律和执业规范。所有这些，将为我国信息咨询产业的迅速崛起创造必要条件。

（四）以知识管理重塑信息咨询机构

根据美国经济学博士、知识管理以及有关商业和信息技术问题资深专家约吉休·马尔（Yogesh Malhotra）的观点，知识管理是在日益加剧的不连续的环境变化情况下服务于组织适应、生存和能力等关键问题的活动，其实质是将信息技术处理数据与信息的能力以及人们创造和创新的能力有机结合的组织过程。可见，知识管理不仅是信息咨询企业，也是所有现代化企业的新的管理思想和管理技术，因此信息咨询企业首先应当以知识管理作为立足之本。信息咨询机构以知识传播与出售为主要业务，它对客户的服务主要基于咨询人员自身的知识以及带有创造性的解决方案，不论是知识的开发还是传播，都必须以一定的知识库、知识交流机制以及知识实际应用为基础，知识管理正是一种通过知识整序并鼓励知识共享而实现知识创新目标的组织过程。因而，知识管理的水平对于咨询企业经营效益的影响至关重要；知识管理的任务既包括咨询机构内部的知识与信息共享，又包括人力资源的开发，如专家网络的组建。可以肯定，知识管理将成为信息咨询机构的重要管理战略与核心技能，因而迫切需要用知识管理思想重新塑造信息咨询机构。

参考文献

［1］张耕田. 我国产业结构的现状和变化特点［C］// 中国国情研究会. 中国国情报告：1998. 北京：中国统计出版社，1998.

［2］夏竞辉，邹逸安. 国外咨询业发展中政府扶植的措施［J］. 中国软科学，1996（2）：116-119.

［3］杨永志. 中国咨询业发展研究［M］. 太原：山西经济出版社，1995.

原载《中国软科学》2000 年第 9 期，作者马海群。

再论知识管理与信息管理

知识管理作为知识经济发展的依托和知识创新的手段，已成为企业和政府关注的焦点，也成为管理学、经济学、信息管理学等学科研究的新课题。由于知识与信息的天然联系，许多信息管理研究者已将知识管理视为本学科领域新生的重要研究对象，大有从信息管理过渡到知识管理，甚至以知识管理取代信息管理研究之势。那么，知识管理与信息管理之间到底存在什么关系？知识管理能否作为信息管理的研究发展方向甚至是核心研究内容呢？笔者在《论知识管理与信息管理》一文中，已进行了一定程度的探讨，本文拟作进一步研究。

一、知识与信息关系的新认识

要探讨知识管理与信息管理的关系，不可避免地要首先准确把握知识与信息的关系。关于知识与信息关系的论著繁多，其中有两种典型的但却相当对立的观点。一种观点认为，信息存在于自然界、人类社会、人类思维之中，而知识只存在于人类活动范围内，因而信息包含了知识。另一种观点则认为，信息是可编码化的知识或显性知识，而知识除了显性的之外，还包含隐性知识，即存在于人的大脑之中的、不可编码化的知识，因而知识包含了信息。有人总结为"研究知识经济的将信息定义为知识的子集，研究信息经济的则反之，视知识为信息的子集"[①]。这两种观点各执一端，争执不下。笔者认为，这种争论并未抓住知识与信息两者的实质，混淆了两者的区别。从本质上讲，信息是物质

[①] 转引自乌家培：《信息与知识的关系述评》，载《情报资料工作》1999年第1期。

的属性，是物质存在方式的反映，这种物质及其存在方式可以广泛地包含人类活动及其成果。而知识是人们对这种属性或反映的认识，是一种智力成果。因而，就信息与知识的关系而言，信息是知识的属性和表现形式。有些知识可以通过编码化转化成客观知识而脱离人脑，另外一些知识则存在于人的脑中，难以编码化，因而不能遗传与继承。但并不能因此而认为可编码化的知识就是信息，不可编码化的主观知识就不是信息。笔者认为，这两种知识都具有信息的属性，都可以借助于信息而表现出来，它们同自然及其他社会活动信息一起共同构成了信息的整体集合。因此，知识与信息具有内在联系与较强的互动性，但两者实质上是内在与形式的关系，是两个不同类概念，不存在简单的包含关系或交叉关系，但在一定条件下可以相互转化。

二、知识管理与信息管理关系的客观审视

（一）有关知识管理与信息管理关系的几种典型论述

许多研究者已就知识管理与信息管理的关系进行了较深入的探讨，主要观点如下：

知识管理是一种信息管理策略与理论，它标志着人类的信息管理活动进入了一个新时期。知识管理在历史上曾被视为信息管理的一个阶段，近年来才从信息管理中孵化出来，成为一个新的管理领域；信息管理是知识管理的基础，知识管理是信息管理的延伸和发展。这两种观点可称之为阶段说。

知识管理可理解为信息管理，涉及信息管理系统的构架建设、人工智能、创新工程和群件等。这种观点可理解为等同说。

与知识管理相比，信息管理只是其中的一部分，信息管理侧重于对信息的收集、分析、整理与传递，而知识管理则是对包括信息在内的所有资本进行综合决策并实施管理。这种观点可称之为包含说。

而笔者认为，知识管理与信息管理既有密切联系，又有明显

区别，不能简单地认为知识管理是信息管理单方面的继承与发展，但也不能将二者作为毫无联系的对象来考察。以下将作进一步的分析和阐述。

（二）知识管理与信息管理的本质差异

信息管理发展至今，其关注的范围一直局限于可编码知识的外在信息管理（尽管近年来专业人员开始关注知识内容的表达与分析），其分支学科图书馆学、情报学等在知识的信息组织、检索、传播研究中做出了历史性的贡献。而知识管理则关注知识本质内容的表达、交流，尤其是有目的的应用，它不但涉及可编码知识的内在内容的管理，更重视人脑知识的挖掘、引导、共享并服务于组织的目标。因而，知识管理与信息管理之间存在一定的联系，但二者是两类不同性质的活动，不存在简单的包含或交叉关系，而是一种映射关系。二者最大的区别在于：信息管理目前主要是信息流的控制，知识管理则是知识应用的管理，具体表现在以下五个方面：

第一，从涉及人类活动的范围来看，知识管理远远大于信息管理。知识管理关注的是智力管理，其中必然包含隐性智力的管理与信息资源显性智力的管理。从内涵范围来看，知识管理是一种激励创新并实现市场价值的战略思想，是一种通过集体智慧与知识共享来提高竞争力的过程，同时也是一种可以操作的技术手段；而信息管理主要是一种构建智力库的过程。此外，知识管理与广义信息管理都涉及人的管理，但其中人的含义是不同的。从管理思想的演进进程看，人类的管理活动已从科学管理、产品管理、资本管理、人本管理发展到知识管理阶段；人本管理虽关注人的自我实现需求，但员工是被动的管理对象之一，人在一定程度上被物化。信息管理中的人的管理因素，基本上采纳的是人本管理的思想，它强调的是人的智力转化与技术管理，偏重创造成果的管理。而知识管理中的人的管理因素，是一种新的人本管理思想，侧重人的智力资本的管理，它倡导人的主动性，强调的是人的智力开发与激励的管理，是关于智力成果创造过程即创新的管理，智力开发、共享、应用成为核心。

第二，从目标与功能来看，知识管理主要不是吸收和占有多少知识，而是促进组织机构运用已有知识进行创新并创造新知识，解决经营决策问题，因而其总体目标是知识运用，具有较强的方向性和效用性。具体可分为两个方面：一是智力共享，其中必然包含知识编码化与信息化环节；二是智力作用于生产与市场环节，其中必然涉及知识资本的财产管理与商业化运作，因而必须改造组织的经营体系、文化观念体系。知识管理虽然包含编码化知识的管理，但更多的是侧重于人脑智力知识的管理，包括发掘、激励、共享活动的管理，它以人为核心，以经营效率为导向。相比之下，编码化知识的管理则以技术手段为主，人的个性因素已大为减少；而人脑智力的管理则以制度、权益分配、心理手段为主，人的个性与动机在很大程度上制约着知识管理的效率。当然，在探讨知识管理的新方式时，必须避免以"经验"管理"人脑中的经验"，否则会退到经验管理的老路上去。与知识管理相比，信息管理已有较长的发展历程，但至今也还是一个相当模糊的概念，既包括信息本身及相关因素的管理，又试图涉及信息所表现的知识内容的管理。但其基本目标是用一定的技术手段和编码形式客观记录与描述人们对客观事物的认识，实现信息合理配置，以便在需要时发挥作用，满足人类的信息需求。由于信息管理无明确的服务方向性和外在目标性，仅具有潜在价值，因而可以认为信息管理的目标主要是形成有潜在价值与功能的智力库。

第三，从实施过程和条件来看，20世纪90年代的信息资源管理是沿着集成信息技术—信息高速公路—因特网的轨迹发展的，它不可避免地带有浓厚的技术色彩，因而信息管理主要是一种技术问题，它以管理理论、信息技术为支撑。而知识管理要复杂得多，涉及价值观问题、权益平衡问题、契约问题等，因而不仅需要管理理论、信息技术的支撑，还需要价值理论、伦理理论、产权理论、交流理论、学习理论等来共同构建。

第四，从业务来看，信息管理主要是信息的组织、控制与利用过程，是根据规范和指令对信息加以处理。相对来说，信息管理的收集、加工、检索和传播等组织与控制技术已较为成熟，而其利用环节尚未充分开发与实施。知识管理业务则涉及发现知识、交流知识与信息、应用知识（既包含显性知识，又包含隐性知识），其中包括信息管理过程、激励过程、契约构造过程、权利维护过程等。知识管理的具体实施方式、知识管理系统的构建等，将成为知识管理研究的重点，而隐性知识的发现与发掘技术、知识资本权益的分配与平衡机制、知识管理的各种法制建设等，将成为知识管理研究的难点。另外，如果说信息总监（CIO）的工作重点是技术与信息的开发利用，那么知识总监（CKO）的工作重点则是推动创新和培育集体创造力，因而与CIO相比，CKO更具有综合性与复杂性，试图把CIO简单地演变成CKO，显然是不恰当的。

第五，从渊源关系上看，知识管理是否产生于信息管理？20世纪80年代中期，美国学者 D. A. Marchand 提出信息管理四个阶段划分说，其中第四阶段即是知识管理时期。因此，有人推论：知识管理在历史上曾被视为信息管理的一个新阶段，信息管理是知识管理的基础，知识管理是信息管理的延伸和发展，这似乎已经成为大多数人的较为一致的共识，在此基础上，似乎可以得出一个结论，即知识管理产生于信息管理。但这种推论实际上仅为一家之说，不符合逻辑性，因而上述结论是难以令人信服的。笔者认为，知识管理产生于知识经济大环境，是新经济增长理论在管理领域的对应产物，因为在传统的经济增长理论中，知识或技术进步是外生于经济系统的。而以 Romer 为代表的学者提出的新经济增长理论，力图把增长理论建立在技术进步或知识内生的基础之上。在他看来，知识增长是经济长期增长的关键；思想（知识）是最重要的经济物品，要比一般经济物品重要得多。知识管理的出现与信息向知识转变的趋势有关，新财富越来越源于知识，企业所要管理的主要是无形资产而不仅仅是信息。

有关知识管理与信息管理的联系，笔者已在《论知识管理与信息管理》一文中作了较全面的阐述，此处不再展开。值得一提的是，美国波士顿大学商学院信息管理教授托马斯·H.达文波特和瑞士洛桑国际管理发展学院信息管理教授唐纳德·马钱德都指出，在许多知识管理项目中，信息管理占有很大比例，毕竟，人们需要了解有关知识寓于何种信息，而且，为了共享知识，他们需要将其转化成短暂的信息形式。因而就管理实践而言，知识管理与信息管理往往是交织一体的。

三、知识管理对信息管理及相关学科发展的启示作用

从以上分析可以发现，知识管理作为一种新型管理策略已引起企业家、管理学者、经济分析人员、信息管理者等诸多领域人员的高度重视，人们对之进行了较深入的考察与应用分析，因而知识管理是一个跨学科的综合性研究领域，它与信息管理之间并不存在简单的包含或延伸关系。知识管理是商业竞争环境日益激烈、知识经济增长步伐日益加速的产物，从这个意义上讲，从信息管理到知识管理是一种社会的进步、管理思想的升华。但我们并不能因此抹杀信息管理与知识管理之间的联系，更应当看到知识管理对信息管理及其所属学科的启示及改革的促进作用。

（一）改造信息管理
从知识管理的发展与功能看，信息管理的改造思路可以包括：①加强信息利用的开发研究；②加强知识与信息相互转化的研究；③推进信息管理学研究从微观走向宏观，一定程度地开展知识管理研究，重建信息结构，从中发现知识并加以有效利用。

（二）重新定位情报学的核心研究内容
情报学是信息管理学科群的重要分支，既然承认"情报是激

活了的活化的知识"，那么知识的"激活""活化"当属情报学问题，因而情报学应当将研究竞争情报、知识的有效管理与利用等问题作为本学科的核心研究内容，知识化应当成为情报学研究发展的主要方向之一。竞争情报是一种动态的目的性情报，竞争情报研究是近年来情报学发展中的一个具有突破性、创新性的新领域，尽管竞争情报研究与知识管理的概念不同，理论根基、产生背景、作用范围等也有差异，但其目标是一致的，即通过知识激活与运用来建立或维护竞争优势。因而可以认为，竞争情报研究是知识管理思想在企业竞争活动中的一种应用，竞争情报研究中的定标比超法（Benchmarking）等技术，将成为知识管理技术的重要组成部分，竞争情报系统将是知识管理系统的有力支持。

（三）加强图书馆学的知识组织理论研究

早在 20 世纪 90 年代初，我国就有学者提出，图书馆内部活动的实质是知识组织，图书馆知识组织通过"知识标记"体系（分类表、主题词表等）实现文献知识单元处理中的存取随机性和存储组织化功能，为用户提供一个有序化的知识体系。国外有关学者对未来图书馆组织的种种设想，如 B. C. Brooks 的"知识地图"思想、美国 Davkias 的"思想基因"理论等，则更令人瞩目。尽管图书馆知识组织理论目前尚偏重于从语法功能上揭示文献知识单元，而且其知识组织结构难以同人类知识体系结构，尤其是大脑知识记忆结构确切吻合；但这种理论研究的成果，特别是其实际应用框架，无疑闪烁着知识管理的思想，而且对我们今天研究知识管理中的知识组织问题有较大的借鉴价值。在网络环境下，知识组织方式愈加多样化，已不再局限于知识的系统分类，超文本、专家系统等将改变我们思考和认识问题的方式，因而图书馆知识组织理论应向智能化方向发展。

参考文献

[1] 邱均平，段宇锋，岳亚. 论知识管理与信息管理 [J].

中国图书馆学报，1999（6）：12-18.

　　［2］乌家培. 信息与知识的关系述评［J］. 情报资料工作，1999（1）：2-4.

　　［3］陈锐. 知识·知识经济·知识管理［J］. 图书情报工作，1999（3）：18-21.

　　［4］乌家培. 正确认识信息与知识及其相关问题的关系［J］. 情报理论与实践，1999（1）：1-4.

　　［5］邱均平，岳亚，段宇锋. 论知识经济中的知识管理及其实施［J］. 图书情报知识，1999（3）：9-13.

　　［6］卢共平，汪善建. 从信息管理到知识管理［J］. 图书情报工作，2000（3）：9-11，19.

　　［7］孟广均，徐引篪. 国外图书馆学情报学研究进展［M］. 北京：北京图书馆出版社，1999.

　　［8］唐震熙. 论知识经济时代的企业知识管理［J］. 上海大学学报（社会科学版），1998（6）：18-22.

　　［9］孙涛. 知识管理［M］. 北京：中华工商联合出版社，1999.

　　［10］柳卸林. 知识经济导论［M］. 北京：经济管理出版社，1998.

　　［11］汪冰，岳剑波. 情报学基础理论研究进展［C］//张力治. 情报学进展：1998—1999 年度评论（第三卷）. 北京：航空工业出版社，1999.

　　［12］王知津，李德升. 情报学的知识化趋势［C］//张力治. 情报学进展：1998—1999 年度评论（第三卷）. 北京：航空工业出版社，1999.

　　［13］张翠英. 我国竞争情报的发展策略［J］. 情报学报，1999（1）：73-78.

　　［14］邱均平，段宇锋. 论知识管理与竞争情报［J］. 图书情报工作，2000（4）：11-14.

［15］刘洪波. 知识组织论——关于图书馆内部活动的一种说明［J］. 图书馆，1991（2）：13-18，48.

［16］M. 伦斯. 2000 年数字图书馆［J］. 王仁芳，编译. 图书馆杂志，1997（3）：35-37.

原载《图书情报工作》2000 年第 10 期，作者邱均平、马海群。

大学生信息素质教育之新思维

一、引言

高校学生是我国信息化建设的潜在主体力量，也是信息社会中现实信息用户的重要组成部分，他们的信息行为及行为效率将直接影响他们个人知识结构的变化和自学能力及独立研究问题能力的提高，也必将深刻地影响我国社会信息化进程。因此采取一定的机制合理引导大学生的信息行为，成为教育者的重要职责。国家教育部早在20世纪80年代初即下发文件，要求有条件的高校应陆续以必修课或选修课的方式开设文献检索与利用课，培养与增强大学生的信息意识和信息获取能力；进入20世纪90年代后，随着高校的普遍认可、课程的开设以及相关研究成果的大量涌现、应用，文献检索课的内容体系已趋于成熟。然而，伴随着因特网的发展，人们的信息利用方式发生了实质性的变化。网络信息资源的丰富性、交互性、易获取性、跨地域性等特征，不仅增强了信息用户对信息资源利用的自主性，而且使得与信息、知识合理利用密切相关的知识产权保护问题日益复杂化，网络伦理与信息行为、网络文化与国家安全等，也都更直接地与个体的活动紧密相连。也就是说，网络信息资源的开发与利用已不是单纯的信息输出输入行为，在这种环境下，文献检索课的原有内容体系已不能适应形势的发展，应当将文献检索课扩展为信息管理与知识产权课，并逐步过渡到大学生信息素质教育，培养大学生良好的信息品质，让他们在未来的信息化建设中真正发挥主人翁作用。

二、高校学生的信息素质与信息吸收行为

（一）外部信息吸收对大学生学习的重要作用

随着信息化社会的深入发展，人们已深刻认识到信息作为资源和财富的巨大价值。在校大学生在学习过程中不仅应重视课堂知识的学习，更应重视外部信息的发掘与吸收。外部信息对于大学生来说主要有以下几个作用：①深化课堂知识。要想比较扎实地掌握某门课程的知识内容，需要在课外了解更多的课程相关的信息，进而对比、选择、提炼、扩展、丰富、深化，在更大范围和更深程度上掌握课堂知识。②拓宽知识面。任何专业学生所学课程都是经过计划和安排的，虽然具有一定的系统性，但却受学时等因素限制，并且教材上的知识往往都有一定的滞后性。大学生只有结合课程和专业，在课外摄取更多的信息，才能开阔视野，完善自己的知识结构，同时也能够增强自己运用信息的实践能力，提高对事物的认识能力和对社会的适应能力。

（二）信息吸收中的信息素质问题

信息素质可以广义地理解为信息化社会中个体成员所具有的各种信息品质，包括信息智慧、信息道德、信息觉悟、信息观念、信息心理等。不论是大学生还是社会人士，其认识与利用世界的过程实质上就是通过信息器官输入信息、加工信息、输出信息的过程。在这一过程中，他们需要借助各类生产工具，并充分发挥其主观能动性，以便更深刻地影响和作用于外部世界。信息技术及其系统的发展，扩展和延伸了社会成员的各种信息器官，并为他们提供了更高效的信息吸收工具，但在现实中，不同主体的信息吸收量存在较大的差异。其中的根本原因是信息技术系统的应用方式和应用程度，与人的信息观念、信息觉悟、信息心理、信息主动性等信息素质密切相关。大学生只有具备良好的信息素质，才能在信息交流中吸收更多的信息，促进自身的学习。高等学校有责任提供各种设备和相应的师资力量，对大学生实施

信息素质教育。

三、文献检索课的改革思路

我国大多数高等院校都开设了文献检索课，但已有的文献检索课教育方式和教育内容已经不能适应信息技术快速发展、信息人才素质需求提高这一形势的要求，因而不少研究者就信息检索教学内容的改革方向与发展趋势提出诸多建议和对策。笔者认为，可以将课程名称规范为"信息管理与知识产权"，是因为文献检索课已经具备了良好的基础和有利的条件。从文献检索课到信息管理与知识产权课的过渡，存在较强的科学性与合理性，可以从以下几个方面进行分析。

（一）信息管理中的知识产权保护问题

一方面，信息技术的发展极大地改变了知识产权法律体系和结构，其根本原因在于以因特网为代表的信息技术引发了信息创造、传播与利用等环节的革命性变革，而知识产权恰恰是一种用来调整信息的创造、传播与利用的制度。另一方面，知识产权制度的建立与完善，也从各个环节与层次上促进了社会信息管理机制的发展与变革。深刻认识知识产权保护对信息管理诸方面的影响，有利于强化全社会尊重知识产权合理开发利用信息资源的意识，也有利于大学生深刻认识信息管理不同阶段、不同主体所面对的知识产权保护问题。

（二）从文献检索课到信息管理与知识产权课

从以上分析可以看出，信息技术的飞速发展尤其是因特网的全方位渗透，很大程度上实现了社会群体信息资源共享的梦想，但同时也使得信息生产与传播中的个体知识产权保护问题日益尖锐和复杂。包括信息的采集、加工、配置、传播、利用等环节在内的信息管理问题，同促进个体信息生产与开发的知识产权保护问题，已经成为信息化社会发展中的两个既有深刻社会影响，又交织一体互生互动的焦点问题。在这种背景下，开展信息管理与知识产权教育，尤其在高校中改革原有的文献检索课，广泛开设信息管理与知识产权课程，具有积极的现实意义。

信息管理与知识产权课程建设可参考以下几个思路：①从形式上看，改变现有的单纯开设信息检索、知识产权课程模式，将其合为一体并丰富内容；②从时间上看，宜在高年级开设，以图书馆利用入门、信息检索入门等课程为基础，形成合理的课程体系；③从内容上看，可分为三大模块：其一，信息管理与利用中的知识产权，重点是现有知识产权法律法规及与之相关的信息管理业务；其二，信息技术对知识产权的影响，重点是知识产权面临的新问题、发展方向与趋势等；其三，知识产权信息资源体系，重点是介绍一类新的社会信息资源，特别是法律专业学生也应学习这一内容，否则其接受的知识产权教育是不完整的。

四、信息素质教育的内涵与重点

（一）信息意识教育

信息意识是人脑的机能和属性，是信息主体对信息的认识过程，也是对外界信息环境变化的一种能动的反映。因此，信息意识对信息主体的信息行为必然起着控制性作用，信息意识的强弱直接影响到信息主体的信息行为效果。信息主体大致可以分为三种：社会个体、群体、社会整体。不同的主体有着差异性的信息意识结构，如信息舆论、信息学说、信息政策等等。每个大学生作为社会个体成员，其信息意识主要由个体性的信息心理、信息观点等构成。从个体信息意识的表现形式来看，大学生的信息意识又可以划分为信息主体意识、信息吸收意识、信息传播意识、信息保密意识、信息更新意识等，它们都是个体适应环境、实现自我发展的重要基础，既影响个体的信息需求及其表述，支配信息吸收者的行为，又可以推动信息主体创造新的知识信息，因而信息意识实质上构成了信息素质的最重要组成部分。

（二）信息道德教育

信息道德是指整个信息活动中的道德，是调节信息创造者、信息服务者、信息使用者之间相互关系的行为规范的总和，因此，信息道德既面向信息创造者，又面向信息服务者和信息使用者。信息道德教育的目的是促使社会个体遵循一定的信息伦理与道德准则，来规范自身的信息行为与活动。其内容可以包括：信息主体的活动目标应与社会整体目标协调一致，遵循信息法律与法则，抵制违法信息行为，尊重他人知识产权，恰当使用与合理发展信息技术，等等。

（三）信息观念教育

信息观念是指人们关于信息的看法，对待信息的态度，对信息本质的特征、价值的认识等。信息观念教育的核心是信息价值观教育，目的是在整个社会中形成信息就是资源、信息就是财富、信息有偿等基本的信息价值观。

（四）信息觉悟教育

信息觉悟在本文中特指信息主体对自身信息行为基本权利的一种认识，它主要表现为个体对信息民主和信息自由的体验和追求，其有利于促进信息个体参与社会信息活动的积极性、主动性，也有利于推进国家信息体制和机制的规范化和合理化。

五、大学生信息素质培养方案

（一）在课堂教学中贯彻信息素质教育思想

课堂教学事实上是一种传递信息的重要途径，各专业的课堂教学活动都既应当向大学生传递新颖、充实的信息与知识，又应当有目的有意识地把信息活动引入课堂教学，传授信息知识、培养学生信息能力，还应当改革教学内容、教学方法和教学环节，提高与强化大学生的信息觉悟、信息意识和信息价值观。

（二）开设理论与实践的系列课程

应针对不同专业、不同年级的大学生，在教学中合理安排授课内容和授课重点，形成有效的、层次化信息知识课程体系，尤其要注意课程之间的衔接以及信息技术教育的强化，促使每一个大学生都掌握一定的信息知识与利用技能，优化大学生的信息品质。可考虑开设的具体课程有：①信息源介绍；②印刷型信息检索与利用；③计算机信息检索；④网络信息检索；⑤信息研究与信息咨询；⑥信息利用与知识产权保护等。

（三）举办各类学术讲座

目的是让大学生掌握新技术、新进展、新动态，如：信息技术发展状况、信息环境的演变过程、信息交流机制、网络环境下的知识产权保护、各领域最新学术进展等。

（四）加强课堂教学与课外学习的联系

每门课程安排适量的必读书目和参考书目，强化大学生的信息需求，促使他们学会利用图书馆等信息机构掌握开发利用网络信息资源的方法，拓宽知识面，提高自学能力。另外，通过加大课外科技信息交流活动、科技实践活动的比例，拓展信息素质教育空间。

（五）吸引大学生参与专业情报研究

大学生只有切实参与情报研究活动，才能真正树立信息意识、强化信息需求、提高信息价值观念，并注重信息吸收、信息利用和信息加工诸环节。

此外，应根据我国信息化建设的发展进程，结合社会信息环境的演变状况，在各专业大学生中广泛开展国家信息政策、信息法规、信息道德的宣传教育，促使每个大学生深刻体会信息社会对现代化个体的现实要求，以此培养大学生的现代信息意识、信息观念、信息觉悟、信息道德和信息智慧，使其成为满足信息化社会需求的新型信息主人翁。

参考文献

[1] 马海群. 论信息素质教育 [J]. 中国图书馆学报，1997（2）：84-87，95.

[2] 马海群，邓小昭. 信息化浪潮对知识产权法制建设的影

响［J］. 情报学报，1998（1）：56-62.

　　［3］马海群，葛晓春，李松梅. 知识产权与信息管理［M］.
哈尔滨：黑龙江人民出版社，1997.

　　［4］徐鑫武. 对文献检索教育的回顾与前瞻——关于建立
"知识产权和信息利用"课的建议［J］. 大学图书馆学报，1996
（2）：17-18.

　　［5］李绍芝. 知识产权及其与文献检索课的关系［J］. 津
图学刊，1997（2）：109-113.

　　［6］邓小昭. 信息教育与创新人才的培养［J］. 情报科学，
2000（1）：16-19.

　　原载《图书与情报》2000 年第 4 期，作者马海群、沙勇忠。

论公共图书馆的发展
与著作权法的修改

网络信息时代催生两股强劲的世界潮流，即信息创作的著作权保护与信息资源的社会共享，它们代表着社会公众利益与创作者个人利益之间的冲突与较量。在信息社会中，只有这种冲突与较量变得均衡，才能真正推进信息文明的深入发展。公共图书馆作为一种社会利益与个人利益的均衡力量，不仅作用突出而且至关重要，因而应当提高公共图书馆在著作权法中的地位，使其成为著作权法修改完善中的一个重要影响因素。

一、著作权法的社会意义

任何国家的著作权法或国际组织的著作权公约，都将促进社会文明进程作为主要宗旨，在考虑社会公众利益与创作者个人利益关系时，增强公众利益是目的，保护个人利益是手段，因而从信息资源开发利用角度看，著作权法的社会价值是在充分保护信息创作的基础上实现信息资源的社会共享。随着网络技术的发展以及信息资源数字化、网络化进程的加快，在出现新型著作权侵权方式的情况下，国外的一些新颁布的著作权法律法规，都朝着有利于著作权人的方向发展；而且这些新版权法律法规，必将深刻地影响整个世界的著作权立法进程。然而，在网络化、数字化信息资源体系建设初期，在网络经济日益深刻地影响全球化经济的条件下，尤其是在发展中国家与发达国家的信息生产能力差距日益扩大的状况下，这种偏向于信息创作的著作权立法动向，是否能够真正促进全球信息文明发展？应该如何确定新的平衡点？发展中国家是否应当确定适合国情的利益平衡点？这些问题正在成为各国法学、经济学、管理学专家共同关注的焦点。据英国《自然》杂志 1998 年 10 月刊载，世界银行第 21 份世界发展年度系列报告指出，更强硬的知识产权立法会强化知识生产者的要价地位，并扩大工业化国家和发展中国家之间的知识鸿沟，过于严格的知识产权保护现已产生负面影响。世界银行呼吁，应在促进新知识生产和创造知识扩散的条件间保持恰当与合理的平衡。笔者认为，依靠这种平衡，法律的公正性才能得以体现，而且这种平衡可能因时因地发生变化。在我国著作权法实施过程中，借鉴国外的先进经验和积极的平衡做法是有益的，但必须结合我国的具体国情，构建中国化的平衡机制。按照知识产权保护理论中的"产业政策论"，当国家的某一产业尚不发达时，不宜给予过高的保护。因而在信息产业发展初期，著作权法的保护机制应当是在作品使用与传播过程中鼓励和促进科技文化事业的发展，应允许图书馆等机构进行电子版本的馆藏复制和提供网络浏览服务。

二、公共图书馆的社会价值

根据 1994 年《公共图书馆宣言》，公共图书馆是公众获取信息之门。图书馆的作用是帮助使用者确定、获得和使用他们需要的信息，在尊重著作权的基础上，更多地倾向于满足社会需要，确保读者依法享有由国家赋予的图书馆使用权，即读者权利。尽管图书馆读者的这一基本权利并未明确体现于法律条文中，但许多国家的宪法、教育法、图书馆法等法律法规中事实上都已渗透包含了这种读者权利。而且从行业分工来看，除了图书馆行业外，没有其他行业在平衡著作权人利益的同时，如此努力维护读者的利益。就我国国情来看，虽然向读者或信息用户提供公共信息、公益信息的机构日益增多，但从信息内容的完整性、深刻性、权威性、持久性等方面分析，图书馆的信息服务与传播功能是其难以比拟和不可替代的。图书馆的这种关键作用如果不能被政府以法律条文的形式所明确承认，图书馆制度的社会功能必将萎缩，而社会文化与生产力也将遭受巨大损失。因而可以说，在确保公民学习、研究、提升自我的基本社会权利方面，图书馆成为"准政治权利"的操作者。

在现有的著作权法律法规中，图书馆被赋予与一般社会用户几乎同等的著作权法律地位。但事实上，现代图书馆制度的建立是为了超越封闭式的收藏信息资源模式，使图书馆成为社会信息资源的重要传播者、加工者与提供利用者。在网络环境下，公共图书馆的角色将更加复杂。因此，图书馆的法律地位必须加以重新界定。从另外一个角度看，公共图书馆作为社会文化与历史资料的保存者，与一般的信息资料生产、传播、经营者有着完全不同的价值取向。按照美国研究图书馆协会的观点，图书馆必须充分利用各种信息技术来保存学术和研究成果，包括对电子信息资料进行档案管理保存。与此相反，出售和发行电子信息资料的出版商和数据库制造商们对所经营的某些电子信息资料在其失去市场价值之后就不再保存它们了。因此，需要加强现行版权法中有关图书馆方面的条文，以允许图书馆使用各种技术保存电子信息资料。

顺应网络化潮流，我国正在大力建设数字化图书馆，其中国家性的"中国数字图书馆工程"的目标，是建立起一个跨地区、跨行业的巨大文化信息资源网络，将文化资源信息中的精品内容进行数字化与深加工，建设一批资源库，形成巨大的知识宝库，提供全面、灵活的网络连接方式，提供快速查询与检索，开发智能化中文用户界面，并可以在国内外发行个人网络阅读磁卡，开展网上购书、网上广告等电子商务业务。此外，数字化图书馆还提供在广域网上高速横向跨库连接的电子存取服务，其中包括知识产权、存取权限、数据安全管理。不难发现，网络化、数字化图书馆将集信息生产、传播、利用等功能于一身，而要想确保其社会效益的充分发挥并适当开拓经济效益，就需要一个明确的法律地位（包括在著作权法中的法律地位）为它做保障。

三、图书馆与著作权法关系的现有研究

不论在哪个国家的著作权法中，公共图书馆均被赋予某些豁免权，因为它们是各国文化政策不可分割的一部分，而这也被视为一种公共的权利。1996 年 12 月 20 日《世界知识产权组织版权条约》与《世界知识产权组织表演和录音制品条约》缔结后，美国参议院和众议院都对修改本国版权法的提案给予充分的重视。1998 年 5 月 14 日，参议院率先通过《数字化千年之际的版权法案》，该法案共分四个部分，其中第四部分是"临时复制，远程教育，图书馆与档案馆之免责"。1998 年 10 月 28 日，美国总统签署《数字千年版权法》，使之成为正式法律（Public Law No：105-304）。尽管这一法律加强了信息创作者的权利，但仍赋予图书馆等公益机构以特殊的法律地位；而就发展中国家而言，著作权法的修改应当更多地加强公共图书馆这种公共信息服务中介体的法律地位，而不只是偏向信息创作个体。

有关图书馆与著作权法的关系问题，近几年成为国内研究中的争论热点。有的研究者认为，现有著作权法严重制约了图书馆功能的正常发挥，这种制约主要表现在图书馆的文献信息服务工作随时都可能受到侵权的限制或威胁。针对网络环境，有人提出著作权法修改的思路，如：数字环境下，版权保护法律法规中应明确规定，版权人可以通过许可协议的法律形式委托公共图书馆将其数字化作品无偿提供给公众，其使用对象、时间、地点、范围由版权人确定，经过许可的用户才可获得免费的拷贝，否则被视为侵权。另外一些研究者强调，数字图书馆一个很重要的特征是信息存取的自由化，但是这并不意味着信息的获取是免费的和无产权保护的，在信息数字化并提供网络化服务之后，如何像传统图书馆那样保护好信息所有者的必要权利，是当前数字图书馆建设面临的一个很重要的课题。

此外，受国外立法的影响，我国也有一些研究者提出，应当

针对图书馆的信息传播行为，在著作权法中增设公共借阅权。其理由是：文献借阅服务是一种图书馆允许读者经过必要的手续后将馆藏文献借出馆外，在规定的期限内享受自由使用的权利并承担保管义务的服务方式。公共图书馆提供的借阅服务是免费的，必然会吸引一部分消费者放弃购买图书行为而转向图书馆借阅，从而对图书的销售及依靠销售量收取版税的作者的收入造成一定的影响，并相应地挫伤作者的创作积极性。因此，一些国家在作者的强烈要求下，通过修改著作权法而增设了公共借阅权（Public Lending Right）。目前，世界上已有 12 个国家相继制定了公共借阅权方面的法规，其中以英国最先倡导。根据欧洲联盟的有关规定，公共出借——图书馆服务的主要功能之一——也已被置于信息创作者的著作权控制之下。然而应当看到，各国公共图书馆都是在政府支持下建立并面向社会提供信息服务的，在实施公共借阅权的国家，如英国，其图书馆事业的发展因国家拨款数量有限而受到了一定影响；美国国内早已就公共借阅权问题争论了很长时间，但迟迟未明确规定这一权利。况且，对公共图书馆实行公共借阅权制度，仍难以彻底解决对借阅数字化作品的读者进行收费与合理使用原则这一对矛盾。

如果再从我国的实际情况出发进行分析，笔者认为在中国实施公共借阅权制度是缺乏现实基础的。从近几年图书馆事业发展状况看，公共图书馆经费的急剧减少，已严重削弱了其文化价值，不仅不利于保护作者的权益，且使用户权益事实上被部分剥夺。以中国科学院文献情报中心为例，该中心 1994 年购入的书刊量仅为 1980 年的五分之一左右，经费支出却上涨了 5.4 倍。在这种情况下，提出"借阅权"并从图书馆事业费中收取作品使用费，是难以实际操作的。再者，由我国公共图书馆藏书复本量的现状可知，图书馆的出借行为并不会影响作者的经济效益；相反，复本量的减少，已经降低了作品的社会效益，整体上损害了作者的著作权益。

四、重新审视图书馆在著作权法中的位置

1996 年 8 月在北京召开的第 62 届国际图书馆协会联合会（简称"国际图联"）大会上，国际图联执委会和专业委员会在 27 日通过了一项立场文件，强调版权保护不应阻碍信息的传播和流通。国际图联指出：图书馆出于发展文化和教育的目的出借公开出版的电子信息资源不应受到立法的限制，各国立法机构应该阻止供应商在法律中写入限制图书馆向外出借公开出版的电子信息资源的条款，立法机关应该允许图书馆和档案馆用数字化形式储存受版权保护的文字和图像。

而在我国，1998 年 1 月国家版权局呈报国务院的《关于修改著作权法的报告》以及 1998 年 11 月国务院提请全国人大常委会审议的《中华人民共和国著作权法修正案（草案）》中，都难以体现图书馆行业的作用。从现有著作权法条文来看，立法者中或许很少有人真正准确地理解图书馆员都做些什么，因而，图书馆界对我国著作权法的制定、修改影响甚微。图书馆中大量的馆藏作品是受著作权法保护的，图书馆工作既要求图书馆员熟悉法律规定，采取合理的措施，尊重并保护著作权，又迫切需要借助图书馆工作者的信息服务，将作品信息广泛传播，实现信息资源共享，提高公民科学文化素质。但是令人遗憾的是，图书馆作为人类知识与信息的重要保存者与传播者，在我国著作权法中并未取得传播者的法定地位，更不用说发挥它在权利所有人和最终使用者之间的重要中介作用。与此形成对照的是，在上述修正案中《中华人民共和国著作权法》① 第 43 条仍然保留，说明著作权法不仅是著作权人与公众之间的利益平衡结果，也是社会各部门之间利益权衡的产物。图书馆与广播电视部门相比，有更充分

---

① 1990 年 9 月 7 日发布，1991 年 6 月 1 日实施。第 43 条规定：广播电台、电视台非营业性播放已经出版的录音制品，可以不经著作权人、表演者、录音制作者许可，不向其支付报酬。

的理由获得传播、借阅作品的权利，图书馆界应在著作权法中谋求自身利益。在我国图书馆法尚未确定的状况下，图书馆信息服务更有必要从著作权法中寻求法律支持。

基于以上原因笔者认为，著作权法中有关图书馆的条款应当按照以下思路修改、充实。

思路一：图书馆能否成为著作权制度的均衡器

图书馆是介于权利人与社会用户之间的第三方，是维护社会公众利益的代表，是公民权利的体现途径之一；同时，图书馆又是作品的重要传播渠道与交流场所，是权利人利益实现的中介与桥梁，是权利人社会利益的保障。因而图书馆既要通过积极的信息服务手段，维护与保障读者权利，又要通过合理的信息传播方式，尊重作者著作权并促进作品的广泛传播。事实上，许多图书馆在行使其公益职能过程中，已经设法采取积极措施提醒使用者注意法律规定，并就如何遵守这些著作权法律规定提供指导；但往往事与愿违，图书馆收到的可能是来自用户和著作权人双方的不满，因为在防止著作权的滥用或误导方面图书馆常被使用者指责起妨碍作用，同时著作权人又经常指责其鼓励侵权。这一方面说明图书馆信息传播与服务工作具艰巨性，另一方面从反面说明，图书馆实际上在用户和著作权人心目中已经发挥了中介的作用。因而，在著作权法中积极引进图书馆因素，促使它成为著作权制度的均衡器，是有坚实的实践基础的。

思路二：公共图书馆库藏能否成为"准公有领域"作品

信息经济学认为，信息作为一种特殊商品，具有公共产品的性质。而根据《美国公共信息准则》，公共信息被定义为联邦政府生产、编辑或维护的信息。笔者有理由相信，图书馆作为政府建立的一项文化设施，其馆藏应当具有一定的公共信息的性质，因而可被视为"准公有领域"作品，即法律上权利人仍享受著作权，但其放弃部分权利。而在流通上，该作品被视为社会共有财富，人人都可享用，但又不是自由享用，图书馆本身也不能替代权利人行使复制权等著作权权利。虽然现有的作者需要被保护来刺激其作品的创作和传播，但潜在的创作者也需要被鼓励来为新的作品进行研究，如果后者在获取信息时遇到障碍，将会对创作产生抑制作用。"准公有领域"作品的界定，可以促进信息资源的充分开发利用与知识创新。

思路三：能否设定"准法定许可"赋予公共图书馆一定的权利

作为人类知识记录的受托管理者，图书馆必须充分利用技术手段保存和提供人类文化、科研、学术成果，在保护国家资源、民族文化方面，图书馆起到了不可替代的作用。很多图书馆想将其收集的印刷形式的信息部分数字化并上网，以向读者提供尽可能广泛的获取机会。但如果不存在"准法定许可"，图书馆要想从著作权人手中取得授权非常费时，有时甚至是不可能做到的事情。因而作为网络信息传播者的公共图书馆尤其是数字图书馆，应该有更多的受法定许可的权利，如编辑权、数字化权、展示权、出借权等。即使将来在我国为作者增加公共借阅权利，也应考虑设定"准法定许可"制度，将作者的公共借阅权赋予图书馆。这样，既保障了图书馆事业发展免受经费问题的冲击，又因规范了图书馆的职权范围而完善了作者的权利。

思路四：能否设置一定的技术监控手段，防止数字作品的非法利用与商业性传播

信息作品的知识产权保护技术包括版权管理、版权控制等，其中版权管理问题已在原有计算机读取管理技术以及域名管理技术的基础上得到了较好的解决。版权控制主要是一个动态跟踪、识别与标识的问题，在现代技术条件下也是应该能够很快解决的，如：权限设置、加密和数字签名技术、数字水印技术、认证技术等。图书馆部门完全可以利用这些技术手段，针对版权作品的不同形式开展区分服务，兼顾著作权人和读者双方的利益，如对于作品全文，可以利用某些技术保证用户在网上浏览阅读到信

息资料，但不能下载和打印。上海图书馆数字图书馆中的信息资源保护就是采用这种模式，对于作品的二次加工成果甚至是三次综述成果，则可允许用户自由使用。当然，除了上述硬技术之外，还可采用一些软技术手段来控制版权的使用，如在公共信息服务网站中发布通告，不愿自己的著作上网公开的著作权人可申请将其作品从网站中删除。中国国家图书馆800万页中文全文图书上网服务，基本上采取的是这种模式。据介绍，上网至今，拿走者没有，拿来要求上网者却络绎不绝，到1999年底中国国家图书馆中文网站的全文图书将达4 000万页。

思路五：能否确定图书馆在著作权法中的传播者地位

公共图书馆有必要参与互联网信息服务提供者（ICP）活动，因为伴随信息网络发展而出现的ICP主要是向信息用户提供网络信息资源开发服务，但目前国内真正从事中文信息资源开发的ICP很少，其根本问题在于缺乏信息资源。与此相对的是，我国图书馆收藏的十分丰富的信息资源等待开发，但由于图书馆的经费长期不足、管理手段和技术较为落后，图书馆实现上网的信息资源很少，因而有必要通过合作与共享的方式组建公共图书馆网络，使之参与ICP活动并承担公共信息传播职责。如果能确认ICP的网上信息创作者、发行者和传播者的地位，那么在著作权法的进一步修改中，公共图书馆就应同ICP一样取得信息传播者的法律地位。

五、需解决的几个重要问题

（一）明确界定图书馆的网络行为

按照以上思路来变革公共图书馆在著作权法中的地位，在网络环境下所面临的一个核心问题是：网上传播如何确保版权拥有者的权利？这就必须重新确定合理使用的范围。应考虑下列因素：使用有版权资料的性质和特征，即是用于商业性质还是用来进行非营利性的教学活动；使用这些拥有版权资料本身的性质；

使用持有版权资料所占的数量比重；使用这些资料时对其潜在市场价值的影响。著作权人不应被给予控制读、看、听、收的权利，或对信息使用进行不当监控的机会。此外，网络环境为图书馆扮演一个使作品增值的角色提供了条件。图书馆如果在对社会做出基本贡献以外还为出版物提供市场价值，超出公益服务的范围，图书馆就将与一般的信息经营者具有同样的性质和法律地位。

（二）制定图书馆法，减少图书馆自身行为的任意性以及被动性

20世纪50年代，联合国教科文组织曾发表声明：只有立法才能授权地方当局提供图书馆服务，并能够按照国家标准保证足够的金融资助及有效管理。我国公共图书馆经费来源单一，除省市县财政拨款外，几乎没有任何其他来源。而在美国，公共图书馆经费来源呈现多元化格局，除了地方政府、州政府、联邦政府的财政拨款外，还可获得个人资助、基金会资助。因此，我国图书馆经费的落实更需要立法的保障。1987年我国《普通高等学校图书馆规程》规定：文献资料购置费占全校教育事业费5%左右。但实际上达到5%的高校不足50%。制定图书馆法，既可保障图书馆的经费数量，事实上又可保障公民的阅读权和信息自由权，也可使得公共图书馆在著作权法的基础上具有更坚实的法律支撑。

（三）组建图书馆行业版权问题研究会

1996年，国际图书馆协会联合会（IFLA）通过了一项关于图书馆员继续发挥作用所需要的版权例外的立场文件。1997年3月，美国全国人文科学同盟下属的图书馆和知识产权委员会提出了在数字化环境下管理知识产权的基本原则，其中之一是：版权法应当鼓励为知识产权而保持一种健全的公众使用的范围，这是保存知识和文化传统的必要条件。美国研究图书馆协会执行长Duane E. Webster则指出，仅仅依赖于法律专家、技术专家、商

业专家来解决由新技术所带来的版权法的各种问题是错误的，图书馆对于保存人类知识和促进社会进步起着重要作用，因此图书馆界应积极参与解决这些问题。这些发展动态和学术观点表明，图书馆应当而且有能力参与解决信息利用与信息保护中的知识产权问题。在我国著作权集体管理机构建设起步阶段，公共图书馆应当尽快组建行业版权问题研究机构，提高图书馆在我国著作权法中的地位，并承担起沟通信息用户和信息产权者的重任。

参考文献

［1］张平. 中国数字图书馆工程中的著作权问题［J］. 科学新闻，1999（28）：10.

［2］杜靖华. 读者权利的界限和平等原则——兼论读者权利的法律性［J］. 大学图书馆学报，2000（2）：50-52.

［3］方平. 美国的版权大辩论及其对图书馆的影响［J］. 图书馆，1996（3）：10-12.

［4］张沙丽. 美国电子信息时代的版权法、知识产权和图书馆［J］. 中国图书馆学报，1998（4）：24-30.

［5］徐文伯. 建设中国数字图书馆工程 开创中华文化光辉的未来［J］. 中国图书馆学报，1999（5）：3-8.

［6］郑燕华，杨宗英. 数字图书馆的知识产权保护初探［J］. 现代图书情报技术，1999（3）：13-16，30.

［7］刘年娣，等. 国内数字化图书馆研究与建设［J］. 图书馆杂志，1999（4）：27-29，13.

［8］柳励和. 浅谈公共借阅权［J］. 图书馆工作与研究，1997（1）：15-16.

［9］吴建中，马远良. 图书馆与知识产权——关于图书馆未来的对话之五［J］. 图书馆杂志，1996（1）：36-38.

［10］李惠明，田方斌. 经费短缺：图书馆面临的困境与抉择［J］. 图书情报工作，1998（1）：56-57，38.

［11］王蔚. 国家图书馆藏上网　考验著者维权神经［N］. 光明日报，1999-11-03.

原载《国家图书馆学刊》2000 年第 4 期，作者马海群。

论信息港的电子信息资源
网络体系建设

——黑龙江信息港的实证考察与发展构想

电信基础网和多媒体通信网的建设和发展，让邮电部门负责组建运行的信息港在推进我国信息化建设进程中发挥了良好的示范和带头作用。如果说信息产业发展的根本在于信息服务业的话，那么，信息港就应在其运行过程中，把信息资源网络建设确定为稳定的、不断深化的主旋律，将电子信息资源网络体系的构建确定为建设发展的中心任务。

一、信息港的一般结构与作用

以黑龙江省为例，黑龙江信息港以国家通信网为基础，以公用信息通信网络为主体，联通所有专业、商业信息网，开发和利用自然界和社会各领域的信息资源，建设各行业应用信息系统，形成面向全省、全国、全世界的信息发布、流通、消费体系，共享省内、国内、国际信息资源。黑龙江信息港的构成包括：①通信基础网（ATM、传送网、PSTN、ISDN、移动通信、用户接入网）；②公共信息通信网（DDN、X.25、FR、163、169、160、168）；③应用系统和信息资源网；④信息人才资源和信息标准、法规等配套设施。从黑龙江信息港发展的逻辑图来看，其应用系统和信息资源网可分为以下几大类别：

宏观调控类：含宏观调控信息系统、统计信息系统、价格资费信息系统、工商行政管理信息系统、税务信息系统、技术监督信息系统、政务信息系统；

经济类：含农业信息系统、工业综合信息系统、外经外贸和商业流通信息系统、交通综合信息系统、旅游信息系统；

社保类：含劳动就业信息系统、社会保障信息系统、环境保护信息系统、公安信息系统、气象信息系统；

文教卫生类：含教育信息系统、科技信息系统、医疗信息系统、新闻信息系统；

金融类：金融信息系统；

公共类：信息综合、服务系统、ICP。

由此可以认为，我国电信部门组建的信息港的逻辑结构大致包括通信基础网、公共信息通信网、应用系统和信息资源网、信息人才资源和信息标准、法规等配套设施几个模块。黑龙江省现在已经形成以公共通信网和信息资源网为基础、以建立在基础网上的各类信息系统为核心、以人才资源和政策法规为保障的信息网络体系。但从发展方向看，信息资源网不应仅仅成为基础，而应成为信息港建设的主体环节。因为信息港的最根本作用是促进信息资源集成与合理交流，充分实现信息资源共享。强化信息资源网络建设，是信息港义不容辞的重要历史使命。

二、信息港信息资源建设现状与不足

中国电信组建的信息港工程在全国信息资源开发建设中，形成了一股强劲的网络信息资源开发冲击波，在信息资源采集，尤其是网络信息资源配置与用户服务方面，已取得了非凡的成绩，不论是上网用户还是其他网络经营者，对此都是有目共睹的。以黑龙江省为例，黑龙江信息港自始将信息资源网作为建港的核心内容，本着广泛联合、共建共享的原则，已与社会 130 个单位合作开发了 90 多个专业信息库，共建专业信息网 8 个，开发各行业信息应用系统 40 多个，初步形成了我省信息资源与信息产品的集散地。另外，黑龙江信息港还独立开发了一系列有实用价值的信息库，如"网上图书馆""网上音乐厅"等。从信息内容上看，黑龙江信息港目前已形成较稳定的规模，其网络信息源被划分成六大信息航道，每个航道下又分设数量不等的信息栏目，具体包括：①政府航道：下设政府动态、黑龙江总览、实用法律等栏目。②媒体航道：下设媒体动态、报纸杂志、新闻媒体、广播电视等栏目。③经贸航道：下设经贸动态、专业经济信息、统计信息等栏目。④科教航道：下设科教动态、教育、电脑科技、网校题库等栏目。⑤娱乐航道：下设音乐岛、娱乐圈、游戏城、聊天室等栏目。⑥生活航道：下设生活动态、服务等栏目。由此可见，黑龙江信息港正在努力构建可为用户提供相对完备网络信息的信息资源框架。

但是黑龙江乃至全国的信息港信息资源建设也存在一定的问题，如：企业信息、高校信息、地方信息、科技信息、政策法规信息等较为缺乏，科研单位、企业尚未成为信息港资源的主要用户和受益者；现有网络资源尚不适合进行定题科研课题的检索，科研人员利用信息港受到较多制约；数据库及信息系统中缺乏动态实用型信息，特色信息尤其不足；信息内容普遍比较肤浅，重复信息多而时效性不足；强大技术支撑下的信息网络系统有可能仅发挥着档案数据库的功能；等等。电子信息资源网络开发与利用的重要性以及它在整个地区信息化进程中的关键作用被忽视。为杜绝这种现象，必须强化政府干预行为，加大信息资源建设投资，并把建设有特色的电子信息资源网络作为各地乃至全国信息化的工作重心。

三、信息港的历史职责

从国内外开发现状看，信息港工程建设的内容事实上是极为丰富的，既涉及建设主体网络、公用信息交换平台，又涉及建立网络信息资源管理中心、信息资源库和基本应用系统，其中既有基础设施建设问题，更有信息资源管理体制问题。因此，信息港信息资源网络建设不仅是数据库开发与应用，还有更丰富的内涵，如发展信息服务业、组建信息市场等。信息港的经营者应当放开眼界、更新观念、深化认识，充分重视信息港在全国信息资源网络建设之中的重要作用，承担起历史赋予的更重要、更有本质意义的职责，例如：

第一，推动行政主管机构的建立。我国的网络经营和网络信息资源开发，目前仍以条块分割、各自为政为主体格局，信息资源建设没有统一的行政主管机构，这不利于信息资源开发的统筹规划、合理布局。信息港有责任向相关部门提出建议，并着手建设一批业务指导机构，制定业务发展规划。例如，组建全国信息资源网络建设及开发协调委员会，该委员会可由各方面负责人参加，并成立专家组；又如，制定同信息资源开发建设相配套的规划、奖励制度、融资体制、评估机制，明确信息资源建设目标、建设原则、建设布局等核心问题，并重视信息资源网络建设立项等。

第二，探索我国信息市场管理的职能与新模式。信息资源要得到更广泛的开发利用，就必须建设好信息市场，全面发展信息服务业，信息市场良好运行的基础则是有一支信息化专业队伍和一套可实施性较强的信息政策法律保障体系。我国已有的信息市场基本上建立在非网络环境下，那么信息港有责任探索网络环境下我国信息市场建设的新路子，发挥信息市场管理的新职能。

第三，推进印刷型信息的电子化和网络化。全国的各图书馆、情报所、其他文献信息收藏单位，拥有一批数量庞大的印刷型信息，这些系统由于经费等方面的原因难以自我开发所拥有的印刷型信息让其上网。据统计，我国印刷型信息的电子化率目前只有不到30%，远远不能满足社会用户的信息需求。信息港应当扶持这些部门或单位，加快印刷型信息电子化、网络化的步伐，完善网络信息资源结构，避免信息孤岛现象出现。

第四，优化信息资源的配置。信息资源管理包括信息源管理、信息流控制和信息资源有效配置三个环节，其中信息资源配置是实现信息共享和充分利用的主要手段。信息资源的配置是指信息资源在时间、类型（数量）和空间三个方面的有效配置：时间配置关系到信息流的新旧更替，由于科技信息、服务信息、动态信息等在时效方面存在较大差异，因此应重视在不同时态上对不同种类的信息资源进行配置；类型配置涉及满足用户需求的信息产品的多少，包括总量配置和增量配置；空间配置则涉及信息资源在不同行业、地区之间的分布，实际上是不同使用方向上的分配。在现有信息资源条件下，生产出质量最能满足社会需要且数量最多的信息产品，并且信息产品质量和数量的综合结果具有最高的社会效益，则信息资源就达到了最优配置。由于用户对信息商品的质量要求日益提高，信息资源配置就应充分重视信息商品的质量问题。但是，如何衡量社会效益、如何确定用户需求满足率，仍需深入研究。

四、建设有特色的信息港电子信息资源网络体系

信息港的电子信息资源网络体系建设，一方面需要统筹兼顾、克服各自为政，另一方面必须抓好特色，尤其是地方信息港应当以特色信息服务作为开拓市场的主要手段。

（一）特色信息资源开发建设的意义

特色信息资源开发建设应当成为信息化建设和信息产业发展的重中之重，原因在于：

（1）信息港特色信息资源首先是中文信息资源，而中文信息资源目前是信息产业中的薄弱环节。

（2）信息技术可以购买，中文信息资源只能自己开发；同样道理，黑龙江省的特色信息资源只能靠我们自主开发建设。

（3）在一体化、全球化信息网络环境中，只有特色信息资源网络才能在国际国内交流与竞争中取得一席之地。

（4）一个国家或地区的信息化和信息产业，本身应具有鲜明的人文特色，而这种人文特色只有通过实质性信息内容才能深刻地表现出来，这种实质性信息内容则是特色信息资源网络开发建设的重点。

（5）就黑龙江省省情而言，与发展较快的省份和地区相比，我省在信息基础设施开发建设方面并无资金、人员等方面的优势，因此信息化的硬件方面不宜作为我省长期投资的重点。

（6）软件开发及一般性、综合性信息资源的开发方面我省已取得一定的成果，但尚未形成足够的优势，必须加大投资，尤其是软件园的长期、稳定的建设投资，方能够在一段时间之后开发出拳头产品。近期内则难以同发展较快的地区相比。

因此，黑龙江信息港的发展应当充分重视有地方特色的电子信息资源的开发建设。

（二）特色型信息资源网络建设的内容和难点

同黑龙江省信息基础设施建设相比，黑龙江信息港的电子信息资源网络开发相对滞后，因此应加大信息资源建设投资力度，并把开发特色信息资源作为建设我省电子信息资源网络的主体工程。这种特色信息资源应包括：

（1）地方性信息，即能反映本地区范围内政治、经济、文化、科技、生活等领域活动的信息。

（2）有地域特色的信息，如反映东北亚经济发展特色和反映对俄对东欧经济贸易特色的信息。

（3）支持地方主导经济的信息，如农业信息、旅游信息、大型国企改革信息等。

黑龙江省的特色信息资源网络建设事实上已经起步，如黑龙江省信息港开发建设的黑龙江旅游信息网、北大荒知青网等，它们将成为我省电子信息资源的拳头产品。

然而应当充分估计特色信息资源开发建设中的难点：第一，我国网络信息资源开发面临"五多五少"的问题，即原始信息多、加工整理少，孤立分散的多、交流共享的少，印刷形式的多、电子形式的少，宏观数据多、微观数据少，静态的信息多、动态的信息少。这些问题不解决，不仅阻碍了电子信息资源体系的建设，特色信息资源开发建设更无从谈起。第二，信息资源开发实际上是智力开发，因其领域不同而具有较强的专业性，需要一大批业务素质好的信息专职人员，而我国目前十分缺乏这种人才，因此应加大信息资源管理人才的培养工作。

（三）信息港特色电子信息资源网络建设的几个重点对策

第一，加大倾斜力度，扶持特色电子信息资源网络建设立项。以黑龙江省"九五"期间信息化投资构成为例，信息基础设施投资比例达93%以上，而信息资源网络建设投资较少。应当设立信息资源开发激励机制，对电子信息资源网络建设项目单独立项，并在未来发展规划中加大倾斜力度，从资金上根本保证特色电子信息资源网络建设的顺利开展。

第二，采取灵活机制，鼓励特色电子信息资源的采集与开发。黑龙江信息港信息资源网络正值初创时期，信息资源开发投入较大，而回报率不稳定，因此有必要采取灵活机制，对信息资源开发单位给予优惠政策，准许他们收取一定的信息使用费，保证他们得到应有的补偿。而政务信息资源、基础性信息资源、公益性信息资源，则应由政府投资建设并向社会公众提供服务，保证公众对网络信息的获取与利用。

第三，扶持数据库业，保护信息产权。如果说信息资源系统是信息化的主要构成要素，数据库则是信息资源系统的核心代表，因为网络环境下信息资源的组织与利用都是以数据库为中介和表现形式的。可以说，一个国家或地区的数据库业，是社会信息化程度的重要衡量指标。因此，应明确将数据库产业列为幼稚产业加以扶持，信息港更有责任大力开发数据库，在一般信息资源的基础上，组织开发信息资源辐射面更宽、实用性更强、信息内涵更深的专业数据库，并力争建设一批精品数据库，形成自主知识产权。另外，应充分重视信息资源开发利用中的知识产权保护问题，实现网络环境下信息资源共享与信息产权保护之间的平衡。

第四，开展信息咨询，促进信息资源增值。信息资源网络只是实现了信息的有序化管理，但并不能保证满足所有信息用户的各种特定的信息需求。只有建立完善的信息咨询服务体系，向用户提供定向的信息查询体系或经过加工、定制的信息集成品，才能有效满足用户需求，实现信息资源的增值。而这种定向信息查询体系的规模、定制信息集成品的质量，应当是衡量一个电子信息资源网络特色成效的最重要指标。

第五，提高信息资源质量，刺激信息消费。信息港的维护与有效运行，有赖于用户信息消费数量的增加和水平的提高。而加强信息基础设施建设、提高信息服务水平、发展信息市场、强化网络信息立法，又是促进信息消费的几个重要条件。信息港信息服务水平的提高，不仅表现为信息资源数量的丰富，更主要地表现为包括信息获取速度、信息交流方式多样性、信息更新速度及信息内容真实性与密集性等在内的信息质量的优化。只有在信息收集、上网的基础上，充分重视信息资源的再加工与内容创新，向用户提供高质量的信息资源，才能够真正刺激信息消费，在信息港中打造出一个蓬勃发展的网络信息市场。

参考文献

［1］李培，钟守真．天津信息港信息资源建设规划与对策［J］．津图学刊，1998（3）：1-12.

［2］周毅．信息资源配置的质量问题探讨［J］．情报理论与实践，1998（1）：17-19.

［3］马费成，陈锐．面向高速信息网络的信息资源管理（一）——从技术角度的分析［J］．中国图书馆学报，1998（1）：12-17，45.

［4］马费成，陈锐．面向高速信息网络的信息资源管理（二）——从经济角度的分析［J］．中国图书馆学报，1998（2）：3-8，57.

［5］都平平，潘颖，王然．Internet网及联机系统中信息资

源的对比分析 [J]. 中国信息导报，1998（7）：30-31.

[6] 齐向华. 重视开发网络化信息资源 [J]. 情报理论与实践，1998（3）：169-171，189.

[7] 查先进. 网络环境下的信息资源有效配置 [J]. 图书情报工作，1998（12）：7-10.

[8] 胡小明. 谈谈网络环境下的信息服务（二）[J]. 网络与信息，1998（4）：10-11.

[9] 王军. 网海弄潮 漫谈 ICP 信息服务经 [J]. 网络与信息，1998（11）：14-15.

[10] 陈南. 关于信息消费的思考 [J]. 未来与发展，1999（1）：29-31.

原载《情报科学》2000 年第 10 期，作者马海群、阎万江。

WTO 与我国信息咨询服务业的创新发展

一、WTO 对我国信息咨询业的挑战与冲击

我国正在加快进入 WTO 的步伐，加入 WTO 有利于为我国营造一个良好的国际经济贸易环境，有利于我国改革开放、适应经济全球化的长远发展。但从短时间看，加入 WTO 对我国许多产业部门尤其是服务业来说，确实是一个巨大的挑战和冲击。服务业与其他产业相比具有特殊性，如电信、金融涉及国家安全问题，信息服务涉及中文信息建设和民族文化发展问题，因而开放服务业存在较大的风险并须付出相应的代价。

就我国信息咨询业发展来看，信息咨询市场目前还存在着带有行政色彩的垄断性，虽然在开放竞争方面没有明显的政策限制，但同其他信息市场如软件、系统集成、硬件维修与系统维护比较起来，其增长速度仅为其他信息市场的 1/4 ~ 1/8。其重要原因之一，是信息咨询所需的重要原材料——政府拥有的信息资源没有开放，这严重制约了国内信息咨询市场的发育。我国加入 WTO 后，政府部门垄断信息资源的状态必将被打破，这将促进信息资源的开发与共享，但国内不够强大的信息咨询业不可避免地将面临国外大型信息咨询机构的挑战与威胁。

服务业是朝阳产业，是经济强国的重要组成部分。我国应按照有步骤地推进服务业的对外开放的原则，在金融、保险、电信、旅游、教育、信息咨询等领域逐步引进外资、人才、技术和管理理念，加快我国服务业的发展步伐，以积极的姿态迎接 WTO 的挑战。

二、我国信息咨询业发展中的不足和面对的机遇

迎接 WTO 的挑战，首先应当对我国信息咨询业的发展现状有一个完整的了解，并清醒地认识其中的问题与不足。就我国信息咨询业现实来看，不论是外部条件还是内在因素，都还存在着一些局限与不足。

（一）国家政策法规的引导力度有限

我国政府对信息咨询业也给予了相当的重视，如党中央、国务院在《关于加快发展第三产业的决定》（以下简称"《决定》"）中，把信息咨询业作为加快发展的重点。《决定》成为发展信息咨询业的政策指南，但它只是包含性产业政策，尚缺乏直接性产业政策以及操作性政策与措施，如咨询价格、市场管理、行业规范、机构审查、从业资格认证等政策规定尚不明确。此外，我国信息咨询业政策还存在以下不足：信息咨询业政策体系不完善，许多政策缺位，如开发政策、优惠政策、投入政策；国家信息咨询业政策不突出，有些甚至不统一。

（二）信息咨询业务缺乏规范

从管理机制来看，信息咨询业尚缺乏有效的规范化管理机制，对咨询人员重使用，轻培训，运用技术手段管理咨询机构的水平较低。从市场建设来看，宏观管理、咨询收费与报酬的标准不明确，涉外发展不力。从咨询过程来看，无规则问题较突出，如：缺乏必要的委托程序、用"君子协定"代替咨询合同、咨询程序不规范等。从发展模式和服务方式来看，我国信息咨询业的企业化刚刚起步，尚处于成长期；服务方式以手工为主，远未达到形式多样化、功能多元化；直答式服务方式比重大、利用现代技术手段差，服务质量不够理想；咨询服务的超脱性较差。从咨询人员情况来看，很多专业水平、素质、能力等都存在较严重问题。从信息咨询管理机制来看，我国信息咨询机构的信息资料采集加工深度有限，不搞实证研究、案例分析；信息咨询的管理体

制尚未建立起来；缺乏对信息系统管理的高度重视。

（三）信息咨询理论匮乏

信息咨询产业的发展需要坚实的理论基础，尤其是作为人们行动指南和管理手段指导的理论基础，它构成了信息咨询产业发展的根本基础和思想来源；但是我国信息咨询理论研究尚存在许多未解决的问题，尤其是有关咨询活动的经济学理论，尽管已产生了许多研究成果，但仍有诸多涉及咨询产业的经济理论问题尚未解决，制约了信息咨询产业的快速发展。

从以上几个方面可以看出，如何利用网络化与信息化提供的便利条件，如何利用我国政府上网工程提供的机遇，赢得产业发展的竞争优势，是国内信息咨询机构要解决的重要问题。

（四）信息网络化环境为信息咨询业崛起创造的便利条件

近年来，我国信息网络化建设取得了突飞猛进的进展，传统信息咨询业所面临的信息资源结构已经发生了实质性的变化。国际互联网进入中国后，进一步刺激了我国网络业的发展和网络资源的开发。如果能够充分利用和开发现代化信息网络，传统信息服务业就可以获得进一步发展的一系列便利条件。首先，作为信息网络的一类特殊用户，信息咨询机构可以享受网络带来的大规模信息资源和先进技术手段。信息咨询业务的实质内容是咨询者针对用户课题，通过收集足够的信息数据，利用现代化手段和方法，为用户提供经过智力加工的咨询建议或行动方案。信息网络的引入，既为咨询服务提供了自我收集所难以比拟的信息资料，同时又提供了现代化的网络技术和网络手段，因而必将促进信息咨询业的进一步发展。其次，就目前而言，网络数据库还存在着有效信息量不大、信息不全、信息深度和加工深度不够、信息资源分散等严重问题，这正是信息咨询服务机构可以充分施展才华的场所，信息咨询机构可根据专长，为用户提供经过深加工的、专题性的有效信息。再次，现有网络的用户界面还未达到预想中那么友好，社会用户尚难较方便地进入网络，而信息咨询机构完全有能力开发自己的特长，形成网络导航的功能。例如就目前来看，Internet 还主要面对那些既具备个人计算机知识，又懂得网络技术等知识的人员，适合于大多数用户的以语言、触摸屏等方式访问网络的引导系统还有待进一步开发和完善。因此，如果能够插上信息网络的翅膀，充分发挥思想库的潜能，信息咨询业将有十分广阔的用武之地。

（五）政府上网工程给信息咨询业发展提供的机遇

我国的"政府上网工程"目前已全面实施，它表明我国政府部门职能正在由管理型转向服务型，信息咨询业应抓住这一时机，大力开发并利用政府信息资源，推动信息咨询业务的开展并努力拓展网络信息咨询服务规模。

政府信息上网对信息咨询业的促进作用具体表现在以下几个方面。

1. 优化信息服务业的主体结构

尽管我国以政府机构为主、民营与个体机构为辅的信息咨询业格局早已形成，但政府上网之前，政府部门并未真正成为社会信息资源共享的主体力量，因而事实上它并未成为信息咨询业的主要组成部分。在网络信息服务业的主体构成中，政府只占很小的比例，从中国互联网络信息中心（CNNIC）得到的资料表明，截至 1998 年 10 月底，我国共有 .gov 的域名 815 个，仅占全部域名的 5%。政府上网工程的实施，将增大信息服务业主体构成中政府的比重，尤其会优化网络信息服务业的主体结构，真正形成以政府机构为主的信息服务业发展格局。

2. 极大地丰富信息咨询业的信息资源拥有量

信息咨询业是一种对知识信息进行加工、组织、分析、总结的智力性行业，它发展的必要条件是占有相对完备、丰富、有效的信息资源。长期以来我国政府部门掌握着 80% 社会信息资源的重要信息数据、3 000 多个数据库，但其中大部分都是死库，并未进入市场，难以被信息咨询机构所利用。政府上网工程实施后，将极大地丰富信息咨询业运行所需的信息资源，而且信息资源的开发成本、利用成本大为降低，将有效提高信息咨询业的生产经营效率。

3. 提高了网络信息服务的质量

政府网站将为用户提供丰富的、由官方发布的各类数据资料与社会公益信息，如各级政府公告、天气预报、电话号码、电信价格、就诊费用等。基于政府发布信息的权威性和电子化操作的快捷性，网络信息服务的质量与效率将大大提高。

4. 扩展与深化信息咨询功能

随着政府职能的转变，政府行为更多地从计划控制转向宏观性指导，这意味着企业或其他组织机构的决策自由度加大，但同时决策的风险也随之增大，因而社会越来越需要高质量、具权威性的信息咨询服务。由于一般的社会信息服务力量难以胜任这一使命，必然会引发旧的信息咨询机构的改造和新的咨询力量的产生，因此，政府上网工程将真正促使信息咨询业起飞。

三、现代化信息咨询业的构建与发展战略

信息咨询业的现代化建设，必须有一套完整的发展战略来支撑，针对信息咨询业务的全球化发展趋势以及WTO的现实要求，笔者认为应从以下几个方面制定我国现代化信息咨询业的发展战略。

（一）优化产业政策

国家对技术密集的高科技行业发展给予了各种优惠政策扶持，而对于在产业结构上层次更高的知识密集型信息咨询业并没有给予特殊的优惠政策。因而，必须通过国家有关政策，明确咨询业为第三产业中的重点发展产业及在新兴第三产业中占有支柱地位，明确咨询业是当前产业结构调整中支持发展的产业；建议国家加大对咨询业发展的投入，鼓励集体和个人积极兴办咨询业实体，对咨询机构在拨款、审批、税收、信贷等方面给予优惠；

建议国家对海外承揽的咨询项目帮助拆借外汇；另外，严格实行咨询资格认定政策。

（二）强化信息咨询业务环节

在运行机制方面，应根据咨询活动规律，健全一般规则机制，如：通过政策手段，鼓励咨询机构与企业建立长期业务联系；通过法律手段，完善咨询合同条款；通过管理手段，要求咨询双方履行必要的委托手续；通过制度手段，使咨询活动各个环节都有必要的制度。此外，政府应创造条件帮助咨询机构遵循咨询活动的一般规则，如由政府组织建设必要的数据库，广泛宣传咨询活动的规则和介绍国外咨询业的现代方法等。

在咨询业和其队伍结构的调整方面，应加强资格管理，包括建立全国统一的咨询人员资格标准，建立专门的咨询人员资格审查机构、监督机构和考核机构，实行"有证"经营，并区分资格等级、资格范围等，最终实现咨询队伍管理的专业化、规范化。

在市场管理方面，应建立咨询行业管理的经济体制，实行咨询业的归口管理；建立国内咨询收费体系，对各种咨询分门别类地确定参考性收费标准；制定咨询市场的发展规划，颁布必要的法规和政策；进行咨询队伍的整顿，建立咨询协会制度和资格认定制度以及人员培训制度。

（三）大力开拓网络信息咨询业务

1. 大力开发有自身特色的数据库

有特色的数据库利于形成权威性，促进信息咨询机构的业务发展；数据库的商业化应用，则会给咨询机构带来较大的利润。

2. 加强对网上信息资源的研究

信息资源的获取是咨询机构生存的基础，信息资源的开发利用，则是咨询机构发展的条件，也是其智能化服务的一种表现。信息咨询机构只有熟悉并掌握各种网络中的信息资源种类、结构、范围、深度等，才能为用户提供优质的、智能的服务。

3. 参与信息资源网的建设

面向社会用户提供广泛服务的信息咨询机构，不仅应加强自身内部网络和数据库的建设，而且应首先立足周边地区，促进本地区局域网的发展。另外，应参与大型信息网络建设，努力成为国家信息网络的中转点，重新树立和确定公众形象及自身方位。

（四）以知识管理重塑信息咨询机构

知识管理不仅是信息咨询企业，也是所有现代化企业的新的管理思想和管理技术，因此，信息咨询企业首先应当以知识管理作为立足之本。信息咨询机构以知识传播与出售为主要业务，其对客户的服务主要基于咨询人员自身的知识以及带有创造性的解决方案开展，不论是知识的开发还是传播，都必须以一定的知识库、知识交流机制以及知识实际应用为基础，知识管理正是一种通过知识整序并鼓励知识共享而实现知识创新目标的组织过程。因而，知识管理的水平对于咨询企业经营效益的影响至关重要。知识管理的任务既包括咨询机构内部的知识与信息共享，又包括人力资源的开发，如专家网络的组建等。可以肯定，知识管理将成为信息咨询机构的重要管理战略与核心技能，因而迫切需要用知识管理思想重新塑造信息咨询机构。

参考文献

［1］龙永图. 加入世贸组织　融入国际社会主流［J］. 中国民营科技与经济，2001（6）：6-7.

［2］汪向东. 信息化：中国 21 世纪的选择［M］. 北京：社会科学文献出版社，1998.

［3］杨永志. 中国咨询业发展研究［M］. 太原：山西经济出版社，1995.

原载《中国科技产业》2001 年第 1 期，马海群。

论我国信息法学的研究基础与学科建设

　　尽管早在 20 世纪 90 年代初国内已有人提出"信息法学"一词，但"信息法"事实上至今尚未成为独立的法律，甚至有关信息的立法在国内仍十分匮乏，因而中国信息法学的研究必然偏重于有关信息立法的价值研究与运行研究，其研究体系在法学层面上必然是残缺不全的。本研究不仅关注信息法学学科的建设问题，而且关注信息法律研究，目标是分析信息法学研究的重点领域与主要成果，考察信息法学研究的不足，最终服务于信息社会的法制建设。

一、信息法学研究的基础

　　信息法学的研究基础是人类在长期社会实践中积累起来的各种信息法律及对信息法律的研究成果。探讨信息法学学科建设问题必须首先考察信息法学的研究对象——信息法律的产生、发展及立法研究的历史与现状。

　　（一）信息法律现象研究的历史

　　信息法的存在是信息法学研究的前提，然而，目前学术界对我国"信息法"的产生时间存在较大分歧，主要有 3 种观点：（1）我国关于信息产业的政策、法规、计划等的制定始于 1958 年；（2）我国信息立法的起源可追溯至 20 世纪 80 年代中期；（3）真正意义上的中国信息法是从 20 世纪 90 年代初起步的。这种分歧源于对"信息法"的内涵与外延的不同理解和认识。而我们认为，应当从信息法的概念本质，即调整人类自我成长与发展中固有的各种信息交流活动中的权利义务关系，来认识其起源。

因此应该说，实质意义上的信息法是同人类社会所有法律规范一同产生的。正如我们今天所发现的，各种法律如宪法、民法、刑法等等，到处都能找到"信息法律规范"的痕迹。这些法律规范虽未冠以"信息法"的现代表述形式，但却构成事实上的信息法或其渊源。然而，由于它们并未被人们从信息角度加以专门的阐述，因而信息法产生的同时并未伴随人们对信息法的研究活动。

随着科技的进步和社会的发展，人类在近几百年间积累了大量的智力成果并产生了保护智力成果权的法律需求，因而一批局部性信息法律如反垄断法、专利法、商标法、著作权法、档案法、统计法等纷纷产生。虽然它们仍从属于各类部门法之下，但却具备了由于信息与知识的利用和创造而产生的法律主体、法律客体与法律关系的特殊性及独特的调整对象，并逐渐趋于完备、系统和规范，可称之为"传统的信息法律"。我国的这种传统信息法律的立法时间较之国外要晚得多，是在 20 世纪 70 年代末至 20 世纪 90 年代初这段时间，其后，我国开始了专指性的信息法研究。正如国家信息中心副主任乌家培所言："《出版自由法》是对传统信息的立法，而现代信息法是和电子化联系起来的。"① 发达国家制定信息政策、立法兴起于 20 世纪 70 年代，发展中国家立法较晚，只有巴西于 1984 年制定了《国家信息政策与其他措施法》。乌家培还说，1990 年 11 月，国家信息中心请加拿大财经委员会工作人员访华，许多人才认识到了信息立法的重要性。这便是中国现代信息法律建设的正式开端。面对复杂的网络环境、电子环境所带来的一系列难题，立法者对信息已经有了全新的认识，从而在"信息立法"这一主体意识之下对信息法律投入极大的关注，制定了各种信息法律法规来调整人们在信息活动中形成的社会关系，使得现代信息立法成为事实。《中华人民共和国计算机信息系统安全保护条例》《计算机信息网络国际联网

---

① 《国外信息政策与法规——访国家信息中心副主任乌家培》，载《中外科技信息》1991 年第 5 期。

安全保护管理办法》等等，皆属现代信息法律法规。人们对这些法律规范给予了更多的关注，并试图制定用于解决各类复杂问题的新法律。这种强烈的信息法律需求，成为信息法学诞生的强力催化剂。

（二）信息法律规范的发展现状

我国信息法律建设近年来发展较快。据不完全统计，1982—1997 年，我国已陆续制定并颁布实施的现行有效的国家性信息法律法规达 30 余件，涉及知识产权、信息保密、信息流通、信息安全多个领域。有的已较完善，对我国信息化建设起到了一定的规范和引导作用，初步奠定了信息法建设的基础。但是，还存在着信息法律与政策的良性互动机制欠缺、信息法律执法不严与监督不力等现象。这表明，我国已有的信息法律法规急需在新的环境下进一步完善。

（三）信息立法研究概述

目前，我国关于信息立法的研究具有下述特征：

第一，研究主体具有多样性。信息社会化和社会信息化引发了社会方方面面的法律问题。信息法律作为信息环境中的四大因素之一，引起了多行业、多领域研究者的关注，其中以信息管理学、法学、经济学及社会学专家为研究主体。

第二，研究侧重点不同。信息管理学学者重视利用信息管理理论分析信息社会和信息环境的实质、特征及信息法律、政策的宏观建设，重视信息技术、信息产业的发展所带来的各种社会问题，信息立法的呼声较高。法学领域由于受社会政治体制、经济体制改革及社会法治工程的牵制，对信息立法研究尤其是在理论上和整体层面上投入不够。据对法学学术论文的不完全调查，目前法学界主要是针对实际案例对旧法进行修补，尚未将建立一部独立、完整的信息法视为当务之急。经济学专家对局部信息立法，如信息市场和信息产业的法律建设研究较多，力图围绕社会主义市场经济建设制定法律，以维护信息经济的生产、流通、交易，维护竞争秩序。社会学家则从社会发展与系统工程的角度初涉信息立法的必要性及其地位问题。

第三，研究内容缺乏深度和实用性。各领域专家多从整体上粗略探讨立法的必要性、立法宗旨、基本原则、体系结构、法规现状及对策等问题，而很少深入探讨立法成本、立法规划、立法方式、立法技术等具体问题。许多研究成果的理论性、原则性较强，但可操作性不足，缺少能够作为信息法律草案提交有关主管部门决策参考的研究成果。

第四，学科交融程度低。信息立法研究应当对信息管理学、法学、经济学等领域进行专深的融会贯通，才可能取得大的突破和实质性进展，而目前各领域专家并没有进行广泛的合作与深层次沟通。

二、信息法学研究的重点领域

（一）制度研究

现有的制度层面的研究主要体现为对信息、信息人、信息技术、信息政策法律四元素构成的信息环境及其相互作用机制的研究，其目的在于分析信息法律建设的内外环境、基础，以确定建设的方向、战略。由此形成了一系列重要研究课题，涉及信息资源、信息经济、信息产业、信息管理、信息主体、信息意识、信息伦理、信息文化、信息设施、信息标准化技术、信息保密技术等，它们都试图分析研究与自己相关的法律问题，为信息法制建设提供理论基础和技术支持。在信息法制建设中，现有成果重点研究了信息法的内涵、外延、必要性、重要性、独立性，法律体系结构，法律地位，相关法规的内容，信息法与其他部门法的关系、与信息政策的关系，法制建设的宗旨、原则，等等。

（二）价值分析

对信息立法所进行的价值分析，即关于立法条件和立法效益的研究。关于立法条件，在学术领域至今未能达成共识。一种观点是：强烈的信息需求和突出的法律问题及国内外信息环境的日新月异，已使立法具备了客观条件。另一种观点则认为：信息立法的社会基础和本身规律导致信息法作为一部独立部门法的立法时机尚未成熟。因此，关于信息立法条件有必要继续论证和分析。关于立法的必要性、地位、重要性的探讨，则是信息立法研究的前提，学术界对此没有对立的观点。

（三）运行研究

运行研究的成果主要表现在两方面。一方面，网络环境给传统信息法律体系带来了新的难题，使其产生了诸多矛盾和危机。因此，许多研究人员对其适应性、改进办法等进行了认真研究，以期继续发挥传统信息法的法律效力。另一方面，许多研究者对于近年来出台的一系列关于信息安全、信息保密等方面的新法规，进行了内容结构上的较深入的分析和运行效果上的一定程度的研究。

（四）方法研究

作为一门交叉学科，信息法学的研究方法无疑是丰富的。目前，除哲学方法（一般方法）外，以下几种方法是国内研究者较多采用的。

价值分析方法。这是社会科学尤其是法学研究的重要方法。一方面信息法学为现存的信息法律提供一套进行评价与批判的价值准则，从而引导社会对信息法现象进行认识和改造；另一方面，信息法学又从特定的价值准则出发对信息社会出现的新型社会关系、权利、义务进行评价、排列、取舍，决定应受保护的对象及保护程度，应受限制的对象及限制程度，从而为社会提供一种理想的信息法模式、目标。

实证分析方法。包括比较方法、语义分析方法、逻辑分析方法等，国内学者采用前两种方法的较多。从比较方法来看，中国信息法学致力于国内信息法制建设，但这不意味着闭门造车。一方面，研究者积极引进国际惯例、国际准则、国际标准、发达国家立法与执法经验进行横向比较研究，以求扬长避短，与国际接轨，另一方面对国内不同历史时期的信息政策、法律进行纵向比较分析，明确立法的基础条件。比较方法还体现在对不同类型法律规范、不同地区立法情况的对比分析上。语义分析方法主要是对法律规范的阐释、说明、介绍。诸多的信息法学论著，如张守文、周庆山的《信息法学》，就是通过对大量信息法律和相关法律规范的阐述来说明我国信息法律情况的。这种实证分析方法在信息法学研究中无疑十分重要。

当然，除以上几种方法外，研究者还融合、借鉴了信息管理学、经济学、法学、软科学的大量理论和技术方法，用来推动信息法学研究的突破和创新。

三、信息法学研究的不足

（一）对信息法本质与特征的把握不够深入

对研究对象——"信息法律"的内涵、外延认识不一。目前学界至少有以下几种看法：（1）信息法是调整在信息活动中产生的各种社会关系的法律规范的总称，其调整对象是信息活动中产生的各种社会关系；（2）信息法是调整整个信息产业一切社会关系的基本手段，因此一切属于信息产业社会关系范畴的法律需求，都是信息法的调整对象；（3）信息法是国家为管理信息产业而制定的以一定信息经济关系为调整对象的法律规范的总和。还有人认为信息法是调整信息服务业的法律规范。这些概念或宽或窄地将信息法调整对象定义为信息活动中的各种社会关系，信息产业中一切社会关系，信息产业中一定信息经济关系及信息服务业的责、权、利关系等，直接影响了对信息法外延的限定，因而使信息法产生时间的溯源研究陷于较大的分歧之中。

对"信息法律体系"的把握不同。目前，信息法学研究者关于"信息法律体系"含义的认识较为一致，即由信息法律规范分类组合成不同的信息法律部门而形成的有机联系的统一整体。然而，不同研究者的理解程度却有差异，不少人在论及信息法律体系的建构时，往往只谈其"组成结构"或"立法内容规划"，不谈其"有机联系"即各部分法律规范在功能、地位、层次上的关系、相互作用、相互支持与映射、动态联系。

在归纳现有法律法规体系时，对于如何看待那些包含信息法律关系的法律法规，也存在较大分歧。对于信息法学中一些重要概念如信息权利、信息义务、信息关系、信息主体、信息客体等仍有待深入分析、准确定义。

（二）研究体系不完整

1. 权利与义务

发展的社会动态增加或消减着人类的权利与义务。信息社会在赋予人们更多的权利、自由时，也提醒着人们应尽的义务。应该说，研究信息社会活动主体在各个领域（个人隐私领域、信息生活领域、公共信息领域、信息经济领域、国家信息主权领域）的权利、义务的动态、变化、发展和调节方法，是进行信息法律建设的首要前提，然而信息法学在这方面的研究较少，尤其是有关网络环境下活动主体权利的研究更为匮乏。

2. 法治与秩序

追求自由与平等、正义与秩序、效率与公平等，是现代法的精神和要求，也是现代法的目标。但信息法学目前的研究却重法制、轻法治，停留在法律规范的研究层面，对于如何用法律手段保障人们在信息活动中的平等、自由，构建理想的信息秩序，重视不够。信息法治建设与信息法学研究毕竟是不同层次的活动，前者要求客观、实际，立足当前，而后者则应高瞻远瞩、适度超前。

3. 关联研究

信息道德、信息文化、网络伦理、电子政府、信息科技都与信息法律密切相关，研究它们之间的联系、相互作用，并非信息法学的题外之义，而目前信息法学界还没有进行全面系统的关联研究。

（三）学科建设研究有待加强

近年来，关于信息法学的著作开始出现，论文不断增多，甚至信息法学或信息政策与法律已成为高校必修课程内容。但作为学科建设的诸多重要课题，如学科术语规范化、学科整合、学科导向、学科体系、学科归属、研究方式方法都未获得广泛、深入的探讨，显示出不确定性特征。信息法学仍处于前科学阶段，其学科建设的研究有待大力加强。

四、信息法学的学科建设思路

（一）信息法学概念的广泛认可

虽然在传统信息法律时期我国便开始了信息法的研究，并产生、完善了"知识产权法学"这一信息法学的分支，但完整意义上的信息法学概念的提出则是在 20 世纪 90 年代初期。《信息法学》的出版，对于人们接受并使用"信息法学"一词起着重要的作用。此后，学术界广泛采用这一概念，尤其是在社科领域，关于前沿科学的著作也对信息法学概念予以权威性的认可。这为我们进一步构建信息法学学科体系奠定了重要基础。

（二）正确认识信息法学学科归属

信息科学是一门综合性的学科，其跨学科性既广且深，它跨越几乎一切学科领域，包括政治、经济、社会和文化各门学科，形成信息社会学、信息经济学、信息法学、信息工程学、信息论文学、信息论美学、语言处理学、信息未来学等等。据此，笔者认为，信息法学不应被简单地划归为信息管理学或法学分支，它应当是信息科学跨学科研究系列的一个重要分支学科。信息法学的发展和实现对社会的重大价值，依靠信息管理学、法学、社会学等各学科专家在这一领域中共同开垦。

（三）信息法学重要研究课题

信息法学发展的动力和活力在于解决综合性的现实问题并以

此为研究目的，如信息社会中信息共享与产权保护、信息自由与信息安全等问题。应当将跨学科的"问题解决"（problem – solving）研究模式作为信息法学的主要研究手段，而不宜单纯地追求术语的统一、理论体系的完整等。针对快速发展的网络化、数字化社会及人们对有效信息的迫切需要，以下几个方面应是信息法学的重要研究课题：

（1）信息法的建设与发展当是基点。信息法的体系结构发展是信息法学的基本理论问题。诸如信息法的独立性、信息法对社会关系的特有调整方法、信息法律体系的建设等，应当构成信息法学指导人类信息实践的基础。

（2）信息网络立法当是热点。计算机信息网络的出现与发展，不仅构筑了一个客观存在的"虚拟"网络空间，而且导致了一系列新的社会关系产生。由于网络信息有海量性与高速流动性、信息形态有多样性与动态交互性，网络空间中的社会关系难以用传统的法律全面加以调整。因而迫切需要赋予传统法律关系以新的内涵，并制定新的法律来规范网络构建、管理、经营以及网络信息资源的开发、获取、共享、传输和利用中的人类活动与行为。网络立法已成为社会各界共同关注的热点问题，并深刻地影响着网络产业、电子商务的发展。

（3）信息管理制度当是重点。信息法学的根本目的是研究如何建立一套能够解决现实社会问题的制度规范，并为其提供理论支持，其本质则是建立一套社会有效运转所需的合理的信息管理制度。信息法学应加强关联研究，如信息法制与信息道德、信息法律与信息政策、信息法治与行政管理等，并侧重从法律角度构建社会信息管理制度。

（4）信息共享与占有的平衡当是难点。一方面，信息资源在本质上具有公共产品的属性，信息资源共享的根本目的是实现社会信息资源的有效配置，保障信息资源的公众可获取性。但另一方面，信息的生产、创造又是个体行为的结果，这种个体智力与创造行为的延续是以相应的法律保护为必要条件的，即承认信息资源个体占有，其中的核心问题是建设信息资源的知识产权保护机制。那么，如何协调公众获取信息与个体保护信息之间的矛盾，如何平衡二者的利益关系，既实现信息资源的社会共享，又确保创造者占有权利与利益，成为信息法学所面临的重要而较难解决的研究课题。

参考文献

[1] 邹璇. 信息法律环境分析及我国的对策 [J]. 情报杂志，1996（6）：16-17.

[2] 吴宏亮，颜小云. 论我国信息立法的几个基本问题 [J]. 中国图书馆学报，1999（2）：17-20.

[3] 国外信息政策与法规——访国家信息中心副主任乌家培 [J]. 中外科技信息，1991（5）：1-3.

[4] 张守文，周庆山. 信息法学 [M]. 北京：法律出版社，1995.

[5] 张国海，张玉玲. 论我国信息立法建设 [J]. 情报学报，1995（5）：360-362.

[7] 金吾伦. 跨学科研究引论 [M]. 北京：中央编译出版社，1997.

原载《中国图书馆学报》2001 年第 1 期，作者马海群、乔立春。

社科信息服务创新论

在国家科技创新体系中，社会科学是不可缺少的重要组成部分，社会科学的创新意义在于通过对一系列社会新问题的研究与分析，为人们提供一种更新的价值观念、创新的思维意识。在社会科学创新发展过程中，社科信息工作起着重要的支撑作用；顺应社会科学创新的要求，应当建立与强化社科信息服务创新观念，通过创新服务方式、服务内涵、服务范围、服务管理机制，为社会科学研究以及社科信息资源开发提供更好的支撑。

一、支撑社会科学创新的社科信息工作机制

社会科学创新是以社会科学研究新思想的产生为起点，以社会科学创新研究成果的社会应用为终点的过程，大致包含创新思想的形成、技术手段的获取、研究要素的投入、创新活动的组织管理、创新成果的传播与扩散等几个环节。社科信息工作机制是社会科学事业发展的必要因素，可以分别从思想产生、技术支持、成果传播等环节来支撑社会科学的创新活动。

（一）社会科学创新研究者的信息需求满足机制

社会科学研究信息需求产生于特定社会环境，对这种需求满足程度的不同将导致社会科学研究与创新水平的差异。因此，应当全面考察新的技术环境下社会科学研究人员的信息需求，在此基础上建立与社会科学创新活动密切相关的信息需求的满足机制，为社会科学研究的深入开展奠定基础。我国社科信息工作在几十年的发展中，对社会科学研究者的信息需求研究已经积累了一些经验，但有关信息需求满足机制的研究和建设还是十分薄弱。

（二）社会科学创新研究中加强信息技术应用的机制

技术手段是科学创造的催化剂，社会科学创新必须依赖并不断更新信息技术手段，提高社会科学研究的效率，在目前环境下尤其应重视网络技术的应用。我国的社科信息工作者已开始重视多媒体信息技术的应用、书目数据库的建设、网络信息技术的广泛采纳，这为社会科学创新研究提供了重要的技术保障。信息工作的一些软技术如信息分类、信息浓缩、信息选择、信息综述等，也已广泛应用于社会科学研究与创新之中。

（三）社会科学创新研究中信息资源要素的投入与保障机制

在开发经费、资源、人才等条件已具备的情况下，社科信息资源的投入与保障乃是社会科学创新研究成功的关键，越来越多的社会科学研究机构开始重视社科信息资源的引入或自身建设，信息资源的拥有量也逐步成为判断研究机构研究力量与竞争力的重要指标。我国社科信息保障工作的重点应包括：完善信息保障法律法规、社科信息资源共享体制的形成、网络信息资源的组织开发等。

（四）社会科学创新思想形成过程中的社科信息激活机制

社会科学创新思想的形成依赖于一定的社科信息激活机制。社科信息活动可以形成这种激活机制，如最新社会科学研究信息的全面提供、深度开发（深化书目情报工作），社会科学学术争鸣活动的组织（推行社科情报交流机制），社科信息咨询活动的开展（大力发展信息咨询机构）等。

（五）社会科学创新成果的信息传播机制

社会科学创新成果的社会应用是社会科学研究价值的重要体现，这种应用在很大程度上是以社会科学成果的传播与公众接受为中间环节的，因而社科信息传播机制显得尤为重要。在新的社会环境下，社科信息工作的重心应当向信息传播机制上适当转移，让社会充分认识到社科信息工作的价值。可以开发的社科信息传播业务包括：社会科学研究成果的多媒体、多手段、多方位展示与宣传报道，动态性、信息性社会科学刊物的加工编辑，创新成果著述的组织编撰与出版，各种社会科学创新成果的网上传播等。

为了有效发挥社科信息工作机制对社会科学创新的支撑作用，应当突出社科信息服务功能。因为随着信息技术的发展、信息高速公路的建设，新的社会联系方式已经形成，即由信息技术—信息资源—信息服务—信息需求所构成的社会信息链，在这一社会信息链中，信息服务环节应成为信息部门的工作重点，社科信息工作自然也不例外。社科信息服务创新可以从以下几个方面来实施。

二、社科信息服务内涵知识化

社科信息服务创新的核心在于服务内涵的信息化、知识化，包括信息的导读、知识内涵的解读、信息与知识单元的选择与咨询、技术与理论的强有力支持等。

（一）技术支持信息化

社科信息服务创新的重要支撑力量是不断发展的各类信息技术，如社科信息数据库的编制、信息检索技术的更新、社科信息网络的构建。

首先，我国社科信息系统的数据库和网络建设水平同其他系统相比相距甚远，社科信息生产分散、低水平重复。因此应在现有数据库建设成就基础上，扩大数据库资源规模同时拓展加工深度，并且应针对蓬勃发展的网络经济，开发建设社科信息资源与服务网络，因为社科信息资源与服务网络是社科信息工作贡献于社会科学研究乃至整个社会的重要基础。

其次，在网络环境下，社会科学家的工作也随着信息传播新技术的发展而逐步发生变化，国内外社会科学界已开始利用大型计算机网络、超文本技术、多媒体技术来研究数据的获取、储存、整理与个人之间的交流。社科信息检索工作应适应这种变化，积极采用新型信息检索技术，强化社科信息的计算机检索和网络资源开发。另外，有必要在现有网络提供的各种服务的基础上，大力开发更深层次的、更有针对性的信息检索技术和手段，例如信息资源指引库、自动维护信息资源指引库技术、Internet自动漫游技术、Internet 自动判别技术等。尽管这类技术目前更多的是在科技信息检索中开发和试用，但在社科信息开发利用过程中，它们同样有着广阔的应用前景。

再次，应当高度重视社科信息资源网络的建设。社科信息工作在网络环境下支撑社会科学研究的最重要途径与手段就是开发社科类数据库、建设社科信息网络。高校的信息资源网络化建设，尤其是文献资源保障体系的建设，为社科信息资源网络的系统化建设奠定了良好基础。在网络环境下，社科信息检索工作应树立以需求为导向的思想，改变以本单位资料为中心的传统观念，通过协调与合作，建立面向用户的社科信息资源网络，实现社科信息资源的有效配置。社科信息资源网可以包括以下几种：（1）基于 Internet 网的社科信息资源网，即对 Internet 网络中的社科信息资源进行有效开发和重组，建立面向社会科学领域的全球信息资源网中网。（2）国内社科信息资源网，即建立我国的以中文信息为主的社科信息资源网。我国实施"金智工程"就是为了实现这一目标。按照该工程的规划，"九五"期间重点投资建设文献信息资源共享服务系统，网内以全国性、地区性文献信息中心为节点，并连接进入"211 工程"的所有高校和国外主要文献信息系统。（3）专门性社科信息资源网。

（二）理论研究现代化

我国社科信息理论研究经过几十年的发展取得了长足进展，产生了一批较高质量的学术著作，如《社会科学情报工作概论》《社会科学情报学》《社会科学情报工作导论》《中国社会科学情报学导论》《社会科学情报理论与方法》《社会科学信息学引论》

《社会科学信息咨询指南》等。但从研究力量来看仍呈现孤立零散状态，从研究内容来看，偏重思辨，理论成果一直占绝大多数，而有社会价值和经济价值的应用、开发类成果较少，制约了社科信息研究成果社会功能的发挥。中国社会科学信息学会应组织力量争取国家或省部级重点项目，推出一批社科信息研究著作与科研报告，用于指导实践。但最关键的是树立创新观念，发扬创新精神，接受新需求（网络用户数量激增、需求多样化），适应新形势（信息服务产业化），针对新客体（网络信息资源）积极采用新技术（网络技术），勇于参与新理论研究。Internet 已经向传统的社会科学理论提出了挑战，由此产生了大量新课题，如网络空间、虚拟社会研究，网络信息产权、网络出版物研究，网络信息安全、信息犯罪研究，网络经济学、网上贸易研究等，社科信息系统有能力也有责任参与这些跨学科、交叉学科新课题的研究。同时，在开展社科信息研究过程中，应当充分重视复杂的人文因素对实践研究的影响，如名人效应、学术倾向、感情因素、主观色彩等。

（三）信息产品增值化

提供增值信息产品服务是网络环境下社科信息工作创新的重要体现，也是信息导读、知识解读的具体成果。创新的思路一是要调整社科信息类检索刊物的编制思想，加强社科信息传播的前沿性、引导性；二是大力开展知识咨询与决策支持服务，真正介入社会科学创新研究活动。尽管我国社科信息类检索刊物的发展水平不如科技信息类检索刊物，但也已具备了一些基础。在新技术环境下，这种二次文献的开发应充分考虑以下各种因素：（1）建立较完整的检索刊物报道体系，可由国家主管部门统一规划、统筹安排。（2）稳定检索刊物的品种，保证每种出版物都有较明确的学科范围和比较固定的用户。（3）提高检索刊物质量。（4）形成多载体形式的检索刊物体系，社科信息类检索刊物的编制中应注意新型信息技术的应用，从发展方向看，应以数据库为基础，编制多种检索刊物产品，包括印刷版、磁带版、光盘版以及网络版。（5）侧重发展中文文献检索体系。重视发展中文检索刊物，并通过因特网向全世界传播，可以大大加快中国信息检索类刊物走向国际并参与竞争的步伐。（6）规模化经营、系统化发展，即在社科信息类检索刊物的生产管理中，灵活运用现代化经营管理思想，不仅注重信息产品的质量与品种，更重视与产品相配套的各种信息服务，如售后服务、专题服务、专门化服务、业务培训等，同时注重开发技术支持软件。

除开发新型二次社科信息产品外，提高信息组织与加工水平，重视三次文献产品的生产，向用户提供浓缩化、综合化的精品信息服务，实现信息增值，是社科信息服务创新的重要手段。

（四）从业人员智囊化

网络技术的发展、用户需求的演变、决策支持复杂性与难度的增加，都要求社科信息服务向业务智能化方向发展，因而社科信息工作从业人员的自我发展与成长方向必然是智囊化。这种人才智囊化，一是体现为技术化，即通过网络培训、自我塑造，成为网络信息管理人才，胜任信息源采集加工、信息资源维护、信息产品开发等业务；二是体现为智力化，即通过社科信息领航、网上社科信息的组织加工，尤其是深层次社科信息开发，为社会科学研究及社会机构提供知识咨询与智力服务。

三、社科信息服务范围社会化

我国社科信息工作长期以来以静态服务模式为主，封闭于研究机构、高等院校或政府机构内部，远离社会，远离市场，也远离企业，各类社科信息部门在信息收集、加工，信息产品开发上难以形成具有社会化分工、专业化特色和产业化程度的社会竞争优势，直接影响了社科信息工作的地位和作用，社科信息研究与服务难以取得积极有效的社会效益。社科信息服务创新就是要打破封闭，走向市场并形成产业。

（一）整体市场化

社科信息管理与服务应转变运行机制，将社会性的社科信息需求作为社科信息系统建设的基点，以市场机制来运作社科信息服务业务。市场经济条件下，应用开发研究将成为社科信息服务的一个重点，例如，吉林省社会科学院所开发的重要信息成果——《吉林蓝皮书》，已成为拳头产品，成为研究吉林省经济和社会问题的重要工具，为重大决策提供了参考依据。社科信息应用开发研究的成果展现，既可以采用上述《吉林蓝皮书》的专题研究形式，也可以利用社科信息通报刊物的编制，甚至可以开展部分有偿服务。社科信息应用开发研究的成果形式与下述社科信息工作的产业化问题有着密切的联系。

（二）局部产业化

目前我国包括社科信息工作在内的社会科学产业化尚未形成规模，商品化、产业化性质不突出，因此应重新界定国家社科信息事业职能范围，将不具有社会共同需要性质的社科信息事业机构推向市场，使之向企业化发展。事实上，市场经济为社科信息工作提供了新的机遇，即部分社科信息产品的开发和管理可以走产业化的道路，而且实际上存在着社科信息产业化的现实需求。有关部门应积极行动并加大投入，鼓励和资助社科信息工作者在充分调研社科信息资源状况和社科信息需求的基础上，为经济和社会发展提供多样化、深加工、多层次、系列化、具有针对性的社科信息产品，对需求量大的信息产品进行规模生产，既创造社会效益，又创造经济效益，同时既提供类似光盘数据库的有形产品，又可进行无形服务。截至目前，我国已开发并形成产业化格局的社科报刊光盘数据库产品有：复印报刊资料专题目录索引、复印报刊资料索引总汇、中文社科报刊篇名数据库、复印报刊资料全文数据光盘、中国学术期刊（光盘版）及专题文献数据库等，它们是社科信息服务产业化的有益尝试。

（三）研究对象化

社科信息研究是整个社科信息管理与服务系统的重要一环，其研究的深度与广度直接决定着社科信息服务的能力与方向。长期以来我国社科信息研究的重点仅放在信息工作的业务环节，进行了大量的工作程序研究而漠视外界的社会问题与社会变化对信息工作的新要求。在社科信息服务创新机制中，社科信息研究应更多地关注社会热点问题而不局限于本身业务环节，更多地关注社会科学新学科研究动态。通过梳理其基本情况、学术贡献和趋势走向等，促进这些新学科的学术交流和理论扩散，在追踪与紧跟社会发展步伐中不断调整研究对象，在参与社会问题的研究中增强自身的服务能力。

（四）业务联合化

我国社科信息工作体系素有社科院所、高校、党校、政府机构之分，造成人力、业务、管理的分散化局面，难以形成强大的竞争力。在社科信息服务创新机制下，应当调整思路，走联合化、合作化道路。在社科信息系统内部，应发挥跨系统、跨组织、人才密集等优势，以课题为纽带，以产品开发为纽带，走协作之路。对外系统，尤其是企业用户，应走合作化道路，互惠互利，优势互补。

四、社科信息服务方式特色化

社科信息服务内涵知识化、范围社会化并不追求千篇一律，业务联合化也并不是抹杀个性；相反，服务方式特色化才能更好地体现社科信息服务的创新。各类社科信息服务机构应根据地方人文特色、行业特点、学科优势等，建设各具特色的社科信息资源保障体系，形成自身独特的服务方式。

（一）地方化

地方社科信息服务机构应当善于获取具有地方研究特色并关系到地方社会经济发展的信息，形成有特色的地方社科信息资源，为人们提供相应的信息服务。如湖北省社会科学院的楚文化研究与长江文化研究、广东省社会科学院与暨南大学的港澳研究等。

（二）定题化与专业化

定题化即结合相关的专题研究力量，如邓小平理论研究、华中师范大学的村民自治研究等，形成有专业特色的信息资源，为专题研究提供高质量的信息服务。与其类似的专业化即结合专业研究特色，如经济、伦理、法律、哲学等，建设行业性专业信息资源，为专业研究及行业发展提供相应的信息服务。例如中国人民大学书报资料中心信息咨询部提供的服务项目与服务方式包括：预定学术信息定题剪报刊服务，定期连续传递；特定选题服务，如"西部大开发""WTO""网络产业"等，突破专题系列刊物的分类标准，保证了适用性；文献咨询服务，提供专题资料；经济信息定题剪报刊服务。这些服务方式由于既有灵活性又有专深性，已产生了积极的社会影响。

五、社科信息服务管理法制化

社科信息服务管理的规范化与法制化是社科信息服务创新的基本内容之一，同时也是社科信息服务创新实现的重要途径。

（一）领导制度化

社科信息服务创新的具体操作者是社科信息工作机构的各级负责人，如果没有制度的规范与监督，没有政策的合理引导，社科信息服务就可能因领导者的决策任意性、主观性而发生方向性偏离，社科信息服务创新更无从谈起。因而，应建立社科信息职能管理机构并完善政策法规，加强统一规划，实现业务领导制度化。

（二）产品开发利用法制化

在社科信息产品开发、利用与服务中应大力推行法制化管理机制。数据库的编制、使用中产生的法律保护问题（主要是版权问题）逐渐成为法律界和数据库业关注的焦点。社科信息服务应当重视法制化管理，遵守版权法规，迎合快速变化且日益交织一体的经济与法律环境的要求。一是在编制社科数据库时应妥善解决版权利用问题；二是针对自身开发的社科信息产品，应重视版权所有与维护问题。

（三）业务规范化

1986 年中国社会科学情报学会成立时虽通过了行业内部的《社会科学情报系统工作试行条例》，但因缺乏法律约束效力，一直执行不力，因此加快社科信息法制建设势在必行。由于社科信息服务的智力性和咨询功能越来越强，它对社会进程所产生的影响越来越大，因而应利用政策法规、教育、行业协会等力量对社科信息服务的主体、内涵、行为、管理体制、用户权利与义务以及社科信息产品界定等方面进行规范，确保社科信息服务系统的安全运行。

参考文献

［1］徐亚男．群策为之则无不成　群力举之则无不胜——论我国社科信息系统的协作［J］．情报资料工作，1999（1）：31-34．

［2］尹俊涛，徐如镜．全球信息网络环境下信息资源开发利用技术初探［J］．情报学报，1997（2）：100-103．

［3］孔庆杰．论我国社科信息学走"产业兴学"之路［J］．情报资料工作，1999（5）：5-8．

［4］汪小熙．Internet 与哲学社会科学研究［J］．情报资料

工作，1999（2）：15-17.

　　［5］李建生. 对我国社科情报理论研究的几点思考［J］.
江西图书馆学刊，1998（4）：48-49，65.

　　［6］李景正，马海群. 黑龙江省社科信息政策的思路［J］.
情报科学，1998（6）：476-481.

　　［7］刘磊. 中国社科情报事业产业化管理研究［J］. 中国
图书馆学报，1999（1）：25-29，95.

　　　　　　原载《情报资料工作》2001 年第 1 期，作者马海群。

论支撑技术创新的专利信息管理与服务体系

现代化的专利信息管理与服务体系，对技术起着重要的支撑作用。为了不断提高我国技术创新的水平，应当深入研究专利信息管理与服务体系。

一、专利信息生产的集成化与规模化

专利信息生产的集成化与规模化，极大地激发了技术创新活动的持续开展。

（一）专利信息生产者的集成化

专利信息不仅产生于专利权主体的法律行为和专利主管部门的信息公开行为中，同时也越来越多地产生于信息组织加工者与传播者的专利信息开发与服务活动中，因而，专利信息的生产者形成了集成化、多主体的格局。其主体之一是国家（地区）专利局。专利文献仅由国家（地区）专利局出版发行，而专利文献又是专利信息的主要来源，因而专利主管部门是专利信息的最大和最直接的生产者。其主体之二是专利权申请者。在正常情况下，专利权申请者的主体是各类产品与技术的生产经营者，因此国家专利信息政策的重点之一应是鼓励与推动企业的技术创新和专利申请活动。其主体之三是检索刊物编制者。专门性或综合性的专利信息检索刊物中往往包含着丰富的专利信息，它们不仅促进了专利信息的系统组织和有效传播，而且事实上成为现代专利数据库和专利信息网络的重要基础，因而可以认为检索刊物的编制者是重要的专利信息生产者和组织者。英国某公司开发的"世界专利索引"检索刊物体系，是世界上最著名的专利信息检索系统。

其主体之四是信息网络开发者。现代化的信息网络实现了专利信息的快速传播与交流，联机检索网络、光盘检索网络、国际互联网络，以及基于互联网络而开发的各种区域性、专业性信息网络，从根本上改变了人们获取与认识专利信息的途径与方式，因而可以说信息网络及其数据库的开发者实现了专利信息的再生产。当然，必须严格区分的是，专利申请者和专利局是专利信息的直接生产者，而检索刊物编制者、信息网络开发者只能视为专利信息的间接生产者。

（二）专利信息来源的集成化

专利信息的来源早已突破传统的专利文献，呈现出多样化、集成化的趋势。第一，专利文献是专利局公布和归档的有关专利信息文献的总称，各类专利说明书是专利文献的核心组成部分。目前，专利文献的物质载体主要仍是纸张，但自 20 世纪 90 年代以来，几乎所有出版专利文献的国家在出版纸载体专利文献的同时，开始出版其他载体形式的专利文献，如缩微品专利文献、磁介质专利文献、光盘专利文献等。尤其是信息量密集、占据存储空间较大的专利说明书，在许多国家已经实现了光盘化和无纸化。从 1996 年起，中国专利局专利文献出版开始以 CD-ROM 光盘为主，出版发行中国专利说明书，纸质说明书则根据特殊需要以复印形式出版。第二，许多非专利文献以信息报道、文摘、简介、题录等形式传播各个技术领域的专利信息，它们也构成一类重要的专利信息载体，如产品样本、广告宣传品、科技书刊、产品实物等。第三，专利信息检索工具成为人们获取专利信息的主要手段。由于专利信息具有重要价值，除各国专利局编制的专利公报、索引外，许多国际或国家性的信息机构或商业性信息机构也编制了大量的专利信息检索工具。英国某公司不仅生产了大量印刷型和缩微型专利文摘和索引刊物（以 WPI 为核心），而且编制了众多的专利信息数据库和光盘数据库。第四，蓬勃发展的计算机网络尤其是国际互联网，正成为专利信息发布、传播与交流的重要集散地。

（三）专利信息产品的规模化

专利信息产品的规模化，一方面体现为专利文献与专利检索工具的品种多样、种类齐全，形成了大规模生产和经营专利信息产品的格局。另一方面体现为生产者不仅注重信息产品的质量与品种，更重视与产品相配套的各种服务及必要的软件技术支持，以帮助用户提高专利信息的检索效率。

二、专利信息组织的标准化与规范化

同其他任何类型的文献相比，专利信息的组织和整理加工的标准化与规范化，都堪称楷模。

（一）专利信息生产中的标准化

跨国性专利组织及各国专利局对专利申请文件的打印排版格式均有较严格和较细致的规范。例如，专利合作条约组织（PCT）规定，国际专利申请的所有文件（包括申请书、说明书、权利要求书、附图和文摘等）都应具备摄影、静电复制、照相胶印、摄制缩微胶卷等直接复制成任何数量副本的条件。纸张的规格应当是 A4 型，每页纸张的最小边页空白为：第一页纸的上端空白为 8 厘米，其他页纸的上端空白为 2 厘米，左边空白为 2.5 厘米，右边、下边空白为 2 厘米。各国专利局对本国专利申请文件也都有一定的标准格式要求。另外，随着专利电子申请的增多，各国际专利组织及各国专利局分别对电子申请的格式进行了严格规范。例如，我国的电子申请项目开发始于 1997 年，同年 6 月开发出电子申请标准格式软件，中国专利电子申请系统 CP-EASY 即将投入使用。除上述打印排版格式的标准化规定外，各国对专利申请文件的内容编排顺序也都有一定的规范。例如，专利申请人通常被要求按照请求书、说明书、权利要求书的顺序，编排专利申请基础文件并向专利局递交。又如，专利申请文件中的说明书部分所具有的发明名称、发明所属技术领域、已有技术、发明目的、发明内容、优点或效果、附图说明、最佳实施方案或使用实例等八项内容，必须按照规定的顺序书写，不得任意改变。

（二）专利信息分类中的国际标准化

国际专利分类法（IPC）经过近 50 年的发展，现已成为专利文献信息分类的国际通用性工具，目前已被 76 个国家和 4 个国际性组织采用，所分的专利文献数量累计超过 2 300 万件，其版本已发展到第 6 版。从 IPC 分类号检索专利信息，已成为各国专利局、专利检索系统开发者及专利数据库生产者编制专利检索工具的重要途径。尽管美国和日本分别对本国专利分类体系有不同程度的偏爱或保留，但它们都在专利说明书及重要专利检索工具（包括数据库）中采纳了 IPC 分类系统。需要指出的是，各种专利说明书在出版和公布时，其扉页题录部分中都已标出专利分类号。这种专利分类号是在专利申请案进行形式审查时由审查员给出的，它既保证了专利文献信息分类的科学性以及在一个国家范围内的统一性，又节省了专利文献收藏机构信息人员整理专利的时间，为专利信息组织管理带来极大的方便。

（三）专利信息传播中的国际标准化

专利说明书作为一次专利文献，是专利信息的主要来源。20 世纪 50 年代以来，在世界知识产权组织（WIPO）下属的巴黎联盟专利局信息检索国际合作委员会（ICIREPAT）及其标准化技术委员会（TCST）的努力下，各国的专利说明书逐渐趋于统一。它主要由三部分组成，即题录部分、正文部分和附图部分。其中，题录部分实际上是专利著录项目的集合，这些著录项目或者表达专利技术信息特征，如发明名称、专利分类号、摘要、关键词等，或者表达专利法律信息特征，如申请日期、专利授权日期、专利权人等，同时还可以表达专利文献外在特征，如文献号、出版机构等。为了便于专利文献的整理、贮存、检索以及国际交换，ICIREPAT 责成国际标准化组织（ISO）制定了一套专利文献著录项目识别代码的国际标准，即 INID 代码。该代码共有八大项：10 文献标志项目、20 国内登记项目、30 国际优先案项目、40 向公众提供使用（公布或出版）日期、50 技术信息项目、60 其他法定的有关国内专利文献的参考项目、70 与专利文献有关的人事项目、80 国际组织有关项目。每大项下又细分出不同数量的小项，每个项目均有固定的、各自的 INID 代码。这种具有国际标准性质的 INID 代码，方便了专利信息的确认、整理与交流。

在 INID 代码的小项中，也体现出专利信息加工的标准化。例如，公布专利文献的国家和机构在 INID 中是第 19 项，各国专利局在著录国家或机构名称时，均采用了国际标准化组织制定的表示国家和地区名称的国际通用代码，如 CN 表示中国、US 表示美国、EP 表示欧洲专利、WO 表示世界知识产权组织等。这种国别代码的国际标准，还被广泛应用于专利局出版的专利公报及专利检索工具之中，同时也被其他专利信息加工机构广泛采纳。

此外，专利文献种类代码也在一定程度上实现了国际统一化。由于专利审查制度存在差异，专利说明书的种类繁多。为了便于识别和管理，ICIREPAT 颁布了一系列统一代码来标识专利文献种类。例如，用于原始发明说明书的种类代码：A 代表第一次出版物，B 代表第二次出版物，C 代表第三次出版物。又如，用于实用新型说明书的种类代码：U 代表第一次出版物，Y 代表第二次出版物。再如，用于特定的专利说明书的代码：M 代表医药专利，P 代表植物专利，S 代表外观设计专利等。正是上述专利信息整理工作的规范化与标准化，才使得人们能够方便地开发利用专利信息资源，并有力地推动技术的创新与进步。

三、专利信息服务的系统化与网络化

（一）专利信息服务机构的系统化

世界各国及各种跨国组织都十分重视专利信息服务机构与管

理制度的系统化建设。以我国为例，服务机构的系统化是中国专利局1983年确定的我国专利信息工作"五化"方针之一，其目标是建立我国现代化专利信息系统。1985年9月10日，中国专利局批准了64个专利文献服务网点和13个联机终端，为我国专利信息系统的建立打下了坚实基础。全国专利信息系统目前已形成并分为四级，它们是：中国专利局专利文献服务中心（一级），各级地区型、专业型专利文献服务分中心（二级），中国专利文献服务网点（三级），基层专利信息机构（四级）。

（二）专利信息服务方式的系统化

许多专利信息服务机构面向用户推出了形式多样的信息服务项目。例如，有的公司的主要服务项目有：联机检索服务、局（专家）检索服务、专利复制服务、自动 SDI 服务、缩微检索服务、定制服务及图像联机检索服务等。国际专利文献中心（INPADOC）可为用户提供的服务有（以 COM 为例）：同族专利服务、专利分类服务、专利发明人服务、专利申请人服务、号码数据库服务、专利注册服务及专利公报服务等。

（三）专利信息服务手段的现代化与网络化

专利数据库及专利信息系统的建设，是信息服务手段现代化的重要标志。国内有关机构已经开发出一系列专利检索系统及专利数据库，如中国专利局自1987年以来，相继开发了中国专利管理系统（CPMS）、中国专利信息检索系统（CIPIS）、中国专利检索系统（CPRS）和 WPI-BS2000 世界专利文献检索系统。1993年，与 CIPIS 对应的光盘检索系统（CNPAT）也开发成功。此外，中国科技信息研究所、北京文献服务处等单位也分别开发了包含专利数据库的信息检索系统。

计算机网络，尤其是互联网的发展，极大地促进了专利信息服务手段的现代化。目前，可以提供专利信息的计算机网络大致有三类：联机信息检索网、互联网和光盘局域网。在联机信息检索网中，世界上著名的联机检索服务系统（如 DIALOG、

QUESTEL-ORBIT、STN 等）都编制了一系列专利数据库供用户检索，所提供的专利信息服务内容丰富、检索功能强大。

因特网作为最大的计算机互联网，有着丰富的专利信息资源，除各专利局的域名和网址外，还有很多重要的网站。另外，我国国内目前已建成了众多的信息网络系统，如 China Net（163网）、CSTNET（中国科技网）、CERNET（中国教育和科研计算机网）、China GBN（中国金桥网）、ChinaInfo（"中国信息"工程）等，这些网络除给用户提供接入因特网服务外，还开发编制了有关专利信息的数据库。例如，ChinaInfo 中的一个主要栏目是科技之窗，其中包括中国专利数据库，还拟建国外专利数据库。又如，为推进专利信息自动化进程，中国专利局已开始实施"中国专利信息工程"，建立中国专利信息网络体系。目前，中国专利信息网已开通，为用户提供中国专利数据库、免费专利数据库、技术信息等检索和中介服务。

除上述联机网络和互联网外，目前世界上已出版数百种专门性的专利信息光盘数据库，这些光盘数据库可单独检索，也可通过国际联机检索网或光盘局域网来检索。

综上所述，国内外的专利信息管理与服务已形成了比较完备的现代化体系，对企业的技术创新活动起着重要的支撑作用。

参考文献

［1］刘延淮. 中外专利数据库检索指南［M］. 北京：专利文献出版社，1997.

［2］赖洪. 专利文献［M］. 北京：专利文献出版社，1994.

［3］马海群，葛晓春，李松梅. 知识产权与信息管理［M］. 哈尔滨：黑龙江人民出版社，1997.

［4］胡安朋，刘琪. 计算机网络上的专利信息［J］. 情报理论与实践，1998（2）：113-117.

［5］徐晓俊，高晓光，曹福民. Internet 网上的专利信息资

源 [J]. 电脑，1997（5）：32-33.

　　［6］马海群. 德温特公司"世界专利索引"体系的发展及其对我国索引编制工作的启示 [J]. 图书情报工作，1997（4）：61-63.

　　　　　　原载《图书情报知识》2001 年第 1 期，作者马海群。

现代远程教育发展中的著作权问题探析

网络技术的发展引发了包括教育在内的全社会的巨大变革，由于因特网的广泛应用，远程教育已从广播电视阶段发展到了网络阶段。基于互联网的现代远程教育将在构建终身学习的社会环境中发挥重要作用。但同时也应关注的是，与其他教育方式相比，对技术的依赖性更强的远程教育，既因网络信息资源的多样性、交互性、灵活性而获得更大的发展空间，又因网络信息从用户界面到内容的版权保护的加强而面临更复杂的著作权问题。本文试图对远程教育及其发展中涉及的著作权保护问题进行探讨。

一、远程教育与著作权

根据国内外比较一致的看法，远程教育是这样一种教育形式：教师和学习者大多数时间不处于同一时间和空间，他们利用各种媒体提供的信息进行学习交流。在网络环境下，远程教育一般是指利用数字技术通过互联网络开展的教学活动。虽然以电子技术为基础的远程教育从 20 世纪 60 年代即已发端，但是网络技术的交互性、多媒体化给远程教育带来了实质性的革命。电子邮件、新闻组、聊天室、电子公告板系统、文件下载、网站之间的超文本链接以及交互式 CD-ROM 等网络技术，为远程教育提供了全新的教学方式。只要接入因特网，就可以在任何时间、任何地点进行提问、回答，通过浏览、传播网络数据库中的文本、图片、声音等教学资源，师生之间开展动态性、交互性的交流、测试，学生在网络中即可完成学业。学生们还可以利用网络技术直接联系全世界的专家，并可以通过网络讲座、网上图书馆等学习资源学习功课。此外，教师还可以指引学生获取与课程有关的其他信息数据库或互联网站，而这些信息资源学生是难以收集到的。

然而，基于网络的远程教育在真正实现教育的远程化、跨国性及充分利用网络信息资源的同时，也引发了一系列文化的、法律的、社会的诸多问题。就著作权法律而言，远程教学所依赖的版权作品是否应追求版权保护，远程教育机构在利用版权作品时处于何种法律地位，远程教学活动中所采用的网络信息传播、网站间文件链接等网络技术是否合理，如何控制与区分接受网络教育的学生与一般公众，等等，都是网络化环境下远程教育发展中所涉及的亟待解决的著作权人与教育机构利益平衡问题。以下笔者将分别加以分析。

二、远程教学中使用版权作品的授权问题

可以将这一问题分为两个方面进行讨论：一方面，远程教学中使用版权作品是否需要授权？在传统教育方式下，为了鼓励和发展教育事业，许多国家的版权法都有关于课堂教学的权利限制的内容，即采用合理使用、强制许可等多种法律机制，使教育机构在一定范围内享有使用版权作品的自由，《中华人民共和国著作权法》和《计算机软件保护条例》中也有这方面的规定。因此传统教育中一定程度和范围内使用版权作品是不需要授权的。然而，远程教育的兴起尤其是网络教学的发展，带来了日益复杂的版权问题，网络教学不仅要使用大量的、多样化的版权作品，而且作品被数字化后在网络中的传播与复制很难控制，因而传统著作权法中关于课堂教学的权利限制已经过时。从原则上讲，远程教育中使用版权作品一般应首先寻求版权人的授权与许可。随着网络技术的发展，数字化作品的电子形式的权利管理信息可以提供作品的许可条件，许可协议也很容易在网络中自动达成。当然，考虑到远程教育的公益性及其在作品数字化过程中软硬件方

面的大量投资，可能已经超过教育机构的承受能力，作品许可费可以协议减免。因此，网络环境下远程教学中使用版权作品可能是免费的，但不应再是自由和任意的。

另一方面需要明确的是，远程教学中使用版权作品需要何种授权。远程教育中教师与学生都要使用包括版权作品在内的大量的教学材料，为了保障教学活动的开展，远程教育机构应当获得法律的优惠和授权。例如，《保护文学和艺术作品伯尔尼公约》第 10 条规定，可以通过出版物、无线电广播或录音、录像使用文学艺术作品作为教学解说的权利，只要是在为达到正当目的所需要的范围内使用并且符合正当习惯，但应当指明作者姓名及出处。澳大利亚、德国准许在教学活动中播放、表演有版权的作品。有的国家允许在远程教育中公开展示所有的作品，但把公开表演的对象限定在"非戏剧作品或音乐作品"上。结合网络教学的特点，笔者认为远程教育机构有必要获得版权作品的公众传输权、公开展示权、公开表演权、公开播放权等。

三、远程教育中的著作权权利限制

尽管远程教育中传统著作权法的合理使用规则已不能照搬照用，但权利限制机制并非完全失效，在特殊情况下远程教育机构还是可以享受权利限制的优惠的，关键是权利限制及合理使用的范围需要被重新确定。1998 年的《数字千年版权法》（DMCA）专门提到了远程教学与权利限制的关系，虽未能给出远程教学权利限制的具体范围，但提出了应当考虑的一些影响因素。如：为网络环境下的远程教学设立权利限制的必要性，远程教学的权利限制所包括的作品种类，从远程教学的权利限制中受益的机构与人员的范围等。实际上，在 DMCA 颁布之前，美国有关机构已就新信息技术环境下版权作品的合理使用问题，提出过一些建议与解决方案。如 1996 年 7 月，美国的学院和大学媒体中心联合会以及美国专利商标局建立的合理使用联合会完成了一份《教学多媒体合理使用纲领的建议》，其中包括：如果满足一定条件，教师和学生被允许为准备多媒体项目使用含有版权的作品，但教师所创造的多媒体的使用（表演和展示）被限于面对面的教学，安排学生有目的的自学以及向网中注册学生进行远程教学和课后的复习与自学，且应采取一定的技术措施防止复制有版权的材料。

为了保证远程教学活动的开展，权利限制应当包括允许这些机构将版权作品上传到服务器，再传播给注册的学生使用。也应当允许教学网站中课程与教学材料之间的"链接"，以发挥因特网的优势。关键是如何建立和记录链接，在某些情况下，可采用适当的许可和注明电子出处的方式来解决。

四、远程教育中的著作权保护措施

鉴于网络作品传播的快捷性、易复制性和隐蔽性，远程教育机构有义务采取措施保护版权人的利益。尽管同其他网站一样，远程教育网站也存在着资金流、物流与信息流的管理及安全认证等问题，但由于网络教学的实质是通过多媒体教学信息的传输和共享来实现教学过程，因而网络远程教育的信息流的管理与保护更为重要。应当采取一定技术手段保证只有注册了某门课程的学生才能访问教学材料，如加密、设置口令等；还应当采取技术措施在学生访问教学资源后控制其对版权作品的下载或进一步传播；同时，在必要的情况下，远程教育机构还应当采用"电子水印"技术将跟踪作品的信息标识埋置于数字化作品中，以便掌握作品的网上使用行为。此外，远程教育网站还应不断吸收各种监控网络信息的新技术与新产品，重点控制侵权信息尤其是有害信息的上传、链接等非法行为，保证网络远程教育的合理性与合法性；可以采用路由表过滤法来具体实施，即把侵权或有害信息源的 IP 地址在路由表中设为"拒绝"，从网络层进行过滤。

五、远程教育中教材作品的著作权问题

设计和制作高质量网上教材的过程需要耗费大量的时间、金钱尤其是制作者的智力，因而网上教材具有较强的作品性，关键是明确其著作权归属。由于教育机构和教师都对网上教材投入了大量的设备、精力，因而将网上教材的著作权单纯地归属教育机构或教师某一方，显然是不公平、不合理的。笔者认为，可以将网上教材按合作作品来对待，因为为远程教育项目完成的课件，其中不仅吸收了教师个人编排并讲解的内容，而且离不开教育机构投入的专门的服务、设施。如果对版式和图画设计、网络多媒体传输等，双方均有人力物力和智力投入的情况下，共有网上教材版权才是合情合理的解决方案。

网络环境下如何切实保护知识产权，已成为网络业、法学界乃至整个社会关注的焦点问题。当然，在互联网站大量涌现的情况下，我们有必要清醒地认识到，远程教育网站与一般的商业网站存在较明显的区别，正如远程教育领域的国际知名学者 Desmond Keegan 所阐述的：远程教育是一种制度化的规定教育形式，具有很强的校园内制度化的管理特性。因此，网络环境下的远程教育机构既是知识信息的重要传播者，同时也应是知识产权的鼎力维护者；不论是教学材料信息源的选择，还是网上教学信息资源的加工组织，都应当充分重视作者的著作权益保护。

参考文献

［1］宋成栋. 电子商务与远程教育［J］. 中国信息导报，2000（7）：24.

［2］薛虹. 网络环境下的远程教学及其版权问题［J］. 著作权，2000（3）：32-35.

［3］崔立红. 版权与现代远程教育［J］. 著作权，2000（3）：36-39.

［4］高思. 网络空间的作品合理使用［J］. 电子知识产权，1999（11）：24-26，35.

［5］马秋枫，江向阳，刑颖，等. 计算机信息网络的法律问题［M］. 北京：人民邮电出版社，1998.

［6］袁昱明. 论网上远程教育信息资源的组织管理［J］. 中国电化教育，1998（8）：52-56.

原载《中国电化教育》2001 年第 3 期，作者袁慧、马海群。

我国高校图书馆 Web 网站建设评价

在互联网中文信息资源建设中，我国高校图书馆发挥了举足轻重的作用。据不完全统计，我国现有高校图书馆 Web 网站有200 多个。那么，高校图书馆 Web 网站的质量水平、服务效率、用户满意程度如何呢？笔者试图在分析高校图书馆 Web 网站信息组织方式方法的基础上，结合国内外 Web 网站评价标准以及国外高校网上图书馆的建设现状，对我国高校图书馆 Web 网站的运行效率做一个初步统计分析与基本评价，并依据分析结果构建一组评价指标，以期促进我国高校图书馆网络化水平与服务质量的提高。

一、高校图书馆 Web 网站的信息组织方法

网络信息资源评价及开发利用的基础是信息组织，网络信息组织方式不同于传统型信息源，但二者信息组织的方法与原理具有相通之处，即借助一定符号系统实现信息序化。信息序化方法大致可分为 3 类：语法信息序化法（如号码法、时序法等）、语义信息序化法（如实物、图表、概念等）、语用信息序化法（如权值法、逻辑排序法等）。在网络环境下，多媒体信息尤其是图像、声音信息的表达、序化，成为网络信息组织的重点研究内容，并一定程度上拓展了传统信息组织方法体系。从我国高校图书馆 Web 网站的建设原理来看，网上图书馆的信息资源组织基本上采用了上述方法体系。而从结构上看，网上图书馆信息资源的组织方式同一般网络信息资源一样，可以分为 3 个层次，即网上一次信息、二次信息和三次信息的组织与管理。网上一次信息的组织方式主要有：自由文本方式（用于建造全文数据库）、超

文本方式（用于链接相关文本）、主页方式（用于集中介绍网络运营者）。网上二次信息的组织方式主要有：搜索引擎形式（提供信息检索功能）、指示数据库形式（提供专题性网址）、菜单方式（提供浏览检索功能）。网上三次信息开发的规模还很有限，目前主要是以超文本说明形式辅助用户掌握并利用搜索引擎，以便进一步获取一次信息。

二、Web 网站评价标准的相关研究

国内外许多研究者就 Web 网站的评价标准进行了较深入研究，并提出了各自的观点。针对网络信息资源，Joan Ormondroyd 等人认为可以援用印刷型资料的评价标准，并提出两类评价指标：基本评价指标和内容评价指标。基本评价指标包括作者信誉度论著选题与作者专长领域的关联度，作者著述被引用状况，作者所在机构的宗旨与主要业务，信息资料在 Web 网站的出版时间及更新时间，出版商的机构特征，出版刊物的性质等；内容评价指标包括信息资料的受众面、论述深度、论证的客观性、对某一专题的网罗与覆盖面、书评反响等。Jim Kapoun 提出评价 Web 网站的五项标准，即网上资料的准确性、客观性、权威性、时效性以及覆盖面。Judith Edwards 认为按重要程度排序，Web 网站的评价标准有 3 个：可获取性（包括网站的可靠性、稳定性、下载速度、网页更新、软硬件设置、帮助提示等）、质量（包括网站建设与维护者的权威性、网站资料来源的性质、版权引证状况、信息资料的准确性与客观性、引证材料的完备性、广告与信息资料的易区分性、特色信息资源的建设情况等）、易用性（包括网站易浏览性与可检索性、网页设计的特色、网页简明易联且结构清晰、用户界面友好等）。国外甚至出现了一些专门的网络信息评价站点，如 AtWeb 的网站评估指标包括：站点的浏览器兼容性、搜索引擎上的出现率、站点速度、链接有效率、被链接率、拼写错误率、站点设计等。

国内有关学者的研究也已达到一定深度，如董小英总结出 9 项 Web 网站的评价标准：信息的准确性、信息发布者的权威性、提供信息的广度和深度、主页中的链接是否可靠和有效、版面设计质量、信息的时效性、读者对象、信息的独特性、主页的可操作性。蒋颖则认为网上信息资源的评价标准可以包括信息质量（学术水平、可信度、时效性、内容的连续性）、范围（提供信息的广度和深度）、易用性（链接速度快、无空链）、稳定性和连续性等。

可以将上述研究成果归纳为以下几个评价指标。

（1）Web 网站内在特征，包括：

① 智能化：网站（页）应具有帮助用户快速找到其所需网站（页）内信息的功能，索引、目录、搜索引擎在一定程度上实现了智能化，作为发展方向，智能体将发挥更大作用。

② 信息丰富：主页、网页层次较深，数据库资源多，覆盖面能够满足用户需求。

③ 链接友好：可链接重要网站、重要数据库及主要搜索引擎等，为用户提供更广泛的信息来源。

④ 传递速度快：多媒体信息的比例合理，既实现交互性、动态性，又不影响用户信息获取的速度。

⑤ 动态性强：内容更新及时。

（2）Web 网站的形式特征，包括：

① 布局体现艺术性：在不影响传递速度的基础上，可充分考虑声音、图文、字体、颜色、层次等的搭配，增强网站（页）的吸引力。

② 易于浏览：网站（页）结构清晰有序，线索较为明确，接近用户阅读习惯。

③ 用户友好：网站（页）中设立电子信箱，便于用户反馈建议，同时也便于用户进行咨询。网站（页）中还应有信息导航、使用帮助等提示性栏目。

（3）Web 网站的其他特征，包括：

①广告效应：如作为公司类网站（页），除介绍公司提供的关于产品和服务的数据之外，可以有广告性质，发布公司面貌与营销政策方面的信息。

②用户效应：能够吸引用户兴趣。

三、我国高校图书馆 Web 网站的评价指标

利用以上评价指标，可以考察分析国内图书馆 Web 网站的设计与运行状况。笔者于 2000 年 8 月对国内 60 所已经在中国教育和科研计算机网（CERNET）网上建有独立网站的高校图书馆网页进行了访问，这 60 个单位包括国内著名大学图书馆和一些普通大学图书馆。为了能更加准确地反映我国高校图书馆 Web 网站建设与发展状况，笔者对这 60 个站点均进行了较为深入的访问（四至十层网页），总结出现今高校图书馆 Web 网站的评价指标，以期进一步推动图书馆自动化和网络化建设。

（一）信息资源的深度和广度

对于网络化图书馆来说，不仅网上信息资源的种类应丰富多样，而且信息资源开发应达到一定的深度。高校图书馆不仅要建立有关数据库，而且数据库的数量、质量、可用性、易用性均应适应用户的需求。同时，通过高校图书馆网站还应能查阅到或链接到国内外其他高校和公共图书馆的信息资源。以北京大学图书馆网站为例，其主页中设立了网海导航、电子资源、读者指南、最新动态、读者留言等栏目。在电子资源栏目下，不同用户可以接触到不同范围的信息检索服务，如校园网数据库检索服务包括：联机检索光盘数据库、国外联机数据库（网络数据库）、国内联机数据库（网络数据库）、英文电子学术报刊、中文电子学术报刊、电子图书等；图书馆局域网数据库检索服务，主要是单机检索光盘数据库，内含几十种重要的中英文光盘数据库；其他网上资源浏览包括：Internet 学术资源学科导航、网上光盘联合

目录、多媒体光盘目录 FTP 资源等。在网海导航中设置了图书馆界、大学学院、查询工具、热门站点、中文杂志、大众媒体等栏目的网址虚拟链接。

尤其值得关注的是，在体现高校图书馆网页信息资源深度上，中国高等教育文献保障系统（CALIS）发挥着重要的作用。CALIS 现有成员馆 61 个，并设有全国中心和地区中心。各成员馆都在网页中向用户提供 CALIS 检索服务。

（二）信息资源的特色

一个网站能否提供快捷有效的特色化信息和服务，是网站能否立足和迅速发展的决定因素。在高校图书馆走整体化建设道路、实行文献资源共享的环境下，特色信息资源往往是校内外用户最感兴趣的内容。高校图书馆可结合本馆馆藏、本校重点学科、专业、实验基地、大型项目及地方特色等，开发建设具有自身特色的数字化特藏；或根据研究与开发热点，自建一定规模的专题数据库；或创办电子刊物、电子专藏，在网上提供全文或题录、文摘型数据库检索。也可以通过一定途径建设一些与学校重点学科、重点科研项目相关的大型数据库的镜像站点，完善特色信息资源体系。例如，中山大学图书馆的自建数据库包括：中山大学学位论文数据库、教育文献数据库、珠江三角洲文献数据库和港澳文献数据库。南京大学图书馆开发的中国地方志数据库，收录了南京大学图书馆收藏的所有古籍地方志及新修地方志的书目数据。北京大学图书馆在读者指南网页中既设立有入馆指南和基础服务栏目，又提供了包括科技查新、用户培训、馆际互借、学科馆员、教学参考书等在内的特色服务栏目。武汉大学图书馆网页向用户提供了较丰富的自编或链接的专题数据库，如中国名胜诗词大辞典、三峡湖北旅游数据库、长江资源文献数据库、长江资源全文数据库、经济信息数据库、环境资源法数据库、中国典型培养物保藏中心培养物目录、万方数据库、DIALOG 服务、CALIS 特色数据库、武汉大学科技年报等。此外，北京邮电大学图书馆、北京交通大学图书馆等，也都在网上建设了一系列有特色的信息资源数据库。许多高校图书馆基于馆藏特色开发建设并已在网上提供服务的联机公共目录检索系统（OPAC），为我国建立统一的联机公共目录检索中心奠定了坚实的基础。

（三）信息交流的开放性和友好性

现代图书馆和读者的关系正从"图书馆轴心论"向"用户轴心论"发展。为加强读者与图书馆的交流，不断地改进和完善服务，高校图书馆应当在主页提供最近更新日期、计数器、电子邮箱；应当开辟留言板供读者发表意见和要求，尤其应当开设常见问题数据库（Frequently Asked Questions，FAQ）、网上读者论坛，并提供书评及书目推荐等。最后一种形式尤其能体现高校图书馆网上信息交流的开放性和友好性，图书馆不仅能及时发现服务中的问题，而且可以抓住用户兴趣，鼓励用户频繁使用本网站。例如，武汉水利电力大学[①]图书馆在电子公告栏中开设了图书馆各部门、图书馆服务、图书馆网站建设三个讨论区；西安交通大学图书馆和武汉大学图书馆开设的网上论坛，也吸引了不少读者。此外，许多图书馆还设立了图书馆网页的英文版，这有助于国外用户对国内高校图书馆 Web 网站的访问，增强了网站的开放性和亲和力。

（四）网络信息资源的咨询服务

因特网含有大量的参考资料，图书馆 Web 网站设立的网海导航是图书馆集成网络信息资源的重要途径，也是图书馆 Web 网站开放性的体现。它帮助用户从尽可能广的空间和用尽可能短的时间，获取尽可能多的有价值的信息。在华中科技大学图书馆 Web 网站上，用户可以查阅到中国出版社、网上医院、网上求职网站、国家自然科学基金等信息资源；大连理工大学伯川图书馆 Web 网站可提供中文搜索引擎 36 个、英文搜索引擎 18 个，网上

---

　　① 2000 年，武汉水利电力大学、武汉测绘科学大学、湖北医科大学与武汉大学合并组建新的武汉大学。

综合类报纸达 42 种，还有硬件咨询、VB 网上资源等；更值得我们借鉴的是，中山大学图书馆 Web 网站在网海导航中开设了学科专题指南，其中包括数字通信与计算机应用专题导航、化学化工学科导航、生命科学学科导航和国际经济与现代企业管理导航，充分体现了高校图书馆网站的信息咨询功能。另外，指引库的建设既是突破传统信息资源建设的一项关键技术，也是对网上信息服务模式的一种探索。它可以存放大量的数据库或服务器的地址信息，指引用户到特定的网站获取所需信息，从而成为用户网上冲浪的航海图。

（五）信息资源的教育指导性

笔者在网上发现，许多大学的 Web 网站直接提供远程教学服务和因特网网上教室等。笔者认为，高校图书馆作为信息传播机构应具有更强的网络教育功能，事实上不少高校图书馆已开展了网络教学活动。例如，北京大学图书馆网页提供了网络英语写作、电子资源检索课；首都师范大学图书馆网页开设了远程教学与虚拟课堂；还有一部分高校图书馆 Web 网站提供了因特网指南、图书馆使用指南、计算机软件指南等，指导用户使用搜索引擎，掌握网络搜索策略和原理等。可见，利用高校图书馆 Web 网站提供指导性、培训性资料是极具吸引力的手段，也是高校图书馆发挥社会教育功能的重要途径。

（六）面向高校的教学科研服务系统

建设教学科研服务系统的目标是提供教学资源服务和科研项目开发与管理服务。尽管二者都可以在高校网页上有所体现，但实质性的信息资源建设可由图书馆来操作。教学科研服务系统中通过建设课程资源、师资档案、参考书目、推荐书目文档等，使图书馆真正成为高校的辅助教学信息中心，不仅方便了校内外师生利用本校教学资源，而且可向社会扩展高校的教育功能。教学科研服务系统通过建立本校科研档案、相关科研项目数据库，并链接校外大型科研数据库，不仅可为高校科研管理部门进行科研立项审查提供参考，而且有助于科研人员跟踪科研动态、获取前沿信息，同时还可以向社会展示本校的科研水平与重要科研领域。在查阅的高校图书馆网页中，大连理工大学伯川图书馆提供的科研数据库外部链接是较为优秀的，如 OCLC First Search、EI 信息村、Science、UMI 博硕士论文数据库、CNKI 等，这种外部链接丰富了本校科研信息资源，而且具有更强的专指性和有效性。

（七）图书馆业务的内容服务

基于图书馆业务的内容服务，既可面向用户，也可面向专业人员。其一，可以在高校图书馆 Web 网站上设立业务知识区，向各类用户介绍图书馆的业务知识与业务环节，促使用户理解图书馆工作并熟悉本站点网上信息资源布局。其二，可以同时开辟一个图书馆研究区，为专业人员进行图书馆学研究、提高业务水平提供专门的系统指导，方便研究者在网上进行业务探讨；还可通过链接专业学术期刊、网上发布学术动态等形式，增强这种内容服务的引导性和服务深度。例如，北京大学图书馆主页中链接有《大学图书馆学报》专业刊物，华中科技大学图书馆网页中开辟了中国数字图书馆论坛。

（八）相对完善的数字图书馆建设

在国家数字图书馆建设发展中，高校图书馆是一支不可忽视的中坚力量；而且作为传统图书馆服务在网络中的延续，高校图书馆应当将相对完善的数字图书馆建设，作为图书馆工作的一个中心环节。国内许多高校图书馆在这方面已迈开实质性的步伐，例如，清华大学的数字图书馆、武汉水利电力大学的虚拟图书馆、厦门大学图书馆的在线资源。此外，还有许多高校图书馆提供了电子期刊、在线图书、在线数据库、电子报刊等，推动了图书馆馆藏信息资源的数字化以及网上中文信息资源的大规模增长。由清华大学学术期刊（光盘版）电子杂志社开发建设的中国知识基础设施工程（CNKI），对我国学术与科研信息资源的数字化、网络化建设起到了重要的推动作用，不少高校图书馆都设立了其镜像站点，将其中的期刊全文数据库、期刊摘要数据库、期刊题录数据库、报刊专题数据库等，作为网站虚拟图书馆藏的重要组成部分。应该说，"中国期刊网全文数据库"在高校图书馆网站设立镜像站点，尚有很大的潜力，也具有重要的学术参考价值。

通过以上分析笔者认为，高校图书馆网站（页）设计如果能够兼顾以上八个方面，那么不仅极大地丰富了网上中文信息资源，也能够推动高校教学科研工作的进展，充分发挥高校图书馆的网络教育功能。当然，同商业网站相比，我国高校图书馆Web网站总体还存在着吸引力不足、多媒体信息偏少、缺乏娱乐性等问题，如何能让用户在轻松愉快中获取学术、学习信息，也许是高校图书馆Web网站进一步优化中需要考虑的一个问题。

参考文献

［1］尚克聪. 信息组织论要［J］. 图书情报工作，1998（11）：1-4.

［2］马费成，陈锐. 面向高速信息网络的信息资源管理（一）——从技术角度的分析［J］. 中国图书馆学报，1998（1）：12-17，45.

［3］夏旭，方平. 万维网网络信息资源搜索引擎的研究［C］//张力治. 情报学进展：1998—1999年度评论（第三卷）. 北京：航空工业出版社，1999.

原载《大学图书馆学报》2001年第2期，作者马海群、蒋新颖。

数字时代图书馆发展面临的著作权问题

随着计算机信息网络在图书馆业务中的应用以及图书馆社会信息资源开发利用功能的扩展，传统著作权法中有关图书馆合理使用作品的规定的平衡机制已经被打破，图书馆在著作权法中的地位须重新审视。本文试图在概括数字时代图书馆发展中面临的各种著作权维护与保护问题的基础上，探讨图书馆在著作权维护中的均衡功能，并探寻提高图书馆在著作权法中的地位的方法。

一、数字时代图书馆发展中的著作权维护问题

图书馆作为公共信息与专有作品的收藏、加工与公共服务机构，必然要面对各种各样的著作权维护问题，适应著作权法律及社会用户的双重需求，成为当代图书馆发展的工作核心。

（一）著作权法对图书馆发展的宏观影响

有关图书馆与著作权法的宏观关系问题，是美国图书馆界1997年的三大热门议题之一，近几年它也成为国内专业研究中的争论热点，一些代表性的争论观点相继出现。

如有人分析后指出，现有著作权法在许多社会利益方面都存在一定问题，著作权人公开指责图书馆滥用权力，严重损害著作权人的利益；出版界人士声称网络数字技术使得人们使用成千上万个非法复印本，会使出版界的经济利益受损；图书馆界人士则担心，信息获取的主动权完全操纵在版权拥有者手里，这将造成有钱才有能力使用信息的局面，严重破坏知识的创造和传播。

针对网络环境，有人提出著作权法修改的思路，如数字环境下版权保护法律法规中应明确规定，版权人可以通过许可协议的

法律形式委托公共图书馆将其数字化作品无偿提供给公众，其使用对象、时间、地点、范围由版权人确定，经过许可的用户才可获得免费的拷贝，否则被视为侵权。

另外一些研究者强调，数字图书馆一个很重要的特征是强调信息存取的自由化，但是这并不意味着信息的获取是免费的和无产权保护的，对于信息数字化并网络化服务后，如何像传统图书馆那样保护好信息所有者的必要权利，是当前数字图书馆建设面临的一个很重要的课题。

（二）图书馆是否享有某些豁免权

不论在哪个国家的著作权法中，公共图书馆均被赋予某些豁免权，因为它们是各国文化政策不可分割的一部分，并被视为一种公共的权利。而就发展中国家而言，在修改著作权法时应当更多地加强公共图书馆的公共信息服务中介体的法律地位，而不只是偏向信息创作个体。

也有人进一步指出，发展中国家的著作权法应与发达国家的著作权法有所区别，应扩大图书馆合理使用版权作品的范围。著作权法中的"合理使用"是一个抽象的原则，怎样来解释很重要，若把图书馆合理使用版权作品的范围规定得有一定的弹性，对图书馆维护公众的利益是有利的；否则将影响图书馆作用的发挥，而最终影响的是公众的利益。

（三）著作权法对图书馆业务的限制

著作权法的实施对图书馆业务的影响是众多研究者普遍关心并加以探讨的热点问题。尽管普通的图书馆业务可适用于著作权法的合理使用规则，不受法律制约，如书目参考咨询、建立统一的书目参考工具体系、通过各种传媒提供最新文献信息、指导读者利用各类书目参考工具等，但确有相当范围的图书馆业务在著作权法实施后受到一定程度的限制。以书目情报工作为例，如果书目情报工作者提供他人有著作权的作品来进行信息咨询并收取费用，未经著作权人允许而利用其著作自编或汇集馆藏文献并用于服务等，就会直接或间接地侵犯他人的著作权。因此，有的研究者认为，图书馆在编制各类书目索引、文摘、摘要、述评、快报等二次文献、三次文献时，将受到著作权法的限制，即当作者声明不得转载、摘编时，就不能收编其作品。另外，在编文摘、摘要、快报时，还应按规定向荐稿人、摘编者及原作者支付报酬。

当然也有人提出，高校图书馆为了学校课堂教学、科学研究等而宣传报道、揭示馆藏所做的一切编辑服务，只要不是用于出版发行或营利性质的，都属于合理使用的范围，但要注明原文的名称及作者姓名；如某高校图书馆针对学校的某一科研课题或毕业生撰写论文的需求而提供的编辑服务，完全是合法的，如果针对社会上某一系统的需求而进行的编辑服务，既未按规定向著作权人支付报酬又以营利为目的，则属于违法行为，侵犯了著者的著作权。

此外，研究者们普遍认为，图书馆的翻译、文献复制、计算机信息检索、声像服务等业务，都不同程度受到著作权法的限制，图书馆在面向社会开展信息服务活动中肩负重要的著作权维权使命。其中有几种较典型的观点，一是为教学、科研目的进行少量的文献、声像、数据库套录、翻译等行为，应为著作权的合理使用；二是合法（复制、套录等）行为与非法行为的界限在于该行为的目的与规模，因而必须把握法律规定的"度"与"量"；三是文献资源共享的目的与做法与著作权法律精神并不违背，关键是操作得当、合理把握共享的"度"。

（四）公共借阅权与图书馆的发展

我国有些研究者提出，应当针对图书馆的信息传播行为，在著作权法中增设公共借阅权。其理由是：文献借阅服务是一种图书馆允许读者通过必要的手续后将馆藏文献借出馆外，在规定的期限内享受自由使用的权利并承担保管义务的服务方式，由于公共图书馆提供的借阅服务是免费的，必然会吸引一部分消费者放弃购买图书行为而转向公共图书馆借阅，从而对图书的销售及依靠销售量收取版税的作者的收入造成一定的影响，并相应地挫伤作者的创作积极性。对公共图书馆实行公共借阅权制度，仍难以彻底解决对借阅数字化作品的读者进行收费与合理使用原则这一对矛盾。

（五）图书馆如何面对盗版文献

为了打击盗版行为，避免盗版文献进入馆藏，有的研究者建议从以下三方面加以防范：从正规渠道进书，最好从正规的新华书店订购文献；对书刊批发市场（或称二渠道）直销的文献尤其要慎重；在软件购置过程中，应尽量避免中间环节（即供销商），应从正常订购渠道直接订购，或者直接向出版商邮购。

二、数字时代图书馆发展中的著作权保护问题

为区别于上述图书馆的著作权维权行为，笔者把图书馆寻求与主张自身权益的行为称为"著作权保护"。数字时代的图书馆不论在社会功能、业务性质还是工作成果上，都与传统图书馆存在较大差异，因而许多研究者开始关注图书馆自身著作权保护问题。

（一）图书馆的著作权法律角色

在传统著作权法律法规中，由于图书馆被视为书刊信息资源的简单加工与提供者，因而拥有与一般社会用户差别不大的著作权法律地位，因为在著作权法中并没有有关加工者和提供者的特殊法律规定。但在数字时代，图书馆成为社会信息资源的重要传播者、加工者、提供利用者甚至是创造者，图书馆不仅作为作品的重要传播中介与服务主体，而且作为信息资源的创作者，深刻地影响着社会信息生产、传播与交换机制。因此，图书馆的著作权法律地位必须加以重新界定，著作权法中应明确图书馆作为作品传播者的法律地位。

此外，作为保存迅速增长的人类知识的机构，图书馆必须有

法律保障以确保其充分利用各种信息技术来保存学术和研究成果，原因在于出售和发行电子信息资料的出版商和数据库制造商们，对所经营的某些电子信息资料在其失去市场价值之后就不再保存它们了。因此，在为信息产业基础设施制定的政策与法律中，必须包括确认图书馆对这些资料进行档案管理和保存权利的条文，从而保证这部分资料成为图书馆的永久性馆藏，使公众能够随时查找和使用这部分资料，这实质上是确认图书馆对电子信息资料的保存者身份。

（二）信息产品

早在几年前就有研究者提出，知识产权制度因对知识的商品性的法律确认而促进并保护了信息服务商品化，这应当是知识产权法律对图书馆事业发展的最重要的积极影响之一。图书馆在开展各项信息服务活动中创造性开发的信息产品，由于具有独创性而可以享有著作权。如：编辑作品只要在编排方式和内容上有所创新，在不侵犯原作品作者著作权的情况下，就可享有著作权，且其著作权归汇编者所有。再如：咨询报告不是简单地为用户提供文献和原始数据，而是对相关文献和数据以及社会调查的结果进行加工、分析和比较的创造性产物，因此，应依法享有著作权。

（三）信息咨询服务

图书馆开展信息咨询服务已成为其参与市场经济的重要突破口。由于信息咨询全过程始终伴随着知识、信息、智力成果的收集、加工、生产应用，因此用以调整知识信息的生产、传播和利用的知识产权制度，必然比其他法律规范更深刻地影响图书馆的信息咨询服务。不论是信息咨询委托方还是受托方，在信息咨询的各个阶段都可能涉及主张知识产权、维护知识产权权益问题，甚至还可能涉及社会其他成员的知识产权权益问题。当然，其中的核心问题应当是咨询成果的占有、分配和利用。例如《中华人民共和国合同法》（1999 年 3 月 15 日发布，1999 年 10 月 1 日实施）第357条规定，委托方负有以下义务：未经顾问方的同意，不得利用、发表顾问方咨询报告和意见，不得擅自将咨询报告让与他人，即使合同未规定，也可依版权法加以保护。第358条规定，技术咨询合同的顾问方负有下列义务：未经委托方的同意不得擅自引用、发表咨询项目的技术背景材料、技术资料、技术数据、咨询报告意见，也不得擅自提供给他人。从这些法律的规定可以看出，信息咨询的委托方可以以付酬的方式占有咨询成果，但并不单独完全拥有其知识产权；信息咨询的顾问方虽创造了咨询成果，但由于涉及委托方的经济利益，因而不经委托方同意也无权引用、发表咨询成果。事实上，信息咨询合同，形成了咨询当事人双方对咨询成果共有知识产权的情况。

（四）数字图书馆的自主知识产权

虽然数字图书馆的概念远远大于传统图书馆，但传统图书馆的网络化、数字化却是整个国家数字图书馆工程的重要组成部分，在探讨知识产权保护问题上，二者的性质是一致的。我国正在大力建设数字化图书馆，其中国家性的"中国数字图书馆工程"的目标，是建立起一个跨地区、跨行业的巨大文化信息资源网络，将文化信息资源中的精品内容进行数字化与深加工，建设一批资源库，形成巨大的知识宝库。不难发现，网络化数字化图书馆将兼信息生产、传播、利用等功能于一身，如何确保其社会效益的充分发挥并适当开拓经济效益，更需要明确的法律地位（包括在著作权法中的法律地位）为其做保障。邱均平教授认为，数字图书馆由于实现了知识增值，因而成为知识创新体系的重要组成部分；而知识增值所体现的作品创造性又会产生出新的知识产权关系，因此数字图书馆完全可以享有自主知识产权。

三、重新审视图书馆在著作权法中的位置

基于以上分析笔者认为，著作权法在进一步修改中，应重新审视图书馆的作用与地位，除明确图书馆作为社会信息传播者的

法律地位之外，应重点争取在以下两方面取得突破。

（一）图书馆成为著作权制度的均衡器

图书馆是介于权利人与社会用户之间的第三方，是维护社会公众利益的代表，是公民权利的体现途径之一；同时，图书馆又是作品的重要传播渠道与交流场所，是权利人利益实现的中介与桥梁，是权利人社会利益的保障手段。因而图书馆既要通过积极的信息服务手段，维护与保障读者权利；又要通过合理的信息传播方式，尊重作者著作权并促进作者的作品的广泛传播。事实上，许多图书馆在行使其公益职能中，已经设法采取积极措施提醒使用者注意法律规定，并就如何遵守这些著作权法法律规定提供指导；但往往事与愿违，图书馆收到的可能是来自用户和著作权人双方的不满，因为在防止著作权的滥用或误导方面他们常被使用者指责为起妨碍作用，同时著作权人又经常指责图书馆鼓励侵权。这一方面说明图书馆信息传播与服务工作的艰巨性，另一方面从反面说明，图书馆实际上在用户和著作权人心目中已经发挥了中间人的作用。因而，在著作权法中积极引进图书馆因素，促进其成为著作权制度的均衡器，是有坚实的实践基础的。

（二）设定"准法定许可"，赋予公共图书馆一定的权利

作为人类知识记录的受托管理人，图书馆必须充分利用技术手段保存和提供人类文化、科研、学术成果，在保护国家资源、民族文化方面，图书馆起到了不可替代的作用。很多图书馆希望将其收集的印刷形式的信息部分数字化并上网，以向读者提供尽可能广泛的获取机会；但如果不存在"准法定许可"，图书馆要想从著作权人手中取得授权非常费时，甚至是不可能做到的事情。因而作为网络信息传播者的公共图书馆尤其是数字图书馆，应该有更多的接受法定许可的权利，如：编辑权、数字化权、展示权、出借权等。即使将来有可能在我国为作者增加公共借阅权权利，也应考虑设定"准法定许可"制度，将作者的公共借阅权赋予图书馆。这样，既保障了图书馆事业发展免受经费问题的过

分冲击，又因规范了图书馆的职权范围而完善了作者的权利。

鉴于著作权法与图书馆事业发展既有的冲突，笔者认为，仅仅依赖于法律专家、技术专家、商业专家来解决由新技术所带来的版权法的各种问题是不完善的，图书馆对于保存人类知识和促进社会进步起着重要作用，因此图书馆界应积极参与到解决这些问题的过程中去。在我国著作权集体管理机构建设起步阶段，图书馆界应当尽快组建图书馆行业版权问题研究会，使之承担起沟通信息用户和信息产权者的中间人的重任，既维护用户与权利人双方的权益，也应就创新知识产品寻求自主知识产权。

参考文献

[1] 张沙丽. 美国电子信息时代的版权法，知识产权和图书馆 [J]. 中国图书馆学报，1998（4）：24-30.

[2] 郑燕华，杨宗英. 数字图书馆的知识产权保护初探 [J]. 现代图书情报技术，1999（3）：13-16，30.

[3] 刘年娣，等. 国内数字化图书馆研究与建设 [J]. 图书馆杂志，1999（4）：27-29，13.

[4] 张平. 中国数字图书馆工程中的著作权问题 [J]. 科学新闻，1999（28）：10.

[5] 郭太敏. 信息时代的图书馆与版权保护 [J]. 大学图书馆学报，1999（4）：51-53.

[6] 黄先蓉. 书目情报服务与著作权保护 [J]. 图书情报知识，1998（2）：36-38.

[7] 张玉莲. 谈高校图书馆读者服务中的著作权问题 [J]. 河南教育学院学报（哲学社会科学版），1998（2）：100-102.

[8] 于丽英. 版权法律保护与文献信息工作 [J]. 大学图书馆学报，1998（1）：26-28.

[9] 王美兰，柳晓春. 论图书馆的知识产权保护 [J]. 情报资料工作，1997（3）：15-18.

［10］谢寿玲. 知识产权保护与图书情报工作［J］. 高校图书馆工作，1999，19（1）：37-41.

［11］柳励和，罗素蓉. 版权保护与文献资源共享［J］. 中国图书馆学报，1997（3）：75-79.

［12］黄先蓉. 九十年代知识产权与图书情报工作研究述评［J］. 图书馆杂志，1997（6）：10-14.

［13］周德明，程德荣，陈曙，等. 文献资源共享与知识产权的维护［J］. 图书馆杂志，1995（6）：8-10，45.

［14］柳励和. 浅谈公共借阅权［J］. 图书馆工作与研究，1997（1）：15-16.

［15］吴建中，马远良. 图书馆与知识产权——关于图书馆未来的对话之五［J］. 图书馆杂志，1996（1）：36-38.

［16］马海群. 论公共图书馆的发展与著作权法的修改［J］. 国家图书馆学刊，2000（4）：24-30.

［17］周六炎，李纲，杨蓉，等. 知识产权法规对我国情报服务的影响与对策研究［J］. 情报杂志，1996（2）：4-7.

［18］马海群，邱均平. 论网络环境下信息咨询的知识产权保护问题［J］. 中国软科学，1999（11）：54-56.

原载《江苏图书馆学报》2001 年第 2 期，作者马海群。

我国网络立法存在的问题与发展对策

本文讨论的"网络立法"重点关注网络建设本身的立法和网络化立法，旨在通过分析我国信息网络法规建设中存在的不足，规划网络法制建设新方向，推进信息网络立法进程，促进我国信息产业的发展。

一、我国网络立法现状概况

（一）网络立法的基础

我国网络立法建设在近几年取得了突飞猛进的发展，出现了20多部有关部门网络及网络信息方面的管理办法、暂行规定等，一定程度上满足了网络业、计算机业的发展对法制建设的需要，之所以有如此速度，是因为网络立法已具备了良好的社会基础。一是法制观念和法治理念已经深入人心，依法调整网络空间的社会关系顺理成章；二是网络发展速度迅猛，其所产生的法律关系技术性强且错综复杂，急需制定适当的法律法规加以规范；三是信息产业发达国家在网络立法方面起步较早，给我们提供了可资借鉴的立法经验；四是不少网络运营商已经自觉地制定了一些网络行业规则，维护网络运行的秩序，这些网络行业规则为有关主管部门制定国家法律法规奠定了良好基础；五是我国信息立法体系已经具有一定规模，网络立法作为信息立法的组成部分，可以得到其他相关信息法律规范的支撑。当然，我国"信息法"尚未成为一个独立的法律部门，甚至还未制定一部信息基本法，因而信息立法任重而道远，网络立法则需要有创新思维。网络立法既是目前网络产业界、法律界和社会公众共同关心的焦点，又是信息立法的前沿研究领域，网络立法进程的加快，无疑将推动我国信息法制乃至社会法制的快速发展。

（二）网络法规建设已有成果

应该承认，网络立法进程并不是与非网络环境下的我国有关信息生产、传播、合理开发利用、有序竞争与贸易等方面的法律法规断然隔绝的。原有的与信息网络所产生的新问题相关的且在原则上仍适用网络环境的一些法律，如著作权法、反不正当竞争法、消费者权益保护法、新刑法等，同我国近年来新颁布的重点在于调整网络社会关系的法律规范，共同构成了信息网络法律法规体系。笔者在这里归纳的侧重点是后一部分，即网络法规建设状况。

详细归纳起来，我国已颁布实施的信息网络法规可分成以下几类：

1. 计算机信息网络管理类

如《中华人民共和国计算机信息网络国际联网管理暂行规定》（国务院 1996 年 2 月 1 日发布并开始实施，1997 年 5 月 20 日修正）、《中华人民共和国计算机信息网络国际联网管理暂行规定实施办法》（国务院信息办 1998 年 3 月 6 日发布）、《电信网间互联管理暂行规定》（信息产业部[①] 1999 年 9 月 7 日发布并开始实施）、《中国公用计算机互联网国际联网管理办法》（邮电部[②] 1996 年 4 月 9 日发布并开始实施）、《互联网信息服务管理办法》（国务院 2000 年 9 月 25 日发布并开始实施）。

2. 国际互联网域名管理类

如《中国互联网络域名注册暂行管理办法》（国务院信息办 1997 年 5 月 30 日发布并开始实施）、《中国互联网络域名注册实施细则》（国务院信息化工作领导小组 1997 年 5 月 20 日发布并开始实施）。

3. 计算机网络安全管理类

如《中华人民共和国计算机信息系统安全保护条例》（国务

[①] 2008 年已撤销。
[②] 1998 年 3 月撤销。

院 1994 年 2 月 18 日发布）、《计算机信息系统国际联网保密管理规定》（国家保密局 1999 年 12 月 27 日发布，2000 年 1 月 1 日实施）、《计算机信息网络国际联网安全保护管理办法》（1997 年 12 月 11 日国务院批准，1997 年 12 月 30 日实施）。

4. 电信管理类

如《中华人民共和国电信条例》（2000 年 9 月 25 日国务院公布并开始实施）、《从事放开经营电信业务审批管理暂行办法》（邮电部 1993 年 9 月 11 日公布，1993 年 11 月 1 日实施）、《放开经营的电信业务市场管理暂行规定》（1995 年 11 月 10 日邮电部发布并开始实施）、《电信服务标准（试行）》（2000 年 2 月 1 日信息产业部发布，2000 年 7 月 1 日实施）。

5. 其他

如《电子出版物管理暂行规定》（1996 年 3 月 14 日新闻出版署发布并开始实施）、《互联网站从事登载新闻业务管理暂行规定》（国务院新闻办公室、信息产业部 2000 年 11 月 17 日发布并开始实施）。

二、我国网络立法的局限性

从以上数据不难看出，我国专门性的信息网络立法已经取得长足进展。不论是立法目的、立法手段，还是立法内容、法规数量与品种等方面，都既结合我国国情和国外先进经验，同时又有一定的创新性。但我国现有的网络立法总体而言还存在着两方面的问题。一是立法形式还仅仅停留在法规建设的范围内，尚未出台一部正式的网络法律。仅实现了规范网络发展的行政形式而非法律形式，行政干预色彩较浓厚，这大大削弱了法制的社会效力，也相对制约了信息产业的快速发展。二是由于缺乏实践经验，现有网络立法的指导思想比较粗泛，导致在实践中法规的司法操作性较弱，法律效力不强。从现实中产生的网络纠纷和对网络法规条文的具体分析，可以发现现有网络立法的一些局限性。

（一）现实问题的覆盖范围不足

如果对网络法规进行具体分析不难发现，我国网络立法偏重于网络管理、网络及其信息安全两大方面，不能覆盖网络产生的各种法律现实问题，许多重要而实际的网络问题缺乏法律引导和规范，包括：

（1）信息产业与网络产业发展的规定；

（2）网上信息的知识产权法适用问题；

（3）网络广告的行为规范；

（4）网络经营者的信息监督、筛选、过滤权；

（5）网络运营者及信息用户的实质权利；

（6）网络信息资源建设的责任规定；

（7）电子商务问题；

（8）数字化证据问题。

（二）网络法规的内容结构欠佳

虽然我国网络法规发展较快，但其体系结构还存在较大问题。其一表现在法律条文的详细程度较差。现有网络法规中较大一部分是由有关部委下发的，有较强的专门适用面，但同时也造成了较大的重复性，而且就网络法规总体而言，法律法规条文的详细程度和明确性普遍较差，因而削弱了法律的适用性和可操作性。例如，现行网络立法中并未规定接入单位对其管辖范围内用户提供的信息或侵权行为是否负有责任，ISP 的法律权利与义务、信息监控作用与能力等，都难寻确切的法律依据。其二表现在法规的完整性不足。现有网络立法一方面存在着立法零乱现象，规范网络行为、网络管理的条款分散于不同的规定、条例、办法之中，既难以知法，又难以执法，急需一部相对全面而完整的网络法规。另一方面，不同的条例、办法之间缺乏关联与支持，甚至出现许多重复和失误之处，急需加强立法的系统性。例如，在《中华人民共和国计算机信息网络国际联网管理暂行规定实施办法》中对互联单位和接入单位做了有区分的规定，申请一个互联单位须经部委级行政主管部门批准，申办一个接入单位则与普通公司相仿，两者之间存在着不平等竞争。再比如为了防止恶意抢注，国际互联网域名管理的相关法规规定禁止域名转让、买卖，这种规定在有效地制止域名倒卖之时，同样也大大地限制了域名权的正常行使，原因在于，域名的自由转让、买卖恰恰是域名权利的一种重要表现。其三表现在权利与义务在结构上的不一致性。权利规定较少，而义务规定较多，未能实现权利与义务的对等，二者在功能上就相应地难以互补互促。其四表现在网络法规的法律效力较弱。从管理措施和行为规范来看，制裁手段少、处罚力度小，因而法律效力弱。从法律法规效力的层面来看，现有网络法规关于宏观调控作用的描述较多，如引导、促进、保障、制约等作用，而关于规范微观行为的描述相对不足，如各类网络主体的法律地位、网络活动中的各种关系、网络纠纷的解决办法、合理竞争规则等。其五表现在法规的可实施性不强。由以上几个方面可以推论，网络法规条文的粗泛性必然制约法规的可实施性，网络法规固有的法律效力也影响了法规的实际执行，而网络技术的复杂性和网络本身的虚拟性，则更加大了法规实施的难度。

三、网络立法的发展策略

针对我国网络立法的以上问题，笔者认为可以从以下几个方面制定网络法制建设的发展策略，引导我国网络立法深入发展。

（一）加大电子商务的立法规范步伐，保证网络经济行为的安全性

电子商务活动主要有：图文、视频等不同形式的电子目录，用电子媒体的电子广告，使用因特网的各种交易系统和专用交易系统，通过网络预订和确认各类机票，电子邮件，网上谈判，电子合同，保险索赔，电子商品编码，海关的电子报关，电子结算以及电子数据交易信用卡、智能卡等。电子商务信息传播范围

广，信息处理和传输成本相应较低，可谓商机无限，成为网络经济的主要模式。然而，电子商务的立法思想并未体现在现有网络法规之中，应该说是一个较大的缺憾。可以展望，"电子商务法"势在必行，并有可能在网络立法体系中首先成为国家性的法律。其内容主要涉及以下问题：

（1）电子商务行业法律法规，如行业市场准入规则、商务主体有关行为规范、产品和服务质量、损害赔偿制度的法律规定等；

（2）电子商务领域的金融法律法规，如电子付款、支付工具、银行和认证中心业务范围及权利义务等；

（3）网络经营活动是否需要纳税，网上税收的税种、税率以及管辖权，电子合同的效力；

（4）消费者权益保护。

（二）加强网上信息资源建设与保护的法制建设

网上信息资源建设的主要任务是根据特定需要，对分散化、多样化、数量巨大且流动性强的网上原始信息与数据进行采集、加工、提炼，使之成为有价值、可利用和易获取的集成性效用信息。由于网上信息资源建设是一种智力劳动密集型和知识组织密集型的工作，其成果要得到社会的充分承认，需要有相应的法律给予明确的保护。因而网上信息资源建设的法律保障机制，成为网络信息资源管理乃至网络化社会构建的重要现实需求。就我国而言，因特网上中文信息极其缺乏，因此结合中国的实际国情，加速制定我国网上信息资源建设的法律法规体系的需求表现得更为突出，它已经同开发本国信息资源、发展民族文化这一重要命题紧密地联系在一起。此外，在网络环境下，信息技术的先进性与易用性使得保护个人信息变得越来越困难，而个人信息的保护又是用户充分利用网络并促进网络发展的基础条件。因而应当制定一些基本的法律规范，保障信息用户的权利。例如：限制个人资料的收集范围与原则，限制利用个人资料，保障个人参与并了解资料的建立与更改，正确管理个人资料，明确保护个人信息的责任等。

（三）强化网络安全技术手段，加大违法行为打击力度

据了解，在我国负责提供国际互联接入服务的单位，绝大部分都受到过黑客的攻击或侵入，而且在现实中我国已出现了四类利用网络违法行为：一是利用网络散布影响社会稳定的言论；二是宣传色情淫秽内容；三是盗用他人账号上网，窃取科技经济情报，进行经济犯罪；四是恶意攻击网络，致使公用网络瘫痪。这些违法犯罪行为的一个重要支撑点，就是违法犯罪者掌握的各类网络技术手段。因此，针对网络环境中网络安全技术的特殊重要性，应当通过法律对组织措施与技术措施进行确认和赋权，培养一支网络警察队伍，加大执法力度，维护网络正常运行秩序，并建立网络法律监督机制，在有效实施现有法律法规基础上，遏制违法行为尤其是信息犯罪行为。分析网络法规条文可以看出，我国网络立法中已实现了对制止违法行为的组织机构的建设与赋权，但在技术措施上仍有欠缺。关于如何加强执法部门的现代化技术手段，并通过法律赋权，确保执法机构开发利用一定的技术手段，监视网络运行情况及网络信息流的传输状况，现有网络立法未有明确规定，而只规定了用户备案制度、安全保护管理制度的监督制度、安全措施的检查制度等。针对网络信息特点，法律规范只有辅之以有效的技术手段才能真正提高制裁网络违法与犯罪的力度。

最后需要强调的是，不仅应加快网络法规乃至法律建设的步伐，使其在数量、质量、规模方面都有新的突破，而且应当加强网络立法的学术研究，为我国网络法制建设提供理论基础与实际指导。网络立法涉及政治、经济、法律、管理、信息资源建设、安全、技术等诸多社会领域，因而社会学家、法学家、管理学

者、技术专家等都应积极参与网络立法研究，通过科技与文化相互渗透、弥补，共同建设网络社会的法制规范。

参考文献

［1］张平. 美国网络法律研究纵观［J］. 电子知识产权，1999（3）：3-6.

［2］曹亦萍. 法律先行，还是与网络同步？［J］. 微电脑世界，1998（33）：54-55.

［3］李龙. 法理学［M］. 武汉：武汉大学出版社，1996.

［4］网络世界：我们怎样设防——关于我国信息安全的报告［J］.《瞭望》新闻周刊，1998（47）：28-31.

原载《网络安全技术与应用》2001 年第 4 期，作者马海群。

电子书店经营中的不正当竞争行为及其管理

一、电子书店经营中的不正当竞争行为

在电子商务中出现的种种不正当竞争行为也可能在电子书店经营中发生，主要有以下几种形式。

（一）混淆与假冒

仿照或假冒他人产品商标、标识或广告，造成经营者及产品的混淆，误导消费者，是网络电子商务中较常发生的不正当竞争行为。随着图书市场竞争的加剧，许多大型出版社都对自己出版的图书加贴一种特有的标志，以防混淆和假冒，这种特有标志是受法律保护的商品包装装潢。我国第一起因电子商务而引发的不正当竞争案于 2000 年 7 月初在北京市海淀区人民法院进行了宣判，被告北京惠×特科技开发中心生产的《股神 2000》，由于误导消费者视其为原告北京金×恩电脑有限公司出版的《股神》软件的升级换代产品，在市场上造成了混淆并损害了原告的合法利益，因而法院判决被告行为构成不正当竞争，须向原告进行经济赔偿并公开道歉。这是一种较典型的利用他人的知名软件特有的名称、声誉、包装，造成与他人的知名软件相混淆并误导消费者的不正当竞争行为。

（二）网上虚假广告宣传

因特网已成为一种重要的传媒，网络广告也已成为一种重要的广告宣传形式。很多图书发行企业在建立网站开展电子商务的同时，注意通过网站宣传自己的产品或服务。但是，也有个别企业利用网络媒体进行虚假的商业宣传，不正当地谋求竞争优势，

扰乱市场秩序，构成不正当竞争行为。如 1999 年 11 月 17 日，原告北京市鹤×日新公司诉被告北京讯×公司案经法院审理后裁定，被告在应知国内有其他 ICP 提供相同的在线法律服务的情况下，没有任何事实依据，在其主要网站网页中使用了"国内最权威和国际互联网上第一家全面、集中向全球介绍中国律师事务所及其律师详尽资料的专业网站"等修饰性广告宣传用语，影射了包括原告在内的其他在线法律服务的 ICP 的服务质量问题，从而误导社会公众，侵犯了包括原告在内的他人的合法竞争权利，主观过错明显，构成了不正当竞争。虽然这一案件并非发生在图书发行领域，但这种现象是值得关注的。

此外，还存在着另一种网上虚假广告，即隐含在关键词中的广告。例如，做广告时在网页的关键词中故意放入许多与自己网站无关但又是非常热门的字词，来骗取点击率，造成消费行为的误导。虽然广告内容不一定虚假，但其形式却有欺骗性。

（三）假冒网站设计的侵权行为

网站是由域名、网页、形象、声音、颜色等项目组合成的面向用户的信息界面，不同的网站由于其服务理念、用户群体、运营模式存在较大差别，因而网站设计及包装会呈现出自身独有的特征；然而，产品及服务领域相同或近似的网站，则可能由于模仿而引起混同，从而给消费者的辨别与利用造成障碍，同时也损害了原始设计网站企业的商业利益。因而，对于网页和网站设计应当给予充分的知识产权保护，网页设计可以用著作权法来重点加以保护；网站设计及包装由于涉及产品或服务的名称、包装、装潢等多种因素，是一种整体外观的感觉效果，可能单纯用著作权法不能完全覆盖，因此有人建议应当将现有反不正当竞争法或商标法条款加以引申，增设网站装饰权来抵制假冒网站设计的侵权行为。电子书店网站设计中应防止侵犯他人知识产权的不正当行为的发生。

（四）电子商务中的商业诽谤

由于电子商务竞争的激烈性和网络中信息传播的自由性，个别经营者采用捏造、散布虚假事实等不正当手段，对同业竞争对手的商业信誉、产品或服务声誉进行诋毁、贬低，以削弱其市场竞争能力，谋取不合理的所谓竞争优势，如在网络广告中吹嘘自己、贬低对手，在公告板中散布流言诋毁对手，在给用户的电子邮件中破坏竞争对手的商业信誉，等等。这种行为既违反法律规定，又有悖社会道德规范。

二、网络经营活动中不正当竞争行为的法律认定

网上书店的经营活动发生在数字技术构建的虚拟世界，但网络空间并非真空，其间产生的各种经济关系同样需要法律的规范与调控。因而，电子书店的经营应当寻求法律的支持，争取竞争优势，而不能违背法律规定，损害其他经营者及消费者的利益。

不正当竞争行为是指经营者违反法律规定，损害其他经营者乃至消费者的合法权利，扰乱社会秩序的行为。根据我国反不正当竞争法的规定，不正当竞争行为包括：混淆乃至误导消费者行为，滥用独占地位或者其他经济优势地位的行为，滥用权力限制竞争行为，商业贿赂行为，虚假广告及对商品虚假宣传行为，不正当有奖销售行为，附条件交易行为，倾销行为，商业诽谤行为，招标投标中的共谋行为，侵犯商业秘密行为，等。当然，商业不正当竞争行为并不仅由反不正当竞争法加以调整，我国商标法、广告法、合同法、消费者权益保护法、产品质量法等，共同构成了制止不正当竞争行为的法律规范体系。

尽管与传统的商业模式相比，电子商务具有交互性、快速性、全球性特点，并且其安全认证至关重要，但现有立法仍有较强的适用性，法律禁止的不正当竞争行为在网络虚拟世界中也是不允许发生的。当然，从发展趋势看，尽快修订现有法律法规、建立适应网络环境的法制体系，是一种历史的必然。

三、电子书店的经营与管理

由于网络贸易的无形性、直接性、智能性，电子书店将从根

本上改变图书发行和贸易方式。电子书店的经营管理，应当注重以下几个方面。

（一）精心设计电子书店网站

电子书店网站的设计，对图书销售起着决定性的作用，因而网站设计要充分体现商业性、趣味性、丰富性。其内容设计应做到：（1）图书信息丰富，网页层次较深，数据库资源多，覆盖面能够满足用户需求；（2）链接友好，可链接重要网站、重要数据库及主要搜索引擎等，为用户提供更广泛的信息来源；（3）传递速度快，多媒体信息的比例合理，既实现交互性、动态性，又不影响用户获取信息的速度；（4）动态性强，内容更新及时。在形式上应充分考虑：（1）布局体现艺术性，在不影响传递速度的基础上，可充分兼顾声音、图文、字体、颜色、层次等的搭配，增强网站的吸引力；（2）易于浏览，网页结构清晰有序，航线较为明确，接近用户阅读习惯；（3）用户友好，网页中设立电子信箱，便于用户反馈建议，同时也便于网主对用户图书资源利用进行咨询；（4）网站中还应有信息导航、使用帮助等提示性栏目。

（二）增强电子书店的信息内涵

如果网站只有好的外观与框架，但缺乏深刻的信息资源内涵，则难以长久稳定地吸引用户，因为无论现在还是将来，信息的加工与增值服务都是电子商务的精髓所在。电子书店的经营要取得竞争优势，必须将建设特有的信息资源放在首位。

（三）强化图书宣传力度

目前我国的电子书店在宣传图书时，图书信息的详尽性、全面性和深刻性差，有的图书甚至连价格、作者、出版社、内容简介等基本信息都不全，影响了读者网上购书的积极性。

（四）采用并创建先进的结算方式

电子商务的优势在于减少中间环节，为用户提供方便快捷的销售服务，电子书店经营中采用先进的结算方式，则是保证这种优势的必要手段。所谓先进的结算方式，既要快捷方便，又要确保电子交易的安全性，同时应防止在采用他人网络交易模式时侵犯知识产权。研制设计先进的网络结算方式并争取法律保护，已成为电子书店参与市场竞争的重要手段。

电子商务经营管理方式的创新，将是网络企业生存发展的根本和保障；但在电子书店经营活动中应当遵循公平合理原则，自觉抵制不正当竞争行为。

参考文献

［1］芮葆. 如何认定网络上的虚假商业宣传及其不正当竞争的法律责任［J］. 电子知识产权，2000（6）：31-32.

［2］马秋枫，江向阳，刑颖，等. 计算机信息网络的法律问题［M］. 北京：人民邮电出版社，1998.

原载《出版发行研究》2001 年第 5 期，作者马海群、路青华。

论网络环境下图书情报专业教育改革

一、网络环境下的图书馆事业发展思路

随着信息资源在经济增长中的地位日益提高，信息资源管理，尤其是国际信息交流中的信息资源管理，已成为竞争与合作的新战略制高点。因特网作为信息高速公路的雏形，已经通过创造网络教育、网络医疗、网络会议、网上购物等形式，将我们带入到网络信息时代，它从本质上改变了信息交流的时空模式，并为我们提供了极其丰富的信息资源。在传统上主要从事书刊信息资源管理的图书馆，必须在信息采集、信息加工、信息服务等环节进行彻底变革，构筑新型的、重在信息与知识提供的信息服务模式。笔者认为，在网络环境下，图书馆应将公益性与产业性相结合作为办馆方针，以多功能、网络化、多载体、智能化重新构建图书馆结构模式，加速实现文献信息的数字化、网络化，为信息市场服务；正确引导和配置信息源，为教育和科技事业服务；严格规范信息资源，为文化产业服务；积极发展信息咨询业务，为改革和决策行为服务。为顺应图书馆事业发展的需要，图书馆员应当重新确定自己的社会职责，图书情报教育机构应当重新调整自己的改革思路。

二、网络环境下图书馆员的社会职责

面向新的网络化、信息化环境，面对日益膨胀且无序及随时增长的网络信息资源，图书馆员应当充分施展其信息资源管理的特长，发挥其为全社会开展智力性信息服务的功效。笔者认为，

网络时代图书馆员的主要职责可以概括为下述几个方面：

（一）网络信息领航，提供源信息（source information）

传统图书馆十分重视关于智力性信息的用户服务，重点是向用户介绍各种形式的文献信息源；在网络环境下，当因特网现实地成为人们获取信息的巨大图书馆时，图书馆员应当成为新型信息领航员，即能够带领用户遨游因特网、为用户指引网络信息源等。目前网络信息数量大、范围广、品种多且动态信息多、信息质量参差不齐，而图书馆员在信息收集与加工、分析信息资源结构与分布、信息检索与服务等方面具有特长，因此图书馆员在发挥信息领航功能方面大有用武之地。

（二）网络信息组织，提供加工的信息（processed information）

信息组织又被称为"信息整序"，其工作对象可以是网上信息，也可以是自身开发的信息库。从世界范围看，由图书馆开展的网上信息组织工作已取得一定成效，如我国"因特网上专业性信息资源指引库"的建设探讨、美国 clearinghouse 的"Internet 学科资源指南"的开发使用等。基于图书馆馆藏而进行的网络信息组织更是多样化，其形式有：（1）文献库，如建立图书馆网上主页；（2）数据库，如《中国学术期刊（光盘版）》《中国学术期刊（光盘版）专题文献数据库》《中文社科报刊篇名数据库》《人大复印报刊资料光盘数据库》等等。这两种形式均属浅层次的信息组织。（3）知识库，如专题信息刊物、专题信息库、专题咨询报告等，它是深度加工形式的信息组织。

（三）网络信息开发，提供需求信息（desired information）

Desired information 由 Belkin 首先提出，表达的是一种更关注用户主观性的、体现用户认知结构的信息需求，与通常所理解的 needed（demanded）information 有所不同，desired information 必须通过信息开发才能实现。信息开发现在有了更专深的发展形式，即信息挖掘（information mining），它已成为网络时代信息服务的一个专用概念。Information mining 能够在异构数据组成的信息库中，从概念及相关因素的延伸比较中找出用户需要的深层次信息；既可进行数据挖掘，又可进行文本挖掘，还可改革传统的定题服务、专项服务的内涵，因此在信息开发的广度和深度上，都较以前大大前进了一步。只有深入研究与提供更丰富的信息开发方法，才能够适应用户日益个性化的、体现其认知结构的信息需求。

（四）网络信息咨询，提供定制化信息（customized information）

伴随网络信息资源的多样化及丰富性，信息用户意图在网络文化中凸显个性并享受特定的信息服务，因此，定制化信息需求日益增多；而基于网络技术基础之上的网络信息咨询服务，完全可以满足用户的这种个性化信息需求。图书馆是社会信息咨询产业的重要组成部分，在网络环境下，图书馆应面向社会广泛开展网络信息咨询服务并不断提高服务质量，例如：建立常见咨询案例文档资料、建立网上信息资源分类索引、辅导信息检索式的构建、帮助用户建立自己的信息资源库、为用户信息上网提供咨询、协助用户建立网页、数据库检索、用户网络培训等。同传统的信息咨询服务相比，网络信息咨询有一些突出的特点，如更多地利用计算机网络检索信息、利用信息，更多地利用信息技术设备对信息进行加工，更多地通过网络同用户进行信息交流，等等；另外，网络信息咨询人员比普通信息咨询人员要具有更多的广播电台、计算机网络、通信等方面的知识，并能熟练使用信息技术设备。当然，图书馆咨询人员必须首先完成网络知识自我培训和知识更新的任务，才有可能承担起面向社会开展高质量信息咨询服务的职责。

随着图书馆员社会职能的转变，其社会形象和社会定位也发生较大变化。国内外研究者分别提出了信息馆员、网络专家、信息中间人、系统设计员、网络管理员、电子服务馆员、CD-ROM

馆员、因特网馆员等设想。当然,这并非意味着一定要增加新的岗位,而是要对现有图书馆员的改造和转变,使其融入新的技术环境;从一定程度上讲,图书馆员社会形象与社会定位的变化,决定了图书情报教育改革的方向。

三、图书情报教育的改革措施

在社会需求的引导下,图书情报教育改革的方向应是顺应信息网络的发展需要,在知识经济社会中充分发挥图书馆与情报人员特有的知识与信息管理职能,基本目标应是塑造网络信息资源管理人才,在数字化环境中主要从事网络信息源采集与加工、信息资源保护与维护、信息产品开发与服务等业务。为实现这一目标,有必要重新整合与设计图书情报专业课程体系,但笔者在这里仅就专业教育改革的一些关键措施进行探讨,它们实际上也可以被看作是专业教育改革的指导原则。

(一)加大网络信息资源教学的实践教学比重

网络信息资源教学不仅要讲授一些理论知识,更要注重结合实际课题大力开展实践教学。

在理论教学环节应当注意网络教育的逻辑性、层次性,一是引导学生了解因特网的基本情况,如网络构建、信息资源分布、多媒体信息特点等;二是帮助学生熟悉因特网的基本功能,如电子邮件、文件传输、远程登录、新闻讨论组、电子会议、信息查询浏览等;三是要求学生重点掌握一些必备的网络技术,如万维网技术、浏览器软件技术等。

在实践教学环节有必要与图书馆业务部门联合,面向图书馆及其用户的实际需求,以"问题解决"思路来教育和培养学生,如指导用户明确获取特定信息的路径、根据用户需求下载有关网络信息并组织成专题信息库、组织力量开发一些实用网上软件、针对特定用户开展较深层次的信息制作与信息发布服务等。实践教学也可以采取与课题相结合的方式,吸引学生参加一些实际课题的研究与开发工作，在实践中培养网络信息资源管理能力。

（二）重视知识产权平衡思想的教育与引导

信息技术的变迁深刻地改变了知识产权法律体系和结构，甚至发展和延伸了其内涵。根本原因在于以因特网为代表的信息技术引发了信息资源创造、传播与利用诸环节的革命性变革，而知识产权恰恰是一种用来调整信息资源的创造、传播与利用的制度。知识产权制度的建立与完善，也从各个环节与层次上促进了社会信息资源管理机制的发展与变革。深刻认识知识产权保护对信息资源管理诸方面的影响，重视在本质上体会与掌握保护与鼓励知识产权的平衡思想，有利于强化全社会尊重知识产权并合理开发利用信息资源的意识，也有利于学生深刻认识信息管理不同阶段、不同主体所面对的知识产权保护问题。例如，对信息的生产者来说，知识产权制度起着保护主体权益、调动其积极性作用，同时知识产权制度也刺激和鼓励了科技、文学、艺术、工业信息产品的开发、研制、创作和传播。对社会信息资源体系来说，随着人类创造活动的增多，社会信息资源得以丰富，信息管理活动有了更丰富的加工来源。对于信息加工者来说，由于其行为是一种智力劳动，可以根据知识产权法享受权益并主张要求，知识产权法鼓舞了信息管理从业者，也提高了其社会地位。对于信息传播者来说，有了知识产权制度，可以规范其行为，诸如文献的二次加工、复制、报道、上网、设立网上书屋、建立他人作品数据库、利用电子公告板传递他人信息产品、利用电子邮件传递与交流版权作品等等，哪些行为合理合法、哪些受到限制，都可以由知识产权制度协调，尤其是电子化环境是一种虚拟环境、无形环境，只有用作为无形产权的知识产权加以调整，才最合适。对于信息经营者来说，可以克服盲目的自由经营和非法获利，规范其市场行为。对于信息利用者而言，由于信息技术水平的提高和手段的完善，用户更易于获取所需信息，但是在缺乏统一管理者、讲求多样化、交互式信息的网络环境下，用户的信息利用行为更易于犯规和越界，用户可能获取和使用未被授权的信息，这时知识产权制度成为一种均衡器，平衡信息利用者与信息创造者之间的利益。

（三）强化图书情报专业学生的信息素质教育

信息素质可以广义地理解为信息化社会中个体成员所具有的各种信息品质，包括信息智慧、信息道德、信息觉悟、信息观念、信息心理等。包括图书情报从业人员在内的任何社会成员的认识与改造世界的过程，实际上就是通过信息器官输入信息、加工信息、输出信息的过程，在这一过程中，他们需要借助于各类生产工具的帮助，并充分发挥其主观能动性，以便更深刻地影响和作用于外部世界。信息技术及其系统的发展，扩展和延伸了社会成员的各种信息器官，并为其提供了更高效的信息获取工具；但在现实中，不同主体的信息获取量存在较大的差异，除知识结构的不同可能发挥作用之外，很重要的一个原因是信息技术系统的应用方式和应用程度与人类的信息意识、信息观念、信息觉悟、信息心理、信息主动性等信息素质密切相关。作为专业从事信息资源管理的图书情报从业人员，只有具备良好的信息素质，才能较好地为用户开展信息领航、信息组织、信息开发服务。因此，要想提高整个社会的信息素质水平，首先就要强化图书情报专业学生的信息素质教育。

参考文献

［1］马费成，陈锐. 面向高速信息网络的信息资源管理（一）——从技术角度的分析［J］. 中国图书馆学报，1998（1）：12-17，45.

［2］马海群. 论信息素质教育［J］. 中国图书馆学报，1997（2）：84-87，95.

原载《图书馆建设》2001年第3期，作者马海群。

论知识管理对情报学建设与发展的影响

如果说知识经济是经济形态变革的话，知识管理（KM）则是管理理念的提升。作为一种跨学科的新型管理模式与管理技术，知识管理正在引发传统学科与管理思想的研究范围、逻辑体系甚至基本概念的变迁，如管理学、经济学等。一向以知识的形式组织和知识的内容交流为核心研究对象的图书馆学、情报学，受知识管理的影响尤其深刻。如果能借此影响更新学科研究范围与应用领域，图书馆学、情报学将不断完善本身的社会功能，并在知识经济与数字时代发挥更显著的作用。本文试图结合国内外最新进展，重点研究知识管理对情报学建设与发展的影响。

一、国外情报界知识管理研究与发展的现状

近年来国外的情报学研究与教育机构出现了研究、引进、应用知识管理的新动向，例如：

1999 年 11 月，美国情报学会（ASIS）召开年会，其主题为知识的创新、组织和利用，研究专题涉及知识的发现、捕获和创新，知识分类和知识提供，情报检索，知识传播，信息吸收的伦理、行为等，对世界范围的情报学研究走向产生了重大影响。

1999 年 11 月，ASIS 专门成立了知识管理专业委员会（SIG-KM），该委员会在 2000 年 2 月向美国情报学会提议，在 2000 年 11 月召开 ASIS 年会期间，举办一次主题为"传授知识管理"的专题讨论会。

美国 Dominican 大学图书情报学研究生院成立了知识管理中心，目的是指导情报专业人员、计算机人员、商业管理人员等，

在一个组织内成功地管理越来越多的信息和知识的流动。该中心设计了两组认证课程计划，一组是学士后课程，由该大学图书情报学研究生院与商学院共同实施，具体培训目标包括：理解知识管理、熟悉知识管理工具、构建知识资产、实施知识管理系统、建立共享知识的组织文化等，为企业培养知识管理官员（knowledge management officers）、知识管理专家（knowledge management specialists）等。另一组计划是在此基础上开设知识管理学硕士学位课程，内容涉及知识生产、获取与传播，知识组织、索引及数据编排原则，知识构图，知识管理计量，知识管理应用软件，等等。

国际文献信息联合会（FID）在其网站中专门开设了知识论坛（knowledge forum）栏目，旨在提供一种网络讨论空间，促进全球情报人员就信息管理与知识管理的学术与经验的交流。

国外出现一批相关研究著作与论文，如 T. Kanti Srikantaiah and Michael Koening 编辑的 *Knowledge Management for the Information Professional* 一书，详细研究了知识管理在经济领域的应用价值，并试图在情报界与商界之间建立某种联系，这为情报专业人员致力于发展知识管理系统和创建知识管理文化提供了有益的参考。英国研究者 Denis F. Reardon 在 "Knowledge management：the discipline for information and library science professionals" 一文中提出，图书情报人员即是知识管理者，情报学也应属于知识管理研究范畴。鉴于就业市场的变化，在知识管理中出现的许多重要岗位（如知识主管、知识管理体系主管、无形财产管理主管等）正在被管理、金融和信息技术领域的专业人员占据，因而图书情报专业教育中应迅速引入知识管理方面的课程。一个由英国信息咨询公司实施、国家图书情报委员会资助的国际研究项目提出，鉴于各类社会组织与机构都认为知识管理和信息技术、信息管理与知识管理具有内在联系，图书馆及情报行业应尽快表明其在知识管理中的价值并参与知识管理的研究。

加拿大多伦多大学信息研究学院（Faculty of Information Studies，FIS）在互联网上开发了"知识管理指南"项目，该项目包括：知识管理继续教育课程、知识管理研究资源、知识管理入门指导、知识管理专题资源（被命名为 AlphaSource）等内容。此外他们正在筹建加拿大知识网络、FIS 知识管理研究与计划两个新栏目。

澳大利亚查尔斯特大学信息研究学院（School of Information Studies，SIS）专门成立了"知识管理研究小组"（Knowledge Management Group，KMG），目标是开发知识管理技术及其应用领域。目前该小组正在实施 3 个研究开发计划：基于知识的葡萄栽培计划（Knowledge-Based Projects in Viticulture）、基于知识的信息管理计划（Knowledge-Based Projects in Information Management）、基于知识的图书馆计划（Knowledge-Based Projects in Libraries）。其中基于知识的信息管理计划的目标是应用智能技术对信息资源本身进行管理，实现事实数据摘编、编程专家指导、新闻智能化聚类、案例推演、文献智能化分类等功能；基于知识的图书馆计划的目标是应用智能技术进行图书馆信息的管理，实现远程学术指导、知识化分类、智能采购、读者帮助等功能。

二、国内情报界对知识管理的反响

在知识管理概念引入我国前后，国内图书馆学、情报学研究也出现了一系列新的变化，如：

情报学研究人员对信息管理给予了充分的关注并进行了较全面的研究，情报学、图书馆学、档案学等内容相近的学科正在相互融合并集成为一门崭新的综合性学科——信息管理学，人们试图以此来确定更高层次的学科规范，当然也有专家提出，用"信息资源管理"替代"信息管理"可能更具有科学性。但随着知识管理概念的产生与渗透，人们逐步认识到信息管理与知识管理二者在作用力量、理论覆盖面、应用范围等方面的差异性，尤其是在商业应用与就业市场方面的差异性，因而采用知识管理理念改造信息管理及其分支学科，势必会成为一种趋势。

武汉大学图书情报学院于 1998 年编辑出版了有关知识信息管理方面的论文集《知识信息管理研究进展》，尽管论题大多并未涉及知识管理的本质探讨，但对国内学术界重视知识与信息管理，从更高的层次来研究情报学，起到了重要的导向作用。

《图书情报工作》2000 年第 10 期刊发邱均平、马海群撰写的题为《再论知识管理与信息管理》的论文，客观分析了知识管理与信息管理的相互关系，并明确提出应用知识管理改造信息管理及其所属学科，如加强信息利用的开发研究、加强知识与信息相互转化的研究、重新定位情报学的核心研究内容等；《图书情报工作》2001 年第 1 期刊发丁蔚、倪波撰写的题为《知识管理思想的起源——从情报学的发展看知识管理》的文章，对情报学与知识管理的渊源及相互关系进行了深入研究；《中国图书馆学报》2000 年第 5 期刊发张晓林撰写的题为《走向知识服务：寻找新世纪图书情报工作的生长点》的文章，对知识管理服务作为新型知识服务模式之一进行了初步探讨，并将知识管理系统确定为支持知识服务的新的技术机制。

这些动态表明，知识管理已经成为国内外情报学研究机构、教育机构、学者专家们共同关注的研究领域，而这种关注的坚实基础在于知识管理与情报学研究对象在本质上的一致性，即对知识内容的挖掘、整理、传递、利用。然而，目前的研究仍处于一种自发、零散、无序状态，缺乏系统性的理论升华和实践指导，而深入探讨如何从学科建设的角度把握知识管理对情报学及其工作实践的影响，将具有理论的前瞻性和实践的导向性。

三、知识管理与情报学发展方向的核心研究内容

如上所述，知识管理的研究对情报学发展方向的影响，具有重要的理论价值和现实指导意义。首先，系统研究知识管理对情

报学的影响因素，不论在国内还是国外，都是一种全新的尝试；其次，通过考察知识管理的影响力因素，将现有的分散于学术交流、课程改革、机构重建等多方面的有关情报学应用知识管理理念的零散研究，集中到如何加强情报学学科建设这一主体研究中，有利于规划情报学发展方向；再次，知识管理及知识组织、知识挖掘等方面的研究将为情报学开辟一个更结合实际的、使其发挥更大价值的新领域，同时也为图书情报工作、信息资源开发管理业务、信息资源配置与知识共享、信息网络化建设等提供理论指导。从国内外发展现状看，应加强以下几方面的研究。

（一）知识经济与知识管理

随着知识经济时代的来临，知识管理已经成为一个热门的前沿领域。人们开始全面研究知识管理的理论价值、战略思想、方法论意义，试图从中寻找出推动知识经济发展的关键因素，如知识管理作用于经济活动的基本过程与环节，知识财富与经济活动结果之间有何内在联系，如何确定和描绘知识财富，怎样促成新知识的产生，等。通过这种研究，可以充分认识知识管理对管理思想的变革、知识管理的跨学科性以及知识管理的战略意义。

（二）知识管理、知识创新、知识组织与情报学

知识创新是知识经济的原动力，知识管理则是实现知识创新的重要手段。知识创新是一项复杂的系统工程，它不仅需要科学研究部门从事知识的生产，而且需要有专门的机构和人员从事知识信息的收集、加工、整序和传播，从而促进知识的应用，知识组织系统即是应运而生的一种专门从事知识信息的收集、加工、整序并促进其传播、利用的社会机构。而如何组建知识组织系统则是情报学的重要研究内容之一，正如 Brooks 早就指出的情报学的任务就是探索和组织客观知识。鉴于现有组织知识方式（如题录、索引、文摘等）的问题，刘植惠先生提出必须探索组织知识的新原理、新方法，其原则包括：组织的和检出的是知识本身、知识片段或知识单元；揭示各类相关知识的有机联系，提供知识

集成体或智能体；知识组织的立体网状结构；等。通过考察知识管理与知识组织在科学研究过程、知识信息获取过程、知识传播过程、知识扩散过程中的功能，建立科学有效的知识组织系统，既可以构建知识创新体系的支撑机制，又可以规划和体现情报学发展的研究重点和走向。

（三）知识管理、信息管理与情报学

知识管理是一个跨学科、综合性研究领域，它与信息管理之间并非简单的包含或延伸关系，知识管理是商业竞争环境日益激烈化、知识经济增长步伐日益加速化的产物，从这个意义上讲，从信息管理到知识管理是一种社会的进步、管理思想的升华。我们应当重视信息管理与知识管理之间的联系，更应当看到知识管理对信息管理及其所属学科如情报学的启示作用。作为信息管理学科群中重要分支的情报学，其研究客体"情报"在本质上是一种激活了、活化了的知识，那么知识的"激活""活化"当属情报学研究重点，因而情报学应当将研究竞争情报，知识的有效组织、管理与利用等问题作为本学科的核心研究内容，知识化应当成为情报学研究发展的主要方向之一。

（四）知识管理的影响力及情报学的发展战略

知识管理对情报学的影响力可以通过以下几个方面体现：（1）情报学学科范围拓展与理论覆盖力的扩张；（2）情报学核心研究内容的知识化；（3）知识管理对情报学课程改革的影响；（4）知识管理与情报学师资队伍的再培训；（5）情报学研究力量在知识管理科研项目中的参与程度。在此基础上转变情报学研究思维，构建情报学发展战略。

四、几点思考

（一）关于情报学研究

在网络环境下，情报学的核心任务仍然是知识信息的组织、加工并提供服务，但重点应是面向信息新需求的数字信息资源的组织、加工与知识的开发利用。知识管理的几个重要应用环节，如知识信息管理（建立知识库）、知识应用管理（如何获取知识并应用于具体实践）、知识交流机制管理（鼓励知识创造与共享）等，可以为情报学研究拓展空间并提供具体的研究目标。当然，知识管理只是情报学发展中的一个外在因素，它能否真正成为情报学发展方向的航标，还需要进一步的学术研究和实践的检验。在现有的学术研究中，也并非所有的研究者都对基于图书情报学的知识管理持肯定和支持的态度。例如，一些研究者认为：在图书情报界，知识管理只是信息管理的别名，由于图书情报界从事一定程度的知识组织工作，故而很容易在概念上过渡到知识管理，但这与商业导向的知识管理还有一段距离。由此可见，寻找和论证情报学与知识管理及其他社会现象的本质联系、加强情报学的社会应用研究、提高外部环境对情报学研究的认同，是摆在我们面前的重要任务。

（二）关于情报学学科建设

情报学学科建设不仅依赖于理论体系的不断更新，而且与研究者队伍成长及专业教育的课程改革息息相关。因而情报学教育与研究机构应当重视知识管理在本学科中的应用，一方面积极参与知识管理的研究，另一方面大力改革情报学专业课程体系，将知识管理作为规划专业核心课程及课程模块的重要参考指标。

（三）关于情报学的发展

情报学发展至今已形成了人们公认的几种研究范式，如机构范式、信息运动范式、系统范式，而新的范式还在产生，如认知观、领域分析等。从情报界开展知识管理研究的现状来看，它尚未形成一种新型范式，知识管理影响情报学学科建设的机制还须深入研究。然而，正如方兴未艾的竞争情报研究引导情报学研究关注企业竞争战略一样，知识管理为情报界沟通管理界、工商界等社会经济活动架起了重要的桥梁，它们或许代表了情报学发展的一种十分值得关注的重要趋向，即向经济活动的渗透和在经济活动中的应用。

参考文献

［1］孟广均．重视发展二级学科 科学定名一级学科——再论本学科建设问题［J］．图书情报工作，2000（12）：7-10.

［2］邱均平，马海群．再论知识管理与信息管理［J］．图书情报工作，2000（10）：5-8

［3］丁蔚，倪波．知识管理思想的起源——从情报学的发展看知识管理［J］．图书情报工作，2001（1）：23-27.

［4］张晓林．走向知识服务：寻找新世纪图书情报工作的生长点［J］．中国图书馆学报，2000（5）：32-37.

［5］刘植惠．新情报观［J］．情报理论与实践，1999（6）：389-393.

［6］王知津，李德升．情报学的知识化趋势［C］//张力治．情报学进展：1998—1999年度评论（第三卷）．北京：航空工业出版社，1999.

［7］汪冰 岳剑波．情报学基础理论研究进展［C］//张力治．情报学进展：1998—1999年度评论（第三卷）．北京：航空工业出版社，1999.

［8］邹永利．关于情报学认知观点的思考［J］．图书馆，1999（1）：4-7.

原载《图书情报工作》2001年第5期，作者马海群。

网络传输中信息资源知识产权保护的价值及特殊性分析

知识产权制度是有关知识与信息的占有、分配关系的法律制度，信息资源之所以应当受到知识产权制度的合理保护，是因为信息资源的商品性和可共享性，在网络传输中，信息资源的商品性并未发生本质变化，但可共享性进一步加强。即使网络建设的主要目标是实现信息共享，但知识产权保护原则是应当坚持的。不过，结合网络信息资源及其传输的特殊性，面向网络环境的知识产权法律体系应当有更大的灵活性。

一、信息资源的商品性、可共享性与知识产权保护的价值

信息资源已成为社会三大支柱之一，信息资源商品性的确认及其知识产权法律保护，将深刻影响社会信息化进程。

首先，相对于传统的有形物质资源来说，信息资源具有突出的无形性，信息资源的生产与开发主要表现为智力活动过程及其结果。但这种无形性并不妨碍信息资源拥有商品属性，在市场经济条件下，信息资源体现了信息生产者辛勤劳动的成果，在满足信息获取者需求的同时，能产生显著的经济效益与社会效益。当然，不同性质的信息商品，其市场价值的表现方式是不同的。在现实生活中，人们通常按照获取条件把信息资源分为两大类型，即财产型信息资源和公共信息资源。

财产型信息资源一般被理解为由个体或团体生产、占有，是一种通过收费方式获取、传播、利用的信息资源。由于生产中的智力性投入及生产成果的独有性，这种信息的知识产权保护受到

广泛认可。而对公共信息资源的认识则存在一定的差异，其一，对公共信息资源的范围存在不同的理解，有人认为公共信息即是政府信息，也有人认为公共信息的含义比政府信息更广。但不论如何，政府信息资源构成了公共信息资源的主体，诸如统计调查资料等政府信息资源，一般都是向社会免费提供的。如美国公共信息准则规定，任何政府机构应不加限制地保证提供公共信息，确保公共信息在任何形式下的完整性和良好的保存环境，确保获取公共信息来源的多样性。其二，不少人认为政府信息资源既然是免费的，那么必然不具有商品性，然而事实上，政府信息资源也是具有市场价值的重要商品，只不过出于保证政府及社会合理运转的目的，这种信息资源的交换价值被放弃了，任何社会用户都可以无偿使用政府信息资源。但在这种使用中仍然存在着知识产权保护问题，如在无偿使用公共信息资源时，应当注明出处，且不得篡改发布机构及信息内容等。

从另一种角度讲，信息资源又可以分为作品性信息和非作品性信息。前者是指满足著作权法保护的作品的客体条件、独创性、处于有效期内的信息资源，它们受到著作权法的有力保护；而后者或是不宜私有化的公共信息资源，或是缺乏创造性的信息集合，或是丧失法律有效期的信息作品，这些信息资源不属于著作权法保护之列。当然这种分类并不严格，例如，网络电子公告板上的作品性信息，通常被公认为是创作者愿意借助于网络传播其作品而放弃或部分放弃著作权。

其次，信息资源除具有商品性外，还具有不同于物质资源和能量资源的可共享性，即信息资源可以多次反复地被不同使用者利用，信息生产者也并不丧失信息资源的所有权和使用权。但由于生产高知识内涵的信息通常要付出高昂的代价和投入，而获利最大的往往是信息的传播者或利用者，基于信息共享性可能带来的这种结果，因而必须引入一定的平衡机制来公正地解决信息在生产、传播、利用中的利益分配问题，信息资源的知识产权保护制度是应运而生的一种法律调节制度。因而必须对信息共享与信息保护的关系有一个正确的认识，信息资源的可共享性并不意味着无偿性，这也构成了信息商品交易的特殊性。或者说，信息共享是基于信息保护制度的，只有合理保护信息生产者的经济利益、刺激其生产的积极性，信息共享才可能有信息资源基础。在美国，保护知识产权与保证充分及时地利用公共信息，都是国家信息政策的重点关注领域。可见，在信息共享活动中，保护知识产权是一项重要的原则。

二、网络传输中信息资源的特殊性

互联网的发展更新了传输信息的方式，拓展了信息资源的范围、规模，增加了信息资源的多样性，提升了人们获取信息资源的便利性和自主性，然而网络开发自由的基础是权利应该受到尊重和得到保护。伴随网络信息资源建设与开发，人们已制定了评价因特网信息资源的 10C 标准，其中包括版权性（copyright），可见网络信息资源的知识产权保护仍然是网络空间的一条重要原则。

同传统的信息资源不同，网络信息资源主要表现为以下几种类型。一是数字化作品，纸介质作品以数字化形态存储就形成了网络作品，但数字化过程并非二次创新，只不过是产生了另外一种转化形式，作品在法律意义上的著作权并没有变化，因而大多数人认为数字化作品应像原作品那样受到保护；二是数字作品；三是网络汇编作品或称"网络版本"，是指利用因特网上大量的信息和共享软件，收集整理出各种文字、图像、声音信息制作完成的一部"计算机作品"，这种作品应划入编辑作品的范畴，因为其中融入了编辑人的创造性劳动。

上述以数字型作品存在的网络信息资源主要是显性知识信息，其表现形式主要包括计算机软件、数据库、多媒体、电子邮件、新闻论坛、电子公告板、电子合同、WWW 网页等，这些数字化信息具有数据量大、高密度存储、传输及查询速度极快、交互性强等特点，因而对传统法律的时间性、地域性、主体确认、行为控制等方面都构成了很大的冲击与挑战。对知识与信息进行保护且具有较强地域性、时间性的传统知识产权，在对网络信息资源的生产、分配关系进行调整时，面临更大的难度，也需要更高的灵活性。

三、网络信息资源知识产权保护策略

鉴于网络传输的技术性及网络信息资源的特殊性，在网络环境下应制定周全而合理的知识产权保护策略，既保护创作者的合法权益，又有利于网络信息资源的共享与利用。

首先，开发制作数字作品需要付出创造性的劳动和大量的人力物力，传播时则易复制且隐蔽性强，如果开发者的权益得不到合理保护，则会抑制网络信息资源的生产。例如有人主张在网络上使用他人作品可以或应当享有法定许可，而不必取得著作权人许可甚至不必支付报酬，主要理由是，我国信息产业正在发展初期，为促进发展、保障信息量及其流通，特别是中文信息的流通，应当自由使用作品，国家和法律应当赋予网络公司使用他人作品的法定许可。然而，按照这种说法将导致创新信息的锐减和无用信息的大量充斥，而且与国际公约、国际大市场是不相容的。也有人认为，如果对网上作品依著作权法进行调整，会使网络内容服务商难承重负，给互联网带来毁灭性影响；但这种思想里存在一个误区，即如果网络中公共利益与著作权人个人利益相冲突，应该牺牲个人利益。目前，网络中文信息内容贫乏，服务商热衷于相互链接，对内容开发缺乏兴趣，即是对网上著作权缺乏保护的后果。因此，网上作品应依法享有著作权，是不应该有任何含糊的。

其次，数字技术使得作品的复制速度和难易程度发生了本质变化，合理使用的性质也发生了质变，应当通过一定的法律手段加以解决。例如有人提出，默示许可是解决网络版权纠纷问题应当采取的措施。根据我国最高法院民商法方面的解释，对这种默示许可是承认的，就是说权利人不表态，但权利人的行为已经显示出权利人同意这种主张；权利人不表态的行为表达了权利人的真实意思，就可以认为权利人已经默示许可了合理使用行为。当然，随着版权管理信息的法律认可及版权管理系统的开发建设，著作权人可以更清晰地表达权利限制及授权使用条件。

再次，网络信息资源的知识产权保护必须充分考虑到网络的技术特点，法律法规的普遍性必须要和因特网的特殊性相结合。一是对于网络作品的合理使用及转载，应该有一个宽松的法律环境，不要过分限制网络环境下的资源共享，但共享行为必须是合法的；二是在目前环境下，在网络信息资源知识产权权益平衡中，应鼓励创作者持有主动授权的人本精神。尽管尊重与保护知识产权的原则是不能改变的，但在此基础上创作者可以通过主动授权，放弃或部分放弃作品的财产性著作权益，以丰富网络信息资源。实际上，有的作者希望自己的作品上网，认为那样可以加大传播力度，创作者与使用者之间只有相互尊重、利益共享，才能促进网络信息资源的生产与利用。

从世界知识产权组织版权条约（WCT）和美国《数字千年版权法》（DMCA）等具有代表性的、面向网络信息环境的知识产权法律来看，版权管理信息和技术保护措施已得到法律的确认，在不侵害公众信息利益的前提下，二者将成为保护网络信息资源的有力措施和重要手段。

参考文献

［1］卢泰宏，沙勇忠. 信息资源管理［M］. 兰州：兰州大学出版社，2001.

［2］储节旺，郭春侠，袁勤俭. 基于 Web 的信息检索的特点与策略［J］. 情报理论与实践，2000（6）：454-455.

［3］相丽玲，张洪亮．论网络环境中知识产权法的法律效力［J］．情报学报，2000（3）：220-224.

［4］杨柏勇，马来客．网上著作权保护规矩怎么定？［J］．电子知识产权，2000（3）：4-18.

［5］马来客．网上使用作品是否属于著作权法调整的范畴［J］．电子知识产权，2000（2）：31-33.

［6］蒋志培．网络环境下知识产权的几个法律问题［J］．电子知识产权，2000（11）：6-7.

原载《出版发行研究》2001 年第 9 期，作者马海群。

面对 WTO 的中国决策信息咨询业

　　企业决策主体对国家微观经济发展水平有着决定性影响力量，企业决策信息化是现代科学决策的重要特征之一。从决策与咨询的内在联系又不难推断，信息咨询业的发展水平从一定程度上标志着决策信息化的水平。因此，建议政府采取有效措施，大力扶持信息咨询业的发展。

一、决策信息化与信息咨询活动

　　企业决策行为将决定着企业的发展方向，不论是中国还是外国企业家都能认识到，决策失败是最大的失败。某公司负责人总结自身的 20 个失误中，前三条都与决策有关，即决策的浪漫化、决策的模糊性、决策的急躁化。

　　从决策行为的全过程来看，决策科学化必须具备两个重要条件，一是有效的决策体制，这一体制是由信息系统、智囊系统、决策系统和控制系统组成的；二是科学的决策程序，它包括目标选择阶段、情报信息阶段、设计阶段、评估阶段、选择计划阶段和反馈阶段。从这两个条件的内涵中不难发现，信息化是科学决策的重要特征，而如何构建自身的或借助外界的信息系统，如何收集与获取决策所需的信息，则离不开信息咨询业的支撑。因为不论决策过程怎样划分，在决策的准备、制定及执行各个阶段，尤其是决策方案的确定过程中，信息咨询都发挥着重要作用，这既表现在决策信息的提供上，又表现在决策方案的草拟、论证与优化过程中。借助信息咨询，可以克服决策行为中的浪漫化、模糊性和急躁化。因此，为了实现行政管理部门的决策信息化，政府有责任扶持信息咨询业的发展。

二、我国信息咨询的不足

就我国信息咨询业发展中存在的问题来看，既有内在因素，如信息咨询机构的主体地位尚未确立、信息咨询业务缺乏规范、信息咨询理论相对匮乏等，又有外部条件的不足，如社会环境与信息环境的相对制约、显性需求不足、咨询利用不足等问题。

事实上，我国信息咨询业在 20 世纪 70 年代末应运而生，首先从官办咨询开始发展，然后才过渡到服务咨询、管理咨询等阶段。20 世纪 80 年代初，政府开始创办咨询企业，主要集中在投资、科技和财务咨询领域。比如，为了调整产业结构和建立合理的价格体系，国家计委在全国创立咨询公司；为了推动科技成果转化，原国家科委和中国科协创办和扶持了一批科技咨询企业等。随着我国经济向市场化方向发展，20 世纪 90 年代初一批外资和私营信息咨询、市场调查公司涌现，并为企业提供规范化咨询服务。20 世纪 90 年代中期，市场经济日趋发展，大批国外管理咨询公司进入中国，从此管理咨询业进入专业化发展阶段。到 20 世纪 90 年代末，一些国内管理咨询公司在市场上崭露头角，信息咨询业在市场经济的环境里扮演着越来越重要的角色。但是相对而言，政府的扶持力度并未与之遥相呼应，我国咨询立法与直接性产业政策的匮乏，成为制约信息咨询业发展的瓶颈。

此外，从我国信息咨询业开放程度来看，信息咨询市场目前还存在一定问题。其重要原因之一，是信息咨询所需的重要原材料——政府拥有的信息资源没有开放，严重制约了国内信息咨询市场的发育。加入 WTO 后，我国将促进信息资源的开发与共享，但国内弱小的信息咨询业不可避免地将面临国外大型信息咨询机构的挑战与威胁。

为迎接 WTO 的挑战，也为了推动决策信息化，政府要加大力度优先发展并在一定程度上加快发展信息咨询业，建设现代化、国际化的中国信息咨询产业格局。

三、政府对信息咨询业的扶持手段

（一）优化信息咨询产业政策并采取切实配套措施

国家对技术密集的高科技行业发展给予了各种优惠政策扶持，而对于在产业结构上更高的知识密集型信息咨询产业并没有特殊的优惠政策。因而，必须通过国家有关政策，明确咨询业为第三产业中重点发展产业及在新兴第三产业中具有支柱地位，明确咨询业是当前产业结构调整中支持发展的产业。国家应加大对咨询业发展的资金、人力等方面的投入，鼓励集体和个人积极兴办咨询业实体，对咨询机构在拨款、审批、税收、信贷等方面给予优惠；对国有企业和集体企业实行咨询费适当补贴，对海外承揽的咨询项目帮助拆借外汇；另外，严格实行咨询资格认定政策。

（二）强化信息咨询业务环节

在运行机制方面，应根据咨询活动规律的要求，健全一般规则机制，如通过政策手段，鼓励咨询机构与企业建立长期业务联系；通过法律手段，完善咨询合同条款；通过管理手段，要求咨询双方履行必要的委托手续；通过制度手段，使咨询活动各个环节都有必要的制度。此外，政府应创造条件帮助咨询机构理解咨询活动的一般规则，如由政府组织建设必要的数据库、广泛宣传咨询活动的规则和介绍国外咨询业的现代方法等。

在咨询产业和队伍结构的调整方面，应加强资格管理，包括建立全国统一的咨询人员资格标准；建立专门的咨询人员资格审查机构、监督机构和考核机构；实行"有证"经营，并区分资格等级、资格范围等，最终实现咨询队伍管理的专业化、规范化。

在市场管理方面，应建立咨询行业管理的经济体制，实行咨询业的归口管理；建立国内咨询收费体系，对各种咨询收费分门别类地确定参考性收费标准；制定咨询市场的发展规划，颁布必要的法规和政策。

（三）注重政府上网工程的实效

我国的"政府上网工程"目前已全面实施，它表明我国政府部门职能正在由管理型转向服务型，为信息咨询业提供了良好机遇，也从一个侧面体现了政府对信息咨询服务业务的重视。这种推动与促进作用主要表现在：优化了信息咨询业的主体结构、极大地丰富了信息咨询业的信息资源拥有量、提高了网络信息服务的质量等。但政府上网工程切忌摆形式、走过场，而要真正发挥互联网的功效，将上述推动作用充分表现出来。

（四）引导传统咨询业拓展新型信息咨询领域

随着现代 IT 技术、网络技术的发展，特别是电子商务的蓬勃兴起，信息咨询产业正在发生引人注目的新变化，即在传统咨询业之上悄然滋生了一种借助于因特网并主要面向网络企业的现代咨询业，人们称之为"iConsulting"。与传统咨询业不同的是，"iConsulting"以数字化管理理论及 IT 技术为基础，以 IT 企业战略咨询为方向，以虚拟组织、i 流程重组、i 管理信息论、IT 分析、因特网信息服务等为主要研究对象和业务领域。iConsulting的宗旨是从商业战略、商业规划、市场销售各个环节，帮助传统企业向网络化企业转变，并为其提供电子商务设施。这种新型信息咨询领域，不仅顺应网络与电子商务的发展，而且有可能成为信息咨询产业的重要的新生长点；政府有责任引导传统咨询服务机构开拓创新，不断吸收新理念，拓展新型信息咨询领域。

（五）鼓励信息咨询学术研究与专业教育

一方面，信息咨询业的发展需要坚实的理论基础与专业人才，我国信息咨询理论研究中尚存在许多未解决的问题，尽管已产生了一些研究成果，但仍有诸多涉及咨询业的经济理论问题尚未解决，制约了信息咨询业的快速发展。另一方面，信息咨询专业人才在我国信息咨询产业大军中的比例微乎其微，国内也鲜有高等院校开办信息咨询专业，只有一些难成系统的课程。但从长远利益看，理论研究与人才培养是产业发展的两大重要支柱。因此，国家有责任引导与鼓励信息咨询的学术研究，积极创造条件兴办信息咨询专业。

原载《科学决策》2001 年第 9 期，作者马海群。

大学生信息素质教育机制研究

一、大学生信息素质教育的现实意义

20世纪90年代后，伴随着因特网的发展，人们利用信息的方式发生了实质性改变，网络信息资源的丰富性、交互性、易获取性、跨地域性等特征，增强了信息用户对信息资源利用的自主性，信息共享与知识产权保护、网络伦理与信息行为、网络文化与国家安全等，也都更直接地与个体的活动紧密相连。在这种环境下，高等院校应当在改革并扩展原有文献检索课的基础上，逐步对大学生实施信息素质教育，促使他们形成良好的信息品质，在未来的信息化建设中真正发挥主人翁作用。

信息素质可以广义地理解为信息化社会中个体成员所具有的各种信息知识、信息能力与信息品质（包括信息智慧、信息道德、信息觉悟、信息观念、信息心理等）。不论是大学生还是一般社会成员，其认识与改造世界的过程实际上就是通过信息器官输入信息、加工信息、输出信息的过程，在这一过程中，他们需要借助于各类生产工具的帮助，并充分发挥其主观能动性，以便更深刻地影响和作用于外部世界。信息技术及其系统的发展，扩展和延伸了社会成员的各种信息器官，并为其提供了更高效的信息吸收工具，但在现实中，不同主体的信息吸收量存在较大的差异。其中的根本原因是信息技术系统的应用方式和应用程度，与人类的信息意识、信息观念、信息觉悟、信息心理、信息主动性等信息品质密切相关。大学生只有具备良好的信息素质，才能在信息交流中吸收更多的信息，有效地促进自身的学习，高等学校有责任提供各种设备和相应的师资力量，对大学生实施全面的信息素质教育。

二、大学生信息素质教育的已有条件及现实目标

随着全社会对素质教育重要性与紧迫性的共识的加深，及计算机与互联网在高等教育中的广泛应用，面向大学生开展信息素质教育已经具备了较充分的社会及教学条件，如：

（1）大学生信息教育已经成为高等学校教育实践活动，许多高校通过开设文献检索、计算机检索、网络信息利用等课程，培养大学生的信息获取能力。

（2）信息教育的内涵正在发生变化，已有部分高校开设信息传播、信息利用与知识产权保护等课程，突破了传统文献检索教育的旧框。

（3）信息资源开发利用中的意识、主动性、伦理道德等信息品质正在引起人们的广泛重视，人们普遍认为信息时代的用户应是既掌握先进信息技术，又具有优良信息觉悟的新型社会个体。

（4）高等院校的图书馆、电教中心、计算中心、网络中心等信息教学力量正在集成，信息管理专业的发展更为信息素质教育的实践提供了稳定的、综合性的具有导向功能的教育力量。

知识经济与数字时代，信息素质教育的总体目标是引导大学生的创新能力，并为创新能力培养机制奠定基础，具体目标包括：

（1）建立一种信息素质教育机制。它通过组建现实性的新型的教育力量来实现（如信息教学教研部），或通过组合已有的教育力量（如图书馆、计算中心、网络中心、信息管理专业）来虚拟实现。

（2）引导一种信息教育与学习方式。从自发的，散漫的自我信息教育转变为自觉的集中式的信息素质教育。

（3）创新一种信息教育体系。从单纯的信息技术教育转变为全方位的信息知识、信息技能、信息品质教育。

（4）倡导一种正确的信息资源观。从单纯的信息利用、共享观转变为信息生产与利用、信息共享与保护的平衡观。

（5）形成一种连续性的信息教育机制。从零散的课程设置转变为系列课程、实践活动、科研过程共生的教育体制。

（6）培养一批高水平的教师队伍，设计一组理论与实践并重的系列课程，出版一套有针对性的教材，使信息素质教育落在实处。

三、信息素质教育机制的主要内涵

在知识经济与网络信息环境下开展信息素质教育，应当具有综合性、多层次的全局性观念，而不能像过去那样简单地开设几门课程。因此，大学生信息素质教育机制应由以下三个模块构成：

第一模块：社会背景与理论基础教育，包括：

（1）网络信息与知识经济时代的人才需求。

（2）社会信息化与大学生信息素质培养的关系。

（3）知识经济与信息管理相互关系的研究。

（4）信息品质与信息知识、信息能力的内在联系机理。

第二模块：大学生信息素质教育具体方式，重点分为三个方面：

（1）信息知识教育机制，包括：信息生产过程知识、信息传播知识、信息管理知识、信息产业知识、信息法律知识、信息技术知识等。

（2）信息技能培养机制，包括：信息收集与获取技能，信息组织、加工技能，信息内容与形式认知技能，信息传输技能，信息设备运用技能，信息开发中的软件使用及设计技能，等。

（3）信息品质塑造机制，包括：信息意识、信息伦理道德、信息价值观、信息心理、信息主动精神、信息觉悟等。

第三模块：大学生信息素质教育机制的实施方案，重点分为以下几个方面：

（1）在课堂教学中贯彻信息素质教育思想。在马列课、政治课、基础课乃至各类专业课的教学中，从不同角度、不同层面对学生广泛开展国家信息政策、信息法规、信息道德的宣传教育等信息素质教育。

（2）开设信息理论与实践的系列课程。针对不同专业、不同年级的大学生，在教学中合理安排授课内容和授课重点，形成有效的、层次化信息知识课程体系，尤其要注意课程之间的衔接性以及信息技术教育的强化，促使每一个大学生都掌握一定的信息知识与利用技能，优化大学生的信息品质。可考虑开设的具体课程有：信息源介绍、信息管理与信息传播、工具书信息检索、网络与计算机信息检索、信息研究与信息咨询、信息利用与知识产权保护等。

（3）举办各类学术讲座。目的是让大学生掌握新技术、新进展、新动态，如：信息技术发展状况、信息环境的演变过程、信息交流机制、网络环境下的知识产权保护、信息领域最新学术进展等。

（4）加强课堂教学与课外学习的联系。每门课程安排适量的必读书目和参考书目，强化大学生的信息需求，促使其学会利用图书馆等信息机构，掌握开发利用网络信息资源的方法，拓宽知识面，提高自觉能力。另外，通过加大课外科技信息交流活动、科技实践活动的比例，拓展信息素质教育的空间。

（5）吸引大学生参与专业情报研究。大学生只有切实参与专业情报研究活动，才能真正树立信息意识、强化信息需求、提高信息价值观念，并注重信息吸收、信息利用和信息加工诸环节。

四、大学生信息素质教育机制实施机构

面向大学生开展信息素质教育是一种全新的教育机制，在其实施过程中可能会遇到困难，其中之一就是具体实施机构的确

定。由于信息素质教育将涉及高等学校的许多部门，如图书馆、电教中心、计算中心、网络中心、信息中心、信息管理教学单位及教务管理部门等，对于这种横跨多部门的教育机制的实施到底由谁来操作，尚难取得较统一较成熟的看法。笔者认为，可供选择的方案有以下几种：

（1）由于信息素质教育是一种创新的教育体系，建议各高校成立信息素质教育指导委员会，一般挂靠在教务管理部门；

（2）有信息管理教学单位的高校，可将信息素质教育指导委员会挂靠在信息管理院系，并由该院系组织全院力量，具体负责信息素质教育的实施；

（3）没有信息管理教学单位的高校，可考虑由图书馆或信息中心组织其他力量，具体负责信息素质教育的实施；

（4）对于规模较小、部门较少的高校，可直接由教务管理部门具体负责信息素质教育的实施。

参考文献

［1］马海群. 论信息素质教育［J］. 中国图书馆学报，1997（2）：84-87，95.

［2］邓小昭. 信息教育与创新人才的培养［J］. 情报科学，2000（1）：16-19.

原载《图书馆建设》2001 年第 5 期，作者王洪滨、马海群。

知识组织的三种视角

20世纪90年代以来，一些专业刊物刊载了数篇关于知识组织的文章，精彩纷呈，标志着理论界对知识组织的讨论趋于热烈；但中间也存在着差异与混乱，原因在于对知识组织的视角不同。

知识组织应该成为图书情报学（Library and Information Science，LIS）与知识管理研究的重点和方向。信息技术支撑的信息系统中的信息组织虽然可以建立起信息的生产、传递与利用体系，但对知识的处理深度远远不够；而将知识组织简单化为文献分类标引或各种事实数据的排列，存在着同样的问题，也不适应现代信息技术处理知识的特点和要求。本文拟从三种视角对知识组织进行比较叙述，分析知识组织的发展方向。

一、图书馆学：从文献组织到知识组织

从图书馆学的视角看，知识组织是在文献组织（尤其是分类法）的基础上发展起来的，从文献组织到知识组织是认识上的一个飞跃。20世纪末的图书馆学有两种观点引人注目，一个是知识说，另一个是知识交流说。刘洪波以知识交流说为起点，在此领域相继发表了5篇论文，将知识组织作为图书馆内部活动的本质与机理，并以此完善以知识交流为基点的图书馆理论体系。蒋永福、王知津、王友富等相继著文，探讨图书馆的知识组织并尝试进行拓展。

（一）文献组织

至少在传统中，图书馆的工作核心是文献组织。文献组织是图书馆馆员以编制书目、索引等形式将文献单元整理与排序的过

程，是对文献集群单元内容（信息、知识）的各种特定角度的宏观性、整体性揭示。实质上，文献组织的内容是"对文献信息的形式加工，也就是对文献进行整序、组合、编码、标识、转换和浓缩等，它并不改变文献本身原有的信息容量和知识内容"①。

从社会与区域发展的角度理解图书馆，其文献保障体系构成了文献组织的系统背景。但是，文献组织以文献为基本单位来表达、测度和评价知识，不能正确反映图书馆的知识累积量、存贮量和读者从图书馆获取的知识量。直接促进社会发展的是知识，文献是知识的载体，知识与文献之间的密切联系不意味着文献可以代替知识。用文献为基本单元来评价、表示和组织知识所得到的，仅仅是知识组织和利用的"物理解"，而非"情报解"。② 实际上，上述几位作者对知识组织的探讨已经突破了文献层次。

（二）知识组织

"20世纪图书馆学的理论范式发生了两次大的转移。第1次是，从重视文献（80年代以前）到崇拜信息（80年代始）；第2次是，从崇拜信息到崇尚知识（90年代始）。"查《全国报刊索引》可以发现，知识组织成为我国图书馆学理论界的研究点之一，仅用了10年左右的时间。一方面，知识组织的思想可以追溯到我国1983年公布的《文献著录总则》以下简称"《总则》"。《总则》中，"文献是记录知识的一切载体"这一定义将文献主体界定为知识物化的产物。基于"图书馆内部活动的全过程是一个对文献依据知识内容进行的组织过程"③，刘洪波指出："图书馆内部活动是一种知识组织活动。"④ 随后，彭修义明确提出在知识的层次上建立图书馆学理论体系的思想；王子舟撰文将图书馆学研究对象从图书馆事业或抽象的图书馆转向知识集合；蒋永福指出图书馆是组织知识的社会组织。另一方面，图书馆界

① 宓浩：《图书馆学原理》，华东师范大学出版社1988年版，第182页。
② 马费城：《论布鲁克斯情报学的定量方法》，载《情报科学》1983年第4期。
③ 刘洪波：《论"知识交流论"》，载《图书情报工作》1991年第5期。
④ 刘洪波：《论"知识交流论"》，载《图书情报工作》1991年第5期。

对知识组织的关注，仍然围绕文献这一宏观层次，即知识组织以文献单元等为知识组织因子。在 1989 年就有学者指出："这种状况的存在，并不意味着人们对文献具有特殊的偏好，而是人类还没有找到知识的有效表达方式；一旦着手研究知识时，不得不退却到文献这一层次，用文献间接地表示知识。"①

还有一个问题是，如果知识组织等同于文献的分类、标引、编目、文摘、索引等一系列整序，那么从文献组织到知识组织的界线是什么？Growford 和 Gorman 认为，图书馆不是单纯收藏文献、提供数据和信息的场所。图书馆还是一个学习的场所，是用户认知结构发生变化的地方。这是否意味着上述"等同"对知识组织的界定有些局限呢？

二、信息科学（含情报学）：从信息组织到知识组织

信息科学源于由信息论、系统论和控制论而形成的"三论"的综合，情报学是信息科学的分支学科。情报学的目标和任务是研究解决由'情报爆炸'带来的情报积累和利用之间的尖锐矛盾，用科学的方法组织信息，使之有序化，成为人们便于利用的形式，然后以最快的速度向用户提供所需要的情报，促进科学技术和经济发展，这段话对于信息科学也是适用的。因此，笔者粗略地将情报学中情报组织的讨论归并在此。一个有趣的事实是，国内关于知识组织的文章中，就笔者所读到的，马费成最早专节讨论，并全面且深入地论述，但后来的论文并不曾有一篇引用或参考之。另一个现象是，在图书馆学的文献组织到知识组织的过程中，信息组织与知识组织的关系被忽略了。

（一）信息组织

信息科学对信息组织的研讨是在信息系统中进行的。信息组织即信息序化或信息整序，包括对信息特征的标识与序化，使原始信息集合转化为有序精良的计算机信息系统的数据库或者文献

---

① 马费成：《知识组织系统的演进与评价》，载《知识工程》1989 年第 2 期。

信息资源的索引等。数据库或索引只存贮数据信息，不存贮文献，从而减少了信息冗余，增加了系统的信息容量。

信息组织的工具是信息检索与标引语言。信息组织的方法以主题法为核心，也包括分类法、字顺法、号码法、时空序列法、权值法等。信息组织的结果传统中是目录和索引，计算机科学中就是形形色色的数据库。信息组织的直接目的是向人们提供手工检索或自动检索。

信息组织存在一些问题。首先，将信息组织限定在信息系统框架中，而实践证明信息系统并不像人们想象和要求的那样有效。其次，信息组织对信息集合的有序排列属于一种静态的、列举式的结构，不能展示人类知识创造的动态逻辑过程。再次，信息组织的失能，还表现在信息组织的被动性以及不能处理人的智慧与经验。信息组织无法全部满足人们的预期，因而理论界转向知识组织研究。

（二）情报学中的知识组织

Brooks 把分析和组织知识视为情报学的逻辑起点。他认为，利用现在的各种分类法和索引法对文献的处理不是知识组织而是文献组织。Brooks 所指的知识组织，是对文献中所含的内容进行分析，找到人们创造与思考间相互影响及联系的结点，像地图一样把它们标记出来（即"知识地图"），以展示知识的有机结构，为人们直接提供创造时所需要的知识。S. 塞恩则建议按所谓"思想基因进化图谱"进行知识组织，结果是构造知识基本单元联系及影响的图。这与 Brooks 的"知识地图"本质上保持一致，即"找到知识生产和创造过程的关键数据（知识单元），然后用图来标示其联系与结构，实现知识的有序化"[1]。

显而易见，上述方法的可行性值得商榷。它们仍然是一种理论上的探索，尚不能转入大规模应用。由于信息组织为信息有序排列为知识的转化、新知识的产生做了原料上的准备，所以，当

---

① 马费成：《知识组织系统的演进与评价》，载《知识工程》1989 年第 2 期。

前的实践是将信息组织方法向知识组织方法移植，如文摘法、指引库等。指引库技术，是指建立信息资源地址的虚拟数据库，指引用户到实际信息资源，并提供资源的分布状况，以方便用户查找。

知识组织可以说是一个十分不成熟的领域，它必然涉及人类认知过程。理论界注意到，依托计算机网络，用户自我获取知识、组织知识的能力明显增强。为人们提供方便利用知识的系统或直接提供知识与事实数据，是情报工作者的一项工作内容（如知识导航图）。

（三）计算机科学中的知识组织

计算机科学对知识的组织包含在人工智能理论中。人工智能（AI）是人思维的模拟，包括知识表示、知识组织、知识获取与知识利用等环节。AI 系统主要有 4 种类型：专家系统、智能代理、基于神经网络的 AI 系统和基于遗传算法的 AI 系统。

专家系统（ES）是利用推理机制得出结论的一种人工智能系统，该系统能够将专家知识和经验综合成规则并存储在知识库中，并根据用户的输入执行相应的行动。智能代理则属于一种围绕计算机或网络独立完成某种功能的 AI 系统，其基本功能包括：（1）充当助手（如接发 email，FAX，帮助人们进行议程安排等）；（2）主动从内部数据库中检索；（3）通过网络检索。智能代理的新进展是多主体（multi-agent）。基于神经网络的 AI 系统是模拟人脑神经元结构，以 MP 模型和 Hebb 学习规则为基础的，目前包括三大类模型：前馈式网络，反馈式网络，自组织网络。基于遗传算法的 AI 系统，是一种抽象于生物进化过程的、基于自然选择和生物遗传机制的系统，这一部分发展最为迅速，理论界极为关注，已经在机器学习、模式识别、控制系统优化以及社会科学等领域得到许多应用。

计算机本身以及网络的发展，为直接的知识组织提供了可能。比如作为一种软件的智能代理，在 Internet 上，可以完成包括资源导航、用户问题解惑、信息过滤和筛选、知识的发现等工作。它使用代理通信协议进行数据交换，以实现问题的自动解决，是直接的知识组织的前奏。

三、管理学：从信息资源管理到知识管理

管理学对知识组织的关注内涵在知识管理中。近年来，管理学的学科理论基础发生了转换，从产品管理、信息资源管理到知识管理，管理思想也从物本管理到人本管理。管理学十分重视从人的角度对管理进行阐述，至今仍然是管理学核心内容的产品管理的经典教材就是阐述产品经理的具体工作。信息资源管理（IRM）的基础设施是企业的管理信息系统（MIS），部分大企业因此设立信息总监（CIO）的职位。在知识经济的大环境中，由于传统企业的生产要素已经商业化和标准化，于是，知识管理作为一种正式的商业手段被提出来，信息总监发展到知识总监（CKO），知识管理成为企业发展的新动力来源。

（一）信息资源管理

信息资源管理是 20 世纪 70 年代末、80 年代初兴起的一个以管理学、信息科学为依托的研究领域。它将信息视为组织机构内与人力资源、资金、技术同等重要的资源，并运用现代管理理论、方法和技术对其进行组织、规划、协调和控制，以最大限度地发挥信息在组织机构中对生产力的提高、组织决策过程的改善的作用为目的，对信息的组织采用信息科学中的信息组织。

信息资源管理自产生至今，其重点一直在企业，属于 MBA 教育培养计划的核心课程。从总体上讲，信息资源管理是商业范畴的一项管理活动。信息资源管理存在着不足，主要表现在：IRM 仅仅关注显性的知识，它仅仅是对结果的管理而忽略了对过程的管理，对信息用户的需求核心（指解决方案）关注不够。如何有效地管理与组织企业机构内部的知识已经成为公司企业发展需要解决的重大课题。知识的有效配置与新知识的产生、企业竞

争力的增强之间有密切关系。

（二）知识管理

知识管理就是确定、收集和传播共享一个组织机构中的知识，并利用这些知识资源来增强该组织在市场竞争中的竞争力和盈利能力的管理理论与方法。其概念产生于 20 世纪 90 年代初，最初出现在管理学领域，产业界将其视为对业已失败的全面质量管理（TQM）和业务流程重组（BPR）的补救措施。只有利用先进的信息技术，充分调动人的积极性，促进知识创新，形成知识生产、知识组织和利用，才能保持企业的持续发展。

知识经济背景下的知识是组织机构竞争与发展的内生变量，知识管理将组织机构可得到的各种来源的信息转化成知识并通过知识组织产生新的知识，将知识与人联系起来。在物质经济中物质、能源、信息都是组织机构的外生变量。知识经济与物质经济不同，知识是内生的，而物质资源成为知识的依附物。知识组织与知识的有效利用是企业、区域经济竞争的关键。实验表明，隐性知识与显性知识大致是 7：3 的关系，显性知识的组织方法大致与图书馆学中的知识组织类同，而有效的隐性知识的组织是知识自组织。

（三）从管理信息系统到经理信息系统

管理学与信息科学结合的结果是几种计算机信息系统的出现，包括管理信息系统（MIS）、决策支持系统（DSS）、经理信息系统（Executive Information System，EIS）等。

MIS 负责向中层管理人员提供事先定义好的、具有固定格式的业务报表。MIS 对企业的管理与控制十分有用，但缺乏灵活性与适应性，如当管理模式和业务流程发生变化时，管理者的信息需求发生变化，但 MIS 仍按常规方式提供固定格式的报表。MIS 属于信息组织的层次。

按照 Halph，R. Spargue 的观点，DSS 是一个利用数据和模型帮助决策人员解决非结构化或半结构化问题的人机交互计算机信息系统，一般呈现四库三功能结构体系。DSS 正在向多元化方向发展：方向之一是数据仓库、知识挖掘和联机分析处理相结合；方向之二是与人工智能系统结合，在 DSS 中融入专家系统、神经网络、遗传算法等技术，形成智能决策支持系统（IDSS）。IDSS 即利用专家知识（事实、规则）、推理机制的 DSS。DSS 处于信息组织转向知识组织的中间环节。

EIS 是高度交互的 MIS 与 DSS 和 AI 系统的结合体。EIS 的基本特征是利用数据仓库、具有钻入能力（drill down）、灵活的信息表示、信息分析与信息责任的识别、信息存贮等。EIS 具有产生新知识的能力，属于知识组织的层次。

参考文献

［1］宓浩. 图书馆学原理［M］. 上海：华东师范大学出版社，1988.

［2］马费城. 论布鲁克斯情报学的定量方法［J］. 情报科学，1983（4）：1-9.

［3］蒋永福. 客观知识与图书馆——从客观知识角度理解的图书馆学［J］. 中国图书馆学报，2000（5）：46-51.

［4］刘洪波. 论"知识交流论"［J］. 图书情报工作，1991（5）：7-12.

［5］彭修义. 有关图书馆事业、图书馆工作与图书馆科学的认识与建议［J］. 图书馆建设，1995（6）：2-7，12.

［6］王子舟. 知识集合初论——对图书馆学研究对象的探索［J］. 中国图书馆学报，2000（4）：7-12.

［7］王子舟. 知识集合再论——对图书馆学研究对象的阐释［J］. 图书情报工作，2000（8）：5-11.

［8］蒋永福. 图书馆与知识组织——从知识组织的角度理解图书馆学［J］. 中国图书馆学报，1999（5）：19-23.

［9］马费成. 知识组织系统的演进与评价［J］. 知识工程，

图书情报与档案管理 无尽的前沿之二

风华正茂

1989（2）：39-43.

　　[10] 刘洪波. 知识组织论——关于图书馆内部活动的一种说明 [J]. 图书馆，1991（2）：13-18，48.

　　[11] 李炳穆. 迎接新千年到来的图书馆 [J]. 图书情报工作，2001（1）：12-17.

　　[12] 丁蔚，倪波. 知识管理思想的起源——从情报学的发展看知识管理 [J]. 图书情报工作，2001（1）：23-27.

　　[13] 严怡民. 情报学概论（修订版）[M]. 武汉：武汉大学出版社，1994.

　　[14] 马费成. 论布鲁克斯情报学基本理论 [J]. 情报学报，1983（4）：314-324.

　　[15] 马费成. 知识组织系统的演进与评价 [J]. 知识工程，1989（2）：39-43.

　　[16] 姜同强. 计算机信息系统开发——理论、方法与实践 [M]. 北京：科学出版社，1999.

　　[17] [美] 莱曼，[美] 温纳. 产品管理 [M]. 魏立原，黄向阳，译. 北京：北京大学出版社，1998.

　　[18] 陈锐. 知识·知识经济·知识管理 [J]. 图书情报工作，1999（3）：18-21.

　　[19] 严娜，李中章，李宏轩，等. 企业的知识自组织初论——以美国硅谷和中国华为公司为例 [J]. 图书情报知识，2001（2）：21-23.

　　原载《中国图书馆学报》2001 年第 5 期，作者李宏轩、马海群。

论电子商务与反不正当竞争

互联网的发展为企业开展电子商务创造了极为有利的技术手段和应用平台，利用因特网进行商务活动已成为当今的发展潮流，因此我国企业应尽快参与全球性的电子商务竞争。企业在电子商务中的竞争力来自强大的技术支持、良好的商业信誉、成功的营销手段和创新能力，但法律的支撑也是不可或缺的。事实上，国际范围的电子商务的快速发展已经带来了许多新的法律问题，如有关认证中心的法律角色、保护个人隐私与个人秘密、电子合同的法律效力、电子商务的消费者权益保护、网络知识产权保护等。

自 1996 年以来，在《联合国国际贸易法委员会电子商务示范法》制定之后，一些国际组织与国家纷纷合作，制定各种法律规范，导致国际电子商务立法的高速发展。电子商务相关的法律法规可大致分为 6 个部分：电子商务行业、信息资源、网络上的知识产权保护、安全保密、关于基础设施与技术的使用及保护、电子商务的金融活动，其中电子商务行业法律法规既涉及行业市场准入规则、行业间协调规范，又包括业内主体有关行为规范（如公平竞争、优胜劣汰等）的法律规定。本文试图分析电子商务中的一些不正当竞争行为及其法律制裁，从而促进电子商务环境的优化。但首先值得关注的是，在全球范围内电子商务本身的竞争公平性已受到质疑，如何完善法律来保障电子商务的合理发展，已成为人们关注的重要问题。

一、电子商务对竞争公平性的挑战

企业之间电子商务的发展正逐渐改写全球商业模式，并有力地吸引各国企业投身电子商务的激烈竞争。然而,在电子商务与反不正当竞争的互动发展中,电子商务自身的公平性正在受到越来越多的挑战。在美国,各大企业如火如荼地合作开拓网络市场,合资架设超大型电子商务网站的消息时有所闻。尽管对于购买者而言,这意味着效率的提升以及购物成本的降低,但市场中其他的中小型企业却可能因此而被淘汰,这是否符合市场竞争公平性的精神正在受到人们的质疑。据路透社报道,某汽车业者组合的零件销售网点开始引起美国联邦贸易委员会(Federal Trade Commission)的注意。此外,司法部还对5家美国航空公司合资在网上出售机票的行为展开调查。

在我国,是否应当修改反不正当竞争法等法律规范,以制约电子商务中可能存在的全球垄断并大小通吃的特性,也正引起法学界和产业界的关注。

二、不正当竞争行为的法律认定

不正当竞争行为是指经营者违反法律规定,损害其他经营者乃至消费者的合法权利,扰乱社会秩序的行为。根据《中华人民共和国反不正当竞争法》(1993年9月2日发布,1993年12月1日实施)的规定,不正当竞争行为包括:混淆乃至误导消费者行为、滥用独占地位或者其他经济优势地位的行为、滥用权力限制竞争行为、商业贿赂行为、虚假广告及对商业虚假宣传行为、不正当有奖销售行为、附条件交易行为、倾销行为、商业诽谤行为、招标投标中的共谋行为、侵犯商业秘密行为等。但不正当商业竞争行为不仅由《中华人民共和国反不正当竞争法》加以调整,《中华人民共和国商标法》《中华人民共和国广告法》《中华人民共和国合同法》《中华人民共和国消费者权益保护法》《中华人民共和国产品质量法》等,共同构成了制止不正当竞争行为的法律规范体系。尽管与传统的商业模式相比,电子商务具有交互性、快速性、全球性特点,而且其安全认证至关重要,但现有立法对其仍有较强的适用性，当然，尽快修订现有法律法规，建立适应网络环境的法制体系，是一种必然趋势。

三、电子商务中的不正当竞争行为

在电子商务中出现的不正当竞争行为主要有以下几种形式。

（一）混淆与假冒

仿照或假冒他人产品商标或广告，造成经营者及产品的混淆并误导消费者，是网络电子商务中较常发生的不正当竞争行为。我国第一起因电子商务而引发的不正当竞争案于 2000 年 7 月初在北京市海淀区人民法院进行了宣判，被告北京惠×特科技开发中心生产的《股神 2000》，由于误导消费者视其为原告北京金×恩电脑有限公司出版的《股神》软件的升级换代产品，在市场上造成了混淆并损害了原告的合法利益，因而法院判决被告行为构成不正当竞争，须向原告进行经济赔偿并公开道歉。这是一种较典型的利用他人知名软件特有的名称、声誉、包装，造成与他人知名软件相混淆并误导消费者的不正当竞争行为。

另外，网络链接中的假冒行为也可能构成不正当竞争行为。从理论上讲，链接是指使用超文本标志语言编辑包含标记指令的文本文件，在两个不同的文档或同一文档的不同部分之间建立联系，从而使得访问者可以通过一个网址访问不同网址的文件或通过一个特定栏目访问同一站点上的其他栏目。链接包括文字、图像、视框链接等，它有效地实现了信息共享，方便了用户查询，同时也成为企业进行广告宣传的重要手段。但由于链接是一种由词、词组或图像构成的特定标记，它往往指示着信息来源，因而在电子商务中链接也会成为假冒活动的对象。比如个别网上企业可能出于商业目的，把他人站点上的知名的识别标志用在自己的主页上链接自己的网页，这样会使访问这个网站的用户在看到这个标志时，误以为网站的主人与图标的主人之间或者二者所提供的服务之间存在着特殊关系，而不会考虑这仅仅是图标的借用。

这种无偿借用他人商业信誉的假冒行为所带来的结果是淡化了他人的商业信誉的价值，降低了他人的市场竞争能力。此外，有些企业在其网站利用视框链接技术为用户提供他人网站的新闻与文章，但使用者在网页中看到的仍然是原先的网址、菜单及广告，这是一种利用他人网站内容赚取广告收入的不正当竞争行为。

（二）网上虚假广告宣传

因特网已成为一种重要的传媒，网络广告也已成为一种重要的广告宣传形式。很多企业在建立网站开展电子商务的同时，也会通过网站宣传自己的产品或服务，使网站成为企业面向公众的又一个窗口。但是，也有个别企业利用网络媒体进行虚假的商业宣传，以期谋求竞争优势，扰乱市场秩序，构成不正当竞争行为。如1999年11月17日原告北京市鹤×日新公司诉被告北京讯×公司案经法院审理后裁定，被告在应知国内有其他因特网内容提供者（ICP）提供相同的在线法律服务的情况下，没有任何事实依据，在其主要网站网页中使用了"国内最权威和国际互联网上第一家全面、集中向全球介绍中国律师事务所及其律师详尽资料的专业网站"等修饰性广告宣传用语，影射了包括原告在内的其他在线法律服务的 ICP 的服务质量问题，从而误导社会公众，侵犯了包括原告在内的他人的合法竞争权利，主观过错明显，构成了不正当竞争。此外，还存在着另一种网上虚假广告，即隐含在关键词中的广告。例如，做广告时在网页的关键词中故意放入许多与自己网站无关但又是非常热门的字词来骗取点击率，误导他人的消费行为。虽然广告内容不一定虚假，但其形式却有欺骗性。

（三）网页注册中的不正当竞争

在电子商务中，以低于成本的价格从事商业活动，将构成《中华人民共和国反不正当竞争法》所规定的一种不正当竞争行为。例如，2000年3月创×公司诉×盟公司案经法院审理后认定，根据查明的事实，在国际互联网络信息中心（InterNIC）进行国际域名注册的费用是 70 美元每两年；中国互联网络信息中心（CNNIC）收取的国内域名注册费用为 300 元人民币每年。被告在未获域名注册机构的域名注册费折扣的情况下，在其网页和宣传中所宣传的国际域名注册费是 550 元人民币每两年，国内域名注册费为 250 元人民币每年，是一种低于成本的经营价格，其行为构成了对原告同行业竞争者的不正当竞争。

（四）假冒网站设计的侵权行为

网站是由域名、网页、形象、声音、颜色等项目组合成的面向用户的信息界面，不同的网站由于其服务理念、用户群体、运营模式存在较大差别，因而网站设计及包装呈现出自身独有的特征。然而，产品及服务领域相同或近似的网站，则可能由于模仿而引起混同，从而对消费者的辨别与使用造成障碍，同时也损害了原始设计网站企业的商业利益。因而，对于网页和网站设计应当给予充分的知识产权保护，网页设计可以以著作权法为依据来重点加以保护。网站设计及包装由于涉及产品或服务的名称、包装、装潢等多种因素，是一种整体外观的感觉效果，可能单纯用著作权法不能完全覆盖，因此有人建议应当将现有《中华人民共和国反不正当竞争法》或《中华人民共和国商标法》条款加以引申，增设网站装饰权来抵制假冒网站设计的侵权行为。

（五）电子商务中的商业诽谤

由于电子商务竞争的激烈性和网络中信息传播的自由性，个别经营者采用捏造、散布虚伪事实等不正当手段，对同行业竞争对手的商业信誉、产品或服务声誉进行诋毁、贬低，以削弱其市场竞争能力，谋取所谓的竞争优势。如在网络广告中吹嘘自己、贬低对手，在公告板中散布不实流言诋毁对手，在给用户的电子邮件中破坏竞争对手的商业信誉，等等。

（六）窃取、伪造信息，侵犯电子商务秘密

电子商务作为贸易的一种手段，其信息直接代表着个人、企业或国家的商业机密。传统的纸面贸易都是通过邮寄封装的信件，或通过可靠的通信渠道发送商业报文来达到保守机密的目的。电子商务是建立在一个较为开放的网络环境上的，维护商业机密是电子商务全面推广应用的重要保障。另外，电子商务可能直接关系到贸易双方的商业交易，确定要进行交易的贸易方正是所期望的贸易方，是保证电子商务顺利进行的关键。如果盗用他人网上账户或电子商务身份证，进行信息窃取、伪造并侵犯电子商务秘密，不仅是不正当的商业竞争行为，而且可能触犯刑法。

此外，关于电子商务的市场准入条件，我国的现有网络法规如《中华人民共和国计算机信息网络国际联网管理暂行规定》（1997修正）中还存在着限制公平竞争的不合理规定。由于我国主干通信网络属于邮电部门，因此做 ChinaNet 代理的互联网服务提供商（ISP）比其他 ISP 处于更加有利的地位，而邮电部门自己的因特网服务机构又比其他代理机构条件优越，他们成本较低且设备先进，因此，对用户收费的可下降空间较大，从而造成不公平竞争，增加了其他 ISP 的生存压力。

四、电子商务中不正当竞争行为的法律制裁

不正当竞争行为将破坏良好的市场竞争秩序，给社会和他人带来极大的危害，所以我国对于不正当竞争行为采取了财产赔偿，行政责任和刑事制裁三位一体的责任体系，这种法律制裁方式原则上适用于电子商务环境。

首先，在电子商务中实施不正当竞争行为应承担赔偿责任，关键是要确定网络损害赔偿的标准和范围。按照《中华人民共和国反不正当竞争法》的规定，被侵害的经营者的损失是难以计算的，赔偿额为侵权人在侵权期间因侵权所获得的利润，并应当承担被侵害的经营者因调查该经营者侵害其合法权益的不正当竞争行为所支付的合理费用。电子商务经营者假冒他人的注册商标，擅自使用他人的企业名称或者姓名，伪造或者冒用认证标志、名优标志等质量标志，伪造产地，对商品质量作引人误解的虚假表

示的，可以按照《中华人民共和国商标法》、《中华人民共和国产品质量法》等法律规定处罚。

其次，在电子商务中实施不正当竞争行为还要承担行政责任。行政机关可根据违法行为的情节和程度，选择适用不同的责任方式，如责令停止违法行为、没收违法所得、罚款、吊销营业执照等来制裁电子商务不正当竞争者。

再次，《中华人民共和国反不正当竞争法》还规定了两种刑事责任来打击较严重的商业不正当竞争行为。一种是实施不正当竞争行为的刑事责任，另一种是与不正当竞争行为有关的违法行为的刑事责任。如监督检查不正当竞争行为的国家机关工作人员滥用职权、玩忽职守，构成犯罪的，将被依法追究刑事责任。

参考文献

[1] 李冬涛. 走出互联网的阴影 [J]. 著作权，2000（2）：33-37.

[2] 芮葆. 如何认定网络上的虚假商业宣传及其不正当竞争的法律责任 [J]. 电子知识产权，2000（6）：31-32.

[3] 贾柏岩. 网页，也能抄袭?! 首例 IPP 网页著作权诉讼纪实 [J]. 中国律师，2000（3）：21-23.

[4] 马秋枫，江向阳，邢颖，等. 计算机信息网络的法律问题 [M]. 北京：人民邮电出版社，1998.

原载《情报理论与实践》2001 年第 5 期，作者马海群。

论网络环境下数字作品
知识产权的技术保护

科学技术是一把双刃剑，在促使社会进步的同时也产生了许多新的问题，但这些问题又必须靠技术来解决。由信息技术发展所带来的知识产权侵权问题，也须用新技术来进行弥补，但相对法律而言技术只是作为一种辅助手段。现今人们已采用了许多可行的技术保护措施，这些技术保护措施都是在新技术的背景下产生的，它们不仅促进了法律的进一步完善，也为保护数字作品的知识产权提供了技术保障。

一、数字作品知识产权的现有技术保护措施

可以说对网络上的数字作品进行技术保护已被人们所接受，但对什么是技术保护措施各个国家都有不同的理解。笔者认为可以这样理解技术保护措施：它是一种工具、设备、软件系统等特定的方法，通过它版权人可以更有效地保护自己的作品，使用户能在版权人授权及提供售后服务的基础上更好地应用该作品。根据有关研究者归纳，目前人们已成功地开发了一系列可行的技术保护措施。

1. 反复制设备，即阻止复制作品的设备。这也许是最早部署并被最广泛使用的保护作品的技术保护措施，具有代表性的就是连续拷贝管理系统（SCMS系统），该系统最大的特点就在于它不仅可以控制作品的第一次复制，而且可以控制作品的再次复制避免数字化作品的复制件被作为数字化主盘。

2. 控制进入受版权保护作品的技术保护措施，包括加密、密码系统、防火墙技术或顶置盒。其中具有代表性的就是"数字

信封"，这种系统可以用数字化手段对保护客体加密，并且可以装载归纳作品内容、识别作者身份的信息以及与作品使用相关的信息。

3. 追踪系统，即确保数字化作品始终处于版权人控制之下，并只有在版权人授权后方可使用的软件。

4. 数字水印、数字签名或数字指纹技术，即通过在数字作品中加入无形的数字标志以识别作品及版权人、鉴定作品的真伪。

5. 标准系统，即按照地区划分，设定不同的标准以尽可能地避免对版权作品的侵权行为。

6. 电子版权管理系统，即 ECMS，它既可以识别作者身份、加密保护作品，又可以像电子契约那样与使用者交易，因此 ECMS 系统是一个融合了自动化保护和电子许可系统的软件。

版权的技术保护措施仍处在不断发展之中，以上只列举了一些大家普遍接受的可受法律保护的措施，随着人类逐渐进入数字化时代，新的版权技术保护措施将会不断产生。

二、数字作品知识产权技术保护措施的应用领域

技术措施在知识产权保护中的应用领域可以说是很广泛的，凡是越容易发生侵权的行为就越是技术保护措施大显身手的地方，当然技术保护措施不能也不该逾越法律的界限。本文中所提到的应用领域不包括维护网络本身安全方面。

（一）作品复制权的保护

复制权是作品最基本的权利之一，并且在版权保护中也处于核心地位。在数字化环境下复制权受到前所未有的冲击，因而现今人们都已普遍接受将作品扫描、上载、存储于计算机存储器或其他电子系统中也是复制行为的观点。对复制权的保护相比其他方面更为成熟，能够体现出技术保护的优势。许多技术都可以达到保护复制权的目的。加密技术可以使复制后的作品无法阅读，水印技术可以防止作品的二次复制行为。

（二）防止作品的非授权传播

现今大量出现的盗版行为就是一种广泛的非授权传播行为，是对知识产权的严重侵犯。作品的非授权传播所造成的损失是不可估量的。

（三）安全传输

数字化环境下传输行为发生在权利人通过网络向用户传送数字化作品的过程中，安全传输所要达到的目的就是在传输过程中的作品即使为其他非授权用户（黑客）获得也不可能使用，同时还要保证用户接收到的是准确、完整的作品。加密技术在此领域得到了广泛的应用，作为一种技术保护措施也是最早得到法律认可的，如美国所通过的1121法案及后来的DMCA就明确规定了解密违法。加密技术使得传输的作品以密文的形式传送，进而防止了非授权用户的截取行为，即使非授权用户得到了密文却无法破解从而不可使用该作品。数字水印技术在这方面也体现了良好的应用前景，应用数字水印技术可以使作品的完整性得到保护，使使用者接收到的作品是未经篡改的作品，保证了作品的真实性和准确性。

（四）侵权认定

无论是在传统时代还是在信息化、网络化时代，对侵犯知识产权行为的认定一直是一个很难解决的问题，因为这涉及许多方面的因素，不是技术措施所能解决的。但在数字化传播情况下，技术保护措施为侵权认定提供了一定的支持。技术保护措施对侵权的认定主要是通过数字水印和数字签名来实现，这包括两方面，一是对权利的认定，二是对侵权的认定，也可以说在侵权认定中包括了权利认定。通过数字水印技术在作品中嵌入一定的体现作者身份的标识就可以达到对权利的确认，还可以通过对授权的作品进行数字签名而达到这种目的，当发生侵权行为时就可以对数字水印及数字签名进行验证从而确保权利。

（五）网络版权管理系统

人们对数字作品知识产权保护的操作更主要是通过网络版权

管理系统来进行的，可以说对网络版权系统本身的保护就是对数字化作品知识产权的保护。所谓版权管理系统基本上是一个关于内容（作品及其各种表现形式）的数据库，其中还要包含作者和其他相关权利拥有者的信息，这些信息是办理使用人取得作品使用权手续的基础；所以，一个版权管理系统通常包括两个主要模块，一个用于内容的认证，另一个用于作品使用授权或其他权利转移。数字技术、网络技术和数据保护技术的发展，都促使著作权人投入更多的资金，在其作品中加入永久性的标志和认证信。网络版权管理系统的保护主要体现在：需要标准化的认证和标准化的作品提交格式、保护实现自动化的工具、防止对版权信息的任意篡改、保密隐私问题、对版权交易的保护等。应该说，网络版权管理系统的保护是对各种技术保护措施的一个综合，是对各种技术保护措施的整体效果的考验，单纯的某一种技术不能达到所有的保护目的，因此需要各方面的综合，达到优势互补。

以上只是列举了技术保护措施应用的比较好的领域。应当明确一点：保护不是最终目的，保护是为了使知识产品能够更好地得到利用，并在权利人与应用者之间寻找一个平衡。因此，在强调技术保护的同时，应当注意社会公众"合理使用"的保障。

三、数字作品知识产权技术保护产品发展动态

技术保护措施在知识产权保护中得到了广泛的应用，许多公司或大的企业都开发了自己的技术保护产品，这些产品大多从软件的角度来对知识产权进行保护，当然硬件产品也有很多，但软件将会是未来的发展趋势。以下所介绍的产品中有一个是软硬件结合产品，有两个是软件产品，还有一个是共同建立的标准体系。

（一）TD-MF 智能型软件狗

现今人们对计算机软件的保护主要是通过加密技术，而其中硬加密技术由于具有加密强度高、加密性能好、加密方式灵活等

优点，成为目前被广泛采用的加密手段，软件狗就是这方面的代表，它是一种硬件与软件相结合的保护措施，是目前对软件进行保护的主要手段。金天地公司新开发的加密锁 TD-MF 智能型软件狗就是这方面的最佳代表。

（二）PictureMarc

PictureMarc 是由 DigiMarc 公司开发的数字水印软件，其主要面向的是多媒体版权保护、认证和电子商务等领域。PictureMarc 是与 Adobe Photoshop、Corel Draw、Corel Photopaint、Micrografx Graphics Suite 和 Micrografx Picture Publisher 等图像处理和图形绘制软件捆绑销售的数字水印插件，它可以在图像中加入著作权 ID、发行权 ID 和复制权 ID。主要包括以下几部分：ReadMarc 是与 PictureMarc 配套使用的数字水印阅读器，可运行于多种平台上，如 Windows9x/NT、Unix、Macintosh Powerpc 等。BatchMarc Pro 是一个专门用于批量添加图像水印的软件。Digmarc Water-marking SDK 是一个数字水印开发包。Marc Centre 是一个基于因特网的水印认证服务系统。Marc Spider 是一个水印 Agent，可以根据用户的著作权管理信息，自动搜索因特网上的侵权行为。

（三）超星数字图书馆

超星数字图书馆于 2000 年 1 月由北京世纪超星信息技术发展有限责任公司（简称"世纪超星"）建立，它应用了世纪超星自主开发的图像扫描资料数字化技术，使扫描图像能直接在网络上传输，跨越了图书档案资料必须转化为文本的传统思路。同年 5 月，超星数字图书馆被列入"国家 863 计划中国数字图书馆示范工程"，成为图书馆数字化的国家标准。超星数字图书馆对网络文字作品的保护主要是通过图片化的措施来进行的，并且只能通过专门的软件才可以阅读。此外超星数字图书馆还提供了一种付费系统，可以对读者所选入的作品进行版权使用费的代理。

（四）SET 认证系统

在开放的网络上处理交易，保证传输的安全成为电子商务在知识产权管理中应用的重要因素。安全电子交易协议（Secure E-lectronic Transaction，SET）就是在这样的背景下产生的，它由 VISA 和 MASTERCARD 共同开发，是为了在因特网上进行在线交易时保证用卡支付的安全而设立的一个开放的规范，并得到了 IBM、MICROSOFT、GTE、VERSIGN 等很多公司的支持，已形成了事实上的工业标准，也获得了因特网工程任务组（IETF）的认可。SET 所要达到的目标是数据在因特网上的安全传输，保证不被黑客窃听。因此，SET 认证系统将构成网络知识产权保护的重要技术支撑手段。

参考文献

［1］何敏，周纯. 电子屏障：版权的技术保护措施的法律保护［J］. 中国科技论坛，2000（2）：51-54.

［2］严国荣. 数字水印技术的开发与应用［J］. 电声技术，1999（7）：37-40.

［3］洪琳，李展. 数字签名、数字信封和数字证书［J］. 计算机应用，2000（2）：41-42.

［4］伯晓晨，沈林成，常文森. 典型的数字水印软件［N］. 计算机世界（北京），2000-06-19.

原载《网络安全技术与应用》
2001 年第 10 期，作者马海群、孙扬民。

图书馆创新发展的三种新理念

新世纪之初，图书馆事业既面临许多挑战，又获得不少发展的机遇。因此，图书馆应当在不断树立并吸收新理念中，推动自身的创新发展。

一、图书馆作为知识经济的重要支撑机构

知识经济的文化整合能力正在被逐步重视并在社会进步中发挥作用，这种文化整合能力既包括人类智力的充分发掘，又强调分配知识和信息的社会网络的完善建设。而记录人类知识财富并成为人类文明重要组成部分的图书馆，其主要功能之一即是开发利用人类知识和信息，因此，若能抓住知识经济发展提供的历史机遇，加强知识和信息的开发、交流、传播机制，图书馆事业必将迎来新的发展高潮。图书馆对知识经济的支撑作用主要表现在以下几方面。

（一）建设网络文化

在网络环境下弘扬民族文化，是图书情报部门固有的文化功能。网络文化是知识经济、网络经济特征的折射与反映，图书情报机构应充分利用网站这一新媒体形式，占领今后最有利于影响受众的精神制高点和战略要冲。

我国尚处于"网络人办文化"的初级阶段，因而缺乏文化力量，传统文化、传统道德的精神并没有因网络文化整体而充分地展开。网络经济、知识经济作为一种改变社会生产方式和生活方式的基础性因素，必然要引发人类精神文化生活和价值理念的深层嬗变，关键是如何引导这种变化，图书情报机构有责任也有能力同技术界一起，引导我国网络文化的发展，开创"文化人办网

络"的局面，保护并宣扬民族文化。

（二）融入知识产业

知识经济时代，知识成为产出的重要变量，知识生产率成为国家、企业竞争力的决定因素。作为知识信息的重要收集、加工与传播、利用机构，图书情报部门完全有能力渗入知识经济，成为知识生产率的影响因素之一。例如，佛山市图书馆自行研制的"珠江三角洲多媒体房地产咨询信息库"于1998年12月18日通过了文化部组织的专家鉴定，并被评为"九八广东十大特色数据库"之一，佛山市图书馆找到了为经济服务的结合点，从而为图书馆信息服务开辟了新道路。国外智囊团、思想库等的发展历程也表明，图书情报机构有实力面向社会开展各类信息咨询服务，促进知识的生产与传播，关键是应抛弃传统文化中等待、保守、远离经济的负面因素，树立现代文化的创新意识。

二、体现著作权平衡思想

根据《公共图书馆宣言》（1994），公共图书馆是公众获取信息之门。图书馆的作用是帮助使用者确定、获得和使用需要的信息，在尊重著作权的基础上，更多地倾向于满足社会需要，确保读者依法享用由国家赋予的图书馆使用权，即读者权利。尽管图书馆读者的这一基本权利并未明确体现于法律条文中，但许多国家的宪法、教育法、图书馆法等法律法规中事实上都已渗透了这种读者权利。而且从行业分工来看，除了图书馆行业外，没有其他行业在平衡著作权人利益的同时，如此努力维护读者的利益。就我国国情来看，虽然面向读者或信息用户提供公共信息或公益信息的机构日益增多，但从信息内容的完整性、深刻性、权威性、持久性等方面分析，图书馆的信息服务与传播功能是难以比拟和不可替代的。图书馆的这种关键作用如果不能被政府以法律条文的形式所明确承认，图书馆制度的社会功能必将萎缩，而社会文化与生产力也将遭受巨大损失。因而可以说，在确保公民学习、研究、提高的基本社会权利方面，图书馆成为"准政治权利"的操作者。

在现有的著作权法律法规中，图书馆被视为与一般社会用户同等的著作权法律地位。但事实上，现代图书馆制度的建立目的早已跨越封闭式的收藏信息资源模式，而成为社会信息资源的重要传播者、加工者与提供利用者，在网络环境下，公共图书馆的角色将更加复杂。网络化数字化图书馆将兼信息生产、传播、利用等功能于一体，如何确保其社会效益的充分发挥并适当开拓经济效益，更需要明确的法律地位（包括在著作权法中的法律地位）作为有力的保障。因此，图书馆的法律地位必须加以重新界定。

图书馆是介于权利人与社会用户之间的第三方，是维护社会公众利益的代表，是公民权利的体现途径之一，同时，图书馆又是作品的重要传播渠道与交流场所，是权利人利益实现的中介与桥梁，是权利人社会利益的保障手段。因而，图书馆既要通过积极的信息服务手段，维护与保障读者权利；又要通过合理的信息传播方式，尊重作者著作权并促进作品的广泛传播。事实上，许多图书馆在行使其公益职能中，已经设法采取积极措施提醒使用者注意法律规定，并就如何遵守这些著作权法律规定提供指导；但往往事与愿违，图书馆收到的可能是来自用户和著作权人双方的不满，因为在防止著作权的滥用或误导方面他们常被使用者指责为起妨碍作用，同时著作权人又经常指责他们鼓励侵权。这一方面说明图书馆信息传播与服务工作的艰巨性，另一方面从反面说明，图书馆实际上在用户和著作权人心目中已经发挥了中间人的作用。因而，在著作权法中积极引进图书馆因素，促进其成为著作权制度的均衡器，是有坚实的实践基础的。

三、引入知识管理思想

知识管理的研究目前存在三个视角：一是基于商业的知识管

理，学科背景是经济学；二是基于知识系统的知识管理，学科背景是计算机科学；三是基于知识服务的知识管理，学科背景是图书馆学、情报学。国内外的一些研究者对于图书情报领域的知识管理很不以为然，甚至提出不少质疑，如在图书情报界，知识管理只是信息管理的别名；由于图书情报界从事知识组织工作，易于从概念上过渡到知识管理；知识管理是一种商业行为，图书馆员难以对一个机构的商业成功做出贡献，因而在新时代里商学院毕业生将发挥重要的知识管理作用。然而应当看到，知识管理并不被某一行业或职业所独占，图书馆界有责任参与全社会的知识管理，不论从理论研究上还是在实际业务中，知识管理都早已蕴含在图书馆建设发展之中，因为构成知识管理重要主体部分的知识组织一直是图书馆的核心主题。但图书馆员要成为有效的知识管理者，就应当掌握其他领域管理人员的观点、状况等，并掌握图书馆的知识管理业务。

从图书馆理论建设与实际业务的发展前景来看，需要充分吸收知识管理及知识内容组织的思想、技术、机制，实施图书馆知识管理战略。具体实施策略可以包括以下几方面。

（一）开发隐性知识并建立奖励机制

知识管理的关键是隐性知识、显性知识的交互作用，管理者的基本任务是将人力资本转换成结构资本。而图书馆已有的知识组织工作还只是一种结构化资本，而未能涉及人力资本。因此，图书馆知识管理的重点应当是开发馆员潜能，促进工作人员将其聪明智慧用于业务与服务之中。同时，应当建立与之配套的知识共享报酬与刺激机制，创造共享知识的良好环境。例如图书馆员的工作业绩不能再以"硬性任务"来体现，知识共享也可以被认为是一种业绩，应当有所"回报"，可以用设立创新奖、建议奖、培训奖等方式来鼓励知识共享行为。

（二）积极采用并研制知识管理软件，提高图书馆管理质量

知识管理系统（软件平台）在图书馆中有着广泛的应用领

域，人们已经开发出专门用于知识管理的系统软件，如微软的Exchange、Lotus Notes 等，但结合图书馆的实际需求，仍有必要改良或研制专用知识管理软件，构建图书馆的知识管理系统。这一系统应能实现如下功能：知识采集，包括网络知识搜索、原始文件导入等；知识加工，包括原始文档编辑、文档转换等；知识内容管理，包括文档分类管理等；知识传递，包括知识发布、知识推送、知识检索、知识访问控制等。

（三）将知识管理作为图书馆学学科建设的指导思想

知识管理对图书馆学的创新发展将产生深刻的影响，一方面应当拓展图书馆学研究的应用领域，例如，阮冈纳赞的分面分类法在图书分类体系中占有重要地位，但实际上它不仅可用作图书的分类，作为一种组配分类思想与方法，它更适用于描述万维网信息资源的分散分布特征，因而是一种优秀的检索与组织通过搜索引擎或查询指南查找出的万维网信息资源结果的方法。另一方面应当在图书馆学教育中引进知识管理内容，例如将信息组织课程改造为知识组织课程，在教育计划中增设知识管理内容，等。

（四）构建面向社会的知识服务系统

知识社会中的图书馆不能再仅仅具备信息积累与传递功能，而要实现知识的再开发，因为用户上网除希望实现资源共享外，还希望在智能数据库的指引下，将大量信息加以集中系统组织，进行知识的二次开发或知识重组。因此图书馆应注重研究开发具有导航功能的指引库，注重服务中的智力参与、增加服务中的知识因素，实施知识导航。在具体运作上，面向社会与用户的知识服务系统可以采用多种运营模式，如基于分析和基于内容的参考咨询服务、专业化信息服务、个人化知识支持、知识库建设服务等。中国图书馆信息网络（CLINET）即金图工程的建设，将有效地提高图书馆的社会化知识服务能力。在以针对问题的解决方案为用户服务机制的环境下，图书馆应当顺应社会需求，尽快制定知识管理方案，从组织建设、政策调整、用户管理、利益平衡等方面实施知识管理战略。

当然，图书馆事业创新发展中各种新思想的提出和应用，都离不开技术的支撑；因而在网络环境下，图书馆必须充分采纳和利用各种网络技术、多媒体技术、知识管理技术、知识产权保护技术等，将上述新理念成功地实施于图书馆实际业务之中。

参考文献

［1］翁寒松. 我们需要什么样的网络文化［J］. 新华文摘，2000（3）：133-139.

［2］冯之浚. 国家创新系统的理论与政策［J］. 群言，1999（2）：22-29.

［3］杜靖华. 读者权利的界限和平等原则——兼论读者权利的法律性［J］. 大学图书馆学报，2000（2）：50-52.

［4］张晓林. 走向知识服务：寻找新世纪图书情报工作的生长点［J］. 中国图书馆学报，2000（5）：32-37.

原载《图书馆杂志》2001年第10期，作者马海群。

我国网络信息资源建设立法研究

网络信息资源建设和信息资源网络化构建，是社会信息化、全球网络化的重中之重，是网络规划、组织、管理、经营、利用等各方共同关注的焦点；网络信息资源建设中伴随着各类主体的信息活动而产生了一系列新的社会信息关系，这些信息关系的调控需要国家制定一定规模的政策法规来实现。

一、网络信息资源的特殊性及其法律保护

互联网的发展极大地拓展了信息资源的范围、规模，增加了信息资源的多样性，人们获取信息资源的便利性和自主性也大大增强，然而网络开发利用的人文基础未变，即他人的权利应该受到尊重和得到保护。同传统的信息资源相区别，网络信息资源主要表现为以下几种类型。一是数字化作品。纸介质作品以数字化形态存储就形成了网络作品，但数字化过程并非二次创新，只不过是产生了另外一种转化形式，作品在法律意义上的著作权并没有变化，因而大多数人已取得共识：数字化作品应像原作品那样受到保护。二是数字作品，即以数字化形式生产的作品。三是网络汇编作品或称"网络版本"，是指利用因特网上大量的信息和共享软件，在网上收集整理出各种文字、图像、声音信息制作完成的一部"计算机作品"，这种作品应划入编辑作品的范畴，因为其中融入了编辑人的创造性劳动。

上述以数字型作品类型存在的网络信息资源，其表现形式包括计算机软件、数据库、多媒体、电子邮件、新闻论坛、电子公告板、电子合同、WWW 网页等，这些数字化信息具有数据量大、高密度存储、传输及查询速度快、交互性强等特点，因而对

传统法律的时间性、地域性、主体确认、行为控制等方面都构成了很大的冲击与挑战。对知识与信息进行保护且具有较强地域性、时间性的传统知识产权，在对网络信息资源的生产、分配关系进行调整时，面临更大的难度，也需要更高的灵活性。

首先，开发制作数字作品需要付出创造性的劳动和大量的人力物力，传播时则易复制且隐蔽性强，如果开发者的权益得不到合理保护，则会抑制网络信息资源的生产。例如有人主张在网络上使用他人作品可以或应当享有法定许可，而不必取得著作权人许可甚至不必支付报酬，主要理由是，我国信息产业正在发展初期，为促进发展、保障信息量及其流通，特别是中文信息的流通，应当自由使用作品，国家和法律应当赋予网络公司使用他人作品的法定许可。然而，按照这种说法将导致创新信息的锐减和无用信息的大量充斥，而且与国际条约、国际大市场是不相容的。

其次，数字技术使得作品的复制速度和难易程度发生了本质变化，合理使用的性质也发生了质变，应当通过一定的法律手段加以解决。例如有人提出，默示许可是解决网络版权纠纷问题应当采取的措施，根据我国最高法院民商法方面的解释，对这种默示许可是承认的，就是说权利人不表态，但权利人的行为已经显示出权利人同意这种主张，权利人不表态的行为表达了权利人的真实意思，就可以认为权利人已经默示许可了合理使用行为。

再次，网络的发展使得一些传统的概念发生了变化，如出版，在传统出版过程中各种作品一般要接受政治性、学术性等方面的审查；但在网络中发布作品是否视为出版，是否受到审查以及受到何种审查，在现行法律中是难以找到合理、准确依据的。再如合同，在传统贸易中合同一般以书面形式为准，而且通常要求当事人亲笔签名；但在电子商务中，电子合同是以数字信息形式存在的，尽管我国《合同法》已承认电子合同的法律效力，但因缺乏"电子商务法"①，因此法律条文的详细性、适用性都是有局

---

① 《中华人民共和国电子商务法》2018年8月31日发布，2019年1月1日实施。

限的。

二、我国网络信息环境的法制建设

网络信息资源建设涉及网络经济、网络文化、网络生态等互联网成长的各个领域，其中所产生的网络信息法律关系远远超出传统法律调整的范围，涵盖了网络信息收集与储存、加工与传递、检索与利用、安全与保密、开发与保护等在内的体现信息资源生命全过程的各种社会关系。网络信息资源的法制环境建设应围绕以上各方面开展，以发挥在网络空间保障信息交流的作用。

（一）我国网络信息环境建设立法现状

我国目前事实上尚未制定专门性的信息资源法或网络信息资源法，甚至尚缺乏专门化的网络信息资源法规。但我国已有的相关性法律，如《中华人民共和国合同法》《中华人民共和国反不正当竞争法》等，尤其是近些年来我国陆续颁布的一些较有针对性的信息法律法规，已经为建立良好的网络信息环境奠定了坚实基础，并成为指导人们进行网络信息资源建设与开发利用活动的规范，这些法规主要包括：《互联网信息服务管理办法》（2000）、《互联网电子公告服务管理规定》（2000）、《互联网站从事登载新闻业务管理暂行规定》（2000）、《中华人民共和国计算机信息网络国际联网管理暂行规定》（1997）（以下简称"《联网规定》"）、《计算机信息网络国际联网安全保护管理办法》（1997）（以下简称"《安全管理办法》"）、《电子出版物管理暂行规定》（1996）等。

（二）现有网络信息法规的主要内容

从信息资源建设与开发利用角度看，我国现有网络信息法规的核心内容体现在以下几个方面。

1. 明确有害信息的范围及行为控制。

根据《安全管理办法》和《互联网信息服务管理办法》，任何单位和个人不得利用国际联网制作、复制、查阅和传播下列有关信息：煽动抗拒、破坏宪法和法律、行政法规实施的，捏造或者歪曲事实、散布谣言、扰乱社会秩序的，宣扬封建迷信、淫秽、暴力的，损害国家机关信誉的，等等。另外根据《安全管理办法》，任何单位和个人不得从事危害计算机信息网络安全的有关活动，如：未经允许，进入计算机信息网络或者使用计算机信息网络资源的；故意制作、传播计算机病毒等破坏性程序的；等等。

2. 确定网络信息服务市场准入规则。

根据《互联网信息服务管理办法》，国家对经营性互联网信息服务实行许可制度，对非经营性互联网信息服务实行备案制度；从事新闻、出版、教育、医疗保健、药品和医疗器械等互联网信息服务，依照法律、行政法规以及国家有关规定须经有关主管部门审核同意的，在申请经营许可或者履行备案手续前，应当依法经有关主管部门审核同意；从事经营性互联网信息服务，应当有健全的网络与信息安全保障措施，包括网站安全保障措施、信息安全保密管理制度、用户信息安全管理制度等。

3. 有关权利与义务的规定。

权利与义务是法律法规的主要内容，从我国现有网络信息立法来看，有关网络运营者、各类用户及安全监督机构的义务的法律规范较多，而赋予网络信息用户权利的条款则较抽象。例如，根据《安全管理办法》，互联单位、接入单位及使用计算机信息网络国际联网的法人机构应当履行有关安全保护职责，如建立健全安全保护管理制度、落实安全保护技术措施、对本网络用户进行安全教育和培训、对委托发布信息的单位和个人进行登记、对用户信息内容进行一定程度的审核、建立电子公告系统的用户登记和信息管理制度等等。又如根据《互联网电子公告服务管理规定》，上网用户使用电子公告服务系统要对所发布的信息负责，违法者将受到相应处罚；服务者应当记录在电子公告服务系统中发布的信息内容及发布时间、互联网地址或者域名、用户上网时间、用户账号、主叫电话号码等信息。这些记录备份应保存 60 天，并在国家有关机关依法查询时，予以提供。《互联网信息服务管理办法》也有类似的规定。

（三）现有网络信息立法中的不足

从以上分析可以看出，我国网络信息立法存在失衡现象，即偏重于网络管理、网络及其信息安全两大方面，虽然在《联网规定》《互联网信息服务管理办法》等法规中都对有害信息、计算机病毒等做出限定，但一般性的信息资源及其利用行为尚缺乏法律法规的准确界定，法律法规对现实问题的覆盖面不足，在实际操作中只能援引现行知识产权法等法律的有关规定进行延伸解释和处理，如：

（1）网上信息的知识产权法适用问题；

（2）网络广告的行为规范；

（3）网络经营者的信息监督、筛选、过滤权；

（4）网络运营者及信息用户的实质权利；

（5）网络信息资源建设的责任规定等。

要想解决这些问题，就要加强对网络信息资源建设的法制研究，以下仅就其中的网络信息资源的知识产权保护进行深入分析，以期推动网络信息知识产权法制建设。

三、我国网络信息资源的知识产权保护研究

不论是中文信息还是外文信息，网络信息资源的类型都可以包括电子图书、电子期刊、电子邮件、BBS 公告板、网页、网络数据库、数字图书馆等形式，不同形式的信息资源在建设与开发利用中其法律规范应当存在一定差异，现有网络信息法规虽在一定程度上涉及，但仍存在较多漏洞。

（一）电子书刊

电子书刊涉及的法律问题主要集中表现在两方面，即传统图书馆馆藏如何合理上网和印刷型报刊如何合理上网。前者将在以

下数字图书馆中讨论，这里仅探讨报刊内容上网中的版权问题。有关作者的投稿行为是否包含允许报刊将其作品送上因特网的问题，在我国存在不同看法。一种意见认为，报刊接受投稿只是合法取得以传统形式复制发行作品的权利，上网是作者的另一种专有权利，报刊上网必须取得权利人的明确许可。另外一种观点则主张，同一报刊的不同版本无须获得作者的授权，最多再向著作权人支付一笔报酬。综合上述两种观点，有人建议，编辑部最好在自己的报刊上刊登说明：凡投稿到本刊的作品都将上网，且作者已经授权，本刊支付的稿酬也已包含上网的报酬。对这方面的规范，有待我国网络出版法律法规的尽快出台。

（二）互联网页

网页作为多形态、多媒体网络信息传播媒介，实际是一种多媒体电子出版物。我国新闻出版署在1996年发布的《电子出版物管理暂行规定》中明确提出，电子出版物系指以数字代码方式将图、文、声、像等信息存储在磁光电介质上，通过计算机或具有类似功能的设备阅读使用，用以表达思想、普及知识和积累文化，并可复制发行的大众传播媒体。而多媒体电子出版物则指内容为多媒体形式的电子出版物，尽管可能用到许多公有信息，但其创作是技术和艺术的结合，已有素材的特定组合所体现的独特构思即是其原创性的核心内容。由于多媒体电子出版物在一定程度上集文字作品、音乐作品、美术作品、摄影作品、影视作品于一身，因此可以援引我国著作权法，对主页加以保护。当然，利用现有著作权法来保护主页这一类多媒体作品是有一定局限性的，因为多媒体作品集多种传统作品形式于一体，而著作权法又未单独为其立类，因而在实际操作中法律依据并不充分和清晰。因此，在对著作权法进行修订时可考虑增设多媒体作品类、网络信息传播媒介类作品，从而加强新型作品的法律保护。可喜的是，我国"著作权法修正案"中将把版式设计、装帧设计列入保护范围，这也将加强法律对包含版式因素在内的主页设计的保护。

（三）网上新闻

按照我国现行著作权法的规定，通过报刊、广播电视等传播媒介报道的单纯时事新闻不受著作权法的保护。但在市场经济条件下，这一规定已引起争议，尤其是网络环境中新闻发布得更迅速，这就为大量摘抄者提供了方便和可能。另外，在网络空间中，任何网站都可以成为网络信息传媒，在传统报刊、广电传媒的垄断地位被打破的同时，也造成了网上新闻的杂乱无章和良莠不齐，因此 2000 年 11 月 7 日由国务院新闻办公室、信息产业部发布并实施了《互联网站从事登载新闻业务管理暂行规定》，原则上只有依法建立的新闻单位可以从事登载网络信息的权利，但也规定了一些例外。如其中第七条规定：当非新闻单位依法建立的综合性互联网站当具备一定条件时（如机构、资金、设备、人力、信息来源等），经批准可以从事登载中央新闻单位、中央国家机关各部门新闻单位以及省、自治区、直辖市直属新闻单位发布的新闻的业务（应注明新闻来源、签订有关协议），但不得登载自行采写的新闻和其他来源的新闻。非新闻单位依法建立的其他互联网站，不得从事登载新闻业务。第十四条还规定：互联网站链接境外新闻网站，登载境外新闻媒体和互联网站发布的新闻，必须另行报国务院新闻办公室批准。这些规定将有利于网络新闻的净化及知识产权保护，推动中文信息资源质量的提高。此外，我国信息产业部发布了《互联网电子公告服务管理规定》，上网用户使用电子公告服务系统要对所发布的信息负责，其中包括任何人不得发布侵害他人合法权益内容的信息；依此规定，侵害他人知识产权的信息发布行为，将受到相应处罚。

（四）数字图书馆

数字图书馆的版权问题是目前网络信息资源知识产权保护的一个热点，主要表现在以下两个方面。其一，传统图书馆上网以构建数字图书馆过程中的版权保护问题。在我国，以公共图书馆为主的图书馆界积极主张应将图书馆馆藏上网行为纳入著作权合理使用范畴内，因为图书馆的服务是非商业行为，图书馆上网也不会过分影响纸质图书的销售。但也有学者提出，为了建设公益性数字图书馆，是否就可以无限制地使用他人作品，甚至不惜牺牲权利人利益，解决公益性问题，不该让作者付出代价，而应采取以国家投资来为公益服务的方式。实际操作中我国已出现一些较妥善的办法，即由制作单位向版权管理部门交纳一定的费用，其余问题由版权管理部门去解决，如人民大学的剪报中心。当然，对于图书馆来讲，也应当考虑一些特殊的规定，有些具体问题需要特别注意和约定，如附加增值服务的权利、用于馆际互借的权利等。其二，数字图书馆建设中的自主知识产权保护问题。数字图书馆的资源内容是按照用户需求挑选出来的具有高度价值的知识信息，经过分类、编辑、整理、加工，以易于接受的形式提供给用户，它是一种有很大增值的有序的知识库，必然存在知识产权关系。包括数字图书馆的域名保护、数字图书馆网页的版权保护、数字图书馆信息资源库的知识产权保护等，数字化图书馆建设者应当追求并拥有自主知识产权。数字图书馆建设中的知识产权保护问题，正成为信息产业界、法律界、图书馆界共同关注的焦点。

四、我国网络信息资源立法的未来任务与主要研究领域

从以上分析可以看出，我国网络信息资源立法已在网络信息安全、信息技术保障、信息服务运行管理体制等硬件条件方面取得实质性进展，但网络信息资源的软件条件建设尚缺乏专门性立法，有待于将网络信息立法的方向由硬件过渡到软件，并加强网络信息资源法研究。

（一）加强网上信息资源建设与保护的法制建设

网上信息资源建设的主要任务是根据特定需要，对分散化、

多样化、数量巨大且流动性强的网上原始信息与数据进行采集、加工、提炼，使之成为有价值、可利用和易获取的集成性效用信息。由于网上信息资源建设是一种智力劳动密集型和知识组织密集型的工作，其成果要得到社会的充分承认，需要有相应的法律给予明确的保护；因而网上信息资源建设的法律保障机制，成为网络信息资源管理乃至网络化社会构建的重要现实需求。就我国而言，因特网上中文信息极其缺乏，因此结合中国的实际国情，加速制定我国网上信息资源建设的法律法规体系的需求表现得更为突出，它已经同开发本国信息资源、发展民族文化这一重要命题紧密地联系在一起。除大力加强知识产权保护外，还有许多问题值得深入研究，如在网络环境下，信息技术的先进性与易用性使得保护个人信息变得越来越困难，而个人信息的保护又是用户充分利用网络并促进网络发展的基础条件，因而应当制定一些基本的法律规范，保障信息用户的权利，例如：限制个人资料的收集范围与原则、限制利用个人资料、保障个人参与并了解资料的建立与更改、正确管理个人资料、明确保护个人信息的责任等。再如，作为产品与服务信息传播新方式的网络广告的行为规范与合理竞争、政府在国家信息资源建设方面的责任与行动准则、电子商务中数字信息的运行机制与法律确认等，都需要尽快制定法律法规，进行合理的规范与保障。

（二）强化网络信息资源法律的学术研究

网络信息资源立法研究是我国信息法学的重要分支，它是一种涉及信息管理学、法学、社会学、计算机科学的跨学科研究；由于网络信息的海量特征与高度流动性、信息形态的多样性与动态交互性以及网络信息行为的广泛而深刻的社会影响，迫切需要制定新的法律规范来解决网络信息资源的开发、获取、共享、传输和利用中的人类活动与行为，因而网络信息资源立法已成为社会各界共同关注的热点问题，其重点研究内容应包括：

（1）我国网络信息资源立法的建设现状与内容分析；

（2）我国网络信息资源建设立法的任务与目标；

（3）我国信息资源建设现有法律法规的适用性分析；

（4）我国网络信息资源建设中的特殊法律问题；

（5）我国网络信息资源建设的法制体系。

参考文献

［1］相丽玲，张洪亮. 论网络环境中知识产权法的法律效力［J］. 情报学报，2000（3）：220-224.

［2］马秋枫，江向阳，邢颖等. 计算机信息网络的法律问题［M］. 北京：人民邮电出版社，1998.

［3］李朝应. 报刊内容同期上网是否侵犯作者权利？［J］. 电子知识产权，1999（9）：34.

［4］李冬涛. 走出互联网的阴影［J］. 著作权，2000（2）：33-37.

［5］马海群. 论主页设计的知识产权法律保护方式与保护内容［J］. 现代图书情报技术，1999（6）：49-51.

［6］宋慧献. 网络著作权：尘埃落定会有时——网络著作权问题研讨会综述［J］. 中国出版，2000（5）：52-54.

［7］邱均平，陈敬全，李宏轩. 论数字图书馆的知识产权保护［J］. 大学图书馆学报，2000（4）：10-15.

［8］马海群，乔立春. 论我国信息法学的研究基础与学科建设［J］. 中国图书馆学报，2001（1）：16-20.

原载《情报科学》2001年第10期，作者马海群、李晓燕。

知识管理与企业档案资料的开发利用

知识管理的主要功能是优化企业商业活动，提高企业创新能力并有效实现企业经济目的；而企业档案资料开发利用的目标，是积累并提供企业商业行为中所需要的各种知识与信息数据，支撑企业的创新活动与市场开拓能力。因而，企业档案资料的开发利用具有知识管理的内在功能，应当引进并实施知识管理的各种理念和技术，为企业创造最大经济效益。

一、企业知识管理的构成与功能

知识经济时代，知识成为企业发展的最重要资本，知识生产与分配的效率成为衡量企业发达程度与发展潜力的重要指标。但不论是知识的开发还是传播，都必须以一定的知识库、知识交流机制以及知识实际应用为基础，知识管理正是一种通过知识整序并鼓励知识共享而实现知识创新目标的组织过程。根据美国经济学博士、知识管理以及有关商业和信息技术问题资深专家 Yogesh Malhotra 的观点，"知识管理是在日益加剧的不连续的环境变化情况下服务于组织适应、生存和能力等关键问题的活动，其实质在于，它具体包容了信息技术处理数据与信息的能力以及人们创造和创新的能力有机结合的组织过程"[①]。知识管理可以划分为以下几个环节：（1）知识信息管理即建立知识库（外在知识与意会知识的系统化、编码化，如客户资料库、专家库、经验库、研究成果库、方法库、相关新闻库等）以固化知识。（2）知识应用管理，即如何获取知识应用于具体实践。（3）知识交流机

---

① 胡明沛：《学习与忘却——关于知识管理、知识组织和知识工人》，载《IT经理世界》1999 年第 7 期。

制管理，即鼓励知识创造与共享，把那些存在于业务流程、人脑中的知识转化为可供交流和共享的显性知识，这需要建立一整套行之有效的挖掘知识的制度和方法。（4）知识财产管理，建立有效的企业知识产权管理机制。显然，企业档案是企业知识库的重要一环。

知识管理揭示了企业管理观念的重大转变，即从"信息价值链"转向"知识价值链"，认为人力系统才是最关键的组成部分，只有人们不断地认识和评估技术系统提供的信息，才能够更好地实现组织目标，没有人力主动参与的所谓的"最佳方案"不会被施行。由此可见积极开发人力资源、掌握并运用经验类知识以促进企业商业活动，是知识管理的重要任务之一。而实现知识共享是知识管理的另一项重要任务，当个人或小团体的知识转变成公司的知识后，共有的知识由这个企业共享并恰当地使用，才有可能创造出新的知识，形成知识生产的良性循环。培训和交流是知识共享的两个重要组成部分，员工可以在网上学习公司的规章制度乃至与自己工作相关资源的查找和利用的方法，企业员工之间还可以通过电话、语音信箱、电子邮件、会议、非正式活动等交流的方式实现知识共享。由此可见，企业档案资料的开发利用不能再局限于数据、事实的记录与存档，而应当重视参与到整个企业的知识交流与知识共享之中。

当然知识管理并非只是一种策略和思想，它也是一种可操作的管理方式和技术。作为一种新管理方式，必须建立一定的机构，包括知识管理的负责人、知识库、负责知识管理和流转的知识中心、计算机网络及协同工作软件的技术基础、智力资本管理队伍、具备有利于知识共享和增值的文化氛围等。而作为一种技术，知识管理应当具有较强的操作性，即在工程上、在生产中把知识管理落实到技术层面，这样才能真正与企业的业务紧密联系在一起，有效促进企业知识创新活动，因此强劲的网络通信平台、知识管理文化、知识管理系统、知识与信息资源，是企业知识管理的必要条件和保障。企业档案资料管理与开发也必然要借助于新型网络技术与信息系统，才能发挥档案资料的潜在功能。

二、档案部门在企业知识管理中的作用

随着知识经济时代产业结构、经济结构的调整以及高新技术开发区和企业的崛起，档案信息资源的开发利用将构成企业知识管理的重要组成部分，企业档案部门也将以更明确的工作方向影响企业的生产、开发与经营活动。

（一）档案室是传统型知识管理部门

档案是附着在一定载体上并反映国家机构、社会组织和个人社会实践活动发展变化情况的文件材料，它既因记载各种原始消息、指令和数据而具有本源性，又因客观反映人类社会实践活动的过去存在而具有客观性和社会性，因而档案事实上是人类既有知识及知识活动的记载体。企业档案室作为档案资料的收集、加工与管理部门，实际上也是人类知识及知识活动的管理部门，不论是企业行政管理档案、经营管理档案、生产技术档案还是产品档案、科学技术档案、设备仪器档案，或者是新型的知识资产型档案如专利档案、商标档案等，在其管理中都涉及知识管理问题。当然，就知识管理的内涵和范围来看，已有的企业档案管理仅局限于显性知识的固化管理，即特定知识库的管理，故而只是一种传统型的知识管理部门，其档案信息服务方式主要局限于档案文献管理范畴，包括借阅与展示服务、复制与检索服务、情报与证明服务等几种类型。在知识管理理念影响下，企业档案部门应跨越档案文献管理的载体与形式局限，真正介入企业经营涉及的知识交流、知识应用、知识财富认证等活动之中。

（二）档案部门如何介入企业知识管理

档案是丰富的社会、经济、文化信息资源和知识宝库，充分挖掘并发挥档案的内在知识功能，可以促使档案管理部门更好地介入企业知识管理活动，并在此基础上摸索档案管理的开放与开

发之路。

1. 推进客户资源建设与管理。

在市场经济条件下，客户管理是知识管理的关键环节，企业资源计划（ERP）和客户资源管理（CRM）系统的大规模实施，说明企业对客户资源管理的重视程度。所谓 ERP 是指建立在信息技术基础上，通过对企业销售、生产、采购、物流等各个环节，以及人力资源、生产设备、资金等企业内部资源的有效控制和管理，实现企业内部资源的优化配置，提高企业生产效率和市场响应能力，重点解决的是企业内部的资源整合和业务管理问题。CRM 是指通过采用信息技术，使企业市场营销、销售管理、客户关怀、服务和支持等经营环节的信息有序及时地在企业内部和客户之间流动，实现客户资源有效利用的管理软件系统，它更侧重于企业对客户资源的有效发掘。显然，就企业经营管理而言，ERP 和 CRM 虽各有侧重，但却是相辅相成、相得益彰的，共同体现了以客户为中心的现代经营理念。企业档案部门作为本企业技术与产品开发、生产与销售管理、客户与服务支持等活动过程中，各种数据、资料、文档、信息与知识的收集、记录、管理及开发利用单元，必然成为企业客户资源建设与管理的重要一环；在新技术环境下，也必须用 ERP、CRM 等现代知识管理理念来改造传统的企业与用户档案管理模式。

2. 强化竞争优势。

网络时代企业竞争优势很大程度上得益于知识与信息优势，而知识与信息优势不仅包括企业拥有的信息资源数量与质量，而且更体现于企业获取关键市场分析、经营状况和决策支持以及新产品开发信息的能力。企业档案管理部门在档案资料收集、保存基础上重视对档案进行开发，不仅可以描绘企业竞争对手、考察技术与产品走向，还可以明确销售市场、制定开发营销战略，强化企业在市场竞争中的优势。因此，现代企业管理者与员工都应当转变对档案部门的传统观念，充分认识到档案管理的协同工作的重要性，将档案信息开发利用看作企业经营活动的一种关键知识要素。

3. 扩展知识积累。

传统型档案内在地具有知识保存和积累功能，如经营管理档案、生产技术档案、专利档案、商标档案等，都是企业经营与管理知识的记录与积累。但在新环境下档案的性质与范围应加以拓展，事实上企业在 ERP、CRM 等系统的实施过程中所形成的各种文档，都可以归入档案资料的范畴，这些商业化文档的专业化管理，决定了企业对经营活动知识的积累程度与应用程度，也必然会影响到企业的经营业绩。更为重要的是，档案管理者应当走出档案馆的物理空间，采用访谈、会议记录、个人交流、电话、在线互动等方式，将本企业管理者与员工的经验型知识挖掘出来并记录下来，在充分开发人力资源的基础上变个人的知识为企业的知识财富。

4. 促进知识共享。

企业档案中蕴涵着丰富的社会、经济、文化知识，借助于网络化手段开发档案资料，并通过培训、企业内部网传播等方式，促进企业各岗位员工了解档案知识元素，并从不同角度将这些知识元素转移到不同方式的经营活动之中，既保证了知识共享，又促进了知识应用。建立有效的档案知识管理系统，可以为企业员工提供更优良的知识共享环境，并促进员工贡献自己的智慧，增强企业核心竞争力。

5. 构建企业知识财富。

企业档案管理过程必然形成各类文档和知识库，它们都具有数据库的特征，其中许多还涉及本企业的商业秘密，因而是企业知识财富的重要构成部分，应当采取恰当手段加以合理保护。例如，对于企业档案现代化管理过程中所开发出的技术与软件产品，可以通过专利法、著作权法等知识产权法加以合理保护；对于档案管理活动中所总结出的独特的管理方法，则可用反不正当竞争法等加以保护。

此外，档案管理机构在建设企业知识管理制度与方法、协助企业选择知识管理软件产品、影响企业知识管理投入计划等方面，都起到一定的作用。当然，档案室并不可能覆盖企业知识管理的所有领域，例如奖励员工贡献知识就超出了档案部门的知识管理业务范围，一般来说它不直接参与隐性知识管理，但可以促进隐性知识向显性知识的转化。

三、企业档案部门改革思路

企业档案部门应当加大档案信息资源为本企业知识管理及生产经营活动服务的力度，可从以下几个方面考虑制定改革对策。

（一）图书、情报、档案一体化管理

我国经济目前正处于一个产业结构大调整时期，随着国有企业战略性改组的推进和深化，企业今后的生产资料、技术信息、资金、劳动力、产品等都要直接面对市场，在这种情况下，影响企业经营管理的图书、情报、档案工作的地位将日益突出。以往计划经济体制下形成的各成体系、独立发展的图书、情报、档案"点式"布局体系，已完全不能满足现代化企业综合性、多层次的集成化信息需求。图书、情报、档案一体化管理便于形成相对完整的企业信息中心，并在此基础上推动企业生产、开发、经营、销售各环节之间的互动，形成促进知识交流的"网状"结构，从而实现企业基于知识信息库的知识管理。

（二）技术手段现代化

档案利用服务的数字化与网络化是企业档案管理的发展趋势，因此应积极研究并采纳电子文件归档管理技术、电子档案远程利用技术、档案数字化与网络化技术，实现企业档案管理技术手段现代化，以此为基础可以推动企业的知识管理，不论是建立基于群件的 OA 系统、建设企业网站、支撑企业电子商务、构建企业内网数据平台等，档案管理都可以发挥重要作用。为实现这些目标，企业档案管理的技术现代化就不能仅仅着眼于建设固定不变的企业档案信息系统，而应当建立具有数据分析和决策支持能力的档案知识管理系统，更好地同企业的其他部门进行功能衔接和知识交流。

（三）档案工作法制化

法制化管理是知识经济的一个重要特征，作为企业知识管理重要一环的档案工作也必然要走法制化道路。我国档案法制建设迄今已取得了一定成果，国家修改并重新颁布了《中华人民共和国档案法》和《中华人民共和国档案法实施办法》，并制定了一批档案法规和规章，如《国营企业档案管理暂行规定》《工业企业档案分类试行规则》《档案工作标准体系》等。在"十五"期间档案法制建设的力度将进一步加大，除对过去的有关法规规定做出修订外，将在《中华人民共和国档案法》基础上制定"档案馆工作条例""国有企业档案工作规定""电子文件归档和电子档案管理规范""电子档案著录规则""中国档案机读目录交换格式"等新的档案法规。企业档案管理与档案信息开发过程中，应以档案法制规范为依据。

（四）档案信息开发创新发展

《国营企业档案管理暂行规定》中指出，企业档案信息开发利用是企业档案管理的一项重要内容，要重点服务于改善企业经营管理、提高产品质量、降低物质消耗和增加经济改革效益等方面。这为企业档案信息开发利用指明了方向，即企业经营活动及经济效益提高。而且在《企业档案工作目标管理办法》所列举的考评标准中，作为第一级标准的"档案开发利用"项为 25 分，在所有第一级标准项目中是较高的，在这 25 分中，作为第二级标准的"档案开发工作"项占了 15 分，在这 15 分中，作为第三级标准的"开发档案信息资源进行深层次加工"项又占了 8 分。可见在新的形势下，档案信息开发利用的形式应突破阅览、目录编制、专题资料汇编、国外情况介绍等几种类型，引入知识管理等新的管理思想与理念，加大档案信息深层次开发并重视推动企业部门之间、员工之间、决策者和执行者之间的知识共享、知识交流，促进知识应用于企业生产经营活动之中。

参考文献

［1］马海群. 论知识经济、知识管理与知识产权［J］. 图书情报知识，2000（2）：2-6，35.

［2］胡明沛. 建立知识型企业——中国企业知识管理现状调查［J］. IT 经理世界，2000（6）：61-63.

［3］卜鉴民. 档案信息服务方式及变革［J］. 中国档案，1999（7）：29-31.

［4］李霄. ERP 与 CRM，孰先孰后？［J］. IT 经理世界，2001（11）：88-91.

原载《档案学研究》2001 年第 5 期，作者马海群。

中美网络信息资源的知识产权保护比较研究

一、中美网络信息资源知识产权保护内涵的比较

保护网上著作权已成为绝大多数人不争的共识，但以何种形式保护何种内容的网络信息资源，尚存在不同见解。中美两国的立法思想及具体内容也有一定差异。

（一）立法思想及保护范围

就数字化和网络环境中的著作权来说，世界知识产权组织版权条约（WCT）中有三个重要概念值得我们密切关注，即向公众传播权、技术措施、权利管理信息。美国1998年《数字千年版权法》（DMCA）针对WCT的法律精神做出了积极反应。

我国国家版权局解决网络著作权的方案中则提出，在现行著作权法第十条增加一项"信息网络传播权"。但也有专家不赞成使用"信息网络传播权"，而提议使用WCT的"公共传播权"的说法，因为二者在内容上存在不小的差距。还有专家认为，美国《数字千年版权法》并未设定新的有关网络传输的权项，而是以原有的机械表演权来涵盖网络著作权，因此，以什么名称来表示网上著作权并不重要，关键是要制定具体条款，以切实保护这种权利。当然，这些提议或观点还只是一种理论假设，而事实上在我国现行著作权法中，只有"现场表演"的含义而没有"机械表演"的含义，更未延伸至数字空间。

另外，就WCT及DMCA所规定的网络作品的权利管理信息、技术措施等新概念而言，我国存在一种"行政管理信息"，主要目的是查处非法出版物，制止倒卖书号、社号，制裁盗版活动。

技术措施也被我国 IT 产业广泛采用，如软件加密技术。然而，我国的行政管理信息同权利管理信息的标识、监控作用，在本质上存在较大差异，技术措施也一直没有纳入法律保护的范畴。

此外，从保护范围来看，我国现行知识产权法与美国也有所不同。例如，尽管人们公认计算机软件的算法不宜用著作权法加以保护，并且我国实施的《计算机软件保护条例》及配套法规专门用于保护计算机软件，但计算机算法并非法律保护的真空地带。在我国，为了保护自己新开发出来的算法的权利，开发者通常将其作为商业秘密寻求反不正当竞争法的法律保护。但是，中美两国也面临着一些相同的信息资源保护难题，例如，虽然计算机软件作为一种信息资源已经取得专利法和反不正当竞争法的保护，而且美国还涌现了一大批经营模式专利，但数字作品是否也能像经营模式专利一样得到专利法的有力保护，还是人们正在探讨并尚未解决的一个难题。

（二）保护内容

不论是中文信息还是外文信息，网络信息资源的类型都可以包括电子图书、电子期刊、电子邮件、BBS 公告板、网页、网络数据库、数字图书馆等形式，以及网络信息资源公平合理利用等活动。从知识产权角度看，中美网络信息资源内容上的法律保护大体是一致的，但也存在一些不同之处。

1. 电子书刊

电子书刊涉及的知识产权问题主要集中表现在两方面，即传统图书馆馆藏如何合理上网和印刷型报刊如何合理上网。关于前者将在以下数字图书馆的内容中讨论，这里仅探讨报刊内容上网中的版权问题。有关作者的投稿行为是否包含允许报刊将其作品送上因特网的问题，在我国存在不同看法。一种意见认为，报刊接受投稿只是合法取得以传统形式复制发行作品的权利，上网是作者的另一种专有权利，报刊上网必须取得权利人的明确许可。另外一种观点则主张，同一报刊的不同版本无须获得作者的授权，最多再向著作权人支付一笔报酬。综合上述两种观点，有人建议，编辑部最好在自己的报刊上刊登说明：凡投稿到本刊的作品都将上网，且作者已经授权，本刊支付的稿酬也已包含上网的报酬。

1996 年《世界知识产权组织版权条约》中有一条规定，当某种纸媒体享有作品的出版权后，并不意味着与其相应的网络媒体也自然拥有出版权。因而在网上使用网下作品只是载体发生变化，法律待遇应是一样的，应经过作者授权。美国 DMCA 基本上沿用了 WCT 的法律规定，因而几乎不存在争议。

2. 网页

网页作为多形态、多媒体网络信息传播媒介，实际上是一种多媒体电子出版物。我国新闻出版署在 1996 年发布的《电子出版物管理暂行规定》中明确提出，电子出版物系指以数字代码方式将图、文、声、像等信息存储在磁光电介质上，通过计算机或具有类似功能的设备阅读使用，用以表达思想、普及知识和积累文化，并可复制发行的大众传播媒体。而多媒体电子出版物则指内容为多媒体形式的电子出版物，尽管可能用到许多公有信息，但其创作是技术和艺术的结合，已有素材的特定组合所体现的独特构思即是其原创性的核心内容。由于多媒体电子出版物在一定程度上集文字作品、音乐作品、美术作品、摄影作品、影视作品于一身，因此可以援引我国著作权法，对主页加以保护。当然，利用现有著作权法来保护主页这一类多媒体作品是有一定局限性的，因为多媒体作品集多种传统作品形式于一体，而著作权法又未单独为其立类，因而在实际操作中法律依据并不充分和清晰。因此，在对著作权法进行修订时可考虑增设多媒体作品类、网络信息传播媒介类作品，从而加强新型作品的法律保护。可喜的是，我国"著作权法修正案"中将把版式设计、装帧设计列入保护范围，这也将加强法律对包含版式因素在内的主页设计的保护。在网页的知识产权保护问题上，中美两国的法律精神是一致的。

3. 网上新闻

按照我国现行著作权法的规定，通过报刊、广播电视等传播媒介报道的单纯时事新闻不受著作权法的保护。但在市场经济条件下，这一规定已引起争议，尤其是网络环境中新闻发布得更迅速，这就为大量摘抄提供了方便和可能。另外，在网络空间中，任何网站都可以成为网络信息传媒，在传统报刊、广电传媒的垄断地位被打破的同时，也造成了网上新闻的杂乱无章和良莠不齐，因此，2000年11月7日由国务院新闻办公室、信息产业部发布并实施了《互联网站从事登载新闻业务管理暂行规定》，原则上只有依法建立的新闻单位可以从事登载网络信息的权利，但也对一些例外作出规定。如其中第七条规定：当非新闻单位依法建立的综合性互联网站具备一定条件时（如机构、资金、设备、人力、信息来源等），经批准可以从事登载中央新闻单位、中央国家机关各部门新闻单位以及省、自治区、直辖市直属新闻单位发布的新闻的业务（应注明新闻来源、签订有关协议），但不得登载自行采写的新闻和其他来源的新闻。非新闻单位依法建立的互联网站，不得从事登载新闻业务。第十四条还规定：互联网站链接境外新闻网站，登载境外新闻媒体和互联网站发布的新闻，必须另行报国务院新闻办公室批准。这些规定将有利于网络新闻的净化及知识产权保护，推动中文信息资源质量的提高。此外，我国信息产业部发布了《互联网电子公告服务管理规定》，上网用户使用电子公告服务系统要对所发布的信息负责，其中包括任何人不得发布侵害他人合法权益内容的信息，否则，将受到相应处罚。

相比之下，由于政治经济制度的不同，美国版权法对网上新闻的发布、登载没有过多的限制，除违法、有害信息外，任何网站都有权发布网络新闻与信息。但对用户借助网站发布不良信息（如有害、侵权信息等）的情形，美国制定了有关法律和法令对提供内容服务的网站经营者的法律责任做出了规定，如 *Communications Decency Act*（1996）（47 *United States Cod* esection 230）及 H. R. 2180。

4. 数字图书馆

数字图书馆的版权问题是目前网络信息资源知识产权保护的一个热点，主要表现在以下两个方面。

其一，传统图书馆上网构建数字图书馆过程中的版权保护问题。在我国，以公共图书馆为主的图书馆界积极主张应将图书馆馆藏上网行为纳入著作权合理使用范畴内，因此图书馆的服务是非商业行为，图书馆上网也不会过分影响纸质图书的销售。但也有学者提出，为了建设公益性数字图书馆，是否就可以无限制地使用他人作品，甚至不惜牺牲权利人利益，解决公益性问题，不该让作者付出代价，而应采取以国家投资来为公益服务的方式。在美国，对传统图书馆上网是持谨慎态度的，如美国国会图书馆上网的图书都是过了版权保护期的，在版权保护期内的作品上网要有作者授权，而且要支付费用。由此来看，对有知识产权问题的图书或其他信息资源，在数字化之前需要做好协调工作，征得知识产权拥有者的同意。我国已出现一些较妥善的办法，即由制作单位向版权管理部门交纳一定的费用，其余问题由版权管理部门去解决，如人民大学的剪报中心。当然，对于图书馆来讲，也应当考虑一些特殊的规定，有些具体问题需要特别注意和约定，如附加增值服务的权利、用于馆际互借的权利等。

其二，数字图书馆建设中的自主知识产权保护问题。数字图书馆的资源内容是按照用户需求挑选出来的具有高度价值的知识信息，经过分类、编辑、整理、加工，以易于接受的形式提供给用户，它是一种有很大增值的有序的知识库，必然存在知识产权关系。包括数字图书馆的域名保护、数字图书馆网页的版权保护、数字图书馆信息资源库的知识产权保护等，数字化图书馆建设者应当追求并拥有自主知识产权。如何在法律中明确规定对数字图书馆自主知识产权的法律保护，是中美数字图书馆建设者共同关心的问题。

5. 电子商务与反不正当竞争

从信息交流角度看，电子商务事实上是一种信息流的采编、加工、传播、利用的过程。不论中国还是美国，在司法程序中都援引相关法律对电子商务中的不正当竞争行为加以制约。在电子商务中出现的涉及信息资源利用的不正当竞争行为主要有以下几种形式。其一，网络信息资源链接中的假冒行为。链接是网络效率体现的最重要方法之一，链接包括文字、图像、视框链接等，它有效地实现了信息共享，方便了用户查询，也是企业进行广告宣传的重要手段。但由于链接是一种由词、词组或图像构成的特定标记，它往往指示着信息来源，因而在电子商务中链接也会成为假冒活动的对象，即无偿借用了他人的商业信誉（商标、标识等），结果是淡化了他人的商业信誉的价值，降低了他人的市场竞争能力。其二，网上虚假广告宣传。因特网已成为一种重要的传媒，网络广告也已成为一种重要的广告宣传形式。但是，个别企业利用网络媒体进行虚假商业宣传，不正当地谋求竞争优势，扰乱市场秩序，构成不正当竞争行为。其三，窃取、伪造信息，侵犯电子商务秘密。电子商务作为贸易的一种手段，其信息直接代表着个人、企业或国家的商业机密；电子商务又是建立在一个较为开放的网络环境中的，维护商业机密便成为电子商务全面推广应用的重要保障。如果盗用他人网上账户或电子商务身份证，进行信息窃取、伪造并侵犯电子商务秘密，则不仅是不正当的商业竞争行为，而且可能触犯刑法。

二、中美网络信息资源知识产权技术保护与管理手段的比较

网络信息资源知识产权的保护主要依赖于三种手段，即法律手段、技术手段和管理手段。从以上分析可以发现，尽管存在一

定的差异，甚至是较大的差距，但中美两国在法律规范上都对网络信息资源保护给予了较多的关注和较具体的规定，在实践中也都分别开发、采用了一定的技术手段和管理手段，引导用户合理利用信息资源，保障权利人的合法利益。

（一）技术措施

由于网络环境的特定性，作品所有人通常通过技术措施来保护自己的权利，但如果这种技术措施不能得到法律保护，则版权人的权益保护就难以落到实处。因此，为版权的技术措施提供有效的法律保护已成为世界各国的共识。应当受到法律保护的技术措施主要包括：反复制设备、控制进入受版权保护作品的技术保护措施、作品使用的"追踪系统"软件、电子水印或数字指纹技术、电子版权管理系统等。美国《数字千年版权法》（DMCA）从禁止制造某种特定的设备或提供某种特定的服务两个方面，来保护权利人的技术措施，主要的法律规定是任何人都不得生产、进口、向公众提供如下产品、部件或服务：主要设计或生产用于破解控制进入的技术保护措施；除了破解之外，仅有有限的商业目的；传播、销售用于破解的知识、方法。必须特别注意的是，DMCA制裁的对象并不主要是个别的破解行为，而是破解设备的生产、扩散及其服务。我国著作权法修改中应合理吸收相关的成功经验，尽快制定并完善有关保护技术措施的法律规范。

（二）权利管理信息

网络的开放性和网络信息资源数量的巨大，给信息资源的合法利用造成了障碍。例如，想转载网上作品，寻找权利人授权往往是异常困难的；如果网络作品在上网时都加载了一定的著作权信息，如作者、联系方式、授权条件、权利有效期等，则著作权授权就有了较明确的方向，著作权电子商务也得以顺利开展。在世界知识产权组织（WCT）及美国《数字千年版权法》（DMCA）中，这种著作权信息被定义为权利管理信息，或称版权管理信息。根据DMCA的定义，版权管理信息是指由作品的复制品、录音制品、表演和展览所传达的，包括以数字化方式传达的以下信息：作品的名称，作者的名称，版权所有人的名称，表演者的名称，音像作品中作者、表演者和导演的名称，使用该作品的条件和要求，表明这类信息的数码、符号或链点，以及其他有关信息。在数字环境下，权利管理信息又很容易被他人除去和篡改，因而 DMCA 还做出了"版权管理信息的完整性"的规定，包括禁止以故意引诱、促成、便利或包庇侵权的方式，提供和传播虚假版权管理信息；任何人不得去除或改变版权管理信息，不得传播已知版权管理信息被去除或改变的信息，不得发行、为发行而进口、公开表演已知版权管理信息被去除或改变的作品、作品之复制品、录音制品。此外，DMCA 还从民事和刑事两个方面对涉及版权管理信息的侵权和犯罪作了规定，这种法律救济保证了保护版权管理信息的义务得以切实实施。借鉴美国的经验，我们应大力宣扬权利管理信息的必要性，促成其落实到我国著作权法修正案之中。

网络信息资源建设中的知识产权问题是网络知识产权问题的焦点，而网络信息资源本身的知识产权保护制度的建立，又是解决网络信息资源开发、利用、传播、服务中所涉及的知识产权问题的基本出发点。通过中美网络信息资源知识产权保护的对比研究，进一步完善我国的著作权法律，实现网络环境中信息利用、共享与信息生产、保护的新的平衡机制。

参考文献

[1] 李明德. 数字化和因特网环境中的版权保护 [J]. 著作权，2000（2）：22-27.

[2] 薛虹. 网络环境下的中国版权保护 [J]. 著作权，2000（1）：15-22.

[3] 李朝应. 报刊内容同期上网是否侵犯作者权利？[J]. 电子知识产权，1999（9）：34.

［4］网络：面临历史性的时刻［N］．人民日报，1999-09-16．

［5］王果明．信息权利和资料库的立法保护——欧美资料库立法现状述评［J］．知识产权，2000（2）：42-46．

［6］李冬涛．走出互联网的阴影［J］．著作权，2000（2）：33-37．

［7］马海群．论主页设计的知识产权法律保护方式与保护内容［J］．现代图书情报技术，1999（6）：49-51．

［8］宋慧献．网络著作权：尘埃落定会有时——网络著作权问题研讨会综述［J］．中国出版，2000（5）：52-54．

［9］邱均平，陈敬全，李宏轩．论数字图书馆的知识产权保护［J］．大学图书馆学报，2000（4）：10-15．

［10］何敏，周纯．电子屏障：版权的技术保护措施的法律保护［J］．中国科技论坛，2000（2）：51-54．

原载《中国图书馆学报》2001年第6期，作者邱均平、马海群。

我国信息咨询业发展中的服务创新

我国信息咨询业自 20 世纪 80 年代开创以来，已初具规模并形成了包括决策、工程、管理、金融、技术、法律等领域的信息咨询服务体系。信息咨询业以其知识密集、技术含量高、社会效益显著的综合性服务的特点对国家的工业化建设、市场经济的发展、国家基础设施现代化、社会生产力的提高和国际竞争优势的保持等发挥着重要的作用。服务创新主要包括服务领域创新、服务形象创新和服务手段创新。

一、服务领域的创新

服务领域的创新就是指突破传统的咨询业务范围，寻找新的或发展原来较薄弱的业务领域，以开拓具有较大发展前景和可对咨询业的发展产生较大促进和推动作用的业务领域。

（一）开展面向政府领域的决策咨询

世界著名的咨询公司，在其每年几百份的研究报告中，相当一部分是美国政府下达的重大课题。这些课题主要是对国家战略原则的建议、分析及效果预测，为国家战略决策服务。它以权威的分析和卓越的决策咨询影响和左右着美国的政治、军事、外交、经济等一系列重大事务的决策。与政府合作所获的报酬和政府的赠金成为收入的主要来源，雄厚的财政基础是公司成功的重要条件。而我国的咨询企业显然在开展面向政府决策咨询方面的力度远远不够。这就导致咨询业在政府方面的业务量少，不能发挥为政府提供决策的作用。因此也就导致了政府对咨询业的忽视，得不到政府在政策和财政上的支持。因此咨询业应大力开拓面向政府决策咨询的业务新领域，加强与政府的合作与交流。这种服务领域创新不仅使咨询业务领域得以拓宽，也为咨询业的快速发展提供了有力的政府支持。

加强与政府合作交流的主要途径包括邀请政府工作人员参加咨询业的重大活动，如企业成立、项目结题和咨询研讨会；加强对政府的关注，定期向政府提供咨询，如对当前的时事热点问题和困扰政府的国企改革、下岗人员再就业等社会问题提出意见和建议。

（二）开展涉外咨询业务

目前，咨询业领域的全球竞争日趋激烈。国际上著名的咨询公司如安×信、麦×锡等均已进入中国并活跃于中国的咨询市场。国外大咨询公司凭着其资金、技术、人才等优势对国内咨询业，尤其是对涉外咨询业造成了极大的冲击，这就造成我国涉外咨询业务的重大流失。笔者认为发展涉外咨询业务不但是我国咨询业缩小与国外咨询业的差距，赶超世界先进水平的好机会，而且涉外咨询发展前景广大，它的蓬勃发展可带动咨询业由初级阶段向高级阶段的跨越式发展。

首先，20世纪90年代初期以来，流入我国的各类外国资本持续增加。这些国外投资项目和大型合资项目大多数都要通过例行的可行性研究等咨询工作，包括对项目资金的估计、市场分析、经营方式等咨询业务。因此我国涉外咨询业务数量可观，并且目前我国的涉外咨询机构已有一定的基础。就涉外咨询发展最早最快的上海市来看，截至1994年，经上海市外贸委批准的具有对外咨询权力的机构已有42个。其次，我国咨询业在开展涉外咨询业务方面有着自己的优势，包括对国内市场、政策、法规等比较了解，咨询费用低，往往只有国外咨询机构的1/10~1/5左右。因此我国咨询业可以依靠已有的机构和人才力量，发挥"本土化"的优势，积极发展涉外咨询业务。最后，涉外咨询业务的开展可以锻炼我国的咨询队伍，使其开阔眼界，走出国门，参与国际间的交流与合作，借鉴国外大咨询公司的先进经验和技术，逐步与国际规范接轨，进而使我国咨询机构不断走向成熟。国内咨询和涉外咨询齐头并进，互为补充，必将迎来我国咨询业发展的空前繁荣。

二、服务形象的创新

目前，我国大部分咨询机构存在着不同程度的服务质量问题。有些咨询机构不进行认真的调查分析，为用户提供低质量的咨询产品；有的咨询公司不过是几个人、几张办公桌和一个小门面构成的点子公司；甚至有的咨询机构为用户提供虚假过时的信息。这些做法致使客户对企业极为不满并严重损害了咨询行业的形象和信誉。解决这些问题的关键就是进行服务形象的创新，这主要包括以下几个方面。

（一）建设服务标准体系

咨询机构若要提高自身形象，首先要有一套服务标准体系来对咨询机构的服务水平进行评定分级。这种标准体系可以促使一批形象好、信誉高的名牌咨询机构脱颖而出，从而带动整个咨询行业形象的改善。如今我国一些地区组建的行业协会可以算作是服务标准体系之一。行业协会通过对要求入会会员的条件限制和规章制度，如会员的资格、职业道德、业务能力和权利义务等，使协会在社会上树立了良好的声望，使入会成为咨询机构身份和信誉的表现。除了行业协会的组建，建立咨询师资格标准也是建设服务标准体系的一项重要内容。咨询人员是咨询机构的主要组成部分，咨询人员素质的好坏是关系到咨询机构服务水平高低的重要因素。通过对咨询人才进行职业技能和信誉评定，授予职业身份称号，使咨询人员做到持证上岗，从根本上保证了咨询机构的服务质量和服务信誉。行业协会和咨询师资格标准的建立，可以定性地对咨询机构进行评定分级，由此而产生的差别可加强咨询机构在形象和信誉上的竞争，从而使整个咨询业的形象和信誉得以改善。此外，服务标准体系的建立还包括行业监督机构、考核机构的建立和对资格范围明确划分等。

（二）提高咨询成果的层次

咨询成果层次低是目前我国咨询机构中普遍存在的问题。咨询成果智力含量低、知识创新少造成客户对企业的不满，同时也损害了咨询机构的形象。因此，咨询机构应着重提高自身的业务水平，加强对信息资源再开发和深加工的能力。吸引优秀的人才，培养年轻有为的人才进一步学习深造，建立科学的管理机制，营造良好的业务氛围，鼓励咨询人员多学习、多创新等都是咨询机构提高业务水平的好办法。

（三）与客户建立伙伴关系

与客户建立长期的互利友好关系是提高企业形象和信誉的好办法。咨询机构应做到一切从客户出发，切实关心客户的利益，提高用户的满意度。如周期性地为企业提供与之有关的各种有价值的信息，并定期为企业做出信息分析报告和市场预测报告，推荐一些较适合的企业软件等。此外，商业信函和电子邮件等都是向客户发送企业最新信息的有效途径。

（四）通过大众传媒宣传咨询机构的形象

大众传媒是咨询企业形象宣传的有力工具，包括广告和专业出版物等。专业出版物在社会上的流通不但可以推广咨询成果，开发潜在市场，获得商业利润，更重要的是对咨询公司的形象宣传和知名度的提高起到了很好的作用。

三、服务手段的创新

服务手段的创新是指改变过去单一、片面、被动的服务方式，主动及时地利用新的服务手段多渠道地为用户开展全方位、深层次的信息服务。主要包括以下几点。

（一）主动开展多用户研究

目前，我国咨询业的传统方法是咨询机构接受某一客户的委托，而开展多用户研究的咨询机构仅占少数。同传统的方法不同的是，这种研究并不是接受某一客户的委托而进行的，而是根据公司多年的研究积累和经验，确定研究主题，独自承担研究费用，然后通过向多家用户销售咨询报告获得利润，或是在研究正式开始之前向多家用户提交项目建议书，由多家用户共同承担咨询和研究费用而进行的。

开展多用户研究的好处是它可以一定程度地缓解目前我国大多数咨询机构费用不足的问题。由于过去一味等待顾客上门咨询，这种被动的服务方式导致咨询业务量小，公司收入低。而多用户研究变被动为主动，主动挖掘用户的潜在需求，并努力使之变为显性需求，从而扩大业务面，增加业务收入。此外，多用户研究还通过对咨询成果的有偿转让和在咨询前由多家用户共同承担费用的方法，促进了服务方式的商业化和咨询业的产业化，并获得了一定的商业利润。

（二）实施跟踪服务

除了主动开展咨询项目外，实施跟踪服务也不失为一个服务手段创新的好方式。跟踪服务主要是指咨询企业在整个方案的起草、制作、实施过程中与客户的密切协作，包括协助客户实施、监控和维护咨询成果，直至客户达到既定目标为止。有些咨询方案在实施中并不一定能够得到客户的充分理解，这就要求咨询企业通过跟踪服务予以解答，并协助客户让方案能够顺利实施，最大限度地使客户看到咨询成果的价值。对客户在方案实施过程中临时提出的新要求或新变动，也要积极地对方案进行修改和调整，直至方案可行为止。如×普管理咨询公司在其"系统实施"咨询业务中，很好地贯彻了这一原则，公司不但亲自参与系统实施，还密切跟踪系统的实施进度，监控过程中是否偏离了企业的管理目标。

跟踪服务不但强调了咨询企业的后续服务，还强调在咨询方案产生之前协助客户准确表达咨询需求，咨询方案制定过程中主动向客户汇报业务进展状况，争取客户意见等。通过这种服务手段创新，可以使企业赢得良好的声誉，从而扩大企业的业务市场。

（三）开拓网络咨询服务

随着因特网的发展，计算机网络以其丰富的信息资源向广大用户提供多功能、全方位的信息服务。网络正以其超越时空、用户广泛、方便适时、经济有效的特点形成一种全新的服务方式。21世纪人们正从计算机网络服务系统中获得极大便利，咨询企业应抓紧时机利用网络进行服务手段创新，即开拓在线参考咨询服务（Online Reference Service）。然而，我国咨询企业的网络意识还很淡薄，企业拥有自己网站的比例很低，大多数咨询机构还未能开发与利用信息网络，仍大量采用手工方式从事传统的信息咨询服务。而目前美、英、法、德、日等发达国家的咨询机构，已有80%以上实现联网。国外已形成生活咨询网、技术咨询网，如美国邓×氏公司的商业信息咨询网。因此，咨询企业必须转变服务手段，在开展传统服务的同时，进行网络咨询服务。

网络咨询服务是指咨询服务的各个工作环节将更多地利用计算机网络和信息技术设备。网络咨询服务的特点主要包括更多地利用计算机网络检索信息（如计算机网络的各种数据库、电子期刊、电子图书、企业电子报告等）；更多地通过网络寻找用户，与用户进行信息交流；通过网络管理咨询项目；通过网络协作共享资源库、用户库、咨询顾问库，开展联合咨询，等。

开拓网络咨询服务主要注意以下几点：

（1）网页设计要有特色。咨询企业的主页创建要有自己的特色才能够吸引客户。主页除了应包括企业名称、标志、站点内容导航外，应着重注明公司的咨询服务水平、咨询队伍建设和信息资源数量、信息技术装备状况和获取、加工、开发信息的能力，特别要注意宣传公司的人力资源和咨询成果，这是赢得用户信赖的关键。

（2）咨询顾问要过硬。与传统的咨询顾问不同的是，从事网络咨询的咨询顾问要求有计算机网络、通信和计算机等知识，并能较熟练地使用计算机和通信工具等信息技术设备与客户进行信息交流。此外，网络咨询顾问还应熟悉各种搜索引擎的使用方法，熟练地使用各种搜索引擎进行彻底检索，并能根据用户要求实施针对性检索。

（3）企业数据库的建设。数据库的建设是企业进行网络咨询服务的技术基础。咨询机构不但可以通过数据库进行用户管理、人事管理和咨询案例的管理，更重要的是数据库对信息的搜集、分析和咨询方案的制定发挥着重大的作用。目前，我国咨询企业对自身数据库的开发并不多，绝大多数企业更多的是借助于中国教育和科研计算机网（CERNET）等一些教育科研网进行信息的搜集。CERNET上有较多的中文信息资源，如中文电子图书、期刊、报纸、新闻和各类数据库。又如，ChinaInfo，它是一个覆盖全国的以科技为主体，集经济、金融、社会、人文、文化教育于一体的综合性、权威性的信息传播系统，它为咨询业开展网络信息咨询服务，和网络信息的搜集和分析提供了有利条件。但咨询企业若想系统地开展网络咨询服务，不但要利用 Internet 强大的信息资源和检索工具，还要组建企业自己的数据库系统。企业的这种数据库系统不仅仅是信息数据的集合，如用户库、咨询顾问库，更重要的是开发具有辅助决策功能的数据库系统，即我们通常所说的决策支持系统（DSS）和专家系统（ES）以及战略信息系统（SIS）。尤其是近年来，数据仓库技术的开发，更为这些系统的发展提供了技术支持。由于数据仓库是面向主题的数据组织方式，它面向决策支持，因此可根据最终用户的观点来直接组织和提供数据，同时也可提供与主题相关的其他数据。数据仓库的这种性能正是网络咨询服务开展所需的关键技术。

咨询业的服务创新还包括服务理念的创新，另外，将知识管理的思想运用于咨询业的服务也可以成为咨询业服务创新的一个新内容。

参考文献

［1］陆笑. 现代信息咨询业的发展特点与对策［J］. 中国信息导报，1999（4）：41-43.

［2］郭琴. 现代咨询业的整合营销观［J］. 图书情报工作，2000（11）：73-76，79.

［3］范晓虹. 关于中国涉外咨询发展的若干问题的思考［J］. 中国信息导报，1999（5）：39-42.

［4］吴贺新，张旭. 现代咨询理论与实践［M］. 北京：科学技术文献出版社，2000.

［5］马海群. 信息咨询业崛起：难在何处 ——中国信息咨询产业发展的条件分析［J］. 中国软科学，2000（9）：68-71.

原载《情报科学》2001 年第 11 期，作者刘佳、马海群。

推动知识经济发展的图书情报事业发展战略

近年来，有关知识经济的发展对图书情报工作的挑战、机遇以及相应的对策、变革思路的学术论著已达数百篇（部），但从另一个角度看，关于图书情报工作如何针对知识经济成长所需的支撑点，在适应知识经济需求的基础上，制定影响与推动知识经济发展的图书情报工作发展战略与对策的研究却十分匮乏。本文试图对支撑知识经济发展的图书情报工作的发展战略作简要探讨。

一、知识经济成长的支撑点

正如有关论著所谈到的，知识经济的显著特点是知识成为最重要的经济资源，学习和创新成为最重要的经济活动过程；未来的经济增长将更加依赖于知识的不断创新、快速传播、及时汲取和有效应用，产品和服务中蕴涵的知识量将成为竞争的重要基础，知识资源的快速扩张将成为经济可持续发展的关键。但要研究图书情报工作如何才能推动与影响知识经济的发展这个问题，首先要找准知识经济成长与发展的支撑点，即知识运动规律、知识经济运行基础以及知识经济运行形态。

（一）知识生命周期

研究与掌握知识生命周期是把握知识经济特点及其运行机制的重要基础。从知识发生、发展、消亡的过程看，知识生命周期大致可分为以下环节：（1）知识创造与创新；（2）知识组织与管理；（3）知识存储与积累；（4）知识传播与扩散；（5）知识应用与吸收；（6）知识开发与再创造。知识生命周期运行的各环节中，已有的知识信息构成知识创造的原材料，新的知识信息则是知识创新的产物及知识传播的客体，也是知识应用的标志及知识积累的媒体。无论如何，知识生命周期运行与知识信息是密不可分的，以知识为基础的知识经济也必然对知识信息有着内在的需求与依赖。

（二）知识经济运作基础

1. 知识系统化。

知识经济运作的核心是建立与完善社会知识系统。其主体是国家知识系统。所谓国家知识系统，是指政府和民营的知识机构、知识组织的网络系统，它以生产、创造、存储、整理、传播、转让、学习、获取、吸收、共享、利用、组织、激励、测度、评估知识为己任，其宗旨是促进经济的知识化、高效化、高值化，以推动国家经济的可持续发展，适应公众不断增长的物质文化生活的需要。《美国国家知识评估大纲》明确指出：图书馆是国家知识系统的重要构成部分之一；国家知识系统有 6 大功能，分别是对从事知识型活动的激励，知识创造，获取知识的渠道，吸收知识的能力，知识传播，知识利用能力。

2. 经济全球化。

知识经济是世界经济一体化条件下的经济，在日益更新、层出不穷的高技术产业领域，任何一个国家都难以全面领先，任何一个国家又都可以利用自己的智力资源抢占世界大市场；而知识经济之所以能够依靠无形资产投入实现可持续发展，正是基于市场与经济的全球化。

3. 知识产权保护制度化。

从经济学原理看，知识经济以知识、信息为基础，是一种智力经济，知识垄断与知识共享的矛盾进一步加剧，社会必须建立有效的知识产权保护机制，才能真正实现知识的全社会共享。而在企业全球化发展过程中，已经形成知识产权中心化趋势，即知识产权资本在企业资本中将占有中心地位，控制知识产权将决定在知识经济时代从事经济活动的动机。

（三）知识经济运行形态

1. 数字化、网络化经济。

知识经济时代的核心和标志是高速、互动、传递信息、共享知识的计算机互联网络，正是数字化信息网络的发展，使得基于信息、知识生产、交换、分配和使用基础上的各种经济活动成为现实。迅猛发展的电子商务即是数字化、网络化经济的核心代表，逐渐浮现的虚拟办公室、虚拟企业、虚拟商店等，将彻底改变现有的经济活动。而电子商务的实质是信息流的管理与控制，数字化图书馆及信息数据库的管理模式将为电子商务的发展提供有益的借鉴。

2. 高新技术产业化。

高新技术产业是知识经济的支柱产业，历史发展证明，正是高新技术产业的发展，促进了知识经济的形成和知识经济时代的到来。20 世纪 90 年代以来，以微电子、信息、生物、航天、新材料等为代表的一大批高新技术产业在全球蓬勃发展，创造了许多新产业、新产品、新服务，市场越来越信息化，经济活动越来越智能化、数字化、知识化，这就对图书情报服务提出更高的要求。

3. 企业技术创新体系。

企业技术创新体系是国家创新体系的重要组成部分，就我国社会经济发展的状况来看，技术创新是现阶段建立国家创新体系的重点。技术创新是指企业应用创新的知识和新技术、新工艺，采用新的生产方式和经营管理模式，提高产品质量，开发生产新的产品，提供新的服务，占据市场并实现市场价值的方法。从社会信息化进程来看，技术创新必然是一个以企业为中心、政府宏观指导、社会服务组织积极参与及各方面协同配合的运行体系，不论是企业的技术创新活动、政府对技术发展的宏观控制，还是支持技术创新活动的社会服务组织，都离不开信息化的支持。实际上信息活动已成为技术创新的重要支柱。

二、图书情报工作在知识经济发展中的切入点

知识经济时代，效率的标准由劳动生产率转变为知识生产率，即生产知识并把知识转化为技术和产品的效率，也就是知识有用的程度。知识的生产率取决于知识的开发与传播，包括研究与开发、教育、培训等，因而提供知识和信息将成为社会发展的主流。在这一系列环节中，图书情报工作都可以找到促进知识经济发展的切入点。

（一）建设网络文化

在网络环境下弘扬民族文化，是图书情报机构固有的文化功能。网络文化是知识经济、网络经济特征的折射与反映，图书情报机构应充分利用网站这一新媒体形式，占领今后最有利于影响受众的精神制高点和战略要冲。我国尚处于"网络人办文化"的初级阶段，因而缺乏文化力量，传统文化、传统道德的精髓并没有很好地借助于网络文化整体而充分地展开。网络经济、知识经济作为一种改变社会生产方式和生活方式的基础性因素，必然要引发人类精神文化生活和价值理念的深层嬗变，关键是如何引导这种变化。图书情报机构有责任也有能力同技术界一起，引导我国网络文化的发展，开创"文化人办网络"的局面，保护并弘扬民族文化。另外，作为经济全球化的一个直接后果，"文化全球化"已成为当代一种新的资本掠夺形态，而且直接威胁着各民族文化产业的生存与发展。国家文化创新能力系统的建设，是保障国家文化安全的根本性战略选择，这种系统不仅强调文化成果的原创性，同样关注文化原创成果的传播与扩散，关注它的产业化。图书情报机构作为一种重要的社会文化力量，将深刻地影响国家文化创新能力的提高及文化的产业化进程。

（二）建设知识组织与管理系统

图书情报工作的实质是知识组织，不论是分类法还是主题

法，都是知识组织的重要工具，因而知识组织论构成了图书情报学科的一种重要理论基础。图书情报机构的核心任务是通过优化知识储存与利用，建设知识组织与管理系统，促进知识创新与社会化。长期以来，图书情报机构积累了大量的社会知识财富，并通过科学化管理为社会提供了多种形式的知识信息开发利用服务。在知识经济与网络化环境下，图书情报机构应当充分利用信息新技术，合理开发网络信息资源，完善知识组织与管理系统，进一步发挥知识中介的作用。

（三）优化知识创新体系

有关专家提出，在大力发展信息高速公路的环境下，很少有人谈论"高速图书情报"，这不是一种正常现象。图书情报事业的发展在一定程度上标志着一个国家的文化与社会进步程度，在知识经济条件下，它的发展也应成为科技与经济发展程度的标志。因而，在制订科技规划时，应体现图书情报工作的价值——促进科学研究与技术开发。应大力推进高新技术开发区的区域创新网络系统的建设，发挥图书情报部门在信息、智力方面的优势。

（四）构建知识外溢通道

知识具有外溢作用。在切实保护私有性知识产权的基础上，如何合理构建公有知识的外溢通道，促进公有知识的传播、宣传与教育，是图书情报机构的重要历史使命。教育和培训是知识生产、应用和传播中的重要环节，其主要功能是传播知识、提供人才和提高人的素质。曾有人预言，21世纪学校的教育形式在一定范围内可能由图书馆来代替。因而图书馆与情报机构应当承担起社会化教育的历史重任，促进知识的外溢与传播。

（五）融入知识产业

一方面，在知识经济时代，知识成为产出的重要变量，知识生产率成为国家、企业竞争力的决定因素。作为知识信息的重要收集、加工、传播与利用机构，图书情报部门完全有能力渗入知识经济，成为知识生产率的影响因素之一。例如，佛山市图书馆自行研制的"珠江三角洲多媒体房地产咨询信息库"于1998年12月18日通过了文化部组织的专家鉴定，并被评为"九八广东十大特色数据库"之一。国外智囊团、思想库等的发展历程也表明，图书情报机构有实力面向社会开展各类信息咨询服务，促进知识的生产与传播，关键是应抛弃传统文化中等待、保守、远离经济的负面因素，树立现代文化的创新意识。

另一方面，信息资源网络化是知识经济全球化的前提，也是构成知识社会的重要硬件。图书馆与情报机构不仅可以作为软件产品的重要购买集团，也有能力介入网络业、软件业，构建社会信息资源网络，成为知识产业的重要分支。从现实发展看，我国由图书馆开发的应用软件已取得了可喜成绩，如国家图书馆的"文津99"、福建省海峡科技信息中心的"金纬达网络信息检索系统"、深圳图书馆牵头研制的"图书馆自动化集成系统（ILAS）"、清华大学的"金盘图书馆集成系统"、深圳大学图书馆开发的"信息管理集成系统"、北京大学图书馆"新一代图书馆信息系统（NLIS）"、河北科技大学图书馆"图书信息集成管理系统（FLCS50）"等。随着图书情报部门软件开发规模的扩大，图书情报机构将成为软件版权产业的一支重要力量，如果我们认定版权产业是一种最典型的知识经济，那么在促进知识型版权产业发展的过程中，图书情报工作也将发挥着重要作用。

（六）知识产权保护与平衡的影响集团

知识经济具有一定的风险，即存在知识使用"搭便车"的巨大可能性，这是由于知识在很大程度上的非对抗性所造成的。只有通过制定限制使用规则或建立法律制度，才能加强知识利用的排他性。知识产权制度是一种有效保护知识生产者利益的法律制度，而且在知识经济条件下，由于知识的生产速度加快，知识的生产更加普遍化，知识产权将成为经济生活中大量存在且经常涉及的问题。图书情报机构是介于权利人与社会用户之间的第三方，是维护社会公众利益的代表和体现公民权利的场所之一；同时，图书情报机构又是作品的重要传播渠道与交流场所，是权利人利益实现的中介与桥梁。因而图书情报机构既要通过积极的信息服务手段，维护与保障读者权利，又要通过合理的信息传播方式，尊重作者著作权并促进作品的广泛传播。因此，它应当成为国家知识产权制度变迁的影响因素和知识产权保护与平衡的影响集团。

三、支撑知识经济的图书情报工作发展战略

知识经济的发展既依赖于直接性投入（如以高技术、高信息含量的产品或服务代替传统产品，促进产业结构的升级换代），又不可缺少渗透性投入（如提高教育、管理、信息资源效率来改善整体经济的运行质量）。从以上论述可以发现，图书情报工作既可以为知识经济的发展进行直接性投入，又可以成为重要的渗透性投入因素。摆在我们面前的问题是，如何制定合理的图书情报发展战略来有效地支撑与推动知识经济的快速发展。

（一）加强图书情报工作的双重性

在计划经济体制下，图书情报机构具有单纯的文化功能；但在市场经济环境下，图书情报机构应当发挥其潜在的经济性。2000 年 4 月 18 日成立的中国数字图书馆有限责任公司，是经国务院批准的、为建设中国数字图书馆工程而组建的经济实体，是由国家图书馆及所属公司共同投资控股的高新技术企业。它将依托国家图书馆的信息资源优势，以建设中国数字图书馆工程为目标，提供数字信息资源服务，发展电子商务。这表明，在新的环境下，图书馆信息服务不仅是一种文化、教育活动，从一定意义上说也可以是一种经济活动，应当以市场规律规范并促进其发展。我国的科技情报体制改革早已起步，经济效益已成为情报活动日益重要的指标。因而在图书情报机构的进一步改革中，发展文化应与发展经济并重。在借鉴企业管理模式、加强图书情报机

构的产业化管理过程中，应充分发挥图书情报机构信息资源积累丰厚、信息资源加工整理实力较强、信息技术相对先进等优势。

（二）构建知识基础平台

图书情报机构是知识信息的巨大集散地，应当发挥潜力构建知识基础平台，为知识经济发展提供知识信息资源的有力支撑。国外引人注目的成功案例是 OCLC 的服务领域已从书目共享跨入更高层次的信息资源共享，服务产品由书目、编目服务变为电子出版、最新出版物通报、数据库制作、参考咨询，文献提供构成了多元化服务体系，并形成价廉物美、薄利多销的良性循环格局。在我国，由清华大学学术期刊（光盘版）电子杂志社开发研制的"中国知识基础设施工程"（CNKI）也是一种较成功的尝试。事实上，我国图书情报机构经过数十年的建设，尤其是近几年的快速发展，已经面向社会构建起一定的知识信息网络，成为整个社会知识信息网络的重要组成部分。就地区图书情报网络而言，1993 年中国科学院文献情报中心与北京大学、清华大学在中关村地区科研与教育示范网（NCFC）的基础上联合建立了中关村地区书目文献信息共享系统（APTLIN）；就行政管理网络而言，以中国科学院文献情报中心为中心的科学院百所联网系统，教育部所属的高校系统，如中国高校文献保障体系（CALIS），文化部所属的公共图书馆系统如金图工程，国家科委所属的科技情报系统如中国信息 ChinaInfo，国家计委所属的经济信息系统如 CEI 网络，等的全国性网络都在建设之中。

（三）介入技术创新体系

广义的技术创新支撑服务体系包括科研支持服务体系、中介服务体系、生产支持服务体系等；狭义的技术创新支撑服务体系仅指中介服务体系，包括生产力促进中心、科技信息中心、技术咨询与服务组织等。图书情报机构作为重要的社会信息中心，应当加强同企业的联系与联合，在满足一般社会用户对信息利用需求的基础上，重点发展企业用户，通过多种形式的信息服务方式构建满足企业特殊需要的特定的知识系统，为企业技术创新提供最佳的知识平台。

（四）大力推进知识转化

知识之所以给人以力量，就在于知识能够指导和帮助人自由地利用蕴藏于事物及其形式中的各种潜力，通过人工工艺和实践性行为来改造现实。知识的转化与应用是知识生命周期的核心环节，也是知识经济的实质性支撑力量，理应成为图书情报机构的主要工作目标。

参考文献

［1］李岚清．发展高新技术产业　迎接 21 世纪挑战［J］．中国科技产业，1998（10）：5-7．

［2］袁正光．知识经济时代已经来临［M］//陈胜昌．知识经济专家谈．北京：经济科学出版社，1998．

［3］柳卸林．知识经济导论［M］．北京：经济管理出版社，1998．

［4］翁寒松．我们需要什么样的网络文化［J］．新华文摘，2000（3）：133-139．

［5］胡惠林．国家文化安全：经济全球化背景下中国文化产业发展策论［J］．学术月刊，2000（2）：10-18．

［6］蒋永福，付小红．知识组织论：图书情报学的理论基础［J］．图书馆建设，2000（4）：14-17．

［7］胡亚东．图书情报工作与科教兴国［J］．图书情报工作，1998（1）：2-3，47．

［8］冯之浚．国家创新系统的理论与政策［M］．北京：经济科学出版社，1999．

［9］邱均平，付立宏，刘霞．信息资源网络化对经济和社会发展的影响及对策（Ⅰ）——对经济生产和知识经济的影响分析［J］．情报学报，1999（6）：541-548．

［10］谢巍，肖林. 上海迎接知识经济时代到来的战略思考［J］. 上海综合经济，1998（3）：11-13.

［11］王世伟. 建立可持续发展的图书馆管理体系——知识经济带给图书馆管理的思考之三（上）［J］. 图书馆杂志，1999（4）：14-16.

［12］谢先江，尹斌，刘春华. 试论图书情报产业化的运作思路［J］. 图书馆，1997（6）：51-53.

原载《图书情报工作》2001 年第 12 期，作者邱均平、马海群。

迎合市场经济与网络经济指导经济信息理论与实践
——评《市场经济信息学》

新世纪初，由武汉大学信息管理学院博士生导师邱均平教授主编的《市场经济信息学》（武汉大学出版社 2001 年 3 月出版）一书的问世，不仅将我国已有的经济信息学研究推向新的高度，也为信息管理、经济学等院系及专业在选择经济信息学教材时提供了更多样而实用的选择。

纵观洋洋 50 余万字的《市场经济信息学》，其特征首先表现为较强的新颖性，这反映在以下几个方面：（1）角度新颖独特。与同类著述相比，本书作者独出心裁，从市场经济角度展开经济信息学的体系结构。之所以取名为《市场经济信息学》，作者主要考虑了以下几点因素，第一，人们通常使用的"经济"实际上专指市场经济，而所论"经济信息"必然主要是指市场经济信息；第二，从理论上讲市场经济本质上是一种充满风险的不确定性经济，信息则是不确定性的负量度，但在现实的经济生活中，信息又是稀缺的、不充分的，因此不同价格的不完全信息会不同程度地影响市场经济运行的有效性。（2）体系新颖完整丰富。完整的学科体系一般是由理论、技术、应用 3 部分组成的，而考察《市场经济信息学》的体系结构可发现，书中涵盖了关于市场经济学的基本理论问题的研究，关于经济信息领域综合性问题和技术、方法的研究，关于各部门、各类型经济信息的管理、研究和应用问题的探讨，包括了理论、技术、应用 3 大方面，且内容丰富、研究专深。这种体系的丰富性与作者的教学和研究的经历、经验与成果密切相关。（3）富含时代新气息。作为世纪之交的产物，《市场经济信息学》追踪时代热点，较充分地反映了新技术、新理念、新方法对本学科的影响和渗透，还特别对网络经济信息资源、电子商务信息系统以及计算机信息管理等新领域、新事物作了重点论述和探讨。

其次，该书具备较高的创造性，除体现在全书的体系结构创新之外，还具体反映在各章的内容之中。例如，就经济信息学的基本内容，作者在第一章"市场经济与经济信息学"中提出，尽管该学科研究内容尚不够稳定和统一，但可以主要展开为 8 个方面：（1）关于经济信息学学科建设中基本问题的研究；（2）关于经济信息的研究；（3）关于经济信息规律的研究；（4）关于经济信息活动过程的研究；（5）关于经济信息系统和网络的研究；（6）关于经济信息市场和服务的研究；（7）关于经济信息事业管理的研究；（8）关于经济信息环境的研究。这种归纳为我们总体上把握经济信息学的学科体系提供了框架，同时又与全书的后续章节遥相呼应。就经济信息学研究内容的创新而言，作者在第十五章中创造性地探讨了网络经济信息管理与开发利用问题，并就计算机网络与经济信息网络化、网络经济信息资源的分布与类型、网络经济信息的组织与管理、网络经济信息检索、网络经济信息的开发利用等进行了专深研究。这充分体现了《市场经济信息学》的科学性与创新性。

此外，该书还具有较强的实用性。市场经济信息学应属于应用性学科，因此该书作者比较重视体现内容的实用性，具体表现在：（1）注重应用环节。该书第十章至第十四章分别是市场信息研究与开发利用、金融信息研究与开发利用、投资及房地产信息研究与开发利用、财会信息研究与开发利用、经济统计信息研究与开发利用，这种大跨度的研究体现了作者的研究与分析能力，《市场经济信息学》一书对于经济信息各应用部门的实际工作也具有较强的理论和实践指导意义。（2）提供重要网址汇编。该书附录部分汇编了近 400 个与经济信息资源有关的网址，可引导读者开发利用因特网信息资源。（3）关注企业信息系统建设。企业是经济信息的主要应用场所，企业信息系统建设程度，将影响着经济信息效用的发挥。因此，该书第七章中探讨了现代企业信息系统问题，如现代企业的特征与信息管理现代化、企业信息系统的特点与基本模式、建立企业信息系统的基本原则及其支持环境、企业信息系统分析与设计、企业信息系统实施与运行管理、企业电子商务信息系统等。（4）较广泛的适用性。该书不仅适合高等院校的信息管理与信息系统、经济信息管理、图书馆学、档案学、经济学、管理学、市场营销学、新闻传播学、出版发行学等专业作为教材使用，也可以供广大信息工作者、经济工作者和管理人员学习参考与借鉴。

当然，限于篇幅，该书未能收编实例与研究思考题，甚为缺憾。但笔者相信，《市场经济信息学》作为集体智慧的结晶，必将在传播与应用过程中产生良好的社会效益。

原载《情报理论与实践》2002 年第 1 期，作者马海群。

迎合市场经济与网络经济指导经济信息理论与实践——评《市场经济信息学》

新环境下我国高校信息教育观念的变革

　　本文所指信息教育，不是局限于信息管理类专业的信息专业教育，而是面向高校各专业学生的信息教育。在信息化浪潮的推动下，美国、日本等国家都在纷纷制订与实施21世纪教育发展方案或教育行动计划，大力推进信息教育；我国面临的紧迫问题是如何在现有国情下实现高校信息教育观念的变革，提升高校学生的信息素质，提高高校学生的信息获取能力，培养高校学生的创新精神。

一、我国高校信息教育现状的简要分析

　　高校学生是我国信息化建设的潜在主体力量，也是信息社会中现实信息用户的重要组成部分。因此，采取一定的机制合理引导大学生的信息行为，成为教育者的重要职责。1984年教育部印发了《关于在高等学校开设文献检索与利用课的意见》的通知，1985年原国家教委又印发了《关于改进和发展文检课教学的几点意见》的通知，1992年原国家教委再以高教司（1992）44号文件的形式，印发《文献检索教学基本要求》。这三个文件的出台，为我国高校信息教育奠定了坚实的政策基础，因而进入20世纪90年代后，随着高校的普遍认可、开设以及相关研究成果的大量涌现、应用，文献检索课的内容体系已趋于成熟，文献检索课也成为信息教育的标志或代名词。然而，伴随着因特网的发展，人们的信息利用方式发生了实质性的变化。网络信息资源的丰富性、交互性、易获取性、跨地域性等特征，不仅增强了信息用户对信息资源利用的自主性，而且使得与信息、知识合理利

用密切相关的知识产权保护问题日益复杂化，网络伦理与信息行为、网络文化与国家安全等，也都更直接地与个体的活动紧密相连。也就是说，网络信息资源的开发与利用已不是单纯的信息输出输入行为。随着计算机技术、网络技术的发展，即使已经出现了基于互联网的信息检索教学探索，但这种信息教育仍局限于信息检索技能的传授。在这种环境下，文献检索课的原有内容体系已不能适应形势的发展，应当改革与扩展文献检索课，推行全面、完整的信息教育，而其实现的前提是信息教育观念的变革。

二、新环境对我国高校信息教育观念的挑战

知识经济的发展、因特网的普及、我国科技创新工程的实施等，都对高校信息教育提出挑战，并推动着高校信息教育观念的变革。

（一）信息技术极大地扩展了人们获取信息的途径

作为信息社会重要技术支柱的信息技术已全面渗入和深刻影响社会的方方面面，并从本质上改变着信息管理的内容和方式。电子出版物的兴起，数字（电子）图书馆、Internet、网络搜索引擎等新型快捷信息服务系统及信息检索工具的出现，极大地拓展了人们获取信息的渠道、范围与途径，信息用户对信息资源利用的自主性大大增强，几乎所有的信息网络中都有按一定序列组织的、载有丰富信息资料的数据库，为用户提供方便。例如万方数据启动的"高校信息教育资助计划"，为高校学生提供了丰富的国内外科技文献和网上信息资源检索指南。在这种环境下，信息用户与信息检索的概念都发生了本质的变化，必须树立新的信息教育观、建立现代信息教育机制，来引导包括高校学生在内的网络用户，培养他们更加个性化的信息检索行为。

（二）网络信息资源开发利用中产生的负效应呼唤全方位的信息教育

网络信息资源日益丰富、信息检索与开发利用日益便利的同

时，也产生了一定的负效应，网络信息垃圾与污染、网络信息知识产权保护、网络信息安全等，成了网络社会中人们普遍关注的焦点问题。它推动着基于网络技术的信息教育思想从单纯的信息查找向信息有效获取与合理利用转变，信息教育内容从单纯的信息检索技能培养向信息资源建设转变，信息教育机制从分散、任意和不确定性向系统、规范、法制化管理转变。

（三）教育方式的变革推动信息教育思维更新

个性化教育、创新教育是世界各国教育方式变革的两个核心问题，也是当今世界许多国家教育研究的热点。早在 20 世纪 80 年代，许多发达国家已经把"人的发展""个性发展"作为教育改革的主题，力图通过个性化教育，从差异（因材施教）与趋同（划一要求）两方面让每一个学生都作为一个独立的主体，去充分表现自己的各种品格，让他们朝着独立创造的方向发展。创新教育则是知识经济发展与创新工程实施的必然要求。它注重激发学生的内在知识并培养学生的实际应用能力，从而使学生的创造性思维和个性得到充分发挥与发展。不论是个性化教育还是创新教育，都在本质上追求对学生的科技素质、信息素质等的培养，因而推动着信息教育思维的更新。

三、我国高校信息教育观念的变革思路

在新环境下，高校应加快信息教育观念的变革。

（一）树立大信息教育观

大信息教育观通常被理解为全民信息教育观，但实际上大信息教育观还存在其他不同的内涵。从一种角度看，大信息教育观是一种全面教育观，即不仅是信息检索技能的培养与提高，更主要的是增强信息意识、塑造良好的信息心理与价值观。从这一点来看，大教育观是与信息素质教育相通的。从另一种角度看，大信息教育观又是一种终身教育观，即大学生的信息教育以在学校期间为关键环节，但包含信息知识、信息能力、信息道德、信息

观念等在内的信息素质教育，绝不是仅限于大学学习的短短几年，而是将伴随人生成长的全过程。高校信息教育应当根据学生特点及学业年限特点，合理规划，突出重点。

（二）树立信息素质教育观

信息素质可以广义地理解为信息化社会中个体成员所具有的各种信息知识、信息能力与信息品质（包括信息智慧、信息道德、信息觉悟、信息观念、信息心理等）。不论是大学生还是一般社会成员，其认识与改造世界的过程实际上就是通过信息器官输入信息、加工信息、输出信息的过程，在这一过程中，他们需要借助于各类生产工具的帮助，并充分发挥个人的主观能动性，以便更深刻地影响和作用于外部世界。信息技术及其系统的发展，扩展和延伸了社会成员的各种信息器官，并为其提供了更高效的信息吸收工具；但在现实中，不同主体的信息吸收量存在较大的差异。其中的根本原因是信息技术系统的应用方式和应用程度，与人类的信息意识、信息观念、信息觉悟、信息心理、信息主动性等信息品质密切相关。大学生只有具备良好的信息素质，才能在信息交流中吸收更多的信息，有效地促进自身的学习。高等学校有责任提供各种设备和相应的师资力量，对大学生实施全面信息素质教育。

（三）树立信息教育法制观

国家教委颁布的几个通知已经产生了积极的效果，但其仅仅是信息教育的法制化建设目标进程中的一小步。我国已出台的高等教育法、高等教育图书馆条例等，是教育法制化的典型代表。从未来的努力方向看，应促使信息教育及其内容被写入我国高等教育的各项法律条款中，并制定出贯彻执行的具体措施。而当务之急是由国家教育部结合信息教育的现实需要，重新制定一套"高等院校信息教育实施方案"，推动高校信息教育的深入发展。

（四）树立信息用户价值观

就高校学生信息教育而言，所谓信息用户价值观是指以学生为主体、以教师为导向的个性化教育思想的树立。以学生为主体，即确定学生在教学中的主体地位，把学生作为接收信息和加工信息的主体、认识客观规律的主体、不断完善自我的认识结构并获得自身主体性的主体。所谓教师的主导性，是指教师应成为学生学习的组织者、管理者和促进者，具备指导学习和指导成长的能力。这就要求教师具有一定的教育科研能力、强烈的创新精神和优秀的创新能力，不断改革教学内容、教学方法，大胆创新，形成自己独特的教育、教学风格。

从信息社会的现实需求以及互联网发展的现实挑战看，目前高等院校急需引进和加强全面信息教育和信息素质教育，因而在这里笔者试图对高校信息教育实施方案进行尝试性的探讨。

四、高校信息教育实施方案研究

（一）高校信息教育的现实目标

知识经济与数字化时代，高校信息教育的总体目标是提高大学生的创新能力，并为创新能力培养机制奠定基础，具体目标包括：

（1）建立一种信息教育机制。它通过组建现实性的新型的教育力量来实现（如信息教学教研部），或通过组合已有的教育力量（如图书馆、计算机中心、网络中心、信息管理专业）来虚拟实现。

（2）引导一种信息教育与学习方式。从自发的、散漫的自我信息教育转变为自觉的、集中式的信息教育。

（3）创新一种信息教育体系。从单纯的信息技术教育转变为全方位的信息知识、信息技能、信息品质教育。

（4）倡导一种正确的信息资源观。从单纯的信息利用、共享观转变为信息生产与利用、信息共享与保护的平衡观。

（5）形成一种连续性的信息教育机制。从零散的课程设置转变为系列课程、实践活动、科研过程共生的教育机制。

培养一支高水平的教师队伍，设计一组与实践并重的系列课程，出版一套有针对性的教材，使信息素质教育落在实处。

（二）高校信息教育模块

在知识经济与网络信息环境下开展信息教育，应当具有综合性、多层次的全局性观念，而不能像过去那样简单地开设几门课程。因此，大学生信息教育机制应由以下三个模块构成：

第一模块，社会背景与理论基础教育，包括：网络信息与知识经济时代的人才需求；社会信息化与大学生信息素质培养的关系；知识经济与信息管理相互关系的研究；信息品质与信息知识、信息能力的内在联系机理等。

第二模块，高校信息教育具体方式，重点分为三个方面。

（1）信息知识教育机制。包括：信息生产过程知识、信息传播知识、信息管理知识、信息产业知识、信息法律知识、信息技术知识等。

（2）信息技能培养机制。包括：信息收集与获取技能，信息组织、加工技能，信息内容与形式认知技能，信息传输技能，信息设备运用技能，信息开发中的软件使用及设计技能等。

（3）信息品质塑造机制。包括：信息意识、信息伦理道德、信息价值观、信息心理、信息主动精神、信息觉悟等。

第三模块，高校信息教育的实施方案，重点分为以下几个方面：

（1）在课堂教学中贯彻信息素质教育思想。在马列课、政治课、基础课乃至各类专业课的教学中，从不同角度、不同层面对学生开展国家信息政策、信息法规、信息道德的宣传教育等信息素质教育。

（2）开设信息理论与实践的系列课程。针对不同专业、不同年级的大学生，在教学中合理安排授课内容和授课重点，形成有效的、层次化的信息知识课程体系，尤其要注意课程之间的衔接性以及信息技术教育的强化，促使每一个大学生都掌握一定的信息知识与利用技能，优化大学生的信息品质。可考虑开设的具体课程有：信息源介绍、信息管理与信息传播、工具书信息检索、网络与计算机信息检索、信息研究与信息咨询、信息利用与知识产权保护等。

（3）举办各类学术讲座。目的是让大学生掌握新技术、新进展、新动态，如：信息技术发展状况、信息环境的演变过程、信息交流机制、网络环境下的知识产权保护、领域最近学术进展等。

（4）加强课堂教学与课外学习的联系。每门课程安排适量的必读书目和参考书目，强化大学生的信息需求，促使其学会利用图书馆等信息机构，掌握开发利用网络信息资源的方法，拓宽知识面，提高自学能力。另外，通过加大课外科技信息交流活动、科技实践活动的比例，拓展信息素质教育空间。

（5）吸引大学生参与专业情报研究或专项活动。大学生只有切实参与专业情报研究或科研项目开发活动，才能真正树立信息意识，强化信息需求，提高信息价值观念，并注重信息吸收、信息利用和信息加工诸环节。

（三）高校信息教育的实施机构

全面的信息教育尤其是信息素质教育是一种全新的教育机制，在实施过程中可能会遇到一些难题，其中之一就是具体实施机构的确定。由于全面的信息教育将涉及高等学校的许多部门，如图书馆、电教中心、计算机中心、网络中心、信息中心、信息管理教学单位及教务管理部门等，对于这种横跨多部门的教育机制的实施到底由谁来操作，尚难取得较统一较成熟的看法。可供选择的方案有以下几种：由于信息素质教育是一种创新的教育体系，建议各高校成立信息教育指导委员会，一般挂靠在教务管理部门；有信息管理教学单位的高校，可将信息教育指导委员会挂靠在信息管理院系，并由该院系组织力量，具体负责信息教育的实施；没有信息管理教学单位的高校，可考虑由图书馆或信息中心组织其他力量，具体负责信息教育的实施；对于规模较小、部门较少的高校，可直接由教务管理部门具体负责信息教育的实施，保证信息教育的实施效果。

参考文献

［1］马海群. 论信息素质教育［J］. 中国图书馆学报，1997（2）：84-87，95.

［2］邓小昭. 信息教育与创新人才的培养［J］. 情报科学，2000（1）：16-19.

原载《图书馆学研究》2002 年第 2 期，作者马海群。

知识管理对图书馆创新发展的启示

　　知识管理是近年来学界和商界共同关注的热点问题，管理学、经济学、组织学、计算机科学甚至哲学、心理学等学科领域的研究者，分别从不同角度和立场对知识管理的内涵、外延等进行了较深入的探讨；企业决策者与管理者则试图将知识管理作为一种新型的管理手段和管理技术，应用于本企业的生产、销售、服务等经营管理环节，推动企业的创新发展。作为管理学重要分支的图书馆学、情报学，以及作为人类知识收集加工与传播利用部门的图书馆，不可避免地会受到知识管理的影响与推动。本文侧重于探讨知识管理对图书馆创新发展的推进与启示。

一、知识管理的多维视角

　　知识管理涉及多种学科和多种技术，因而知识管理的内涵与外延具有多维视角。根据 Rebecca O. Barclay 等人的总结，知识管理的现有研究与开发至少涉及以下学科与技术：

　　认知科学：有关人类如何学习、如何获知的认识，将推动知识获取与传递工具及技术的发展。

　　专家系统、人工智能与知识库管理系统（KBMS）：这些技术可直接应用于知识管理。

　　机助协作工作（组件）：在欧洲，组件几乎与知识管理同义，均突出共享与协作的重要性。

　　图书馆学与情报学：图书馆的目录卡片有助于人们查询图书，图书馆的分类与知识组织有助于人们获取信息，叙词库与可控词将成为人们管理知识的可靠工具。

　　决策支持系统：主要为决策者提供定量分析工具。

语义网络：通过分析文中语境，以显性方式表述域知识。

关系数据库与对象数据库：前者主要用于管理结构化数据，后者则更适合于非结构性内容。

组织管理学：更偏重于管理显性知识等。

Karl E. Sveiby 认为知识管理活动涉及两个方面，其一为信息的管理，该领域的研究者和工作者大都接受过计算机与信息科学教育，主要从事信息系统、人工智能、组件等建设，对他们而言，知识是一种客体。其二为人的管理，他认为该领域的研究者与实践者大多接受过哲学、心理学、社会学、经济管理学教育，他们基本从事社会个体成员技能与行为的评价、改变与提高，对他们而言，知识是一系列复杂的过程。鉴于这种划分方式的不足，Rebecca O. Barclay 等人提出了知识管理的三分法：一是知识管理的机械方法，其特征为技术和资源的应用；二是知识管理的文化或行为方法，其特征为强调革新与创造；三是知识管理的系统方法，其特征为强调逻辑推理与分析。

E. Davenport 等人则根据知识管理的现有研究，将知识管理归纳为 3 个领域：其一，图书馆学情报学语境的知识管理（KM1），它与信息管理几乎具有等同性；其二，商业活动中的知识管理（KM2），它可以被视为商业秘密的管理，强调活动与能力本身；其三，组织论语境的知识管理（KM3），它突出的是观念的转换，即知识不仅是资源，更是一种能力。

从以上国外研究成果可以看出，图书情报界已经成为知识管理研究的重要组成部分，尽管有人认为图书情报界的知识管理只是信息管理的别名，而且知识管理主要是一种商业行为，图书馆员对商业活动的贡献能力有限，但作为人类知识收集加工、传播利用部门的图书馆在知识管理理论建设与实际应用方面的重要作用是不可低估的。这一点可以从国内外图书馆界对知识管理的强烈反应体现出来。

二、国外图书馆界对知识管理的反应及研究

国际文献信息联合会（FID）在其网站中专门开设了"知识论坛"栏目，旨在提供一个网络讨论空间，促进全球情报人员就信息管理与知识管理进行学术与经验交流。

出现了一批相关研究著作与论文，如英国研究者 Denis F. Reardon 在 "Knowledge management: the discipline for information and library science professionals" 一文中提出，图书情报人员即为知识管理者，图书馆学、情报学也应属于知识管理研究范围；鉴于就业市场的变化，知识管理中出现的许多重要岗位（如知识主管、知识管理系统主管、无形财产管理主管等）正在被管理、金融和信息技术领域的专业人员所占据，因而图书情报专业教育中应迅速引入知识管理方面的课程。一个由英国某信息咨询公司实施、英国图书情报委员会（LIC）资助的国际研究项目则表明，鉴于各类社会组织与机构对知识管理的重视及信息技术、信息管理与知识管理的内在联系，图书馆及情报行业应尽快表明其对知识管理的重视并参与知识管理的研究。由美国 Delphi Group 所作的 1998 年知识管理市场分析表明：图书馆员正处于良好的历史机遇的边缘，如成为企业的知识代理人，成为一个组织机构战略管理的关键人物，或通过对现有信息资源的开发，为首席知识官决策提供咨询，但图书馆员需克服固有的被动性，提供主动的、面向商业的服务。

联机计算机图书馆中心（OCLC）在 2001 年举办了一系列有关知识管理的主题研讨班（会），如"知识时代的图书馆管理""知识管理：方法与系统"等，让图书馆各层次管理者、规划者、各类专业人员（如系统图书馆员、编目员、网页管理员、数字资源管理员等）了解当今图书馆管理者面临的机遇与挑战，认识图书馆管理与商业管理的区别，探讨知识管理的背景、动力、定义及其与万维网页演化和数字知识资源的交叉等问题。

美国霍普金斯大学艾森豪威尔图书馆建立了一个包括"数字知识中心（DKC）"的研发机构，帮助研究者实现信息环境从传统向新世纪的转变。DKC有两项主要活动，一是评价技术走向及局限性，二是建立同大学其他部门的合作关系。目前的重点是关注数字图书馆的建设与评价，艾森豪威尔图书馆正致力于成为技术应用研究与开发中心，出版者、教学研究中技术与电子资源的校园中心，信息工作者终身学习的中心，广泛意义的学术研究与商业信息服务中心。

三、图书馆建设发展中的知识管理

不论从理论研究上还是在实际业务中，知识管理早已蕴含在图书馆建设发展之中，因为构成知识管理的主体部分——知识组织一直是图书馆的核心主题。

早在20世纪90年代初，我国就有学者提出，图书馆内部活动的实质是知识组织，图书馆知识组织通过"知识标记"体系（分类表、主题词表等）实现文献知识单元处理中的存取随机性和存储组织化功能，为用户提供一个有序化的知识体系。国外学者对未来图书馆组织的种种设想，如Brooks的"知识地图"思想、美国Dawkins的"思想基因"理论等，则更令人瞩目。尽管图书馆知识组织理论目前尚偏重于从语法功能上揭示文献知识单元，而且其知识组织结构难以同人类知识体系结构，尤其是大脑知识记忆结构相吻合；但这种理论研究的成果，特别是其实际应用框架，无疑闪烁着知识管理的思想，而且对我们今天研究知识管理中的知识组织问题，有较大的借鉴意义。在网络环境下，知识组织方式出现了多样性，不再局限于知识的系统分类，超文本、专家系统等将改变我们思考和认识问题的方式，因而图书馆知识组织理论应向智能化方向发展。

从图书馆实际业务看，知识组织并不是一个新问题。之所以这样说，是因为国内外图书馆普遍将传统的分类法、主题法、文献编目、数据库编制等统称为知识组织的内容；之所以还是"问题"，原因在于图书馆传统的知识组织实质上局限于文献信息组织，而知识管理中的知识组织则是对传统文献信息组织的拓展与延伸。传统的文献信息组织是对文献单元的揭示、描述，而知识组织则是以知识单元为加工单位，它不仅注重对文献的学科、主题内容的揭示，而且更注重揭示文献所载的知识单元，因为知识组织所研究的最小单元是概念及语言表达。

从图书馆理论建设与实际业务的发展前景来看，需要充分吸收知识管理及知识内容组织的思想、技术、机制，实施图书馆知识管理战略。总体操作路线可以包括：第一，超越已有文献信息组织的局限，深入研究情报检索语言在网络环境下的兼容性，以及自然语言在网络知识组织与检索中的应用等问题。第二，图书馆应创造开展知识管理的必要条件，如建立图书馆自动化系统、Internet 网站、图书馆局域网等网络平台；树立知识管理的理念（奖励专职人员，鼓励知识共享等）；应用微软的 Exchange、Lotus Notes 等知识管理系统（软件平台）。第三，开拓图书馆知识管理新业务，如基于客户资源管理（CRM）系统思想的用户服务档案、基于企业资源计划（ERP）系统思想的知识内容数据库等。

四、知识管理理念对图书馆创新发展的启示

（一）开发隐性知识，建立奖励机制

知识管理的关键是隐性知识、显性知识的交互作用，管理者的基本任务是将人力资本转换成结构资本。而图书馆已有的知识组织工作只是一种结构化资本，并未涉及人力资本。因此，图书馆知识管理的重点应当是开发馆员潜能，激励工作人员将其聪明智慧应用于业务与服务之中。同时，应当建立与之配套的知识共享报酬与激励机制，创造共享知识的良好环境，例如馆员的工作业绩不能再以"硬性任务"来体现，知识共享也可以是一种业

绩,应当有所"回报",可以通过设立创新奖、建议奖、培训奖等方式来鼓励知识共享行为。

（二）更新价值观

随着知识的不断增长与社会知识服务机构的快速发展,衡量图书馆的核心指标已不仅在于拥有多少信息和知识资源,而在于具有创造性地运用知识的能力,即解决用户问题并创造价值的能力。因此,工作的重点将从信息的查询、传递与提供,转向了解用户问题的知识内涵、解决问题所需的知识结构、知识应用于问题解决的途径与方式等。而这一目标的实现,则要基于建立合理的用户服务档案、专家档案、专题知识库等。

（三）构建图书馆组织文化

一方面,图书馆作为知识存储与交流的重要社会场所,应当更易于建立促进学习与知识共享的组织文化。在这种组织文化中,相互信任是知识共享与交流的基础,开放式交流可以为每个人提供为图书馆知识库做贡献的机会,构建学习平台可以促使工作人员共享知识与业务技能,建立内部信息网络则可以挖掘和管理内部知识,从而促使为公民提供学习空间的图书馆首先成为一个学习型的社会组织。另一方面,图书馆作为社会知识开发与智力利用的渠道,又应当建设促进知识产权保护的组织文化,在这种组织文化中,既要保持知识创新者、知识服务者与知识利用者之间的利益平衡,使图书馆成为知识产权保护的重要社会平衡器;又不可忽视馆员在知识服务过程中创造性智力成果的自主知识产权保护,以期体现出图书馆的社会价值与经济价值。

（四）积极采用并研制知识管理软件,提高图书馆管理质量

知识管理系统（软件平台）在图书馆中有着广泛的应用领域,人们已经开发出专门用于知识管理的系统软件,如微软的Exchange、Lotus Notes 等,但结合图书馆的实际需求,仍有必要改良或研制专用知识管理软件,构建图书馆的知识管理系统。这

一系统应能实现如下功能：知识采集，包括网络知识搜索、原始文件导入等；知识加工，包括原始文档编辑、文档转换等；知识内容管理，包括文档分类管理等；知识传递，包括知识发布、知识推送、知识检索、知识访问控制等。

（五）将知识管理作为图书馆学学科建设的指导思想

知识管理对图书馆学的创新发展将产生深刻的影响。一方面，应当拓展图书馆学研究的应用领域，例如，阮冈纳赞的分面分类法在图书分类体系中占有重要地位，但实际上它不仅可用作图书的分类，作为一种组配分类思想与方法，它更适用于描述万维网信息资源的分散分布特征，因而是一种很好的通过搜索引擎检索与组织万维网信息资源的方法。另一方面，应当在图书馆学教育中引进知识管理内容，例如将信息组织课程改造为知识组织课程，在教育计划中增设知识管理内容等。

（六）参与知识管理的应用研究

澳大利亚查尔斯特大学信息研究学院专门成立了"知识管理研究小组"，目的是开发知识管理技术及其应用领域。目前该小组正在实施 3 个研究开发计划，其中之一是基于知识的图书馆计划（Knowledge-Based Projects in Libraries），具体目标是应用智能技术进行图书馆信息的管理，实现远程学术指导、知识化分类、智能采购、读者帮助等功能。从研究开发角度看，图书馆应当积极参与国家、企业、社会其他机构的知识管理研究项目，以推动知识管理在产业、企业和社会中的应用。

（七）构建面向社会的知识服务系统

知识社会中的图书馆除应具备信息的积累与传递功能外，还应实现知识的再开发；因为用户通过上网除希望实现资源共享外，还希望在智能数据库的指引下，将大量信息集中系统组织后，进行知识的二次开发或知识重组。因此，图书馆应注重研究开发具有导航功能的指引库，注重服务中的智力参与，增加服务中的知识因素，实施知识导航。在具体运作上，面向社会与用户的知识服务系统可以采用多种运营模式，如基于分析和基于内容的参考咨询服务、专门化信息服务、个人化知识支持、知识库建设服务等。中国图书馆信息网络（CLINET）即金图工程的建设，将有效地提高图书馆的社会化知识服务能力。

美国研究人员曾提出图书馆有 12 种社会作用：对知识、信仰、公正、文化的重视程度；无歧视地面向各类人群传播多语种、跨文化知识；缩小创业差距；尊重个人创造的各类知识成果；提供思想宝库，激发好奇心，繁荣创造力；开阔儿童眼界与大脑；提供关键的创业信息，获取高额回报；通过信息与知识联系人群，构建社区；通过文化培训、教子良方、课外活动、假期阅读计划等，增进家庭友好；承担因馆藏多样性而冒犯某些用户的责任；提供知识圣殿便于我们独享精神愉悦；通过知识整理与保存，记忆人类历史。其中每一方面都与知识及知识管理有着内在的联系，因而，在面向为用户解决问题的服务机制中，图书馆应当顺应社会需求，尽快制定知识管理方案，从组织建设、政策调整、用户管理、利益平衡等方面实施知识管理战略。

参考文献

［1］刘洪波. 知识组织论——关于图书馆内部活动的一种说明［J］. 图书馆，1991（2）：13-18，48.

［2］王知津，李德升. 情报学的知识化趋势//张力治. 情报学进展：1998—1999 年度评论（第三卷）. 北京：航空工业出版社，1999.

［3］胡明沛. 建立知识型企业——中国企业知识管理现状调查［J］. IT 经理世界，2000（6）：61-63.

［4］马海群. 论公共图书馆的发展与著作权法的修改［J］. 国家图书馆学刊，2000（4）：24-30.

［5］ELLIS D，VASCONCELOS A．Ranganathan and the net：using facet analysis to search and organise the World Wide Web ［J］．Aslib Proceedings，1999，51（1）：3-10.

［6］杨熔．让知识管理走进图书馆——兼谈深圳南山图书馆的管理探索［J］．图书馆工作与研究，2002（3）：25-28.

［7］张晓林．走向知识服务：寻找新世纪图书情报工作的生长点［J］．中国图书馆学报，2000（5）：32-37.

原载《图书情报工作》2002 年第 3 期，作者马海群、孙瑞英。

WTO 思维与我国科技创新中的自主知识产权生长机制

Karl M. Wiig 在其文章中提出："经济全球化带来的新竞争环境使得知识及知识行为成为决定竞争力的核心因素。"① 在我国加入世界贸易组织的历史机遇下，培养与强化科技创新中的自主知识产权生长机制，促进新知识的持续生产与产业应用，推动我国科技竞争力的不断提高是应当受到重视的问题。

一、WTO 思维中的科技创新活动与知识产权保护

在以经济实力、国防实力和民族凝聚力为主要内容的日趋激烈的综合国力竞争中，在高新技术及其产业领域占据一席之地已经成为国际竞争的焦点。面对国内市场与国际市场加速融合、国际竞争日益激烈的局面，我国政府提出了科教兴国、构建我国知识创新与科技创新体系的宏伟构想，力图通过科技创新提高我国的经济实力与技术水平。科技创新中一个核心的机制是知识产权保护制度的完善，尤其是自主知识产权生长机制的形成。自主知识产权是基于主权与主体两大要素而形成的一种绝对化、纯粹化的知识财产权利，一般是指在一国疆域范围内，由本国的公民、企业法人或非法人机构作为知识产权权利主体，对其自主研制、开发、生产的"知识产品"（如计算机软硬件、网络信息产品等）所享有的一种专有权利。它具有主体本土化、私权公权化等特点。如果说知识产权是严格意义上的法律概念，那么自主知识产权则是"政治化"的法律概念；因为前者重在强调法定主体对

① Karl M. Wiig, What Future knowledge Management Users May Expect, *Journal of knowledge Management*, 1999, PP. 155-165.

其创造出的智力活动成果依法享有人身权及物质财产权，后者则重在凸显权利对特定主体的有选择"黏着"，这种黏着是以"独立自主""自力更生"的本土化、国家化运作为根本前提的。

与贸易有关的知识产权协议（TRIPS 协议）是 WTO 一揽子协议中的重要组成部分，越来越深刻地影响全球的经济与贸易活动，也成为知识产权保护国际化的重要标志。因此我国的科研机构、高科技企业等，应当尽快树立 WTO 思维，从经济全球化和国际市场竞争的角度真正领会知识产权的重要性，尤其是认识自主知识产权在提高国家科技创新能力与国际经济竞争中的巨大价值。

二、科技创新中自主知识产权机制的战略价值

进入知识经济阶段，科技创新已成为发达国家经济持续增长的龙头。在美国，几乎所有的名牌企业，都十分重视不断开发新技术和新产品，并积极采用知识产权制度加强科技创新的保护。在美国的贝尔实验室里聚集了 5 万名科学家，正是这些科学家为他们的公司创造了很多个"世界第一"，也构成了美国知识产权的重要来源。以信息技术为代表的高新技术促进了产业升级，带动了美国的经济成长，使美国的经济近年来一直处于领先地位。高新技术在美国进出口贸易中所占的份额已从 1980 年的 9% 增加到 1995 年的 18%。科技创新对我国民族知识产业的发展起着举足轻重的作用，而科技创新中一个核心的制度是知识产权保护制度及其自主知识产权生长机制，该制度的作用主要表现在：

第一，知识产权制度为科技创新提供了最重要的动力和激励机制。一方面，专利制度保护发明创造的独占权，拥有发明创造的独占权，就可以通过创新获得更多的利润；另一方面，职务发明人可以从单位实施专利的收益中获得相应报酬，这是对广大科技人员的一种激励机制，体现了知识、技术参与分配的原则。

第二，知识产权制度有利于实现科技创新资源的有效配置。

我们在从事科技创新活动时，一定要先进行专利、商标检索，了解国外知识产权分布的有效信息。一方面，可以避免重复研究和低水平研究，提高我们的研发起点，确定我们下一步的开发目标；另一方面，避免侵犯他人的知识产权。有人对北大方正的成功做了一句话的总结：他们在西方的专利信息中得到了启示，但在技术方案中充满了东方人的智慧。

第三，知识产权保护与管理是科技体制创新的重要内容和主要指标之一。评价科技创新活动效果如何，除了以是否获得经济效益作为主要判断标准外，拥有自主知识产权的数量和质量也是一个判断标准。

面对进入世界贸易组织的机遇和挑战，我国为实施科技兴国战略而颁布了一系列鼓励科技创新和自主知识产权保护的政策、规定，如《中共中央、国务院关于加强技术创新发展高科技实现产业化的决定》、科技部的《关于加强与科技有关的知识产权保护和管理工作的若干意见》等。各省（自治区、直辖市）也对科技创新中的知识产权保护给予了充分的重视，如广东省知识产权局要求全省外经贸企业将知识产权制度融入技术创新、生产、营销和对外合作的全过程。目前广东已设立专利申请资助基金，用于资助国内的发明专利申请，并计划制定出财税信贷扶持政策，推动专利技术商品产业化。云南省在 2001 年 2 月召开了全省技术创新工作会议，要求在技术创新工作中加强知识产权的管理、保护和利用，并通过积极的引导措施，把目前以成果先进性为中心的评价体系改变为以专利为主要内容、以自主知识产权为中心的评价体系，把评价重点放到自主知识产权的获取和成果的经济效益上，确立知识产权在技术创新成果评价体系中的重要地位。2001 年里，我国涌现了大批自主知识产权产品。如长春建成我国首条可溶性导电聚苯胺生产线；我国研制成功首台核心路由器；我国首条拥有知识产权集成电路用硅片生产线投产；我国第一种拥有知识产权的国家一类抗炎新药"百赛诺"研发成功；

中国第一个 32 位 CPU 芯片"方舟-1"投产成功，已经进入批量生产阶段；我国首台拥有知识产权的交传电力机车问世；具有完全知识产权的手机上网新技术试验成功；开发出我国首辆燃料电池概念轿车；国内第一套具有知识产权的北京康拓工控机系统通过鉴定；无锡永中科技发布了具有知识产权的永中 Office 集成办公软件；我国第一套具有知识产权的 CompactPCI 总线工控机系统通过专家鉴定；等等。这反映了我国鼓励科技创新、发明创造的各项政策措施取得了良好效果。

另外，有关专家指出，在高新技术产业中，科技是第一次竞争，而产品的工业设计是第二次竞争，当掌握了技术之后，随之而来的是激烈的带有浓厚市场色彩的设计和品牌的竞争，因而许多国际上的大企业在市场长远战略下都十分重视技术和工业设计的并行开发。专利保护制度中的工业品外观设计专利制度、商标保护制度、域名保护制度等，无疑将在产业竞争、品牌竞争中发挥至关重要的作用。

然而，从我国知识产权制度运行现状看，自主知识产权获取与保护的意识相对淡薄，能力尚显不足，我国一些重要技术领域面临着被外国人占领的严峻局面。据有关部门对 1994 年至 1998 年我国受理的有关高新技术领域专利申请统计，国外申请所占比例分别为：计算机领域 70%，医药领域 60.5%，生物领域 87.3%，通信领域 92.4%，半导体领域 90%。而中科院的一项统计表明，"八五"期间国家共投入了全国科技攻关计划资金 90 亿元，而申请专利仅 800 件，占同期科技成果的 1.3%；"863"计划 10 年中，国家也投入了大量资金，可申请专利权的仅 244 件。而发达国家一个大公司一年申请的专利就上千件。因而重视建立科技创新中的自主知识产权生长机制，对于引导我国企业及科研机构采用 WTO 思维、迈向国际大市场，具有特别重要的现实意义。

三、建立科技创新中自主知识产权生长机制的关键环节

知识产权主要产生于科技创新活动，因而应当注重在科技创新的各个环节中建立起自主知识产权保护与生长机制。

（一）把握科技创新过程与知识产权生命周期

科技创新的过程同时也是可以取得自主知识产权的过程，因为在科技创新中取得的技术创新成果大多都能具备知识产权的条件，企业与科研单位都可以依法取得自主知识产权，这也是国际通用的对科技创新成果进行有效保护的方法。作为创新主体，一方面要考察并把握科技创新从构思、形成到商业化利用等环节，另一方面要分析并明确专利、商标等知识产权，从发生、发展到开发利用的全过程，目标在于能够确定自身科技创新活动的各环节中涉及的知识产权保护对象，并掌握创新成果知识产权保护的生命周期。

（二）加大技术研发投资力度、奠定自主知识产权生长基础

国内企业普遍存在利润率不高的现象，主要是许多企业生产的产品，关键技术掌握在别人手里；企业要提高利润率，必须加大技术研发力度，形成核心技术，更多地开发拥有自主知识产权的产品。十几年来，人们耳熟能详的中国本土成长起来的著名高科技企业，几乎都是靠一两项"高新"技术起家，譬如激光照排技术对于方正、联想汉卡对于联想、四通打印机对于四通、WPS对于金山等等，但当此后国外巨头纷纷大举进入中国，这些企业先前的"技术优势"难堪一击。因此面对进入世界贸易组织带来的强劲竞争对手，我国高科技企业应当更加重视技术研发，凭借锻造核心技术来进行二次创业。数据显示：华为2000年的研发投入占营业额的13.62%，利润率为10.08%。这样的数字，即使与国外同类企业比，也颇为可观。一条应当遵守的法则是，必

须以市场为导向寻找可取得自主知识产权的科技创新投入方向。

（三）注重自主知识产权的获得、建立自主知识产权形成机制

对核心技术研发的重视仅是问题的一个方面，申请并获得专利授权的技术或产品，才能称得上是拥有自主知识产权。例如索尼公司光是为了申请和保护专利，就聘请了近百名律师。这些大企业的法律部门的人数也常常达到几百人，其中最重要的部分就是从事知识产权申请和保护的工作。而在国家"863"计划提交的上万份研究成果中，却只有一百多项成果申请了专利，而这就意味着相当大的一部分研究成果没有受到专利保护而公之于世，为他人无偿使用。对于国家几百亿的资金投入而言，这无疑是另一种真实意义上的国有资产流失。另据权威人士核查，我国一些企业所谓的自主知识产权的提法，结果只是申请了产品的商标，或者是一项没有申请专利的专有技术，或者是没有就核心技术申请发明专利。因此，在掌握并熟悉知识产权一般形成过程的基础上，科技创新活动应充分运用知识产权信息资源，侧重强化与扩大我国自主知识产权的特定形成来源，如国有大企业加快科技创新活动；国家及地方科研院所加速科技成果商品化步伐；引进吸收国外先进技术基础上的二次创新开发；重视工业设计在我国特色产业及经济发展中的核心竞争力作用；国家科技奖励要强化高技术成果产业化导向，尤其是自主知识产权的获得；突出高新技术产业领域的自主创新以培育新的经济增长点；在电子信息及生物技术等有一定基础的高新技术产业领域形成一大批拥有自主知识产权并具有竞争优势的高新技术企业；等等。

（四）强化自主知识产权保护机制

目前，全世界可交易的知识产权达1万亿美元，此领域内的争夺和保护也日益受到各国政府的重视。我国在自主知识产权方面也取得一定成果，如第一个拥有自主知识产权的"pc安全卫士"通过鉴定、第一款拥有自主知识产权的国产服务器、首条拥

有自主知识产权的集成电路用硅片生产线建成投产、第一款拥有自主知识产权的"中华"轿车下线、第一套自主知识产权网络电脑亮相、我国科学家拥有 DVD 关键技术自主知识产权、自主知识产权远程控制软件诞生等。在中国发明、设计和使用的专利产品，中国人在报纸上或学术刊物上发表的文章都属于中国自主的知识产权，但应当引起关注的是，我国相当多的知识产权都曾被人在境外抢先申请或登记，特别是互联网的发展，更加快了知识产权的流失速度。据不完全统计，中国至少有 3 000 个专利流失在境外。因而，强化自主知识产权保护机制，是提高我国国际竞争力的迫切需要，尤其应以创立国家关键技术自主知识产权为我国科技创新机制的政策导向。

（五）建立自主知识产权管理机制

推动企业知识产权管理机制建设是我国知识产权战略实施的重点与难点，有必要鼓励并推动企业建立知识产权管理制度和明确的知识产权管理机构。这种制度包括：知识产权权属管理与保护制度，企业的技术开发档案（资料、文件）管理制度，企业知识产权的保密、保安制度等。知识产权管理机构的具体工作职责应包括：实施技术成果中的知识产权管理；整理开发文档、资料文件，保管企业完成的知识产权存储介质；决定企业智力成果的保护方式；就企业智力成果办理专利、商标申请和软件版权登记；对企业技术秘密采取保密措施；等。

（六）强化自主知识产权运作机制

一方面要大力发展科技中介服务机构，引导各种科技创新服务机构、技术评估机构以及技术经纪机构等中介机构，为加速自主科技创新成果的转让提供良好的服务。另一方面在科技创新过程中要充分运用知识产权信息，提高科技创新起点，避免低水平重复，实现在较高水平上的科技跨越。知识产权信息管理系统、知识产权信息监督系统、知识产权信息服务系统等，在自主知识产权机制的运作中发挥着至关重要的作用。当然，自主知识产权运作机制的最关键环节是知识产权实施系统的建立与完善。

（七）以标准战略提升自主知识产权价值

美国×通公司的高明之处在于专利和标准的完美结合。×通公司常常是先把一些规则性的东西做成标准，而且尽可能是国际性的标准，然后把实现这种标准的路径全部设定成专利，或者是把最佳路径，都注册为专利，这样导致当大家不得不用这个标准的时候，也就不得不用他的专利。通过这种标准战略，拥有码分多址（CDMA）技术专利权的×通无线技术公司仅凭一纸专利便成了为全球通信行业制定规则的人。

参考文献

［1］WIIG. K. M. What Future Knowledge Management Users May Expect［J］. Journal of Knowledge Management，1999，3（2）：155-165.

［2］芦琦. 论"自主知识产权"及其法律保护［J］. 上海市政法管理干部学院学报，2000（2）：47-52.

［2］万云芳. 自主知识产权企业生存与发展的保证［J］. 中国建材，2000（5）：39-40.

［3］陈强，许亚青. 专利战略：高技术企业制胜的秘密［J］. 数字财富，2001（7）：20-27.

［5］马海群. 论知识经济、知识管理与知识产权［J］. 图书情报知识，2000（2）：2-6，35.

原载《图书馆学研究》2002年第5期，作者马海群、刘冰。

论数字图书馆信息资源建设与著作权保护

一、国内外数字图书馆著作权问题研究状况

我国数字图书馆建设项目取得了较大进展，较有影响的项目有中国国家图书馆于 1998 年 7 月提出并实施的"中国数字图书馆工程项目"，上海图书馆、清华大学图书馆、北京大学图书馆、中科院文献信息中心等，也先后进行数字图书馆工程的研发。著作权保护是我国数字图书馆建设中的重要原则。如中国数字图书馆工程建设方案中明确提出，通过联合出版管理部门、立法执法部门、出版单位，结合中国数字图书馆工程的建设，研究数字图书馆著作权问题的解决方案；保护著作者的权益，单位如对原有资源进行加工，加工后的资源享有版权；等。

世界各国纷纷启动数字图书馆项目，美国有"NSF/DARPA/NASA 数字图书馆倡议"和"国家数字图书馆项目"，法国有"国家图书馆数字化工程"，英国有"国家图书馆存储创新倡议"，日本有"小规模试验型数字图书馆项目"，另外还出现了国际合作项目"G8 全球信息社会电子图书馆项目"。在这些项目实施中，著作权保护都被列为重要的开发与建设原则。

许多管理、法律及技术专家充分认识到数字图书馆建设中的著作权法律问题的核心地位并提出了一些研究观点。如数字图书馆建设包括知识产权、存取权限、数据安全管理等问题，版权问题是使许多数字图书馆项目停留于原型创建阶段的一个关键问题，保护知识产权问题是数字图书馆资源库建设中应注意的三个问题之一，应明确界定数字图书馆的合理使用范围，建立图书馆

中作品著作权许可的特定法律模式，数字图书馆应拥有自主知识产权。

国内研究者提出了一系列数字图书馆建设中应解决的著作权方面的关键问题，如：在数字环境下对于有版权的信息，图书馆合理使用的范围与标准是什么？数字化图书馆将馆藏数字化后在网上发布，是否涉及版权人的再次授权？如何保护数字图书馆的域名？等等。

这些动态表明，数字图书馆建设并非仅仅是技术性问题，还涉及管理、法律等诸多方面。然而，由于著作权问题贯穿数字图书馆建设和利用的全过程，涉及数据库、软件、信息资源管理、用户服务等多方面问题，国内外都存在许多未能很好解决的难题。目前的国内外研究成果大多局限于讨论数字图书馆技术突破对传统著作权的冲击，有关数字图书馆信息资源建设中的著作权保护研究相对不足，尤其是从图书馆角度并结合数字图书馆特点来研究数字图书馆信息资源建设对著作权法制及管理影响的，尚十分匮乏，这不利于图书馆界参与数字图书馆的建设和发挥作用。

二、数字图书馆信息资源建设中著作权保护的主要内容

从国内外研究发展的动态来看，数字图书馆信息资源建设的著作权问题已引起人们的高度重视；但如何制定数字图书馆信息资源建设中的信息资源管理与保护机制，尚缺乏宏观上的战略思路和理论上的深层次研究。因此，应系统考察网络信息资源及数字图书馆建设信息资源对传统著作权法律的影响；探讨数字图书馆信息资源建设中的著作权管理、保护与平衡思想；分析数字图书馆信息资源建设中著作权合理使用及自主著作权的保护问题；从数字图书馆的信息功能、信息管理运作环节、技术措施等多重角度，详细研究数字图书馆信息资源建设中涉及的各种著作权问

题，并探讨其中的著作权保护机制。当然，作为因特网上的一种知识网络，数字图书馆的信息资源建设会和其他类型的网络建设一样遇到一般性的著作权问题，如数字图书馆的域名保护与反抢注，数字图书馆网页如何进行保护，下载、打印引起的版权使用问题，数字图书馆中远程教育的权利限制，以及数字图书馆提供电子邮件服务涉及的侵权责任等。在这里，笔者着重探讨的是数字图书馆在自身信息资源建设和管理方面所遇到的著作权问题，主要研究内容大致有以下几个方面。

（一）数字图书馆信息资源建设运作环节中的著作权问题

1. 数字图书馆资源素材收集、整理、编辑中的著作权问题

数字图书馆的开发过程首先面临的是信息采集，其中最大的问题就是获得大量作品的许可权，国外有人称为"大量权利许可"，或者"集体许可"。但如何获得这些许可，如何支付作品的版权使用费以平衡版权所有者、传播者和公众的利益，目前仍存在较大争议。另外，为了显示数字信息的优势，在整理信息资源的过程中，图书馆在对传统作品录入时，往往增加朗读、图示等内容，这些应作为著作权侵权的例外进行规定。而创作者对使用网上信息，改编、整理而成的新作品也要享有版权。在编辑过程中应注意所使用的信息源若是不受保护的作品，如社会公有信息，除非作者做出特别说明，否则均可自由使用。对受到版权保护的网上作品，无论是局部使用或者全文使用，都应该征得版权人的许可，并支付一定的报酬。因此，也相应地产生了一些问题，例如：已完成的网上作品可以被分解由他人进行编辑、利用，然后综合形成新的作品，新的作品又可再一次被分解、编辑、利用，这会对已有版权作品形成权利的重叠并存，由此，传统方式的权利处理今后是否能行得通还有待讨论。

2. 信息资源内容再制作中的著作权问题

建立、开发数据库和文摘索引库要对文献进行加工、处理，这些加工对象，大部分享有著作权保护，尤其是期刊论文，享有

双重著作权保护，在将其收入数据库时就更容易涉及著作权问题；而二次文献的目录、题录、文摘等也涉及了著作权中的演绎权，故在建立文摘索引库及编制检索工具时，应了解有关的版权法规定，以避免侵权问题。而且图书馆在编制二次文献、三次文献的过程中有可能侵害到所选资料著作权人的编辑使用权；在编制专题书目时，如果直接从享有著作权的国内外其他书目工具中摘取某一类或某一主题的书目数据作为自己的书目数据也构成侵权行为。目前还存在一个有目共睹的现象，许多图书馆成立了剪报中心、文献信息开发中心，他们编印的剪报资料有些既未向著作者支付报酬，又是以盈利为目的的，这样则完全属于侵权行为。

3. 信息资源内容链接中的著作权问题

数字图书馆在组织和管理网上信息时，离不开"超链接"（Hyperlink），它让用户"跳跃"访问储存在不同服务器中的信息，然而，不少网站所有者因为设置了通向其他网站材料的链接而被指控为侵犯著作权，例如复制权、发行权、网络传播权等。有些研究者认为，链接者只是为用户的浏览器提供了访问被链对象的网址，并没有"复制"被链对象，所以设链者并没有侵犯版权人的复制权；既然没有制作被链材料的复制件，当然也就没有侵犯被链材料的发行权；就网络传播权而言，被链材料虽通过网络向公众传播，但传播被链材料的并不是设链者，而是被链材料所在网站的拥有者自己，因此，设置链接并不会侵犯被链材料版权人的网络传播权。但是，对于跳过主页直接将读者引导到某个分页的深层链接（deep link）和采用加工手段将某一对象链接至链接者的页面的某一部分，这种行为被多数业内人士认为是侵权。要解决信息资源链接中可能发生的侵权问题，须借助于网络信息服务者的行业自律，包括数字图书馆信息资源建设中的尊重与保护著作权意识。但更有效的方法是采取一些补救性措施，如不限制他人自由链接的默示同意、发布阻止别人任意链接的声明、重新定位网络环境下的"合理使用"等。

4. 信息资源库建设中的著作权问题

大型分布式多媒体信息资源数据库是数字图书馆在因特网上的物理存在方式，也是数字图书馆开发建设的核心内容，自然其涉及的著作权问题多而复杂，笔者将从一般到特殊对数据库的保护问题分别作以下阐述。

（1）一般的数据库保护。

关于数据库的讨论，其重心已从是否给予保护转移到如何给予保护上了。学术界在这方面的争论，多限于数据库的版权保护及其不足上，也有学者在此基础上，提出反不正当竞争法保护的介入。但现在对数据库的法律保护问题讨论最多的还是数据库的版权保护，由于数据库的内容在制作数据库时往往就已经存在，数据库内容的信息含量并不是数据库制作者创造的，与其投入无关。数据库制作者的投入主要是在数据库的选择、编排上，而选择、编排又是个形式上的问题；因此，数据库的版权保护有其合理性，也存在着明显不足之处。数据库的独创性主要体现在材料的选取或者编排上，受版权保护的是作为汇编作品整体而言的数据库，可是在数字环境下，如果重新编排一个已有数据库的内容，所产生的数据库却没有侵犯原有数据库的版权，这显然对原有数据库的版权人来说是不公平的。再如，有些数据库在内容的选择、编排上不具有独创性，然而却投入巨大，如果将它们排除在法律保护的范围之外，显然有失公平。可见，数据库的保护不单纯是某一专门法的任务，而是需要各专门法包括版权法、反不正当竞争法、合同法、侵权行为法以及刑法等相互配合，从而赋予数据库以多重保护。

（2）数字图书馆中不同数据库的著作权管理。

数字图书馆中的信息资源根据其知识属性的不同，分为元数据库和对象数据库，笔者认为对它们的保护不能一概而论，对不同知识属性的信息资源数据库要有不同的著作权管理措施：

①元数据库的著作权管理。目前元数据库方案主要有都柏林核心方案和万维网的元数据库体系结构等。这些元数据存储在数字图书馆国家中心的元数据资源中心内，各地数字图书馆中心通过镜像元数据资源中心来共享元数据。数字图书馆的信息资源标引深入到了文献内容，对每一数据对象使用标准通用标记语言/可扩展标记语言（SGML/XML）进行置标，并抽取元数据组织元数据库。正是由于内容及其结构编排都凝聚着制作者的辛勤劳动和智慧，所以这种数据库享有完全自主的著作权，任何用户在利用它时，都不能侵犯其作者的精神权利和经济权利。

②对象数据库的著作权管理。数字图书馆的对象数据库以分布式存放在各地的信息资源中心，从构成材料可分为由作品组成的数据库和其他材料组成的数据库。对这两类数据库实施保护时适用的法律依据，笔者不再做详细论述，这里主要说明对象数据库为外国数据库的情况。由于我国是《保护文学和艺术作品伯尔尼公约》成员国，我国在《实施国际著作权条约的规定》（1992年实施）中第 8 条规定："外国作品是由不受保护的材料编辑而成，但是在材料的选取或编排上有独创性的，依照著作权法第十四条的规定予以保护，此种保护不排斥他人利用同样的材料进行编辑"。综上可以看出，不同著作权属性的信息资源分属不同的法律保护领域，但一个数据库内往往包含着不同著作权属性的数据，因此，在数字图书馆实际经营运作中均可以用电子商务法来保护作者的经济权利。

（3）我国对数字图书馆数据库的版权保护建议。

最近，中国数字图书馆工程建设联席会议办公室在《中国数字图书馆工程资源建设中涉及著作权问题的有关建议》中明确指出：参加图书馆建设的核心是资源库的建设，其著作权的处理要具体情况具体分析：

①充分利用本单位现有文献资源和人力资源，投入资金自行开发的数据库，占相当比重，对于自己研制开发的，在材料的选

取或编排上有独创性的数据库理应主张著作权；对于在材料的选取或编排上虽没有独创性但投入了大量人力物力的数据库，在新著作权法出台之前，应寻求著作权法之外的其他法律保护（邻接权保护或反不正当竞争法保护或其他专门的法律保护），只是当数据库本身属于受著作权法保护的作品或作品片段时，应尊重它们的在先著作权。

②根据资源共建共享协议而享有使用权的数据库。对于这类数据库应严格按照协议来执行，尊重该数据库开发单位及相关权利人的权益。

③出资购买的数据库。对这类数据库则应根据通过转让取得著作权和仅买下使用权两种情况而分别对待；前者则坚决主张著作权，后者则参照②的处理方法。

总之，数据库法律关系涉及众多错综复杂的利益关系，需要以多维的视角加以研究。在尊重信息所有者的同时，更要考虑信息产业发展的未来，考虑到公众的信息自由权；在讨论数据库问题时提出的信息流程及其所涉及的关系，在信息立法中也应给予充分的关注。

（二）数字图书馆信息资源管理中的著作权问题

1. 数字图书馆在著作权法律中的地位

网络提供了一种前所未有的信息传播途径，这种途径的出现已经影响了原有的信息创造者、信息使用者以及信息提供者之间的利益平衡。卡罗·汉德森，美国图书馆协会华盛顿办公室前执行主任，曾写过一篇题为《图书馆在版权中的角色》的文章，她认为从以往来看，这种平衡一直运行良好，但在将来随着电子技术和网络技术的发展，是否还能保持平衡，目前还不清楚。

图书馆在数字时代中，不仅作为作品的重要传播中介与服务主体，而且作为信息资源的创作者，深刻地影响着社会信息生产、传播与交换机制。因此，图书馆的著作权法律地位必须加以重新界定，著作权法中应明确图书馆（包括数字图书馆）作为作品传播者的法律地位。其一，数字图书馆要努力成为著作权制度的均衡器。图书馆既要通过积极的信息服务手段，维护与保障读者权利；又要通过合理的信息传播方式，尊重作者著作权并促进作品的广泛传播。其二，设定"准法定许可"，赋予公共图书馆一定权利。在网络信息传播中，信息传播者应该有更多的接受法定许可的权利，如：编辑权、数字化权、展示权、出借权等。

2. 数字图书馆作品的许可与合同问题

在现行法律体制下，如何获得法定许可这一问题在我国实践中尚缺乏成熟统一的做法，在法学界也存在较大争议。有关学者认为在数字图书馆建设中，靠单个签订许可合同——获得授权的做法，很难适应网络时代信息采集的需要，技术界和业务部门在这方面的反应尤为强烈，要求修订现行法律和制定网上版权的适用规则。美国《数字千年版权法》（DMCA）中关于技术保护措施和禁止破解技术保护措施的规定可以鼓励出版商以加密形式出版发行数字作品，因而导致数字作品的发行更多地采用许可方式进行。不过许多数字作品的许可合同往往只允许图书馆获得作品存取使用权，没有属于自己的硬拷贝，所以，数字存取只能是有限的存取，不可避免地出现图书馆或用户为每一次使用付费的情况。不仅如此，丧失作品的保存权对图书馆的打击尤其严重，会对图书馆有史以来所发挥的保存人类知识与文化遗产的功能产生巨大的负面影响。相对而言，如果有人想使用数字图书馆中的作品，也会涉及数据库的整体或部分如何许可的问题以及某件作品的二次使用问题。对此许多学者建议尽快建立著作权的集体管理机构来解决这类问题，笔者将在以下的讨论中，再加以阐述。清华大学开发的中国学术期刊光盘数据库和后来重庆维普公司开发的数据库对版权的处理已引起广泛的争议和关注。但在美国，作品的上载必须得到版权人的同意，这一原则一直被遵循。

（三）数字图书馆信息功能实现中的著作权问题

1. 信息数字化中的著作权

在进行数字化信息资源建设中，数字图书馆首先面临的就是对馆藏进行数字化，这种数字化在著作权法中究竟是一种什么性质的法律行为？它是否是著作权人授予权利人的一项专有权利？最近由国务院法制办与国家版权局共同起草的《中华人民共和国著作权法修正案（草案）》已经把"数字化"明确列为著作权人的"复制权"之一。那么就可以肯定，未经权利人允许，擅自对他人作品进行数字化处理，就是擅自复制他人作品，应承担侵权责任。DMCA 对非营利性图书馆和档案馆的豁免条款进行了修订，允许他们制作 3 份复制品，其中包括可以制作数字复制品，条件是数字复制品不能向图书馆以外的公众传播。澳大利亚 1999 年 2 月公布的《1999 年版权法修正案》也规定，图书馆、档案馆在网络环境下可以使用新的传播技术就像使用现有技术那样向公众提供作品，图书馆还可以将作品上载到网站，但只能为读者提供作品的屏幕浏览（不能输出到打印机或软盘）。

2. 信息传播中的著作权

1996 年 12 月世界知识产权组织（WIPO）的新条约《WIPO 版权条约》中赋予了版权人控制包括因特网在内的作品的传输权利。在美国，在网上传播受版权保护的作品，必须先取得著作权人的授权，否则就构成侵权行为。数字图书馆是一种网络信息传输或传播方式与渠道，网络传输究竟应视为发行权还是类似于广播的公共传播，一直颇受争议。这个问题在我国最近的《中华人民共和国著作权法修正案（草案）》新增加的"网络向公众传播权"中得以定位，即"通过互联网络向公众提供作品，使公众可在某个人选定的时间和地点获得作品的权利"。在这里笔者要特别提及的是澳大利亚版权融合小组（Copyright Convergence Group）公布的"变革高速公路——新传播环境下的版权法"报告中提出的"技术中立性"的思想及其给我们的启示,一旦法律限定了传播使用的技术,即使是最先进的数字技术,也难免陷入僵化,因为我们永远也不能终结技术的发展。法律应能够容纳技术的不断进步,而不应总是在技术后面增添新的权利。

(四)数字图书馆信息资源建设技术方面的著作权问题

网络环境下的信息具有可复制性、可修改性、可重用性和易获得性等特点。为有效地防止对信息的非法操作,除了采用法律手段外,采用技术手段也同样可以达到保护版权的目的。如数字水印技术、信息加密技术、信息的智能识别技术、信息的访问控制技术、防火墙技术、防病毒技术、防泄密技术、信息自动恢复技术、信息跟踪技术、系统信息安全评估等等,这些技术在数字图书馆信息资源建设中都可选用。然而,随着技术的发展,又出现了破解他人技术措施的技术。因此,法律又必须对版权人设置的技术措施予以保护,禁止他人非法破解有关的技术措施。DMCA 从结构上对访问作品和行使权利两个方面的技术措施的保护做了规定。所谓访问作品的角度,是指有效控制他人访问自己作品的技术措施。所谓行使权利的角度,是指有效防止他人行使版权人权利(即复制、发行、演绎、表演和展览等权利)的技术措施。如果数字图书馆不能有效地采用法律和技术手段保护数字化版权作品,版权人将不会允许数字图书馆使用自己的数字化作品进行网络传输,那样,失去了充足的数字化信息资源,数字图书馆的建设也就成了一句空话。

三、讨论

(一)著作权的集体管理机构

数字图书馆的信息资源开发建设中,往往需要使用很多受版权保护的作品,如果一一与著作权人签订合同,将不仅给数字图书馆带来巨大的负担,也会给广大用户获取信息造成麻烦,因此通过著作权的集体管理机构向著作权人申请授权是目前比较可行的方式。所谓著作权集体管理，是指著作权人（包括邻接权人）授权著作权集体管理机构管理他们的权利，即监视作品的使用，与未来作品使用者洽谈使用条件，发放作品使用许可证，在适当条件下收取费用并在著作权人之间进行分配。这样既方便了用户，也维护了著作权人的权利。但值得注意的是，目前，我国仅有的一个著作权管理机构——中国音乐著作权协会，由于法律地位未得到有效的确认，机构与会员之间签订的有限转让合同或信托合同均不能在现行的著作权法中找到明确的依据，机构在向法院提起诉讼时本身的诉讼主体地位也成了问题，因而难以树立应有的权威性。所以，笔者建议著作权集体管理机构的法律地位必须予以明确。

在集体管理机构及其法律机制还不完善的情况下，数字图书馆可以考虑采取以下解决方法，一是借助于政府的支持，即政府财政拨款中包含获得著作权许可使用的费用支出；二是向社会发布启事并通过签订合同获得作者授权；三是通过各类行业团体代理著作权事宜，弥补著作权集体管理机构的不足。

（二）合理使用范围

近年来数字图书馆的合理使用问题受到了图书馆界与相关人士的积极关注和研究，但从世界范围版权保护的立法趋势来看，数字图书馆享受"合理使用"的特权不是在扩大而是在缩小，甚至印刷环境中的合理使用范围也有缩窄的倾向，再加上技术的限制，实质上用户的权利几乎已经被完全剥夺。就是在 DMCA 中也只延续现有对于图书馆例外的规定，并未对图书馆使用他人作品给予什么特别优惠。例如 DMCA 有关技术措施的 1201 条强调：本条不影响依据本卷产生的权利、救济、限制或未侵犯版权的辩解，包括合理使用。自 DMCA 颁布以来，在美国大多数有关网络环境中版权侵权的判例中，被告都提出了合理使用的问题。美国法院在判决中强调，合理使用是有关侵权的辩解，而不是规避技术措施的辩解，但为了平衡各种利益关系，美国国会在立法中也采取了一系列措施。例如，规避的行为仅限于该行为本身，不涉及随后的访问作品的行为。又如，规定了一些"合理"的例外，如反向工程、安全测试、加密研究等。然而，在数字图书馆信息资源建设中涉及的以缓存方式收集信息，利用数字信息浏览为读者服务，或在开展电子论坛、电子布告板系统时，不可避免地复制、引用等，究竟是否归属合理使用，都是值得讨论并有待解决的问题。

（三）电子版权管理系统

在引入电子版权管理系统之前，笔者先对目前版权管理信息施加保护的必要性加以说明。版权管理信息，又称权利管理信息，它随着作品在网上传输而显示出来，向他人表明作品目前的法律状态和使用的条件或要求，显然，这些信息对于权利人实现其经济利益来说是非常重要的。网络环境中的版权管理信息专指以数字形式出现的信息，它很容易被他人伪造，篡改和消除，从而造成对权利人的极大损害。版权管理系统的核心就是内容和权利的识别以及一种认证许可工具，其中包括内容信息（作品、作品表现形式和相关的产品），作者和当前的版权持有者，即版权管理信息，用以支持授权用户使用作品的处理过程。其实目前许多所谓的电子版权管理系统都是由人工参与完成的，在一个并非完全自动化的环境里，形成电子的作品权利数据库，但处理认证提问仍然要人工完成。完善的自动认证功能应该包括可检索的联机价格目录、可得的内容、已赋权的使用和一个"lights-out"许可。而且这种理想的电子版权管理系统提供给用户的不仅有权利，还包括内容本身。数字图书馆信息资源建设中，应当积极引进电子版权管理系统。

参考文献

[1] 徐文伯. 建设中国数字图书馆工程 开创中华文化光辉的未来 [J]. 中国图书馆学报, 1999 (5)：3-8.

[2] 汪冰. 数字图书馆：定义、影响和相关问题 [J]. 中国图书馆学报, 1998 (6)：9-17.

[3] 邱均平, 陈敬全, 李宏轩. 论数字图书馆的知识产权保护 [J]. 大学图书馆学报, 2000 (4)：10-15.

[4] 饶戈平. 知识产权问题不容忽视 [N]. 光明日报, 2000-03-08 (Z06).

[8] 赵培云. 我国数字图书馆建设面临的法律问题及对策 [J]. 图书情报知识, 2001 (1)：58-60.

[5] 杨锐. 信息资源的网络管理风险——网络知识产权保护 [J]. 情报杂志, 2001 (1)：7-8.

[6] 吴翠兰. 网络环境下图书馆信息服务中的知识产权问题 [J]. 图书馆论坛, 2001 (1)：20-21, 64.

[7] 吴涛. 浅谈图书馆工作中的知识产权问题 [J]. 图书馆论丛, 2000 (2)：37-38, 19.

[8] 薛虹. 网络时代的知识产权法 [M]. 北京：法律出版社, 2000.

[9] 叶峰, 刘小兵. 数字图书馆技术：研究现状和建议 [J]. 现代图书情报技术, 1999 (3)：3-7, 20.

[10] 王长法, 秦珂. 数据库著作权保护探讨 [J]. 洛阳大学学报, 1999 (1)：88-91.

[11] 中国数字图书馆工程建设联席会议办公室. 中国数字图书馆工程资源建设中涉及著作权问题的有关建议 [J]. 国家图书馆学刊, 2001 (2)：15-18, 10.

[12] 马海群. 论公共图书馆的发展与著作权法的修改

[J]. 国家图书馆学刊，2000（4）：24-30.

[13] 肖燕. 美国《数字千年著作权法》及其对图书馆的影响 [J]. 大学图书馆学报，2001（1）：24-30.

[14] 陈湘玲. 论网络传输的版权保护 [J]. 情报理论与实践，1999（6）：438-440.

[15] 周德明. 网上著作权保护与数字图书馆建设 [J]. 大学图书馆学报，2000（4）：16-19.

原载《大学图书馆学报》2002 年第 3 期，作者马海群、蒋新颖。

论知识管理与图书情报教育改革

　　知识管理作为跨学科的研究主题，近年来成为学界和商界共同关注的焦点，作为管理学重要分支的图书馆学、情报学，不可避免地会受到知识管理的影响与推动。对学科建设和事业发展具有重要支撑作用的图书情报教育，同样应从知识管理中吸收合理成分，实现教育变革。

一、知识管理对图书情报业务的影响

　　知识管理涉及多学科、多技术，因而知识管理的内涵与外延具有多维视角。根据 Rebecca O. Barclay 等人的总结，知识管理的现有研究与开发至少涉及以下学科与技术：（1）认知科学；（2）专家系统、人工智能与知识库管理系统（KBMS）；（3）机助协作工作（组件）；（4）图书馆与情报学；（5）决策支持系统；（6）语义网络；（7）相关与对象数据库；（8）组织管理学。

　　就图书情报机构与知识管理的关系而言，E. Davenport 等人的总结最值得关注，他们根据知识管理的现有研究，将知识管理归纳为三个领域：（1）图书馆学、情报学语境的知识管理（KM2），它与信息管理几乎具有等同性；（2）商业活动中的知识管理（KM1），它可以被视为商业秘密的管理，强调活动与能力本身；（3）组织论语境的知识管理（KM3），它突出的是观念的转换，即知识不仅是资源，更是一种能力。可以看出，图书馆学、情报学已经成为知识管理研究的重要组成部分，作为人类知识收集加工、传播利用部门的图书情报机构，在知识管理理论建设与实际应用方面的重要作用，是不可低估的。例如 IBM 公司知识管理专家 Laurence Prusak，在 1999 年 6 月应邀担任美国专门图书馆学会第 90 届年会大会发言人时提出：图书馆必须改变，为未来的知识管理做好准备。

二、新环境下图书情报专业人员的职业定位

21 世纪是知识经济的时代，图书情报工作人员应当充分发挥其为全社会开展智力性知识服务的功能，而且图书情报机构有能力开展面向全社会的知识服务。例如，1997 年 6 月，Bill Gates 应邀担任美国专门图书馆学会第 88 届年会大会主要发言人，他在谈到新时期图书馆和图书馆员的地位和作用时指出：图书馆员懂得机构中信息的价值，他们是专业的知识组织者和导航员。Davis 博士 1998 年 6 月应邀担任美国专门图书馆学会第 89 届年会大会发言人，他在专题发言中谈道：我们花了二十年时间集中于数据加工，又花了二十年时间集中于信息技术，现在已转向知识。可以看出，图书情报专业人员在知识服务中的作用是被知识经济界著名人士所看好的。基于以上认识笔者认为，可以从以下三个方面进行图书情报专业人员的职业定位。

（一）知识领航

事实上传统图书馆十分重视这种形式的用户服务，重点是向用户介绍各种形式的文献信息源。在网络环境下，当因特网现实地成为人们获取信息的巨大资源库时，图书情报专业人员应当成为新型知识领航员，即能够带领用户遨游因特网、为用户指引网络知识资源等。

（二）知识组织

知识组织又被称为知识整序，其工作对象可以是网上信息资源，也可以是自身开发的信息库。从世界范围看，由图书情报机构开展的网上知识组织工作已取得一定成效，如：美国 clearinghouse 的 Internet 学科资源指南的开发使用、我国"因特网上专业性信息资源指引库"的建设探讨等。基于图书情报机构馆藏而进行的知识组织更是多样化，其形式有：（1）文献库，如建立图

书馆网上主页等；（2）数据库，如《中国学术期刊（光盘版）》、《中国学术期刊（光盘版）：专题文献数据库》、《中文社科报刊篇名光盘数据库》、《人大复印报刊资料光盘数据库》等等。这两种形式均属浅层次的信息组织。（3）知识库，如专题信息刊物、专题信息库、专题咨询报告等，它是深度加工形式的信息组织；（4）知识服务体系，例如，由中国科技信息研究所、万方数据股份有限公司开发的万方数据资源系统被整合为科技信息子系统、商务信息子系统和数字化期刊子系统三个部分，面向不同用户群，为客户提供全面的信息解决方案。

（三）知识挖掘

知识挖掘是指面向用户实际需求而进行的一种知识深度加工和组合行为，它已经成为网络时代信息与知识服务的一个专用概念。只有深入研究与提供更丰富的知识开发手段，才能够适应用户日益个性化的、体现其认知结构的知识需求。

从上述职业定位可以发现，时代赋予图书情报专业人员以历史重任，即通过知识资源的管理与开发，为社会提供知识服务。如果从知识管理视角来分析则可看出，不论是知识领航、知识组织、知识挖掘，还是面向社会的知识服务，都与知识管理有着深刻的内在联系。图书情报专业人员只有充分掌握知识管理的思想与技术，才能深化基于知识的管理活动与服务活动；而只有改革图书情报教育，深入汲取知识管理的合理因素，才可能培养出满足社会需求的当代图书情报人才。近年来国外图书情报教育机构对知识管理的反应及引进活动，是值得密切关注和深入思考的。

三、国外图书情报教育机构对知识管理的反应

澳大利亚查尔斯特大学信息研究学院（School of Information Studies，SIS）专门成立了"知识管理研究小组"（Knowledge Management Group，KMG），目标是开发知识管理技术及其应用领域。目前该小组正在实施3个研究开发计划，其中之一是基于

知识的图书馆计划（Knowledge-Based Projects in Libraries），具体目标是应用智能技术进行图书馆信息的管理，实现远程学术指导、知识化分类、智能采购、读者帮助等功能。因而从研究开发角度看，图书情报教育机构应当参与国家、企业、社会其他机构的知识管理研究项目，推动知识管理在产业、企业、社会的应用研究。

澳大利亚皇家墨尔本理工大学（RMIT）商业信息技术学院信息管理与图书馆研究系自1994年开始进行培养目标与定位的根本调整，将知识管理作为开拓新市场的战略选择，并逐步实现远程教学。这在澳大利亚是知识管理教育计划的首倡，对提高毕业生的竞争力将起到巨大的推进作用。

美国多明尼克大学（Dominican）情报学研究生院成立了"知识管理中心"，目的是指导情报专业人员、计算机人员、商业管理人员等，在一个组织内成功地管理越来越多的信息和知识的流动。该"中心"设计了两组认证课程计划，一组计划是学士后课程，由该大学图书情报学院与商学院共同实施，具体培训目标包括：理解知识管理、熟悉知识管理工具、构建知识资产、实施知识管理系统、建立共享知识的组织文化等，从而为企业培养"知识管理主管""知识管理专家"等。另一组计划是在此基础上开设知识管理学硕士学位课程。认证课程内容涉及知识管理的历史与内涵，知识生产、获取与传播，知识组织、索引及数据编排原则，知识构图，知识管理计量，知识管理应用软件，外部信息源与联机信息系统，组织内外环境的核心因素，组织战略与结构关系，决策动力与方法，知识显示与获取，决策支持系统与专家系统，数据库管理技术，组件，组织内、组织间知识管理问题，Internet/Intranet操作与网站代理，知识产权，越境数据流，国家信息政策，等等。其中核心课程包括：知识管理、组织分析与设计、知识技术、信息政策。

美国丹佛大学在图书馆情报学教育计划中实施知识管理高级

认证项目，对象是知识型组织的信息专家，其中包括：图书馆情报学硕士生、图书馆情报学硕士毕业生及其他人员。认证课程基础是图书馆情报学核心原理与实践，两门图书馆情报学核心课程分别为信息用户认知、信息组织。知识管理核心课程包括：知识环境、信息获取与检索、知识管理、知识技术、竞争情报、知识管理法律问题。此外还有几门知识管理方面的选修课：知识管理中的信息传递、网站内容管理、知识管理专题研究。

加拿大多伦多大学信息研究学院（Faculty of Information Studies，FIS）在互联网上开发了"知识管理指南"项目，该项目包括：知识管理继续教育课程、知识管理研究资源、知识管理入门指导、知识管理专题资源（被命名为 AlphaSource）等栏目。此外他们还正在筹建"加拿大知识网络"、"FIS 知识管理研究与计划"两个新栏目。

从国外图书情报教育机构的专业设置、课程设置、学科建设的改革情况看，知识管理作为一种新型的管理理念与技术，目前尚未成为图书情报教育改革的基点与重点，但国外众多图书情报机构对知识管理的研究及认证培训活动，则充分体现了知识管理对图书情报教育机构的渗透及可以预见的深远影响。

四、图书情报教育机构的改革思路

知识管理以人为本、以信息为基础、以创新为目标，尽管在企业中被视为一种新型商业手段，但其事实上对所有的组织变革都将产生深远影响，图书情报教育机构也毫不例外。图书情报教育机构应当顺应职业变化需求、重视知识管理对专业教育改革的影响及变革效应，随时间的发展并按照一定的逻辑路线，逐步引进知识管理理念、改革现有的图书情报教育。

其一是积极参与知识管理的研究。从上述有关知识管理的研究视角可以看出，知识管理涉及多学科、多技术。但图书馆学、情报学是公认的一类学科，有能力也有责任参与国家、企业、社会其他机构的知识管理研究项目，推动知识管理在产业、企业、社会的应用研究。就图书情报机构自身的知识管理来看，也有许多需要深入研究的课题，如知识创新管理、知识传播管理、知识组织管理、人力资源管理等。

其二是积极开展知识管理培训认证活动。从国外图书情报教育机构对知识管理的反应来看，知识管理的培训活动是目前专业教育改革与社会接轨的一项重要举措，充分体现了图书情报教育机构在知识管理教育中的领先优势。我国的北京大学信息管理系已在国内捷足先登，于2001年5月首先开设了情报学专业知识管理与咨询策划方向的在职研究生课程。

其三是合理调整图书情报教育机构的社会定位与培养目标，满足职业需求。图书情报教育机构的社会定位与培养目标很大程度上是由图书情报机构的职业需求所决定的，随着知识管理的渗透，图书馆知识管理、信息机构的知识管理等，已成为图书情报机构日益关注的新型课题和正在建设与开拓的新型业务领域。因而，图书情报机构的社会定位与培养目标，必然要从知识管理的视角做出一定程度的调整。

其四是大力改革图书情报教育专业课程体系，将知识管理作为规划专业核心课程及课程模块的重要参考指标。图书情报教育专业课程体系建设是教育改革的核心环节，从国内外图书情报教育机构的改革现状看，知识管理尚未成为影响专业课程全面调整的关键因素。但随着知识管理在图书情报机构中的广泛应用与开展，知识管理将成为未来图书情报教育的重要构成部分，因而在进行图书情报教育的现有改革时，我们有理由相信，应当选择知识管理作为规划专业核心课程及课程模块的重要参考指标。

当然，知识管理的理论与技术覆盖面远远大于图书馆学、情报学，同时图书情报机构又具有超出知识管理的业务领域，因而既不能盲目地将图书情报教育改造成知识管理教育与培训，更不能不现实地以图书情报教育替代各个领域的知识管理教育。但是，知识管理对图书情报教育改革的深刻意义，以及图书情报教育在知识管理教育中的现实重要地位，是不容忽视的。

参考文献

[1] MARTIN. W. New directions in education for LIS: knowledge management programs at RMIT [J]. Journal of Education for Library and Information Science, 1999, (40) 3: 142-150.

[2] 汤珊红. 新世纪图书馆知识管理的特征、内容及相应的实现技术 [J]. 现代图书情报技术, 2000 (5): 3-6.

原载《图书馆建设》2002 年第 5 期，作者马海群。

国外竞争情报学术研究进展的分析与评价

本文基于国外有关竞争情报（Competitive Intelligence，CI）的部分研究成果，并通过对这些研究成果的分析评价，试图客观地勾勒出反映国外竞争情报研究水平和发展动向的框架。

一、本文的研究背景

（一）本文的数据来源

本文的数据来源主要是国外竞争情报领域的重要期刊及网站。被访问的网站主要是：www. scip. org；涉及的外文期刊（1996—2000）有：*Competitive Intelligence Review*、*Competitive Intelligence Magazine*、*InformationWeek*、*Online*、*Computer World*、*Information Outlook*，研究论文共计 96 篇（全文 59 篇、摘录 37 篇，其中包含回忆录、专家座谈报告 12 篇）。

（二）本文的研究角度

社会实践是任何一门科学发展的基础和起点，从实践到科学的飞跃中，必然经历一个演变的过程和几个重要发展阶段，即：实践活动—职业化活动—产业化活动。与此社会活动相对应的人类研究过程为：实践总结—学术研究—学科化研究。本文就是以这种学科发展演变的眼光来审视和考察国外竞争情报研究状况的，并以此了解其发展现状，分析其发展阶段、特点、规律及未来走向。

二、国外竞争情报学术研究的基本状况

（一）研究发展阶段

从已有文献的研究成果可以看出，国外竞争情报活动已成为一个独立存在的社会活动领域，拥有自己的竞争情报协会及分支机构，并与政府、企业、高校建立了广泛的联系和合作，但竞争情报仍处于初期职业化发展阶段（CI profession），尚未形成产业规模。与此相应的是，竞争情报的学术研究虽已超越实践总结的萌芽期，但尚处于以工作研究为主的学术研究层面。尽管研究范围较广、存在一定的学术交流，也出现了一些专业性研究刊物，然而从研究的系统性、规范化及理论、技术的已有成果看，还远未达到学科性研究阶段。因而，从总体上讲，国外竞争情报现阶段的学术研究仅以职业活动为核心，未能贯以学科发展建设的研究思路。

（二）研究范围与层次

如上所述，国外竞争情报的学术研究多是围绕职业活动进行的，因而广泛涉及了竞争情报业务中的诸多环节因素，如环境、活动主体、策略方法、技术、资源等；对传统的竞争情报理论、方法的探讨较为侧重，同时又十分注重实践与案例分析及新思想、新观念向竞争情报领域的引进研究。但总体来看，国外竞争情报的学术研究成果中，大多是针对竞争情报现象或业务环节的，缺乏总结归纳性、回顾反思性的成果；即使在美国战略与竞争情报从业者协会（SCIP）网站的 Bookstore 栏目所列的各种图书中，也很难发现专指性较强的专著，大多数是相关的以竞争为主题的专著。因而，感性思维成果是现阶段的主旋律，偏重于实证研究是目前国外竞争情报学术研究的重要特征。

（三）研究路向

综合分析已有文献可以发现，近年来国外竞争情报的研究活

动呈现出以下几种动向。

1. 从研究内容看，一方面在空间上向更宏观、更广阔的社会化、全球化方向扩展，另一方面向企业内部更精细、更具体的系统因素深入。

2. 从研究领域看，竞争情报活动及其研究产生了更为专业的分支，如商业情报（BI）、战略情报（SI）等，体现了竞争情报进一步细致化并酝酿构建学科结构体系的趋势。

3. 从社会影响看，竞争情报成为社会经济、技术发展变化的感应器，这是由国外竞争活动的商业化、技术渗透性决定的，因而竞争情报研究将更深入地置身于社会与产业发展中。

（四）研究方式

国外竞争情报的学术研究较为灵活多样，从形式看，除一般学术论文出版交流外，还有案例分析、调查报告、专家报告、成功企业家座谈、学术会议等；从题材看，既有概念辨析、事物描述、数据分析，又有软件评价、方法总结、系统应用测试考察等。例如，SCIP 是全球规模最大、最具权威性的竞争情报行业协会，它除每年召开一次年会外，还组织开展了一系列学术研究活动。其中可通过文献分析而发现的包括：组织地区会议及专题讨论会，如"竞争技术情报（CTI）专题讨论会"近年来备受关注，正引导着 CTI 领域走向深化发展与成熟；与政府、企业开展合作研究，如大型调查统计项目、定标比超研究项目的实施等；创办专业刊物，SCIP 主办的 *Competitive Intelligence Review* 和 *Competitive Intelligence Magazine* 已成为竞争情报领域的核心期刊和学术交流园地。

三、国外竞争情报研究成果的内容分析

（一）国外竞争情报学术研究的主体内容

通过对已有文献的归纳和分析，笔者认为可以从以下 5 个方

面总结国外竞争情报学术研究的主体内容。

1. 竞争情报环境研究。竞争情报环境研究可归纳为宏观、中观、微观三个层次。宏观环境研究包括：（1）社会经济环境研究，如全球经济一体化背景、知识经济与信息经济发展趋势对竞争情报的影响等；（2）社会法律环境研究，如商法、经济法、知识产权法、反间谍法对竞争情报活动的限制与保护；（3）社会技术环境研究，尤其是网络技术、通信技术及生物科学技术对竞争情报活动的影响和应用；（4）社会公共政策研究，包括对不同国家社会制度、所有制形式、企业特征、政府活动、政府变动及社团关系的分析研究，以此来确定竞争情报的政策导向等。中观环境研究主要涉及与企业直接相关的竞争环境，如市场需求、商业机会、客户、合作伙伴、竞争对手、情报资源等。微观环境研究则主要侧重企业的"内环境"，如技术支撑、组织文化、管理机制、人力资源等。

2. 竞争情报战略方法研究。针对不同的竞争情报主题，其战略方法不同，主要包括：（1）基于竞争对手的，如运用透视法、轮廓分析法、威胁分析法等预测竞争对手行为，分析对手企业文化特征、领导人特质的影响等，也包括利用网络资源分析对手竞争实力。（2）基于合作伙伴的，如定标比超法、成功因素分析法等。（3）基于企业内部职工的，如怎样避免企业员工泄密、如何对待科技成果的开放与保密、利用局域网使知识在企业员工中传播、企业决策情报需求分析、竞争情报成本与收益的量化分析、采集 R&D 出版物及专利活动信息、判断和鉴别市场信息中哪些指标对企业重要等等。（4）基于情报工作者的，如怎样发挥内外竞争情报顾问的作用、在中东或北非地区如何搜集竞争情报、利用网络资源建设竞争情报服务系统、利用文献资源克服竞争情报障碍、商业策略的改变对决策者获取信息方式的影响等。

3. 技术研究。在近年的技术研究中，探讨较多的主要是新技术的运用，如商业卫星遥感技术用于搜集竞争情报、模拟方法用于了解市场竞争的动态规律、网络神经用于提高决策的精确度、数据仓库对竞争情报的重要性及评估方法、数据挖掘对竞争情报分析与搜集的作用等等。此外还有不少论文描述了实现 BI 自动化的软件开发等情况。

4. 实践调查与案例分析。调查与案例涉及的地区主要是北美、中东、北非、欧洲的瑞典、亚洲的中国与日本等，涉及的机构包括国际未来组织、美国产品质量中心、IBM 公司、LEXIS - NEXIS 等高科技企业。具体研究内容包括：商业情报与竞争情报活动在大型公司的开展经验、企业建立竞争情报部门的重要性、竞争情报在中国的发展概述及影响中国企业竞争力的因素、商业竞争情报集团的定标比超、1997 年度 SCIP 组织成员年薪调查等。

5. 新概念、新观点的提出与研究。近年来竞争情报领域出现了许多新概念、新事物，已有文献涉及的有：商业情报（Business Intelligence，BI）、技术情报（Technology Intelligence，TI）、机会情报（Opportunity Intelligence，OI）、战略情报（Strategic Intelligence，SI）、销售与市场情报（Sales and Marketing Intelligence，SMI）、情报支持（Intelligence Support，IS）等。同时，这些新概念如何定义和定位，以及新旧概念之间与其他新概念之间的关系问题等，在国外引起热烈而广泛的探讨。

（二）国外竞争情报学术研究的核心问题

国外竞争情报研究植根于职业实践，其基本理论必然面向并试图解决现实中的一些重大问题。

1. 竞争情报专业性与价值。由于越来越多的企业信息活动可以由一般职员利用各种新型信息处理软件如 Business - Intelligence Software 等来完成，知识管理的智能化发展更为决策者提供了必要的辅助，那么，竞争情报专家存在的依据与价值何在，成为研究者们共同关注但一直未能很好解决的基本问题，它也必然影响竞争情报的研究路向和学科化进程。SCIP 组织 1999—2000 届主席 Clifford C. Kalb 认为：虽然网络信息处理系统及软件使得企业信息获取能力不断增强，但"提供分析与建议"却是除竞争情报工作者之外任何技术都无法实现的。与此同时，国外竞争情报领域还存在着另一种不利因素，即竞争情报专家所提供的"分析与建议"往往不能被企业高层决策者重视和采纳。因此，竞争情报的价值探讨，将仍然是学术研究中重点关注的焦点问题。

2. 竞争情报业务面临的冲击与变革。研究者对竞争情报业务面临的问题进行了大量研究，并集中反映在以下几个方面：（1）竞争情报成本、效益的量化评估成为竞争情报领域的一个重要课题。SCIP 成员 Stephen H. Miller 认为：建立一个量化评估系统模型是关键。S. David Kilmetz 及 R. Sean Bridge 等人设计的"三步评估法"较有影响，其步骤为：第一，确定能够决定竞争情报投资方向的要素；第二，评估这些要素（变量）的值；第三，判断投资是否有意义。在评估竞争情报成果过程中，William C. Lisse 强调指出：成本估算至少要精细到竞争情报日常开支、信息处理系统及各种数据挖掘所需的费用。（2）关于竞争情报领域的文化氛围。渥太华大学及加拿大竞争情报研究所 Johnattan. Calof 提出了一系列"重塑竞争情报文化"的建设性且又极富吸引力的设想，其基本思想可体现在下列术语的对比中：威胁评估—机会鉴别，利用—服务，竞争对手—服务伙伴，保护—发现，竞争环境—社会团体，令对方决策人疲于应战—使我们的客户生活得更舒适，商业是一场战争—商业是一种建设工程，情报是武器—情报是技术。这种术语转换的内在呼声是：转变原有的竞争情报思维方式与出发点，形成各个经济主体（竞争者）共赢局面。笔者认为，竞争情报由过去的"威胁论"转向"机遇论""协作论"，是近年来国外竞争情报领域最重大的转变之一。正如竞争合作理论的主要代表人物 Joel Bleeke 和 David Ernst 在其《协作型竞争》一书中所述：对多数全球性企业来说，完全损人利己的竞争时代已经结束。Neil Rackham 在《合作竞争大未来》中也指出：真正的企业变革指的是组织之间应以团结合作、合力创造价值的方法来产生变化。

3. 关于 BI、CI、KM 等概念的关系问题。国外竞争情报活动中出现了许多新的、相互关联又不尽相同的概念，因此定义概念并分析这些概念之间的关系成为学术研究的一个重点。就 BI、CI、KM 而言，存在下述几种观点：（1）BI 企业着眼于系统内部的事务处理，CI 着眼于外界环境的事务处理，二者是并列且有差异的。（2）BI 与市场规模、趋势等问题相关，CI 与竞争对手相关，二者都是企业外部事务。（3）BI 与 CI 仅仅是一个事物的"不同标签"而已，并无本质区别。（4）CI 是 KM 的子集。（5）KM、CI 是两个互补的领域，不存在包含与被包含关系。（6）Erisson 公司负责人 G. Anderbjork 将 BI 定义为企业运用各种工具、设备认清自身于外界所处位置、形势以快速应变的能力。

4. TI 理论的研究。TI 理论目前正快速发展，研究重点及成果表现在：（1）TI 的历史起源、发展现状及其对 R&D 机构的重要功能；（2）TI 机构模式及建立方法；（3）TI 人员的素质要求；（4）TI 评估方法；（5）TI 未来的研究内容、责任与角色等。

5. 其他重要主题。（1）竞争情报产品或服务的营销，即 Marketing CI，如何增强 CI 商业营销的有效性，构成了 1998 年竞争情报研究的一个主旋律。（2）网络中竞争情报的获取方式与效率，反映了因特网发展对竞争情报的影响。（3）SMI 的方式及 SI 的理论问题。（4）竞争情报教育与培训等，一些商业学校如瑞典的斯德哥尔摩大学已开设了 BI 课程并设置了博士学位；2000 年末，网上教育培训项目 "CI101" 投入运行。（5）CI 术语库研究，如 Vernon Prior 连续发表了 4 篇系列文章，介绍其编制并推荐使用的 CI 术语表等等。

（三）国外竞争情报学术研究的缺陷

目前国外竞争情报学术研究存在一些不足之处。

1. 缺乏系统的学说或理论。就现有文献来看，很难找到或归纳出较成型的有关竞争情报的学说或理论，更不用说系统的理论体系，大多数论文是偏重于实践的松散型的业务流程描述、工作经验总结、产品或服务说明和一定程度的对比研究，只有一小部分论文表达了作者的学术观点与学术主张。

2. 研究力量不均衡现象较严重。从已有文献看，竞争情报学术研究力量大多数集中于美国、英国，其他国家的研究者较少。

3. 网上竞争情报学术研究较为薄弱。根据有关研究者对国外竞争情报网站的调研分析及我们的观察，国外 CI 网站尽管可涉及学术研究、咨询服务、信息检索、软件提供等几种类型，但其中咨询服务网站占绝大多数，学术型的 CI 网站较少。

4. 概念繁多但范围模糊。除上文中提到的以外，从国外研究竞争情报的文献中我们还可以发现许多有关 CI 的新概念、新名词，例如有研究者以产品系列为线索提出了一组有关 CI 的"概念文档"，包括：最新情报、基本情报、技术情报、早期预警情报、评测情报、工作组情报、目标情报、危机情报、国外情报、对抗性情报等。然而，有关这些概念的联系与区别的研究则较肤浅且不精确。

四、国外竞争情报学术研究的价值评析

近年来国外竞争情报学术研究的价值，主要可归纳为如下几个方面。

1. 引导企业实现知识管理，进行战略规划。竞争情报的理论研究成果与技术手段，能够满足企业全球化发展的现实需求，协助决策者去把握未来，指导企业获取各种机会情报、市场情报、

营销情报等，进行战略规划与决策。

2. 协助企业实际业务。国外竞争情报研究成果为竞争情报业务构建了新的理论框架和技术工具，其中诸多的产品与服务比较研究、业务描述尤其是案例分析等，可帮助企业进行竞争情报业务的组织再造，发挥竞争情报的价值。

3. 推动专业化学科化建设。竞争情报作为一门建设中的学科，不仅需要研究者的学术参与、交流与贡献，也需要社会环境的支撑，比如其他领域研究人员的理解及公众的认可，因而应设法扩大竞争情报的社会影响。

参考文献

［1］JAMES. S. Focus on global competitive intelligence ［J］. Information Outlook，2000，4（2）：31-33.

［2］YOUNGBLOOD. A. H. CI-fueling competitive advantage ［J］. Competitive Intelligence Review，1998，9（3）：1.

［3］KILITKA. P. F. The economic espionage act：Are competitive intelligence "professionals" trying to have it both ways? ［J］. Competitive Intelligence Review，1998，9（3）：25-29.

［4］FLEISHER. C. S. Public policy competitive intelligence ［J］. Competitive Intelligence Review，1999，10（2）：23-36.

［5］WILLIAMS. P. Criminal risk assessment：A new dimension of competitive intelligence ［J］. Competitive Intelligence Review，1999，10（2）：37-45.

［6］UNDERWOOD. J. Perspectives on war gaming ［J］. Competitive Intelligence Review，1998，9（2）：46-52.

［7］VELLA. C. M，MCGONAGLE. J. J. Profiling in competitive analysis ［J］. Competitive Intelligence Review，2000，11（2）：20-30.

［8］ SAWKA. K. A. Developing the warning process ［J］. Competitive Intelligence Review, 1998, 9 （3）: 76-77.

［9］ KAHANER. L. Keeping an i on the competition ［J］. Information Week, 2000 （805）: 41.

［10］ PRESCOTT. J, HERRING. J, PANFELY. P. Leveraging information for action: A look into the competitive and business intelligence consortium benchmarking study ［J］. Competitive Intelligence Review, 1998, 9 （1）: 4-12.

［11］ BISP. S, SORENSEN. E, GRUNERT. K. G. Using the key success factor concept in competitive intelligence and benchmarking ［J］. Competitive Intelligence Review, 1998, 9 （3）: 55-67.

［12］ WATERS. T. In the mind of Judas: why employees give a-way company secrets ［J］. Competitive Intelligence Review, 1998, 9 （3）: 9-14.

［13］ MCMILLAN. G. S. Scientific information: balancing the needs of openness and secrecy ［J］. Competitive Intelligence Review, 1999, 10 （1）: 12-17.

［14］ LAALO. A. T. Intranets and competitive intelligence: creating access to knowledge ［J］. Competitive Intelligence Review, 1998, 9 （4）: 63-72.

［15］ HERRING. J. P. Key Intelligence Topics: a process to i-dentify and define intelligence needs ［J］. Competitive Intelligence Review, 1999, 10 （2）: 4-14.

［16］ KILMETZ. S. D, BRIDGE. R. S. Gauging the returns on investment in competitive intelligence: a three-step analysis for executive decision makers ［J］. Competitive Intelligence Review, 1999, 10 （1）: 4-11.

［17］ WATTS. R J, PORTER. A L. Innovation forecasting using

国外竞争情报学术研究进展的分析与评价

bibliometrics [J]. Competitive Intelligence Review, 1998, 9 (4): 11-19.

[18] LANGABEER. J R. Achieving a strategic focus for competitive intelligence [J]. Competitive Intelligence Review, 1998, 9 (1): 55-59.

[19] BAUMAN. J H, GELINNE. M. Maximizing the use of CI consultants: A corporate practitioner's perspective [J]. Competitive Intelligence Review, 1998, 9 (3): 3-8.

[20] FEILER. G. Middle East CI sources: problems and solutions [J]. Competitive Intelligence Review, 1999, 10 (2): 46-51.

[21] NORDSTROM. R D, PINKERTON. R L. Taking advantage of Internet sources to build a competitive intelligence system [J]. Competitive Intelligence Review, 1999, 10 (1): 54-61.

[22] CALOF. J. Overcoming competitive intelligence barriers: a SCIP Tool Kit [J]. Competitive Intelligence Review, 1999, 10 (1): 71-78.

[23] WALTERS. B A, PRIEM. R L. Business strategy and CEO intelligence acquisition [J]. Competitive Intelligence Review, 1999, 10 (2): 15-22.

[24] EHRLICH. C P. The propriety of commercial remote sensing [J]. Competitive Intelligence Review, 1999, 10 (1): 18-33.

[25] REIBSTEIN. D J. Putting the lesson before the test: using simulation to analyze and develop competitive strategies [J]. Competitive Intelligence Review, 1999, 10 (1): 34-48.

[26] AIKEN. M. Competitive intelligence through neural networks [J]. Competitive Intelligence Review, 1999, 10 (1): 49-53.

［27］ MAHONEY. T. Data warehousing and CI: an evaluation ［J］. Competitive Intelligence Review, 1998, 9 (1): 10-16.

［28］ ZANASI. A. Competitive intelligence through data mining public sources ［J］. Competitive Intelligence Review, 1998, 9 (1): 44-54.

［29］ MILLER. S. H. Learning from IBM ［J］. Competitive Intelligence Review, 1998, 9 (2): 3.

［30］ DASHMAN. L G. The value of an in-house competitive intelligence department: a business plan approach ［J］. Competitive Intelligence Review, 1998, 9 (2): 10-16.

［31］ BAO. C H, TAO. Q J, DAI. L H, et al. The developing Chinese competitive intelligence profession ［J］. Competitive Intelligence Review, 1998, 9 (4): 42-47.

［32］ PRESCOTT. J, HERRING. J, PANFELY. P. Leveraging information for action: A look into the competitive and business intelligence consortium benchmarking study ［J］. Competitive Intelligence Review, 1998, 9 (1): 4-12.

［33］ MILLER. S H. Corporate CI: the survey results are in ［J］. Competitive Intelligence Review, 1998, 9 (1): 3.

［34］ WILEY. D L. Internet business intelligence: how to build a big company system on a small company budget ［J］. Online, 2000, 24 (5).

［35］ SAVITZ. S. Wizards and merchants of light: An historical survey of technical intelligence ［J］. Competitive Intelligence Review, 1999, 10 (1): 79-83.

［36］ CRONIN. B, CRAWFORD. H. Raising the intelligence stakes: Corporate information warfare and strategic surprise ［J］. Competitive Intelligence Review, 1999, 10 (3): 58-66.

［37］POWELL. T, ALLGAIER. C, Enhancing sales and marketing effectiveness through competitive intelligence ［J］. Competitive Intelligence Review, 1998, 9（4）: 29-41.

［38］GUIMARAES. T, ARMSTRONG. C. Exploring the relations between competitive intelligence, IS support and business change ［J］. Competitive Intelligence Review, 1998, 9（3）: 45-54.

［39］KILMETZ. S. D, BRIDGE. R. S. Gauging the returns on investment in compe titive intelligence: A three-step analysis for executive decision makers ［J］. Competitive Intelligence Review, 1999, 10（1）: 4-11.

［40］LISSE. W C. The economics of information on the Internet ［J］. Competitive Intelligence Review, 1998, 9（4）: 48-55.

［41］张兰霞. 竞争合作理论 ［J］. 软件工程师, 2001（3）: 29-30.

［42］DEDIJER. S. Competitive intelligence in Sweden ［J］. Competitive Intelligence Review, 1998, 9（1）: 66-68.

［43］YOUNGBLOOD. A. H, A year of highlights ［J］. Competitive Intelligence Review, 1999, 10（1）: 1-2.

［44］PRIOR. V. The language of competitive intelligence: Part three ［J］. Competitive Intelligence Review, 1998, 9（4）: 84-86.

［45］赵云志. 国外竞争情报网站现状分析及启示 ［J］. 情报理论与实践, 2001（2）: 153-155, 83.

［46］DUGAL. M. CI product line: a tool for enhancing user acceptance of CI ［J］. Competitive Intelligence Review, 1998, 9（2）: 17-25.

原载《图书情报知识》2002 年第 3 期, 作者马海群、乔丽春。

论版权产业发展与现代版权管理技术的开发应用

在我国，版权管理目前主要是一种行政性的事务活动与监督手段，而在国外，版权管理借助于先进的版权管理技术措施、版权信息管理软件、数字权利管理技术等，极大地提高了管理效率，并由此推动了版权贸易和版权产业的发展。因而，分析国外版权信息管理系统的软件开发应用对版权产业发展的影响，考察国外版权管理技术的开发状况，引进国外先进的数字权利管理技术，对于推动我国版权管理在技术层面的深化发展，促进入世环境下我国版权产业的国际化与现代化，具有重要的和积极的借鉴意义。

一、版权信息管理系统开发与版权贸易发展

从我国版权贸易实务看，传统处理版权贸易与转让业务的主要环节包括：保存基本档案记录（如选题、合同、印数、印次、销售情况、版税率、版权支付情况、预付款、合同终止日期、是否延期等）、配备合适人员（懂外语、了解版权法和版权贸易的基本做法、了解国际市场、会使用计算机和浏览因特网）、掌握版权信息来源（如《版权市场》《国际版权市场》《书商》《出版新闻》《欧洲书商》《出版商周刊》等参考资料，也包括网上版权信息资源）、确定谈判条件、编制版权合同等。在网络环境下，传统版权贸易程序如何适应网络化交互、数字化作品快速传播的特点进行延续和改造，成为版权管理的重要课题，全球电子版权与出版信息的网络化建设、版权信息管理系统建设等，也成了版权领域的新热点，并深刻地影响着版权贸易的进一步发展。

从美国版权贸易状况来看，每年美国版权局都要处理约 60 万件版权登记申请。美国有关权威机构的研究也表明，美国版权产业连续多年在美国经济中占据增长率最快者的地位。美国版权产业的发展，很大程度上依赖于美国版权局的版权信息管理系统建设。通过版权注册系统、记录管理系统、版权数据库检索系统的开发，美国版权局可以为版权产业各环节的各类主体如作者、出版者、使用者等，提供重要的信息服务。1999 年上半年世界知识产权组织在日内瓦举行了全球信息网络版权与邻接权管理顾问委员会第一次会议，会议议题之一是建立电子版权管理体系，目标是提供全天候的自动查询作品网络，通过网络取得授权并付酬，甚至可以直接从网上获得作品。这种无人介入的模式以其快捷方便的特点成为一个许可超市，可以解决寻找作品与授权的问题，同时可大大降低授权的费用。与会代表一致认为：在各国建立的版权数据网络基础上，建立全球版权信息网络是必然的趋势。因此，在现有的版权信息网络建设的基础上开发与完善版权信息管理系统，将更有效地推动版权贸易发展和版权管理。

从我国的发展情况看，近年来版权贸易从小批量的简单贸易方式正在向规模效益方向转变，从引进畅销文学作品向引进优秀科技智力成果和精品书转变，从小群体作战向大兵团合成作战转变，版权贸易渠道增多、合作方式日益多样化。但对外版权贸易也存在较多的问题，一是由于信息不灵、资料短缺，版权引进尚存在一定的盲目性；二是版权保护及法制宣传还不够深入，导致版权管理水平难以符合网络时代的要求；三是版权贸易与版权合作总体上尚缺乏快速有效的信息沟通，虽然图书出口机构众多，但技术手段落后，全国尚未形成一个完整的、资源共享的图书信息网，各单位主要采用直接向国外客户寄发各类书目的方法来征订图书。因此，完善版权贸易运作机制，加大版权管理力度，成为保证我国版权贸易健康发展的迫切需要，而版权贸易网络建设，尤其是版权信息管理系统的开发建设，是改进我国落后的版权管理技术手段、推动版权产业快速发展的重要保障。发达国家已开发成功的版权信息管理系统、版权保护技术措施、数字权利管理技术，值得我国的版权行政管理部门、版权贸易中介机构、版权信息服务机构等在大力引进与分析的基础上进行实际应用。

二、国外版权信息管理软件的开发

迄今为止，国外已经出现大量的基于版权信息管理业务的管理软件，其中美国版权局的电子登记、记录与缴送系统（CORDS）的影响最大，因而以其为例，说明版权信息管理软件的开发与应用过程。

美国版权局版权信息管理系统的开发建设既是为了完成版权局的法定使命，达到版权法的法律要求，也是为了应对日益增长的数字化网络作品的要求，尤其是网络数字作品的传播与利用。该系统开发始于 1993 年，宗旨是通过互联网实现数字作品的在线版权登记申请、注册与保存，具体目标包括：版权登记申请人快速、有效进行版权作品登记申请和贮存；通过加快注册程序，提高版权局服务、交流与管理水平；控制版权注册与管理成本；便于国会图书馆获取网络数字作品数据。该系统的工作机制大体如下：当接收版权登记申请人通过电子邮件寄送的电子申请表格后，版权局要进行一系列记录与贮存活动，如进行数字化签名的确认，编制跟踪记录并反馈给申请人，审查作品的版权性质及其他要求，给定有效登记日，给定登记号，打印版权确认证书，确定版权标识，进行作品编目，将记录输入版权数据库，等。这样，其他网络用户就可以通过版权局的版权数据库进行版权数据的检索。从这一系列过程可以看出，CORDS 是一组管理系统与软件组件的集成，分别实现版权登记、注册、贮存、信息处理、检索等功能。因而 CORDS 是分阶段开发实施的，1996—1997 年为第一阶段，成功地进行数字作品的电子版权注册与贮存；1998—2001 年为第二阶段，系统初具规模，每年处理超过 2 万件版权登记申请，并同合作单位进行技术报告、电子期刊、学位论文、计算机软件、电子图书、音乐作品等版权作品的系统测试；2002—2003 年为第三阶段，将开发出大规模的、功能完备的 CORDS 处理系统。目前，美国版权局的主要 CORDS 合作项目包括 CORDS 与数字化学位论文、CORDS 与数字音乐作品、CORDS 与电子图书等。

除美国版权局开发的 CORDS 版权信息管理系统外，许多国家的版权管理部门、数据库生产服务商、软件公司等还开发了一系列各具特色的版权信息管理软件，如以色列 Idioma 公司开发的自动版权监控软件 CopyrightScanner™，提供了全面的版权追踪解决方案，日本版权局与权利人组织共同合作开发了"日本版权信息服务系统"（J-CIS），日本音乐著作权协会（JASRAC）开发了权利清算系统，日本研究者 Yoko Murakami 则提出了版权信息管理系统设计与运行的新协议框架。

三、版权管理的技术措施

如果说上述美国 CORDS 系统及其他版权管理软件仅是一种基于实际业务的版权信息管理技术，那么，有些国家已经成功开发与应用的一系列版权管理技术措施，则更多地面向版权的权利管理与权利保护，它们成为版权贸易与版权产业发展的重要技术支撑。根据版权管理目标的不同，人们已成功开发的版权保护技术措施主要可以分为以下几种类型。

（1）反复制设备，即阻止复制作品的设备。这些系统也许是最早部署并被最广泛使用的保护作品的技术保护措施，例如复制保护器。

（2）控制进入受版权保护作品的技术保护措施，包括加密、密码系统、防火墙技术、黑匣子、数字签字和数字信封等。其中具有代表性的就是"数字信封"，这种系统可以用数字化手段对保护客体加密，并且可以装载归纳作品内容、识别作者身份的信息以及与作品使用相关的信息。

（3）"追踪系统"，即确保数字化作品始终处于版权人控制之下，并只有在版权人授权后方可使用的软件。

（4）数字水印、数字签名或数字指纹技术，即通过在数字作品中加入无形的数字标志以识别作品及版权人、鉴定作品的真伪。最常用的标记技术是数字水印技术，它可以分为 4 种类型：版权保护水印、篡改提示水印、票据防伪水印、隐蔽标识水印。

（5）标准系统，即按照地区划分，设定不同的标准以尽可能地避免对版权作品的侵权行为。

（6）电子资源管理系统（ERMS）。它有时也被称为电子版权管理系统（ERMS），是由许多工具和技术组合而成，具有多种功能。它既可以识别作者身份、通过加密保护作品，又可以像电子契约那样与使用者交易等，因此 ERMS 系统是一个融合了自动化保护和电子许可系统的软件。如一个能阻止获得作品的加密工具可以与一个能禁止合法使用者复制作品的反拷贝系统结合在一起。水印图案制造技术和电子许可及付款系统也可以被设置在同一电脑程序中。因此一般来说，电子版权管理系统的主要功能是管理在线作品的使用和许可，可以将其归于管理类工具。

四、数字权利管理技术的开发与利用

在网络环境下，数字化虚拟空间的版权管理面临着更多的挑战，一些传统的版权管理技术措施已显得力不从心，因而人们越来越多地关注数字权利管理技术的开发，不论是数字作品的生产者、出版者还是其他传播者，都希望数字作品能够在有效管理的基础上广泛传播，而不是单纯的保护，用户也希望从有序化管理及合法授权中获得更广泛的作品使用资源。在这种环境下，数字权利管理技术及管理系统应运而生。尽管数字权利管理技术及系统不局限于版权保护，但其主要功能无疑是为了推动版权制度的发展，因而应特别关注这种新技术在国外发展的动向。

（一）置信系统（Trusted System）

置信系统这一概念出现于 20 世纪 80 年代末至 20 世纪 90 年代初。置信系统实际上是一种信息系统，它基于系统参与者共同遵守的信任机制，目的是让用户采纳特定的规则，如使用权限、费用、许可条款等。置信系统的主要功能包括：允许出版商享有特定数字作品的部分权利；规定用户使用权利的条件与许可要求；系统之间可相互进行信息交互，并且可确认非授权的、错误的数据；确保用户信息的保密性；等。

置信系统可用于不同种类的数字版权作品，如数字音像、音乐、计算机图像、电子图书、教育材料等。针对不同的对象，置信系统可有不同的表现形式，如阅读电子图书的置信系统（trusted systems）、打印电子文献复制品的置信打印机（trusted printers）、在因特网上销售数字作品的置信服务器（trusted servers）等。

（二）数字化对象识别技术（数字对象标识符）（Digital Object Identifier, DOI）

信息技术专家对数字化对象的定义是：包含有意义信息的数字化形式的一组数据。数字化对象识别装置是连接权利拥有者与用户的数字化作品的独特识别系统，通常由三部分构成：识别器、数字作品位置参考指南、权利数据库。数字化对象识别装置有时可嵌入数字作品成为数字水印，它对基础设施有一定的要求，如识别器与打印机连接机制，能保持数字对象的权利信息，能控制识别器的操作过程。

（三）可扩展权限标记语言（Extensible Rights Markup Language, XrML）

为实现不同数字权利管理系统（DRM）之间的兼容性及网络中电子作品的无障碍传播，DRM 需采用统一的标准，并基于统一的描述语言。XrML 是由 Xerox 公司的 PARC 中心开发并于 2000 年推出的一种描述使用权的标准化语言，它基于 XML 及

DPRL（数字化产权语言），并为相关内容指定使用权利条款和条件，主要的使用条款和条件类型有：每次使用的费用、使用时间、获取类型、数字水印类型、装置类型等。

XrML 的目标是：便于作品所有者与发布者设定与他们所选择的商业模式相关的版权、费用与使用条款；用简明有效、易于理解的语言为权利使用者提供使用条款；向服务商提供操作性强的置信系统概念，并用于试验和评估；提供个性化语言的适应性及未来语言的拓展性。

与此相适应的 XrML 的功能设定为：具体说明作品的使用权利方式，如复制、签章、临时使用、部分使用等；提供一套结构化、具有语义功能的标签，用来说明用 XrML 表述的作品的专门化元数据，这样使 XrML 与数字作品的整合更有效，并能设置和破解数字内容的密码，还可创建 XrML 文档，如许可证等；支持使用条款与条件的说明，并能追踪作品的动向；与其他产业标准相适应，如公用/私人密钥、元数据、XML 等。

由 Xerox 公司开发，现由 ContentGuard 公司（Xerox 公司与微软公司合作建立的一个软件技术公司）运作的 XrML 作为 DRM 标准的开发式标准，已引起数字出版界的广泛关注。Content-Guard 公司已向产业界颁发免费许可证，自 2000 年 4 月迄今，已有 20 多家公司和机构获准使用 XrML，如 Adobe Systems 公司、Barnesandnoble. comGlassbook 公司、Hewlett - Packard 实验室、John Wiley&Sons 公司、Microsoft 公司、Reciprocal 公司、Softlock. com、Thomson 出版公司及 Xerox 公司等，这样使得 XrML 成为一种在描述数字权利管理内容领域的真正标准。可以说，XrML 语言的出现，确保了不同企业、公司所编制的数字权利管理系统的互操作性与兼容性，统一了开发者权利描述方式，也提供了使用者利用数字作品的条款方式，因而有力地推动了开放性数字权利管理系统架构的建设，促进了电子内容市场的进一步发展。

（四）自保护文献技术（Self Protecting Documents，SPD）

自保护文献是一种可保证自身机密性和完整性并增强使用权

的文献，它由加密形式的内容、权利说明、数字水印、使用文献的许可信息、控制文献格式转换等部分构成，可转换成 WORD、PDF、HTML 等格式。SPD 技术实际上是 Xerox 公司 PARC 中心的 ContentGuard 技术的一部分，现由微软公司与 Xerox 公司共同建立的 ContentGuard 公司负责开发。

随着版权管理网络化、全球化发展，积极采用先进的版权管理技术、建设有效的版权信息管理系统，将为版权贸易渠道的拓展及版权产业的快速发展，奠定坚实的现代化技术基础。

参考文献

［1］徐明强. 版权贸易与具体操作［J］. 中国出版，2000（6）：22-25.

［2］宋军. 我国版权贸易的现状、问题与对策［J］. 中国出版，1999（8）：15-16.

［3］赵琴. 影响我国版权贸易发展的原因和对策［J］. 中国出版，2000（4）：19-21.

［4］何敏，周纯. 电子屏障：版权的技术保护措施的法律保护［J］. 中国科技论坛，2000（2）：51-54.

原载《出版发行研究》2002 年第 8 期，作者马海群。

再论我国信息法学的学科建设

信息法学研究是近几年来国内外法学界、管理学界、社会学界及信息产业界共同关注的重要领域之一。但从国内外信息法学现有研究成果的质量和水平看，人们探讨的视角和范围主要集中于信息法现象的描述、信息法制建设的呼吁，尤其是信息法体系的构建，而信息法学学科建设方法、学科结构，尤其是信息法学学科体系构建方面的研究尚十分罕见，信息法学作为独立学科的出现和发展尚缺乏坚实的理论基础。本文将结合相应的法律制度和法学研究成果对信息法学学科建设的一些问题进行大胆的尝试性探讨。信息法学学科体系构建作为本文探讨的核心主题，将是笔者关于信息法学系列研究的重要组成部分。

一、信息法学建设背景分析

任何一门学科的创立和建设都植根于社会需要与科学发展内在逻辑的交汇点上，信息法学也不例外。

（一）时代发展的客观要求

当今社会是信息社会，苏联学者莫伊谢耶夫认为，信息社会是信息技术的发展同自然界、社会与人的高度契合的社会。信息技术作为信息社会发展的推动力引发了许多新的信息现象、信息活动、信息行为，面对由此产生的新的法律关系，行政管理手段和以往法律制度解决起来已显得力不从心。为了保障信息社会持续健康有序的发展需要有专门的法律——信息法来对新的信息法律问题进行约束和规范。当今社会又是法制社会，一切自由的信息行为必须在法律的保障和约束下依法进行，同时信息法制的建设与发展，也是法制现代化进程的有机组成部分之一。可以说，当今社会的双重性决定了对信息进行立法的重要性和迫切性。

但就我国来讲，至今没有制定颁行一部完整系统的信息法。与信息产业信息活动有关的信息法律法规，绝大部分是政出多门，分散于各部门法中，缺乏权威性和普遍约束力的行政法规规章，它们之间缺乏内在的有机统一和协调，缺少相互支持和映射、关联，因此，系统性、独立性差，对信息活动和社会关系的调整是零乱性的、无纲领性的。究其原因，一个重要方面就是：我国信息法学的理论研究存在着滞后性。目前信息法的研究主要是一种基于法律规范分析和法律制度研究的应用性研究，较少涉及或深入研究信息法的基本理论问题，缺乏对信息法的理论思考，远没有形成信息法学的理论体系。现实状况对信息法学的理论研究提出了更新更高的要求，即努力形成科学的、系统的、具有特色的信息法学理论体系，把信息法体系、信息法制建设和信息法治秩序建立在信息法学的牢固的理论基础之上。

（二）学科支持条件的成熟

1. 相关的学术研究活动逐步增多。

20世纪90年代以来，信息法学学术活动日渐增多，具体表现在：

——国内外与信息法制建设、信息法学有关的学术交流会议召开。如1991年在荷兰阿姆斯特丹召开第一届国际信息法学会议，并出版了《面向21世纪的信息法学》会议论文集；1997年召开了中国信息化法制建设研讨会；

——有关信息法、信息法学的论文和著作越来越多。1995年出版了《信息法学》专著；武汉大学信息资源研究中心马费成教授组成课题组，研究我国信息立法设计框架；

——涌现出如张守文、杨学山、周庆山、邱均平等以信息法学为研究方向的学科拓荒者；

——许多高校，如北京大学、中山大学、黑龙江大学、东北师范大学、安徽大学等都开始设置信息法学的课程，西安亚太科学研究院还设有信息法学研究室。

上述几方面表现不仅为系统化、科学化、专业化研究信息法学提供了学术支撑，为培养专业人才创造了良好的条件，同时也是信息法学学科创建的前期铺垫。随着信息法学研究的逐步深化，信息法学的理论思想得到了越来越多学术权威及一般研究者的认同，不同研究者的信息法学理论、观点也正在走向融合并共同促进信息法学学术规范的建立，从而推动了信息法学学科共同体情景的营造。

2. 信息法学专门网站的建立。

1999年西安邮电学院①筹办电子版信息法学杂志，并依此建立了第一个信息法学网站。该网站设置了法律法规、专题研究、法律咨询、在线教育、案例分析、立法部门、会议消息、信息产业动态等内容，其宗旨是活跃信息法学研究、促进我国信息产业发展。虽然网站还处于初建阶段，内容资源及网站建设还存在不足，尤其在信息法学学术研究和学科建设上尚未拓展，但由此可以看出，人们已开始重视利用网络作为媒体来研究和宣传信息法学，这无疑为更多的学者系统性地研究信息法学提供了广阔的空间，显示出信息法学学科研究的社会价值和未来前景。其他和信息法相关的网站在互联网中则早已大量涌现。

3. 宏观学科环境的支撑。

任何一门学科的创立都离不开某些相关的先行学科的孕育、孵化或辅佐。作为信息法学的原生学科——法学、管理学、社会学、信息科学及其分支学科近年快速且全面地发展，在概念、思想、技术、方法等方面为信息法学的研究提供了丰富的内容。此外，与人类生存发展密切相关的生命、环境、教育等领域的立法已引起各界的重视，并纷纷开始进行生命法学、环境法学、教育法学等的研究，这对与人们的信息活动息息相关的信息立法研究及学科建设的滞后状况将起到改进作用；同时，这些同为新兴起

---

① 2012年更名为西安邮电大学。

的学科的研究成果，为信息法学提供了宝贵的可参考借鉴的东西，使信息法学研究能吸取更多有益的养料。

综上所述可以看出信息法学作为时代精神孕育的结果、学科之林整合的结晶，其学科研究的背景已全方位铺开，对其理论体系内容进行深入全面地研究既有必然性，又有可能性。

二、信息法学学科内涵研究

（一）信息法学学科概念界定

概念是反映对象本质属性的思维形式，学科概念的界定关系到学科的性质、研究对象和基本内容，所以给信息法学下一个比较准确、科学的定义是信息法学研究的前提。笔者认为，信息法学是专门研究信息法的产生、发展、本质、特征和信息立法、执法、司法、守法以及信息法与其他相近法律部门相互关系的一门学问，其目的是认识、概括和掌握信息法发展的规律，为健全和完善信息法制、实现创造良好的信息环境和信息管理制度的任务提供指导。

（二）信息法学的研究对象

一个新学科的建立，其首要任务就是确立它的研究对象。研究对象问题决定着学科的发展方向和基本内容。信息法学要有自己特定的、不同于其他学科且无法被其他学科取代的研究对象，才能作为一门独立的科学而存在。信息法是用来规范信息科学领域中信息法律活动与现象的，对某一现象领域所特有的某一种矛盾的研究，就构成某一门科学的对象，因此，信息法学的研究对象就是信息法的现象及其规律。恩格斯在《自然辩证法》中指出：每一种科学都是分析某一个别的运动形式或一系列相互关联和相互转化的运动形式的。因此，信息法学所研究的信息法既是一种信息活动又是法律活动，更应是两种活动形式的有机结合，体现出信息法学研究对象的独特性。对信息法学其他内容的研究也正是以此为核心和主线展开的。

（三）信息法学的研究内容

信息法学作为调整信息法律关系的理论体系，研究的主要内容是信息法的基本理论、法学原理、法制建设、法律主体、法律客体等，具体研究内容包括以下几项。

1. 信息法学基本理论问题。包括信息法学的概念、学科性质、研究对象、研究方法、内容、体系，信息法学的产生和发展，信息法学研究的意义，信息法学同相关和相邻学科的关系，信息法学科建设的途径，信息法学结构与学科体系，信息法学教育与培训，等等。

2. 信息法原理。包括信息法的概念、本质、基本任务、地位、作用、体系，信息法与信息政策、信息伦理道德等社会行为规范的关系，信息法的调整对象、调整原则和调整方法，信息法产生、独立和发展的规律，信息法律关系（包括主体、客体、内容和法律责任），信息法律意识和信息法律文化，信息法律思想，等等。

3. 信息法制建设。包括信息立法，信息法适用，信息法律规范，信息法的解释、遵守、执法、监督、宣传和教育，国内外信息法制建设情况，等等。其中信息法律规范是信息法制的核心环节。信息法律规范总称为信息法，它既包括新颁布的调整信息法律关系的法规，又包括分散在以往法律法规中的与信息活动有关的条款。研究和构建它们之间支持和映射、统一协调等关系，同时进行信息法的国内外比较，是信息法学的重要内容。

4. 信息法律主体。包括信息法律管理主体，如信息法律制订机构、信息法律执行机构；信息法律服务主体，如信息法律事务所、信息法律服务中心；信息法律活动主体，如国家、企事业单位、个人等。

5. 信息法律客体。包括知识产权所保护的信息成果、规模日益扩大的跨境数据流、日益敏感的国家秘密和商业秘密以及个人隐私、亟待社会化的政府信息资源、作为电子商务活动主要形式的电子信息流等。

6. 信息安全技术的法律保障，如信息安全软件技术、信息安全硬件设备的合理使用及合法设置，信息安全手段与技术措施的合法采用，等。

7. 信息法制教育与人才培养。

8. 信息法制建设的支撑因素，如信息政策、信息伦理道德、信息文化、信息技术等。

（四）信息法学的学科特点

1. 特殊性。学科的特殊性往往存在于它的理论传统、方法论特色以及特有的研究对象或体现研究对象的系列范畴之中。由于现代学科发展呈现出十分明显的研究方法趋同性，理论传统和研究对象也就成了学科自立的主要标志。信息法学作为交叉学科，是产生于研究对象、研究思路差异较大的信息学与法学之间的，是"远缘联姻"的产物，"是运用信息学的相关理论和方法从法学的角度研究相关信息，分析和解决相关法律问题的学科"①。它对信息科学的研究是全方位的，但又不是信息科学的全部内容，而是从法律的视角，在掌握信息科学基本理论基础上，使用法学的相关理论，研究信息科学中的信息法律问题，这与其他学科如经济信息学（是信息学理论与方法在经济领域的应用，是信息学吸收经济学知识后形成的学科）的形成是不同的。其学科特殊性可见一斑。信息法学以其新的、独特的理论对传统的法学理论产生影响，将为整个法学基本理论的不断进步和完善做出贡献，并使暂时没有纳入法学基本理论的信息法基本理论逐渐成为整个法学基本理论中一个新的、具有无限发展前景的组成部分。

2. 独立性。首先，法学与信息科学作为独立学科，有各自的研究内容、研究重点、研究体系，尽管两门学科的研究和发展可能或正在涉及信息法制问题，但由于关注点不同，仅凭他们其中

---

① 周庆山：《面向 21 世纪的信息法学》，载《情报理论与实践》1998 年第 1 期。

某一分支学科体系来代替信息法学体系是困难的，甚至是不可能的。信息法学的产生，恰好消除了法学和信息科学研究的盲点。其次，信息法学是通过信息科学与法学的概念、原理、方法相互交融、渗透、借助而形成的，但它并不是这些概念、原理和方法的简单堆积，而是经过一定的改造和加工，彼此之间有机融合，形成的一个新的独立的理论体系。再次，信息法学作为一门独立的学科，在其形成之后，不仅可以由其自身不断地派生出新的分支学科，还可以与其他学科进行二次交叉，形成新的交叉学科，如电信法学、广告法学、新闻法学等。随着社会科学的发展，信息法学的研究体系将逐渐形成和完善，信息法学的独立性将更加突出。

3. 科学技术性。信息技术带来的正负方面的问题都对现行的法律提出挑战，直接导致了信息立法。在论及信息立法和信息法体系建设时，学者们都很注重信息技术对信息立法的影响及其在信息法体系中的地位。比如，"信息法是法律规范和技术规范有机结合的产物，各国在制定信息法规时，非常重视技术规范，并将其中的重要部分确认为法律规范"[①]。信息技术与信息立法的形影关系决定了信息法学将带有明显的科学技术性，具体表现在：其一，信息法中包含许多信息技术性标准和规范，且信息技术名词和术语越来越多，因此信息法学的研究必然要面对这些信息技术问题，反映科学技术发展的新成果，紧跟科技发展的步伐；其二，信息法学所要研究的许多信息法律问题的解决要依靠信息技术做保障，比如信息密码、信息犯罪、信息系统安全等；其三，信息法学研究促进了信息技术手段的法律规范化、制度化，有利于对科学技术成果的运用。技术具有中性的特点，通过立法研究可保障信息技术的"善意"发展，约束"恶意"使用，比如黑客行为、破解版权信息的技术就被信息安全保护的有关法

① 周庆山：《面向 21 世纪的信息法学》，载《情报理论与实践》1998 年第 1 期。

令所禁止。

4. 普遍适用性。信息活动是人类最基本、最广泛的社会活动，法律则是调节与规范这类活动常用的有效的手段，这决定了信息法适用的范围将涉及各行业多领域。第一，信息法学以信息法为研究对象且吸收了多学科的知识，因此具有普遍适用性；第二，信息法学具有明显的"远缘联姻"优势，生命力极其旺盛，因此，它既可能向其他学科领域渗透与扩张，即用信息法学理论与方法进行跨学科的应用研究，还可能对其他边缘学科、交叉学科的孕育产生一种辐射作用或催生作用。人类的各种社会活动都能通过信息活动来分析，法律的制定、法学的研究，在某种意义上说都是一种信息活动，因此信息法学可对法学学科的研究与实践产生直接或间接的影响；还对信息科学的分支学科（如信息管理学、信息社会学、信息经济学、信息传播学、信息市场学、信息系统管理与技术等）起到法律指导与规范作用。这是信息法学研究对象来源于实践、研究成果又应用于实践的体现。

三、信息法学学科建设方法探讨

印度学者拉姆·纳斯沙玛指出："一个学科之所以称之为科学，是由于应用了科学方法，科学的成功是由于科学方法的成功。"① 因此，信息法学学科建设要采用科学有效的方法，首先以马克思主义哲学为指导方法，其次还应借鉴一般科学方法，吸取各种综合性方法、横向性方法和交叉性方法。

（一）马克思主义哲学

哲学是科学的科学。马克思主义哲学世界观和方法论是人类研究自然、社会和思维规律的哲学基础，它所包含的一系列重要原则范畴构成了现代科学研究的普遍方法，因此，马克思主义哲学是社会科学研究的哲学方法指南，对任何学科来说都是最高层

---

① 陈波等编著：《社会科学方法论》，中国人民大学出版社 1989 年版，第 21 页。

次的科学方法论。对信息法学则更显重要，因为法和法学具有鲜明的阶级性，比如，对于信息技术的"双刃性"、信息公开与保密、信息保护与自由、信息私权与社会利益等具有明显的辩证关系的问题，要想正确把握和研究当然离不开唯物辩证法的指导。再如，可以利用辩证和历史唯物主义关于社会现象的哲学理论观点来看待与认识当今社会存在的信息法律问题，并预见其发展趋势。以马克思主义哲学为指导方法，信息法学学科建设才能确立正确的立场和方向。

（二）系统论方法

系统论作为横断科学，不是以客观世界某一种运动或某一种物质结构、物质形态作为研究对象，而是以许多不同的运动形式或是以许多不同的物质结构、物质形态在某些特定方面的共同点作为研究对象，这就决定了其作为理论和方法向各门学科渗透的广泛性。系统论方法的特点是整体性、动态性和抽象性，而信息法学研究对象——信息法所解决的信息法律现象的存在方式、活动方式、发展方式，都呈现出多因素、多结构、多层次、多变量、多联系的整体态势，并且由于信息自身的特点而时刻处于流动状态；同时对于学科研究而言，要撇开各环节对象的具体特点、具体内容、运动状态和特殊属性，而抽象出一个共有的特点、内容和属性，这是信息法学学科建设要遵循的，也正是系统论方法所提供的。因此，可以使用系统论方法进行信息法学学科建设。

系统方法用于信息法学学科建设，主要体现在以下几方面。

1. 把信息法学放入社会大系统中，考察其与社会的多方面、多层次的联系，从整体上把握信息法学在社会发展中的作用。把信息法学与信息产业、信息技术、信息管理、信息权利所有人、公民等诸方面统一形成一个系统结构，研究信息法学在其中所处的地位。这样，建立起来的信息法学才能有正确的社会定位。

2. 把信息法学看作由若干相互作用的要素组成的有机整体而

非机械整体，各要素分别处在不同的层次上，具有共同的特征，并以某种特定的形式与其他要素发生联系，这些联系决定了系统整体功能。前面提到的信息法学研究的各项内容之间就是这种关系。比如，网络上发生的涉外信息侵权，涉及侵权主客体和内容、ISP 和 ICP 的法律责任、证据的收集、法律制度的适用、司法管辖等问题，相应地，在信息法学研究中至少要考虑诸如信息法律关系、责任认定、收集证据所需的信息技术知识、信息管理和服务机构、个人利益与社会利益、法律适用和司法管辖、国外信息法律与司法、国际交流与合作等等。

3. 信息法律现象表现出层次性、非线性、问题结构交叉性、渊源复杂性等特点，因此，在信息法学研究中必须用多维联系模式，如功能联系、结构联系、层次联系、反馈联系取代线形因果联系，用多向的因果联系取代单向因果联系，用动态的观点代替静态的观点。

4. 具体的信息法律问题在成因、表现形式、涉及因素、适用法律、解决难度等方面不可能完全一致，信息法学不可能对此一一做阐述、解释与研究，要抽象出其中共有的特点、内容与属性来加以研究。只有依此建立起来的信息法学才有普遍适用性，指导作用与意义才更强。

（三）移植方法

移植方法指运用其他学科的概念、理论和方法来研究本学科存在的问题。依美国科学哲学家 Thomas Samuel Kuhn 的学科革命论观点，即学科的发展基本遵循前科学阶段—常态科学（形成范式）阶段—反常—危机—革命（出现新的范式）—新的常态阶段，可以认为信息法学目前处于前科学阶段。信息法学作为前学科，进行学科建设必然要移植或借鉴其他相关学科的概念、理论和方法。首先，自然界各种运动形式之间存在着的相同性和连续性，为使用移植方法提供了客观依据；其次，一般来说，一门学科的研究对象越基本，其研究方法移植的可能性越大、领域就越广阔，信息法学正具备这一特点，即它研究的是由信息活动、信息行为产生的法律关系的这种最普遍基础的社会现象；再次，在法学研究中法律移植是法律发展的捷径，法律表现形式、法律操作程序、诸多法律原则以及整个法制结构体系等都可以移植。因此，作为信息法学学科的建设使用移植方法是必然的，也是可行的。

移植方法可分为概念、原理、结构、观点的移植和科研方法的移植。其实，在一些学者对信息法的定义与信息法学的概念中以及对信息法渊源的解释和构建信息法体系中已体现出移植的痕迹，而本文在写作过程中也移植和借鉴了相关学科成熟有益的方面。当然在使用移植方法时，应注意结合本学科自身的特点进行创造性移植，即要有创新，否则会成为一种框框，而窒息本学科的发展。

学科建设的方法还很多，诸如一些特殊的数学方法、心理与行为科学方法、管理科学方法等，需要在实践中不断地摸索。

四、信息法学学科体系构建设想

研究信息法学基本理论的目标是形成区别于其他法学分科的信息法学理论体系，而要形成信息法学的理论体系就必须确定该体系的基本框架，这是难点也是一个重点。从学科理论根源上看，法学作为社会科学中的一个分支，是有自己一定的研究范围的，这一研究范围主要是指法学各分支学科的全部内容。法学的各个分支学科构成了有机联系的统一整体，即法学体系。当然，不同时代、不同国家的法学体系都既有联系又有区别，法学体系从来没有也不可能有固定不变的模式。从不同的角度和用不同的方法可以勾勒出不同的学科体系框架，例如从法理上看，信息法学大体上可分成两部分：一是信息法学基础理论研究，它研究法制现象中的必然性问题并揭示其规律，同时还要进行信息法律规范内部结构的研究，使一定法律概念、原则、条规组成内部和谐统一的部门，并使之成为法制的有机组成部分。二是信息法学的应用研究，揭示具体法律规范应用的冲突领域，做出强制性的选择或理性的界定。又如，从各种类别的法律这一角度出发，信息法学可分为国内信息法学、国际信息法学、信息法律史学、比较信息法学等。

本文则试图从信息法律体系结构角度构建信息法学体系。通过上文对信息法学的定义、研究对象、研究内容的描述，笔者明确了信息法和信息法学间的互动关系。而近几年国内学者对信息法体系的研究较多且较为全面成熟，所提出的信息法体系中基本上（甚至完全地）涵盖了信息科学的内容；同时，信息法学要研究的问题正是信息法要调节解决的问题，信息法律体系的规模和内容直接关系着信息法学理论体系的范围和内容。因此，可以借鉴信息法体系来从以下几个方面建构信息法学学科体系框架。

（一）信息法学总论

主要介绍信息法和信息法学的概念、发展历史、信息法的渊源、信息法律的基本原则、信息法的特点、信息法律关系（包括法律关系的主体、客体和内容、权利与义务）、信息法学的地位及研究方法、各国信息立法的情况、信息法学的研究状况及发展趋势，并介绍信息法与信息法学涉及的信息基础理论（如信息概念定义、信息过程、信息关系）等。这是纯理论的内容，也可称之为信息法理学或信息法哲学，它们主要解决信息法学的认识论和方法论。

（二）信息法律制度

研究信息政策法规、规章制度的历史、渊源、发展；信息法律制度的特征、要件、内容、制定和调节机理；各种已有法律规范间的协调、关联、映射，并进行国内外信息法律制度对比研究、国际上与信息法有关的公约的研究。比较研究信息法的基本理论，包括研究目的、对象、范围、方法和特点；各国信息法（包括理论、立法、执法等）的共性、差异、相互影响、协调和趋同化。

（三）信息法律权利义务及纠纷研究

主要研究违犯信息法及信息法规规章应承担的行政责任、经济责任、民事责任或刑事责任、法律责任的特点及其原理，政府、公民、机构等各种信息法律关系主体的法律地位及其法律责任，各类信息法律纠纷涉及的主客体及其权利义务、解决的方式途径。国内外信息犯罪、信息侵权、信息安全等方面许多典型的信息法案例的研究对于信息立法有借鉴价值。

（四）信息机构

信息的普遍性使信息机构的范围广泛，从信息的产生、生产、加工、管理、利用、整理、流通、交易等环节出发，确定与这些环节有关的机构的设置、职责、功能等，包括信息政策法规的制定、执行、监督机构。

（五）信息法学核心问题研究

从现实社会发展的需要看信息法学和其核心研究领域集中于以下几个方面。

——信息犯罪与信息安全：信息伦理道德、国家的整体信息安全、个人信息隐私、企事业如金融行业信息系统的安全；

——信息资源管理：信息生产、采集、加工组织、传播、利用的各环节及涉及的信息法律问题；

——信息自由与公开：公民获取信息的权利与义务、政府机关政务信息的公开及一些机构（如证券机构的信息披露）的信息公开；

——知识产权保护：知识产权信息保护、社会利益与个人利益的平衡、信息的社会共享等，以及知识产权制度面临的不断挑战等。从发展趋势看，信息法学同其他学科的交融发展、协同发展以及自身学科结构的综合、分化发展，将进一步推动信息法学学科体系的丰富与完善。当然，准确地说，学科建设是集学科梯队、学术方向、科学研究、基础条件和人才培养于一体的综合性建设。鉴于信息法学刚刚兴起，笔者仅能从学科发展背景、学科研究主要内涵等若干角度探索信息法学的学科建设，目标侧重于其学科建设方法分析与学科体系构建。

参考文献

［1］马海群，乔立春. 论我国信息法学的研究基础与学科建设［J］. 中国图书馆学报，2001（1）：16-20.

［2］周庆山. 面向 21 世纪的信息法学［J］. 情报理论与实践，1998（1）：9-12.

［3］邱均平. 市场经济信息学［M］. 武汉：武汉大学出版社，2001.

［4］T. S. 库恩. 科学革命的结构［M］. 李宝恒，纪树立，译. 上海：上海科学技术出版社，1980.

［5］田洪生. 法学体系及其构成［J］. 河北自学考试，1998（10）：19.

原载《情报资料工作》2002 年第 5 期，作者马海群、贺延辉。

电子商务标准建设

一、引言

电子商务是一种基于因特网、以交易双方为主体、以银行电子支付和结算为手段、以客户数据为依托的全新商务模式，它是继因特网之后 IT 行业的又一热点。在网络环境下，基于不同交易平台的贸易各方欲完成交易过程，就必须对数据交换和流程交易制定规范，实现系统交互及贸易平台的互通互联，这种现实需求导致了电子商务标准的应运而生。国外大型的标准化组织及相关贸易组织如 ISO、国际电工委员会（IEC）、国际电信联盟（ITU）、OECD、WIPO、IETF、万维网联盟（W3C）、欧洲联盟（EU）等，都在积极地制订或推广应用有关电子商务标准，如因特网开放贸易协议（IOTP）、SET、XML 等；一些国外大型企业如 IBM、微软（制定非 XML 格式数据进行 XML 的转换和传送标准 BizTalk）等，更是在电子商务标准的实施方面引导国际潮流。我国的有关机构如 IP 标准化研究组、上海信息标准化技术委员会下设的电子商务分专业委员会等，也在积极开展国外电子商务标准的跟踪研究，并为我国电子商务标准的制订出谋划策。1999年 5 月，北京市技术监督局主持召开了"99 北京电子商务标准化国际研讨会"，这是我国第一次以电子商务标准为主题的国际性学术研讨会，标志着我国对电子商务标准的研究水平及与国际交流的积极性。2001 年 3 月 30 日，"首届中国电子商务技术及标准研讨会"在杭州隆重举办。此次研讨会是在信息产业部信息化推进司、科技部高新技术发展及产业化司、国家经贸委经济信息中心、外经贸部国际电子商务中心、浙江省政府等主管机构的支持下，由中国信息经济学会、中国科学院软件研究所电子商务研究中心、浙江省信息产业厅、中国电子商务年鉴编委会联合主办，由 8848 公司鼎力协助举办。然而，我国至今未出台一部由本国自主制订的网络电子商务标准，与电子商务标准的有关的国外名词如 RosettaNet、CommerceNet、CommerceOne（均为国际性标准化机构）等，尚未被处于电子商务应用初级阶段的国内企业所认识和接受，这表明我国电子商务标准的研究远未形成规模，有关研究成果的应用性、适用面、系统性都存在不足。因此，抓住国际电子商务标准尚未成熟之机，大力加强电子商务标准研究与制订，建设我国电子商务标准体系，以期最终能够参与国际化电子商务标准的制订和推广实施，是我国标准化事业及 IT 产业的当务之急。

二、国外电子商务标准的发展动态、结构与特点

（一）国外电子商务标准的制订动态

从世界范围看，有关电子商务的标准均没有完全成熟，但标准化在国外电子商务的发展中得到了重视，特别是电子商务安全方面普遍呈现标准先行的局面。如美国政府很早就致力于密码技术的标准化，从 1977 年公布的数据加密标准（DES）开始，美国国家标准与技术研究院（NIST）制定了一系列有关密码技术的联邦信息处理标准（FIPS），在技术规范的前提下对密码产品进行严格的检验。1998 年 7 月，在美国政府发布的电子商务纲要中，明确提出要建立一些共同的标准，以确保网上购物的消费者享有与在商店购物的消费者同等的权利。目前，国外涉及电子商务信息流、资金流的标准化组织及其制订的标准主要有以下几种。

1. IETF 制定的因特网开放贸易协议 IOTP V1.0。IETF 是 ISO 中专门制订与因特网协议和应用相关的标准的松散型标准化组织，它所通过的标准被全世界广泛采用。1998 年该机构成立了

一个专门进行与电子商务相关标准的研究工作组（开放贸易研究组），并提交了开放贸易协议 IOTP V1.0，同时进行了一些相关试验，该协议提供了因特网中电子商务的互操作框架。

2. W3C（World Wide Web Consortium）推出的可扩展标记语言（XML）。可扩展标记语言 XML 是国际性标准化组织 W3C 于 1997 年 12 月推出的用于规定、认证和共享文件格式的数据交换标准，它提供了一种以标准方式互换多媒体文件的机制。XML 是一种能够创建标记语言的语言，其特长在于描述任意层次结构的数据，或赋予原本杂乱的信息一种清晰而通用的结构，使得数据在网络上进行交流和处理更加方便快捷。目前，美国已经有许多商业和非商业网站应用了 XML 技术。联合国有关机构也加入了推广应用 XML 标准的行列。

3. 联合电子支付项目（JEPI）。该项目由 W3C 与 CommerceNet 合作开发，目的是规范在购物之后和实际付费之前进行的业务处理，主要是提供客户和商家之间选择支付协议并完成其接口功能，具有自动支付处理、协商等功能。

4. 安全电子交易协议（SET）。SET 是由 MasterCard 和 Visa 两大国际信用卡组织于 1996 年伙同 GTE、Netscape、IBM、Terisa、Systems、Verisign、Microsoft、SAIC 等一批大型跨国技术公司开发的解决电子交易安全的开放性技术规范，主要功能是保证用卡支付的安全性。由于众多企业的参与和使用，它已成为事实上的工业标准，并被 IETF 认可。

此外，国际电信联盟（ITU）、国际信息处理联盟（IFIP）、世界消费者组织（WCO）等都在致力于制订与电子商务有关的标准。

（二）国外电子商务标准的结构

1997 年 6 月，ISO/IEC JTCL 成立了"电子商务业务工作组（BT-EC）"，BT-EC 确定了急需建立电子商务标准的三个领域：

第一，用户接口，主要包括：用户界面、图像、对话设计原则等；

第二，基本功能，主要包括：交易协议、支付方式、安全机制、签名与鉴别、记录核查与保留等；

第三，数据及客体（包括组织机构、商品等）的定义与编码。

这三个领域基本覆盖了电子商务的信息流与资金流业务范围，但电子商务标准的实际制订情况在这三个领域中的分布既不均衡也不系统，许多方面尚处于研究、试验过程中。就目前已出台和使用的电子商务标准来看，主要集中于电子商务安全方面，大致可划分为两类，一类是网上安全支付标准，如公共密钥体系（PKI）、安全套接层协议（SSL）、安全电子交易协议（SET）、账户数字签名标准（X5.95）、电子商务证书发放标准（X.509）、电子出版物目录查询标准（X.500）等；另一类安全认证标准，如密钥鉴别标准（ISO9594-8）、开放系统连接中的安全架构标准（ISO10181）、正在制订中的有关存证标准（ISO13888）。

从当前的市场应用情况看，国外电子商务标准基本上分为两层：底层的数据交换标准和高层的面向流程的标准。XML是目前用来做数据交换较有效的语言之一，它可以让网络间传送结构化资料变得和今天在网络上传送HTML页面一样简单。在电子商务领域，随着B2B的发展，企业间的数据交流日趋频繁，XML正是解决异构数据库交流的理想方法。在实践中，不同行业的人们根据自己应用数据的习惯定义了不同的标记，形成了诸如商业可扩展标记语言（cXML）、电子商务可扩展标记语言（ebXML）、通用商务库（XCBL）等一系列具有行业特性的数据描述语言，基于这些标准规范的数据，都能通过XML解析器相互通信。

有关商务流程的标准大致分为两类，一类源于由多家企业自发组织的非营利性行业标准化组织，如RosettaNet、CommerceNet

等；另一类源于电子商务及解决方案供应商，如 CommerceOne
等。鉴于 B2B 商务过程中出现的经营方式各自为政的局面，Ro-
settaNet 制订了"开放式电子内容和交易标准"，以电子方式连接
制造商及其供应商最终提高贸易效率。

当然，电子商务标准类型还存在其他多种划分方法，如有人
提出，目前电子商务的标准分为以下几类。关系体系结构的标
准：这种标准关心的是整个电子商务的体系结构，包括通用 XML
消息的标准、Schema 库等。功能相关的标准：这类标准关系供
应链中各个环节的数据交换。业界相关的标准：这类标准与所涉
及的行业相关，是某个行业的数据交换标准。

（三）国外电子商务标准制订的特点

从发展现状看，国外电子商务标准的制订呈现以下几个
特点。

1. 进行合作或联合开发。ISO、IEC 和联合国欧洲经济委员
会（UNECE/ECE）都在致力于电子商务的标准化工作，三方曾
就电子数据交换（EDI）及有关贸易单证标准领域进行合作。
1998 年 11 月三者又签署了一个电子商务领域有关标准化的理解
备忘录（MoU），MoU 包括总体部分、三个附录及注册表；2000
年 3 月，ITU 加入 MoU，增强国际合作力量。国际化组织 CALS
和 NATO CALS 也参加了 MoU 的实施。1997 年 11 月由国际商会
举办的世界电子商务会议，提出了一个电子商务规则文件——国
际数字保证商务通则（GUIDEC）。而有些标准化项目如 JEPI、
SET，则是国际性标准化组织及技术企业联合开发的结果。

2. 标准内容广泛。电子商务是一项综合性的新兴商务活动，
涉及信息技术、金融、法律、市场等多个领域，相关的标准必然
呈现跨学科、跨行业特点，因而电子商务标准体系十分庞杂。可
以预见，电子商务标准集的建设将是未来阶段的主要任务。

3. 企业参与程度高。目前国际上广为采用的电子商务标准
（包括已正式成为标准和尚处于试行中的草案等），有许多都是

由一些信息技术公司首先制订，然后通过市场的开拓，最终由企业标准一跃成为事实上的通用标准。据悉，世界最大的计算机硬件公司美国国际商用机器公司（IBM）最近同意采用由世界最大的软件企业美国微软公司设计的电子商务标准，从而解决了长期以来两家企业间的电子商务标准争端。一个受 IBM 支持、名叫"绿洲"（Oasis，具体负责电子商务标准的开发工作）的组织表示，同意采纳由微软开发的一种电子商务标准，这表明微软和IBM 在这一问题上长达一年多的争执终于告一段落。IBM 和微软希望，通过把相互不兼容的标准合并到一起，它们将可以向企业客户提供在互联网上从事商务活动的一个通用格式。"绿洲"开发的标准名叫"ebXML"，是一系列定义企业在网上买卖商品时相互间应该如何沟通的规范；微软开发的标准为简单对象访问协议（SOAP），并在 2000 年 5 月份向 W3C 协会提交了它制定的这一电子商务标准。据称，吸收了 SOAP 后的第一版 ebXML 标准于2001 年 5 月份推出。

当然，国外电子商务标准发展中也存在一定局限，尽管较多的标准化组织和企业已在 EDI 基础上更多地关注基于因特网的电子商务标准制订，但诸如网络服务、交易方法的标准尚未得到足够的重视。

三、我国电子商务标准的建设原则与方式

近年来我国信息技术标准工作取得了丰硕成果，截至 1999年 10 月，我国已颁布信息技术标准 500 多项，为我国电子商务的发展奠定了较好的基础。然而也应看到，我国电子商务相关标准的制订工作相对薄弱，目前除一些 EDI 标准及部分有关网络标准是从国际相应标准等同或等效转换而来外，由我国自主制订的、直接与因特网电子商务相关的标准几乎是空白的。但可喜的是，国家有关部委已经开始有所举动，据悉，我国信息产业部目前正在加紧制定电子商务标准，此次制定的标准，是由信息产业

部电信传输研究组承担起草，主要参照了 IETF 的 RFC 2801 及相关的国际标准文案。该技术体制主要规定 B-C 类电子商务的总体框架结构，包括总体结构、交易的通信流程等环节，制定该标准将促进我国电子商务向产业化发展。此外，中国科学院软件研究所电子商务研究中心与国内一些企业建立了中国电子商务可扩展标记语言（cnXML）联盟，旨在建立标准的形式并通过技术手段，逐步创造一个与国际接轨的电子商务标准化环境。鉴于电子商务的飞速发展和经济全球一体化态势，我们认为，应在一定原则指导下，采取灵活方式，加快我国电子商务标准的制订步伐。

建设电子商务标准的原则应包括：

（1）理清电子商务标准与技术法规的关系；

（2）在电子商务领域改变标准工作的滞后性，至少应与相关技术同步发展；

（3）相关标准要与国际接轨，应做到等同采用而不只是等效采用；

（4）从体系化角度建设电子商务标准集，包括网上支付、电子报关、文件传输、通信协议等方面的标准，网络安全、IP 电话、IP 网络中的设备规范与测试标准等。

与此相适应的电子商务标准制订方式可以包括：

（1）适应电子商务发展要求，改革标准工作管理机制，推动标准化编制部门深入研究网络经济，有针对性地开展电子商务标准制订工作，并建立标准维护机制。

（2）开放电子商务标准的制订体制，吸引更多的企业（包括吸引外资企业）与用户加入标准研究与制订工作中，增强标准的实用性与适用性。

（3）积极选用国外先进电子商务标准，选用时应把握国际性、公共性、可测试性、安全性等原则，提高我国电子商务标准的整体水平。

四、结论

国内外电子商务标准的制订存在着一定差距，世界范围内因特网电子商务标准的应用还处于刚刚起步的阶段，例如，世界上第一个因特网商务标准（The Standard for Internet Commerce，Version 1.0）于 1999 年 12 月才刚刚出台。因此我国的电子商务标准化建设想要全球化、国际化，尚有较多的机遇和较广泛的应用领域。目前的关键环节是推动企业加快电子商务化步伐，确定自身的内外业务流程规范；加强对国外电子商务标准的跟踪分析，及时掌握国外有关研究动态；在借鉴国外电子商务标准的基础上，制订适于本国又具国际化的电子商务标准。

原载《中国软科学》2002 年第 10 期，作者马海群。

知识产权信息专门搜索引擎的核心功能设计

　　随着因特网上信息资源的不断增加，因特网已经成为人们获取信息的主要来源。搜索引擎则为网上信息资源的检索带来了便利。但在人们对搜索引擎广泛使用的同时，其在检索功能上的某些不足也逐渐显露出来。综合性的搜索引擎覆盖的范围太广，其对某一具体专业领域内容的查全率、查准率都较低，这样就很难满足专业人士的检索需求，所以各种专业搜索引擎随之产生。而且，事实证明，它们的出现的确提高了检索效率，为专业人士查询提供了方便。在知识产权专业领域，国内至今还没有专门的搜索引擎，而国外对此的研究也尚处于起步阶段。中国加入 WTO 后，人们在知识产权方面的信息需求必然会成倍的增长，并且知识产权专业人员也需要了解更多的知识产权专业信息，所以知识产权信息专门搜索引擎的建设显得十分重要。本文通过对国外知识产权网站检索功能的调研，从以下几方面探讨了知识产权信息专门搜索引擎的核心功能设计构想。

一、页面设计

　　搜索引擎不是一般的信息类网站，在主页面设计上应该体现简洁明了。搜索引擎的主要功能应该是为用户搜索信息提供方便，所以检索功能是最重要的，知识产权信息专门搜索引擎的页面设计应该体现出这一特点。用户在进入主页后便知道进入的是一个专业搜索引擎。要在主页上体现出知识产权的体系分类，显著地列出一级类目，如专利、商标、版权、域名等等。用户要查找的是哪方面的信息就可以直接点击进入，在进入二级页面后也应该再按照不同类别的知识产权的特点或不同的侧重点再进行细分，具体的搜索界面要在第三级页面中才体现。这样一层一层的按照一定的递进关系进行信息查询能让用户在使用中更便捷，在逻辑关系上也能够给人以清晰的感觉。另外，还应该提供一个简单搜索的对话框，便于那些对知识产权体系不是很熟悉的，或者需要快速查询普通知识产权信息的用户使用。

二、注册

如何确保用户能最方便地使用自己的搜索引擎应该是设计者考虑最多的。大型的综合性搜索引擎都是不需要用户注册就能够提供检索服务的。但对许多专业搜索引擎来说，有的是需要注册才能够使用的，这样必然会带来使用上的不便。在国外的著名知识产权网站中，只有进行注册才能使用。要求注册必然会限制使用者的范围，不利于一个专业搜索引擎的推广。所以，我们要建立的应该是一个不需要用户注册就能够向任何用户提供信息查询服务的知识产权信息专门搜索引擎。

三、信息分类

知识产权信息覆盖的范围广泛，涉及的领域较多。在设计专门搜索引擎时，要充分地考虑到知识产权的特点。可以参考同样涉及很多领域的法律专业搜索引擎和购物专业搜索引擎，它们先将法律知识或商品按照一定的知识体系进行分类后再提供给用户使用。从用户的角度考虑，只有把知识产权信息先按一定的体系分类后，再提供给用户使用，才能更方便用户进行信息检索；从管理的角度考虑，将知识产权信息按体系进行分类也有利于搜索引擎自身对其所搜集到的各类知识产权信息进行系统化的管理、更新与维护，以提供给用户最新、最准确的信息。应该将知识产权体系进行如下的分类：专利、商标、版权、域名、其他知识产权、知识产权综合信息。其他知识产权包括了原产地名称、货源标志、反不正当竞争等，知识产权综合信息是指知识产权相关法律法规政策、信息资源（论文、期刊、杂志）、典型案例等。总之，我们所要建立的知识产权信息专门搜索引擎就应该能够支持以上这些方面的信息查询。

对于专利、商标、版权、域名来说，信息内容也相对比较多，为了更好地对这些知识产权信息进行管理，供用户使用，在条件允许的前提下应该进行进一步的分类。可以按照申请的国家对知识产权进行分类。知识产权的专业特点使得分类在知识产权信息专门搜索引擎的建设中显得非常的重要。

四、多途径搜索

知识产权信息专门搜索引擎所提供的搜索途径应该是多种的，涉及的领域范围应该是全方位的，这也是搜索引擎的最核心功能。

（一）简单搜索

简单搜索也称为快速搜索，它不仅要在主页面上体现，而且在每个页面上都应该体现，在对每个具体的问题的搜索上都应该将之与高级搜索并排列出。所有的简单搜索引擎都能够提供这样的搜索功能，它使用方法简单，便于用户检索，虽然没有体现出知识产权搜索引擎的特色，但是对知识产权信息专门搜索引擎来说，这种检索方法是必不可少的。

（二）高级搜索

对知识产权专业人员来说高级搜索是非常必要的，它对专业人员查找具体信息非常有效。高级搜索在知识产权网站中一般都是以独立窗口的形式出现。在研究了很多知识产权搜索引擎的优缺点之后，笔者认为知识产权数据图书馆中所提供的结构化搜索是最好的一种。它的逻辑性强，而且只有这样的搜索途径才能够和简单搜索对比明显。我们在建立自己的知识产权信息专门搜索引擎时可以借鉴这样的方法。

（三）专利号搜索（商标号搜索、版权号搜索）

对专利文献信息的搜索，称之为"专利号搜索"；商标信息的搜索，称之为"商标搜索"；版权信息的搜索，称之为"版权号搜索"。虽然名称不同，但是它们所要实现的功能和工作原理是一样的。因为无论是专利、商标，还是版权，在申请注册的过程中都拥有唯一的一个号码，这种一一对应的关系使得通过号码检索相关信息变得非常容易而且准确。这个特点是知识产权专业所特有的，所以专利号搜索也是所有知识产权专业搜索引擎所特有的。

（四）域名搜索

域名是知识产权的一个重要组成部分，所以域名搜索是必不可少的一部分。但是从所看到的知识产权搜索引擎中，都没有对域名进行搜索的功能；反而，在计算机专业的搜索引擎当中会出现对域名进行搜索的功能。用户只是通过域名搜索查找某个域名是否已经被注册，如果所查询的是还没有被注册过的域名，那么就会提示给用户一个链接，允许用户直接注册。作为知识产权的一部分，域名搜索功能的提供也必将完善知识产权信息专门搜索引擎的功能。

（五）知识产权机构搜索

这个搜索功能所要实现的是能够查找到世界各国、各地区的知识产权机构的信息、网址、机构的相关介绍等等，并且能够实现与这些网站的链接功能。在我们构建的知识产权信息专门搜索引擎中，要将"机构搜索"作为一个搜索功能独立列出，使之与其他信息分开查询，这样可以使得查询更加清晰明了。

（六）元搜索引擎

元搜索引擎是基于搜索引擎的搜索引擎。它将用户提出的查询请求同时通过不止一个的搜索引擎进行查询，提高了检索的效率。现在许多专业的搜索引擎中已经引进了元搜索引擎的思想。目前在知识产权专业搜索当中有元搜索引擎的性质，但是它的搜索功能还不能被称为是一个完全的元搜索引擎，因为它对其他搜索引擎的调用和对其他数据库资源的调用是混合在一起的，而真正的元搜索引擎应该是仅对搜索引擎进行调用。许多专业的搜索引擎在运用元搜索引擎的技术时也调用综合性搜索引擎的原因是，虽然它们不够专业化，但是他们覆盖的范围广泛，而且更新及时，能够得到很多最新的专业信息，也能在一定程度上满足用户的检索需要。

我们在构建自己的知识产权信息专门搜索引擎中要以此为鉴，将元搜索引擎的思想引入我们的实际建设中来，使得我们的专门搜索引擎能够通过一些技术与其他著名的知识产权搜索引擎以及一些大型的综合性的搜索引擎连接，形成知识产权专业领域的元搜索引擎。

五、搜索结果显示

用户通过搜索结果来评定一个搜索引擎的功能是否理想。同样一个查询，搜索结果的满意程度也会因不同用户的不同需求有一定的差异。如果在搜索引擎中允许用户按不同顺序选择显示搜索结果，一定可以令用户更加满意，其实这就等于是在用户的查询结果中再进行了一次查询。例如知识产权数据图书馆中就允许用户选择最终的查询结果是按时间顺序显示还是按与关键词的相关性顺序显示。在我们所要构建的知识产权信息专门搜索引擎中，应该在每种检索途径的最后都附加上搜索结果显示一项，也可分为时间顺序和相关性顺序。另外，在对某种类知识产权信息的查找过程中，用户需要的不一定都是全文信息，也许只是摘要部分就已经足够了。所以，还可以在搜索结果显示的时候允许用户自己选择搜索结果是显示文献摘要还是文献全文。

六、后台支持

对于任何一个搜索引擎来说，其功能的实现都要依托后台的支持。后台支持包括技术支持、数据库支持等等。下面就选择比较重要的两点进行阐述。

（一）数据库支持

数据库无疑是搜索引擎功能实现上的最可靠的保证。无论是综合性的搜索引擎还是专业化的搜索引擎，要有特色就要有自己的数据库。我们在建立知识产权信息专门搜索引擎的同时，就要建立一个知识产权的专业数据库。在这个数据库中不仅包括中国的知识产权信息，而且要尽量包括世界范围的知识产权信息。另外，任何知识产权网或搜索引擎都不可能包括全面的知识产权信息，所以在知识产权信息专门搜索引擎中还应提供与世界几大著名知识产权数据库的链接功能，可以使用户在查找信息的过程中同时调用多个数据库进行查找，既可以提高检索速度，又可以更准确、更全面地获得信息。

（二）多语种支持

我国的知识产权领域发展较慢，所以在世界著名的知识产权网中都不支持中文的查询，而英语、日语和许多欧洲语言都可以得到系统的支持，这无疑给中文使用者带来一定的不便。目前知识产权方面的网站大都支持英文查询，这与英语在全世界范围内的普及有一定的关系，但也有支持多语种查询的，用户可以在给定的语种范围内进行自由的选择。比较而言，支持多语种查询功能的搜索引擎更适应国际化发展。我国要开发的知识产权信息专门搜索引擎要实现多语种的支持，尤其在我国加入 WTO 后，面向的不仅是中国的使用者，更要面向全世界各个国家的使用者。只有支持多语种的查询，才能使中国与国际接轨，促进中国知识产权的进一步发展，提高专业搜索引擎的访问率和国际知名度。

七、其他

个别知识产权网站的搜索引擎也有它们自身的一些特色，帮助用户更好地使用搜索引擎。我们在建设知识产权信息专门搜索引擎的过程中，要考虑到这些特色，尽量吸收它们的优点，完善我们的搜索引擎。如一些网站允许用户建立自己的专利文献库，它提供的自建数据库最大的优点就是允许用户将自己的电子专利发表在上面，成为数据库资源的一部分。另一些网站主页面的醒目的位置上对访问用户进行了分类。将用户分为第一次访问者、儿童、学术研究人员、发明者、图书馆工作人员等等。用户可以根据自己的特点选择使用最适合自己的、最便捷的检索途径。网站的这种设计是真正地为用户着想的，更能充分地发挥搜索引擎的作用，也更能使其提供的信息服务为用户所满意。

从已知的知识产权网站的搜索引擎所能提供的信息上来看，大多数都是专利、商标、版权等的文献内容。可是对知识产权相关的法律、知识产权案例等的信息查询就非常的单薄，所以我们要建立一个容纳知识产权法律、案例查询等内容的全面的知识产权信息专门搜索引擎。国外的知识产权网站和许多其他专业的搜索引擎都存在着这样的问题，即搜索引擎设想的许多功能到目前还无法实现。但这些大多与计算机网络技术的发展不完善和普及不平衡有关。

构建一个知识产权信息专门搜索引擎模型的最终目的是要建立一个切实可行的、既有涵盖性又具专指性的搜索引擎。虽然到目前为止要使预想的全部功能都能够实现还有一定的困难，但是不能因此而放弃了理论上的构想。只有提出了问题，才能够设法去解决问题，而且随着技术的不断进步，许多问题必然会被解决，本文所构想的搜索引擎的诸多功能也必然可以逐步实现。

原载《情报科学》2002 年第 11 期，作者牛晓宏、马海群。

网络环境下的国际专利分类法（IPC）变革与发展

一、网络环境下传统文献分类法的变革

传统文献分类法是以知识门类的层层划分、以代码为标识来揭示和组织信息的，它比较全面和客观地反映了知识全貌和其内在的逻辑联系，它的知识系统性和标识语言的通用性以及族性检索能力和扩检缩检功能，是其他情报检索语言所不具备的。传统文献分类法在组织网络信息资源方面有如下特点：其一，由于限定了信息资源范围，它可以提高查准率；其二，分类等级结构事实上起到了提供上下文检索词的效果；其三，等级结构可以便于用户在查找时进行浏览；其四，它以知识分类为基础，以标记符号为标识，因此具备成为不同语言间转换中介的条件；其五，非文本信息在网络信息资源中所占的比例日渐增大，其内容特征难以用文字表达，分类法的聚类功能及代码标识为之提供了一条可能途径。然而，要适应网络信息资源有效组织的要求，传统文献分类法也需在以下几个方面进行大力改造，如对分类法作适用于网络的改造、逐步实现国际通用性、与其他信息组织方法兼容、增强修改的灵活性与便捷性等。作为专利文献分类组织工具的国际专利分类法（IPC），同样也面临着适应网络信息资源开发利用的改造与变革问题。

二、专利信息加工与IPC

专利信息组织方法与工具中，专利分类法是最重要的一种。专利分类具有两大基本功能：一是便于专利局处理专利申请文件

和管理专利文献，二是便于公众利用专利文献。随着专利文献的不断增长及开发利用，许多国家都相继制定了各自的专利分类体系，如美国专利分类法、英国专利分类法、法国专利分类法等；甚至一些专利信息服务机构也编制了专用分类表，如《德温特专利分类表》《化学文摘专利分类索引》等。但相对于 IPC，这些分类表一般都不具有国际通用性，因而使用范围受到很大限制。IPC 早在 1904 年就曾被倡议，但一直到 1954 年 IPC 草案才正式诞生，随着 1971 年《关于国际专利分类法的斯特拉斯堡协定》的签署，到 1975 年底，IPC 真正成为由国际组织执行的专利分类体系，具有了真正的国际性。目前正处在使用期的是 IPC 第 7 版。另外，国际专利文献中心（INPADOC）组织开发建设并提供服务的 CAPRI 系统，已成为专利文献协作国际化的重要典范。CAPRI 系统即按国际专利分类法重新分类专利文献的计算机管理系统（Computerized Administration on Patent Documents Reclassified According to the IPC），始于 1975 年，WIPO 与 INPADOC 首先签订协议，根据协议精神，奥地利、德国、欧洲、日本等专利局又各自与 INPADOC 签约，任务是将 PCT 规定的最低文献量中美国、日本、德国、法国、瑞士及苏联 1920 年以来公布的老专利文献全部按国际专利分类法进行一次重新分类，CAPRI 系统 1988 年完成，共有约 1 600 万件老文献被重新分类。IPC 的编制与应用，极大地推动了专利信息组织的标准化、规范化和国际化。

三、网络环境下 IPC 面临的挑战

然而，伴随着网络信息资源的快速增长及经济、科技竞争的日益加剧，人们开发利用专利文献、获取专利信息的需求更加复杂和专深，获取信息的方式也更加多样化，50 多年前基于手工处理需要而产生的 IPC 面临着极大的挑战和大幅度改革的压力。这种挑战和压力表现在以下几方面。

1. 专利文献的快速增长。由于 IPC 修订过程过于程序化、模式化，而专利文献增长量突飞猛进，致使 IPC 有些类目下汇聚的文献过多。IPC 第 7 版有 67 000 个类目，PCT 最低文献量大约 2 500 万件文献，平均每个类目下汇聚 400 件文献，个别类目下文献量超过了 10 000 件，阻碍了 IPC 的检索工具效力。此外，当新版 IPC 实施时，过档专利文献未能随之重新分类。

2. 专利文献的电子存储。IPC 最初被设计为排架工具，适用于纸件文档、手工检索，难以进行组合检索、跨文档检索。在网络环境下，随着其他深度标引系统如德温特代码、IFI 代码、化学文摘标引系统等的发展，人们对 IPC 的可行性提出了质疑。

3. 其他检索工具的快速发展。IPC 产生时，分类表是专利检索的唯一工具，但现已出现许多机检工具，如词检索标引系统、化学结构搜索引擎等，可同时用于商业联机数据库商和专利局。

4. 技术进程加速的压力。IPC 每五年修订一次，而技术发展则突飞猛进、日新月异，远远超过 IPC 的变革速度。

5. IPC 的内在不足。一是"一发明一分类"的思想适应于手工检索，但不适用于电子存储与检索，未来的 IPC 应能实现若干分类号的组配。二是 IPC 作为专利文献书目数据的可靠构成部分，接近国际标准；但由于系统设计的问题，IPC 并未发挥潜能，在专利信息检索方面未能有效发挥作用。三是专利分类不统一，制约了 IPC 价值与实用性，如指南太少，导致同一技术主题专利分类的多样化等；对用户十分有价值的专利族信息未能反映和应用在专利分类中。四是 IPC 引得系统代价过大，IPC 从第四版开始引进引得系统及混合系统的目的是弥补分类号不能完善表达参考性技术信息和次要技术主题信息的不足，它采用引得码及引得表来配合分类表的使用，通过类似组配的手段更全面和专指地表达专利文献中的技术主题。但混合系统一开始就存在争议，如引得系统适合于机检环境，因而在手工检索中较难应用；非强制性引得使人难以确信已进行引得；号码与分类号类同，也易于引起混乱；极少有服务商使用引得系统等。

6. 其他专利分类体系的异军突起。例如，欧洲专利分类（ECLA）包括 120 000 个类目，应用于 INPADOC 文档。日本专利局创立了 F 术语系统，大约包括 185 000 个类目，系统的英译及应用于 JPO 知识产权数字图书馆的计划，正在进行之中。与 ECLA 相比，IPC 存在着一些不足，如：IPC 号由各国专利局给定，ECLA 由 EPO 统一给定；ECLA 统一版本，分类表变化时，所有文献都重新分类；1920 年以来的文献都用 ECLA 分类；ECLA 更新比 IPC 更及时等。从实际应用看，QUESTEL-ORBIT 装载了 ECLATX 文档，包含有 ECLA 分类表。

此外，不少人认为分类体系的类目局限性易于被现代词检索工具所克服，电子全文本的可获性正在改变专利先有技术的检索方式，甚至有人提出重建新的分类系统。因此，面对网络环境下的信息资源建设及用户需求，IPC 面临着巨大的压力。

四、网络环境下 IPC 发展的机遇

当然，在网络环境下，IPC 的发展也存在一些良好的机遇，如：专利信息自动存储与检索技术的飞速发展；WIPO 对专利信息活动的重视；专利局专利信息存储、检索方法的完善等。IPC 第 7 版的实施即体现出 IPC 修订执行机构抢抓机遇、顺应网络时代变化的技术路线。IPC 第 7 版包括 10 卷本，其中 8 卷为 8 个部，第 9 卷为类及主组类目的汇编与指南，第 10 卷为分类原则与规则指南，此外还配有关键词索引、修订对照表。网络版提供英、法语界面，实现 IPC 第 6 版和第 7 版的超文本链接，第 7 版还出版了 CD-ROM 版：IPC：CLASS。IPC 专家委员会在 1998 年提出，IPC 第 6 版的有效期末应是调整 IPC 结构、确定新的修订策略与修订程序的恰当时机。1998 年 12 月由英国专利局主办了 IPC 高级研讨会，主要议题是改革 IPC、改革修订方式与应用方式，以顺应电子时代需求，会议的许多建议被 IPC 专家委员会吸

收，在此基础上，该委员会于 1999 年 3 月明确提出：IPC 仍有 20 年前《关于国际专利分类法的斯特拉斯堡协定》所描述的全球化特征与使用价值；鉴于其他检索方法的局限性，IPC 作为国际性、多语种的检索工具，是专利信息检索系统得以成功的根本保障；IPC 现状及修订方式的局限性，制约了其在电子环境中的作用发挥，必须加以改革。在这种思想基础上，IPC 专家委员会将对 IPC 进行全面调整，以重构新世纪、电子化的国际专利分类法，1999—2002 年是 IPC 重要的过渡时期。

五、网络时代的 IPC 发展方向

从 IPC 的改革方向与改进措施看，尽管目前的 IPC 存在问题，但它仍是电子时代最有价值的检索工具。总的说来，IPC 发展趋势包括：类目进一步细化、改革引得系统、缩短更新周期、适应电子化检索需求。具体的改革措施包括：（1）改革分类规则，如建立类目联系、提供类目定义、提供参照等。（2）掌握标引、类表生成、文献分类方面的自动化软件开发情况。（3）加强 IPC 专家委员会与 WIPO/SCIT（信息技术常设委员会）的联系，获取新技术与服务的支持；（4）进一步细分 IPC 类目，其细分标准为：出现了 IPC 分类表难以类分的新的技术主题；有利于 IPC 类目的进一步清晰化；IPC 类目下文献过多、增长较快从而需要细分。（5）取消优先注释和最后位置规则，因其未将发明专利分在应有的分类位置上，降低了检索效率。（6）改进引得系统，实现多维分类而不是"分类加引得"。（7）进行专利文献的电子化处理，到 2005 年 IPC 第 8 版应用时，各专利局将放弃纸件检索文档。

此外，推进网络版 IPC 的应用，如 STN 装载了 PATIPC 文档并配有关键词；另外，WIPO 已将 IPC 上传到网上，法国专利局、欧洲专利局都在建设 IPC 的自然语言界面。WIPO 正在实施的 CLAIMS 计划，也是为了实现 IPC 在互联网中功能的进一步增强。

参考文献

［1］陈青苗. 分类法在网络信息资源组织中的应用研究［J］. 情报科学，2000（12）：1107-1109.

［2］ADAMS. S. Using the international patent classification in an online environment ［J］. World Patent Information，2000（4）：291-300.

［3］BRUUN. A. Development of the IPC as a search tool ［J］. World Patent Information，1999，21（2）：97-100.

［4］KUNIN. S. IPC in the new millennium-challenge and opportunity ［J］. World Patent Information，1999，21（2）：101-108.

［5］Mikhail Makarov. The seventh edition of the IPC ［J］. World Patent Information，2000，22（1-2）：53-58.

原载《现代图书情报技术》2002 年第 6 期，作者马海群。

从 WIPO 看网络信息技术
对知识产权信息管理的影响

    制定合理有效的知识产权保护政策与法制体系，已经成为我国加入 WTO、参与国际竞争的重要战略举措。知识产权信息管理体系作为知识产权制度重要组成部分，也成了网络环境下知识产权管理与信息资源开发利用的交叉性核心问题。从知识产权信息管理的整个流程看，随着信息技术的发展，知识产权从申请、受理、归档到加工、处理、利用等诸多信息流环节都将实现电子化、网络化，尽管专家预测这一目标的实现至少在 10 年以后，但信息技术成为现代化知识产权管理的重要支撑，则是毫无疑义的。因而对知识产权信息进行技术管理，从技术角度建立起完善的知识产权信息管理系统，确保知识产权信息从组织到利用的合理性、科学性，是知识产权现代化管理及知识产权信息资源合理开发的共同现实需求。

一、信息管理视角中的现代信息技术发展态势

    现代信息技术及网络技术是在 20 世纪 40 年代才真正获得巨大的进步与发展的，主要是在微电子技术和半导体技术、计算机技术、通信技术等大领域的研究与发展，计算机、通信和视频/音频技术构成了信息技术的核心。在计算机领域，计算机的计算能力继续以每 18 个月翻一番的速度增长；在通信领域，以第 2 代互联网为代表的高速网络标志着网络的带宽已成倍地增长；视频/音频技术正在由模拟技术向数字化技术过渡，数字技术给视频/音频技术带来了革命性的变化，使视频/音频技术具有了交互性并可以与计算机和通信很好地结合。这些技术在信息管理领域

的应用，产生了一系列新的技术热点，如：电子邮递、可视图文、视频通信、计算机报文系统、异步传输模式、电子出版、光盘技术、多媒体技术等。

此外在信息资源开发利用方面，信息高速公路的兴建为人们提供了全新的信息组织、发布、获取和利用方式。例如在信息组织方面出现的新技术主要有：文件组织技术、数据库技术、主题目录组织技术、超媒体组织技术。可用于信息安全防护的信息技术主要有：密钥技术、安全控制技术（包括访问控制技术、数字签名、鉴别技术）、安全防范技术（包括防火墙技术、病毒防治技术、信息泄漏防护技术）。面向网络信息资源开发利用所产生的技术则包括：Internet 上的数据标记技术（如 HTML、XML、元数据等）、搜索引擎技术、自动文摘及自动分类技术、数字水印技术等。

二、网络信息技术的发展对知识产权信息管理的影响

伴随着互联网的发展，信息技术从未像现在这样如此深刻地影响着人类社会的经济、政治、军事、生活、娱乐等各个领域，这种影响也必然地反映到信息管理与服务行业。现代网络与信息技术给信息管理带来的挑战体现在：传统技术与现代技术并存，相互影响，造成一定的矛盾；现代信息技术发展速度迅猛，给信息管理带来许多的困难；信息安全成为信息管理的发展瓶颈等。当然，现代网络与信息技术也给信息管理带来较大的机遇，如减少传输时间、提高信息存储容量，使信息管理成本大大下降；为信息收集、检索等创造有利条件；实现信息管理的潜力等。知识产权信息管理与信息服务所受网络信息技术的影响，具体表现在：（1）信息资源；（2）信息手段；（3）信息产品；（4）信息服务；（5）信息管理与信息服务方式。

首先，因特网的广泛应用极大地丰富了知识产权信息资源。根据有关机构统计，全世界发布的专利文献已超过 4 000 万件，

其中所包含的专利法律信息、专利技术信息等都可以在互联网中借助于一定的专利检索系统与专利数据库获得。专利法律法规变化、专利研究状况、专利司法判例等广义专利信息，更可通过网络发布技术、网络传输技术等广泛宣传与应用；而在传统环境下，此类专利信息加工与传播的范围是极其有限的。因此，在网络环境下，信息用户可以获取更加丰富、动态性更强的专利信息。同样，借助于网络技术手段，商标法律信息与经济信息、版权法律信息与贸易信息等，也大大缩短了与信息用户的距离，并且从更多的侧面展示商标信息或版权信息。由于知识经济发展中知识产权价值的不断攀升，知识产权信息成为一种社会急需的资源，网络信息技术则为知识产权信息资源社会价值的实现，奠定了坚实的基础。

其次，网络与信息技术的发展从本质上改变了传统知识产权信息管理与信息服务的业务手段。同一般信息管理业务流程类似，知识产权信息管理主要包括信息收集、信息选择、信息分类、信息标引、信息存储、信息检索、信息咨询、信息传播、信息开发利用等环节。伴随因特网发展而出现并不断升级的网页制作与网站建设技术、搜索引擎技术、网络多媒体存储与检索技术、网络数据库技术、元数据技术、专利管理系统、商标管理系统、版权管理系统、专题指南库技术、网上信息发布技术等等，都在本质上改变着知识产权信息管理业务环节的运作手段，网上知识产权信息发布、传播与检索、利用，成为研究人员、管理者、服务商及信息用户共同关注的技术课题。

再次，互联网在知识产权信息业务领域的广泛应用，为用户创造了更多的信息产品。专利说明书、专利公报、商标公报等，是传统环境下用户获取专利信息的主要工具，而在互联网中，用户不仅可以利用数据库、信息通报、电子期刊等一般知识产权信息产品，更可以大量使用已被开发出来的专利统计软件、专利分析软件、商标浏览软件等新技术产品，从而获取更广泛的、更新颖的知识产权信息。

最后，借助于信息与网络技术，知识产权信息服务商可以在占有更丰富知识产权信息资源的基础上，为用户提供更加多样化、个性化的知识产权信息服务。

此外，信息技术还引起了知识产权信息服务运行方式和管理方式的变化，表现为：知识产权信息管理成本下降，并且使有效的管理幅度增大；信息用户的产品搜索成本和信息服务商营销成本下降；知识产权信息资源优化配置更加精确、迅速。

三、WIPO 知识产权信息管理的技术手段

为体现技术手段对知识产权信息管理与服务业务的影响，我们这里以世界知识产权组织（WIPO）为例，分析 WIPO 在知识产权管理信息化过程中所采取的技术变革措施。作为世界范围的知识产权管理与协调的最权威机构，WIPO 为适应网络的发展而制定了数字时代的信息管理战略，并采取了一系列的信息管理技术手段。

（一）数字时代 WIPO 的发展计划

为适应数字时代对知识产权的影响，WIPO 制定了数字化议程（digital agenda），它包括 10 个要点：

——实施 WIPONET 及其他措施，加大发展中国家参与知识产权信息的获取、全球政策的构建、在电子商务中利用知识产权智力资产等活动的力度。

——年底前实施《WIPO 版权条约》（*WIPO Copyright Treaty*，WCT）及《WIPO 表演和录音制品条约》（*WIPO Performance and Photograph Treaty*，*WPPT*）。

——通过以下手段促进国际立法结构调整，推动电子商务：将 *WPPT* 拓展到视听表演、修改数字时代的广播组织权利、促进数据库的国际保护。

——推动域名保护与知识产权体系的协调。

——规范在线服务商（OSP）的知识产权责任。

——开发电子版权系统及其元数据、文学艺术作品数字化的联机贸易系统、知识产权争端的联机管理系统。

——引进及开发专利合作条约、马德里协定、海牙协定等国际公约的联机国际申请与管理系统。

——研究数字资产全球贸易的程序与格式、电子文件的公证、知识产权标准与程序等，促进国际文化及数字资产的管理。

——研究与电子商务有关的其他知识产权问题。

——同其他国际组织协调，解决电子合同的有效性、公正性等影响知识产权的一系列问题。

WIPO 的数字化议程虽然主要面向知识产权国际保护的现代化，但其中的许多环节都与知识产权信息管理密切相关。

（二）WIPO 信息计划

WIPO 的信息技术常设委员会（SCIT）成立于 1998 年，由 WIPO 成员国共同缔造，目标是应对数字技术的挑战，提供信息技术战略的政策指导与技术咨询，确保全球知识产权信息加工与文献处理的技术标准，同时协助规划与监督 WIPO 的各种信息技术计划。SCIT 现有两个下属工作小组，一是信息技术计划组，二是相应的标准与文献组。

WIPO 的核心信息技术计划包括：行政集成管理系统（Administration Integrated Management System，AIMS）、自动分类信息系统（Classification Automated Information System，CLAIMS）、专利合作条约信息管理（Information Management for the Patent Cooperation Treaty，IMPACT）、知识产权数字图书馆（Intellectual Property Digital Library，IPDL）、PCT 电子申请（PCT E-Filing）、WIPO 信息网（WIPONET）。其中 CLAIMS 的目标是：支持成员国专利局进行专利库藏的再分类；为不同水平的成员国之间共享国际分类法 IPC 分类结果及类分相关数据提供工具。它将提供机助系统及基于因特网的自动系统，进行专利分类号的自动分类和英、法语言的自动翻译。IMPACT目标是为满足PCT进行纸件或电子格式专利申请处理的需要而实施的，它源于1998年WIPO成员国大会提出的一项PCT系统自动化计划，包括文献管理、申请处理、开发电子申请软件、电子格式的信息交换、开发电子申请与文献编码新标准等。AIMS目标是开发一种集成化的财务系统，以取代已有的财务系统FINAUT和预算支出跟踪报告系统BETS，它具有高效、信息密集、透明、安全、灵活、集成功能强等优势。PCT E-Filing原来是IMPACT的一部分，目标是用4年左右的时间，设计一套标准并开发一种基于现有PCT电子申请系统（PCT-EASY）软件的系统，以便于国际申请的处理及电子申请。该计划分两个阶段实施，一是开发PCT电子申请导航系统，二是开发PCT电子申请扩展系统，并辅之以用户帮助系统的开发应用。

（三）WIPO信息标准化

信息标准化是知识产权信息管理的重要技术手段，在工业产权信息与文献领域由WIPO推动的国际合作框架中，标准化的主要成果是48个涉及专利、商标与工业设计的WIPO标准、建议、指南的诞生，这些标准大大促进了知识产权局之间在工业产权主题申请、审查、出版、授权或注册等方面进行电子数据处理的协调与统一，同时也加快了工业产权信息（文本与图像）的传递、交换、共享与检索。WIPO标准列于《WIPO工业产权信息与文献手册》中，该手册提供了有关专利、商标、工业设计等各方面信息，并以CD-ROM形式出版发行。

（四）WIPONET

WIPONET是一个集知识产权信息资源、加工处理、知识产权机构（尤其是成员国知识产权局）于一体的全球化数字信息网络，是WIPO同其他知识产权机构加强交流的重要平台，同时也是各知识产权机构利用信息技术进行创新的重要手段。其目标及优点在于：缩小发达与发展中国家在知识产权信息方面的差距，便于国际知识产权管理系统的管理、使用与未来发展，保护知识产权，促进技术转移，建立知识产权数字图书馆，提供高质量、高价值的信息服务；便于不同利益群体获取知识产权信息；推动知识产权行政业务开展。WIPONET 依靠现有的全球化通信基础设施及其功能，如电子信箱、电子邮件列表 Web 服务、文件传输、知识产权讨论组等，将 171 个国家和地区的 332 个知识产权局联结起来，WIPO 的一些信息系统，如知识产权数字图书馆 PCT 在线申请等，也借助 WIPONET 平台得以更广泛地发挥作用。WIPONET 服务涵盖了以下两类：基本服务和知识产权服务，前者包括 E-MAIL、WWW 链接、网络传输、文档传递设施、WIPO 远程会议、保密数据交换、电子邮件列表、WIPONET 的帮助平台、软件支持；后者包括链接知识产权数字图书馆、获取 PCT 服务、通过 WIPO 远程学院进行学习、仲裁中心、调研与证明工具等。除各国知识产权局工作人员外，WIPONET 的用户还包括地区性知识产权局、WIPO 职员、其他知识产权团体、普通公众。

WIPONET 的关键特征是可提供点对点的保密性知识产权数据信息的安全传递，保证了国际注册的有效性及用户之间相互获取信息的便捷性，也促进了知识产权信息的数字交换及各类社会用户的利用，因而所有成员国都可享用 WIPO 知识产权信息服务。WIPONET 于 1999 年 2 月开始实施，首批推出 3 个实验计划，其中之一是 WIPO 秘书处与美、日、欧 3 方虚拟安全网络的互联，另两个分别在非洲知识产权组织（OAPI）及非洲地区工业产权组织（ARIPO）实施。WIPONET 计划又是分阶段实施的，第一阶段目标是推动与帮助 WIPO 171 个成员国的知识产权局连入因特网并构建 WIPONET 框架，下一步目标是培训知识产权局工作人员使用 WIPONET，并开拓 IPDL 计划、PCT 服务、WIPO 全球远程学院、仲裁中心等服务业务，不论是发达国家还是发展中国家，都可以从 WIPONET 中受益。

从WIPO看网络信息技术对知识产权信息管理的影响

参考文献

［1］ HULL. D，AIT-MOKHTAR. S，CHUAT. M，et al. Language technologies and patent search and classification ［J］. World Patent Information，2001，23（3）：265-268.

［2］张贵东，高福安. 现代信息技术与信息管理 ［J］. 北京广播学院学报，2000（4）：51-55.

［3］魏灿秋，童利忠. 网络信息技术迅速发展引起经济运行方式和企业管理方法变化 ［J］. 经济体制改革，2000（6）：103-105.

［4］ IDRIS. K. WIPONET charts course for IP information exchange in the digital age ［J］. World Patent Information，2000，22（1-2）：63-66.

原载《图书情报工作》2002 年第 12 期，作者马海群、庄琦。

联机与互联网知识产权信息检索的比较研究

　　联机检索数据库是传统意义上检索知识产权的重要手段。随着网络信息资源的日益丰富，更多的用户被吸引到互联网中搜索所需要的各类知识产权信息，尤其是互联网中的免费知识产权信息。这对联机服务商造成较大的冲击，成为联机服务商面临的一大新难题。但是事实上，联机检索与互联网检索、免费检索与收费检索并不矛盾，从发展现状及发展方向看，联机检索与互联网检索、免费检索与收费检索各有所长，因而将相互兼容，相互促进。

一、联机检索系统中的知识产权信息

　　许多国际联机检索系统中都包含了知识产权信息，其中 DIA-LOG 系统中所包含的知识产权数据库是最多的，除有许多具有不同特点的专利数据库、商标数据库、著作权数据库外，还有众多的其他数据库，例如科学技术、公司情报、市场商情、法律法规、报纸新闻、电讯稿等各类数据库，包含了大量的知识产权信息。STN 系统中的专利数据库有 APIPAT、JAPIO、USPATFULL、WPIDS、WPINDEX 等近 20 个。此外还有许多科技文献数据库中包含大量知识产权信息，仅就 DIALOG 中的专利数据库而言，DIALOG 系统中有关专利情报的数据库，大致可分为综合性和专利性两大类，前一类收集的都是与专利有关的情报和线索，后一类则包含有某一专业的专利情报。因而利用 DIALOG 等联机检索数据库可以获取数量丰富、专业性强的知识产权信息，但其缺陷恰恰是专业性较强而制约了一般用户的利用。互联网则为用户提供了快捷、方便、简单的知识产权信息检索界面。

二、互联网知识产权信息检索方式

WWW 是互联网中发展最快、信息最丰富的一种检索工具，WWW 上的检索工具主要分为两类：主题指南和搜索引擎。主题指南由人工编制和维护，优点是人工干预提高了主题指南返回结果的相关性，缺点是很难检索到较专深的信息，难于控制主题等级类目的质量，信息更新速度相对较慢，收录信息数量相对不足。然而在网络环境中，范围广、综合性强、主题类目设置合理的知识产权信息主题指南尚较为罕见。搜索引擎是目前网络上一种普遍常用的检索工具，它包括两种：网页全文搜索引擎和网站搜索引擎，前者由程序自动抓取网页进行分析并建立索引，后者由编辑人工分类和维护。它们各自适用于不同的搜索需求，互相之间是一种补充。搜索引擎具有检索面广、信息量大、信息更新速度快等优点，非常适用于特定主题词的检索。但其检索噪声较大，给检索带来负面影响。

随着网上多媒体资源的剧增，除了利用传统的数据库对图像的文字信息进行存储和管理外，还要对图表、图形、图像、声音、视频进行识别和检索，利用图像的颜色特征、形状特征、纹理特征等进行检索和查询，也就是说基于图像的检索在网络环境下知识产权信息的检索中应是新的问题和难点。多媒体检索功能体现了知识产权自身特点，而网络技术的出现为提高知识产权信息检索的效果和全面性提供了可能。以专利信息检索为例，根据 Derwent 公司 1998 年 1 月—2 月间的一项调查统计，最常用的专利信息检索手段是联机检索，但印刷型信息源仍较为重要。该调查显示，在 360 个多项选择反馈中，34% 的用户是通过 STN、DIALOG、QUESTEL-ORBIT 获取专利信息，31% 的用户将印刷出版物作为主要信息源，19% 的用户常用 CD-ROM，11% 的用户利用因特网获取专利信息，5% 做其他选择。利用因特网的比例很可能在短期内超过 CD-ROM，CD-ROM 由于自身的优点（小巧、便宜、易于使用）及 DVD 的出现，在一段时期内不会因为因特网的发展而消亡，作为专利信息存储与检索工具，仍被专利局及公众所重视。然而网络的发展突飞猛进，根据 1999 年 4 月的另一项调查统计，利用因特网的用户比例已由 11% 迅速上升到 68%，其中 90% 的用户主要访问免费专利网站。但同时，81% 的用户认为因特网专利信息检索的安全性存在问题，只有 10% 的用户确信因特网专利信息是安全的。如何协调免费检索与收费检索的矛盾，成为影响信息检索服务商业务发展的另一大新难题，笔者将在以下进行探讨。

三、联机检索与互联网检索的相互融合

互联网检索具有以下特点：涉及范围广、内容多、数量大，信息检索关联性强，信息发布具有较强的实时性，检索的信息呈无序性分布，信息形式呈多样性，支持多语种检索。而国际联机检索的特点是：文献收藏范围广、时间跨度大，数据库的数据标引质量高、提供原始文献，检索速度快、检索结果准确率高，数据库定期更新，商业性服务收费高。相比较而言，互联网检索和联机检索有很多的相同之处，如检索实质相同、逻辑组织大体相同、提供检索的逻辑组配手段相似、检索入口相同等。但联机检索和互联网检索也存在根本差异，如标引所依据的语言不同，联机检索系统采用叙词表等人工语言进行标引，互联网检索系统则从一开始就采用自然语言；系统界面设计不同，互联网检索系统因为面对的是普通用户，系统检索界面设计采用图形界面，非常友好等。此外，二者在信息检索的开放程度、检索范围和检索对象、检索手段和服务方式、用户信息检索可选择性和检索效果、对用户检索技能要求、有偿服务和无偿服务、通信质量与通信费用等方面都存在一定的区别。虽然目前互联网检索为许多用户所偏爱，但是事实上联机检索具有目前互联网检索难以具备的特定

功能，如专深性强、可实现综合检索等。世界著名的联机检索系统 DIALOG、STN、QUESTEL-ORBIT 等，都拥有数百个数据库，用户可以用同一检索词同时在几个甚至上百个数据库中进行多数据库检索和跨数据库检索，发挥专利数据库、商业数据库、经济商情数据库相互配合、配套使用的优势。由此可见，互联网检索与联机检索各有所长。

从信息利用者角度考虑，用户所需要的是既方便快捷，又能获取专深信息的检索方式，因而联机检索与互联网检索的相互融合将是信息检索的一个重要发展方向。国际联机检索行业应积极迎接新挑战，主动借鉴互联网检索手段（如增加实用数据库、调整收费结构改进用户检索界面等），同时弥补互联网检索的不足（如网络信息资源缺乏管理、信息泛滥、网络堵塞等）。事实上，传统的检索系统如 DIALOG、STN、QUESTEL-ORBIT 等在网络环境下都纷纷上网，其检索功能在网络上将得到更好的发挥，虽然在更新速度、检索灵活性等方面尚需不断改进，但借助于网络功能，传统联机检索系统的效率及对用户的吸引力都在大大提高。以 DIALOG 为例，它在互联网上提供了多种检索平台，如 Dialog Classic、Datastar Web、Dialog Select、Dialog Web 等。其中 Dialog Select 主页上按学科性质划分出 11 个大类：Dialog Business（商业）、Dialog Chem（化学）、Dialog Energy（能源）、Dialog Food（食品）、Dialog Gov（政府出版物）、Dialog IP（知识产权）、Dialog Med（医学）、Dialog News（新闻）、Dialog Pharma（药物学）、Dialog Reference（参考源）、Dialog Tech（技术）。每一大类下再进行细分，最细者可至四级。就 DIALOG 的多个网上检索平台相互比较而言，根据检索实验，从费用方面来说，Dialog Select 无疑占有最大优势，用户只需向本地 Internet 服务商交纳少量的网络费用；从检索所需的时间上说，Dialog Classic 方式显然具有极大的优势；从用户界面的友好性、方便性来说，Dialog Calssic 方式最差，而 Dialog Web 和 Dialog Select 最好。Dialog Select 方式将成为 Internet 用户很有效的信息检索工具。

四、免费与收费知识产权信息检索的比较研究

以专利信息检索为例，互联网为专利信息用户提供了大量的免费专利信息，尤其是中小企业和一般用户从这种免费服务中获得了很大的收益，他们可以很容易地从互联网中找到一系列免费专利信息网站。对于普通信息用户来讲，互联网上的免费专利信息资源具有较大吸引力的原因是：其一，资源免费。相对来说，商业性检索系统的价格是十分昂贵的，例如英国德温特的世界专利索引数据库的联机检索价格为每小时 500 多美元，以致一般用户无法接受；而网上免费数据库虽然收录范围和检索功能不如商业数据库，但也能满足用户的普通检索需求，因而对用户的吸引力很大。其二，检索系统简单易用，且界面较友好。其三，数据来源具有可靠性。目前网上免费专利数据库网站，大多数是各国专利局或国际性组织建立的，即使是商业机构提供的免费数据库，也都源于专利行政管理部门，因而保证了数据的可靠性。

从专利信息服务产业发展格局看，网上免费专利信息对传统联机检索的收费服务体制产生了巨大的冲击，一些收费网站、专利信息服务的经营也受到一定影响。例如，欧洲专利局（EPO），1998 年以边际成本（Marginal Cost）确定产品与服务定价，比 1997 年下降 60%。在美国，由于网上免费专利信息的影响，文献传递服务收益锐减，如美国专利商标局贮存图书馆的服务费由每月 2 000 美元下降到每月 200 美元；用户咨询量也大幅度下降，由每月 25 000 条减少到每月 10 000 条。1997 年 7 月，EPO 取消对其专利原始数据商业化利用的收费，导致一般联机服务商价格跌幅最高达 50%，同时也导致专利信息商业化服务机构的减少；然而少数服务商由于竞争者的减少又可以确定更高的价格来获取利润。此外，由于 IBM 提供免费服务，影响了联机服务商的商业计划，如 MicroPatent 宣布其 Online Gazette 实行免费服务，

而这之前该服务项目的订购价是每年 600 美元；该公司希望借助于 Online Gazette 的免费服务，刺激它的另一项服务即下载服务 PatentImages 业务的增长。

鉴于这种网上免费专利服务对商业信息公司及原有收费信息服务机制的冲击，一些人错误地认为，互联网免费信息将终结收费信息服务。然而，免费专利信息服务存在一些固有的缺陷，如稳定性、准确性、界面友好性等较差。如果具体分析可以发现，互联网免费专利数据库存在以下几大缺陷：一是文摘质量比较低，如 USPTO 的文摘直接取自专利文献，而商业数据库一般都重新撰写文摘，增加深度标引，提供优良检索。二是更新慢，免费数据库很难做到每周稳定可靠地更新。三是分类检索功能较差，尽管网上有一些分类资源，但免费数据库提供的检索界面通常难以有效利用分类功能。四是数据质量不高，许多数据库不具备差错功能及案例检索。五是覆盖不全，如尽管欧洲专利局的 espacenet 包括 3 000 万条记录，但相对 Derwent 等商业化专利数据库服务机构的专利记录数据仍有漏洞，如中文、日文、俄文记录需更新等。六是与收费信息服务相比，免费信息服务缺乏专业索引及专门化检索工具，因而缺乏深度和广度。

从发展方向看，免费与收费知识产权信息服务将逐步形成相互弥补、相互促进的格局。事实上，互联网免费知识产权网址拓展了整个知识产权信息市场，不仅提供更多的免费商情，同时也扩大了增值信息服务的需求。所以说在网络时代，双层检索过程（two-tiered search process）正在形成，当用户仅需要一般性知识产权概况信息时，他们可以利用免费知识产权信息源；而当用户需要获取全面、深入的知识产权信息时，则将转向选用收费知识产权信息服务。

参考文献

［1］ KALLAS. P. CD-ROM patent archives：will the Internet

consign them to history? ［J］. World Patent Information, 2000, 22 (4): 277-282.

［2］张永和. 关于联机检索和 Internet 网络检索的思考——由 DIALOG 新政策所想到的 ［J］. 四川图书馆学报, 2000 (2): 75-77.

［3］陈海龙. 因特网信息检索与国际联机检索比较研究 ［J］. 现代情报, 2002 (2): 78-79, 83.

［4］刘延淮, 孙艳玲. 从专利查询看加强我国信息产品深度开发的紧迫性 ［J］. 中国信息导报, 1999 (10): 23-25.

［5］LAMBERT. N. Patents on the Internet versus Patents on-line: A snapshot in time ［J］. Journal of Chemical Information and Computers Sciences, 1999, 39 (3): 448-452.

［6］李湖生. 基于 Internet 的 Dialog 系统检索平台 ［J］. 现代图书情报技术, 2001 (1): 57-59.

［7］孙艳玲. 因特网上查专利 ［M］. 北京: 知识产权出版社, 2002.

［8］CLARKE. N. S. Marketing patent information services on the Internet: fighting fire with fire ［J］. World Patent Information, 2001, 23 (3): 287-293.

［9］BLAKE. P. The Arrival of Free Patent Information ［J］. Information Today, 1998, 15 (3): 19.

［10］VAN DULKEN. S. Free Patent Databases on the Internet: A Critical View ［J］. World Patent Information, 1999, 21 (4): 253-257.

原载《河南图书馆学刊》2002 年第 6 期, 作者马海群。

商标信息管理与技术创新

一、商标信息及其价值

商标是借助于文字、图形、颜色、立体图案等要素表达生产经营者意愿的信息载体，因此商标信息可以是构成商标的文字、图形、颜色或这些内容的组合所表达的信息，也可以是与商标使用及管理有关的信息，如：商标注册申请人信息（如名称、地址等）、核定使用的商品类别信息、使用该商标的商品名称、该商标权的许可使用信息、有关该商标的行政管理信息等。而广义的商标信息则还包含商标法律法规、商标制度变化、商标统计数据、商标案例、商标许可合同、商标印制单位、商标研究、商标动态、商标机构、商标软件开发等。

商标信息价值体现在：首先，商标信息是一种重要的经济信息。商标作为一种商品生产者、经营者或服务提供者的商品或服务的特殊标记，其核心作用是识别商品或服务、引导消费，因而，它与贸易活动、市场经营都有密切联系，商标活动本质上是一种经济活动。因而，商标信息是一种重要的涉及生产、销售、服务、贸易等诸多方面的经济信息，企业只有掌握并注重开发商标信息，才能有效地参与市场竞争。尤其在进行出口贸易时，更应查明有关出口商品的商标信息，既要注意避免侵犯商标权，同时更要注重以法律手段保护出口商品的商标权。其次，商标信息是检索其他经济信息的桥梁与入口。不少提供经济信息的数据库、网站等，都将商品或服务的商标作为检索点之一，通过这一检索点，检索者可以获取更多的经济信息，如产品的供应商、产品价格、产品性能、市场销售状况、企业经营活动等。再次，商标信息是企业形象的一种表现手段。消费者往往是通过商标信息来认识企业、了解企业和评价企业的，因而，商标信息既向消费者传递企业家的意图，同时又是树立与强化企业形象的一种重要手段。此外，商标信息还可以为消费者判断商品质量提供重要参考，并成为企业制作广告的一种主要素材。最后，作为广义商标信息，它可以体现一个国家的商业发达程度、贸易环境与产业环境，可以展示一个国家的商业竞争力与国际形象。

因而，随着经济全球化发展及网络信息资源开发利用的深化，商标信息管理的产业价值、战略价值越来越得到企业和政府的重视。

二、商标信息管理的主要环节

同一般信息管理一样，商标信息管理的主要环节大致包括：信息分布与收集研究、信息组织及分类、信息检索与利用，但信息资源的范围与类型等则体现着商标信息的特殊性。

（一）商标信息的分布与收集

掌握商标信息分布特点与收集途径的核心是了解与认识商标信息源。传统的商标档案、商业名录等是用户获取商标信息的主要来源，而因特网在商标事务中的应用，则扩大了商标信息源的规模，扩宽了商标信息源的范畴，增加了商标信息源的利用形式，因而概括起来看，商标信息源可以包括：商标登记文档、商贸名录、企业名录、网上商业信息服务、电话簿、网上搜索引擎等。此外，一些著名的商标信息服务公司也可以为用户提供商标信息检索、咨询服务。

（二）商标信息组织与商标分类的标准化

各国商标注册均按类注册，即按照一定的商品与服务分类系统进行注册，因而，从狭义上讲，所谓商标分类事实上是以商品或服务分类为依据的。商品与服务分类的目的是确定商标注册申请所指定的商品与服务范围，其作用表现在：一是确立商标权人，二是商标管理，三是商标信息管理与商标信息检索的基本手段。

从分类体系的国际化、标准化来看，商标分类同专利分类一样引人注目。目前世界各国广泛采用的商标分类法是《商标注册用商品和服务国际分类》（尼斯分类），它将商品划分为 34 类、服务划分为 8 类，2001 年又进行了新的修改，此次修改包括新项目、删除的项目、改变或移类的项目、类别标题及注释和前言的改变、调整第 42 类 5 部分内容等。与以往几次修改不同的是，商品、服务分类将由现在的 42 大类增加到 45 大类。

（三）商标信息检索与利用

商标数据库中通常包含：商标图像或文字本身、商标描述、商标法律状态（申请、更新、失效、撤销等）、注册号码、注册日期、公布商标的期刊数据、拥有者名称、商标分类、指定的商品或服务、保护期、失效日期、商标出版进展、相关商标信息等。因而，商标信息检索的途径可以归纳为以下几点。关键词检索：文档与登记号、拥有者、标记、描述语言、商品或服务领域、翻译或字译等。分类检索：可采用的商标分类规范包括《商标注册用商品和服务国际分类》《建立商标图形国际分类维也纳协定》。图像检索：基于内容特征的图像检索技术已广泛应用于众多的商标数据库中。根据用户进行商标信息检索目的的不同，商标信息检索类型可以包括：词检索、精确匹配检索、相似性检索、设计图形或文字检索，或者使用 Vienna 图形元素分类法检索。声响、立体、气味等商标申请通常附有文字说明或图像，因而仍可按文本或图像加工处理后编入数据库中。

传统的商标数据库以商标档案和联机数据库为主。互联网中的商标数据库虽然不如专利数据库多，但呈现出日益增多的态势。其中美国专利商标局在网上提供的免费商标数据库较为引人注目，它可以向用户提供在联邦商标申请与注册的书目及图像的信息检索。在其网站中，除了提醒用户注意的重要提示，如该数据库的范围限制外，主要向用户提供了四种检索选项：标记检索（词标记、翻译标记），号码检索（申请号、注册号），布尔检索和手工检索，并分别配有帮助提示，但缺乏检索样例。它较适用于用户的一般商标信息检索，但由于缺乏状态检查、拥有者调查、可获取性检索等功能，因而难以提供深度商标信息。从发展现状看，美国专利商标局正在形成较完整的商标信息管理系统。

用户进行商标信息检索的目的不尽相同，但大致可以分为以下几种：其一，当某一企业在市场上推出一项新产品或服务时，应当首先明确该产品或服务的商标是否有别于该类商品的其他企业的商标，否则有可能引起消费者的误认或对他人商标权的侵犯，从而影响自身商业信誉。因而，有必要在本企业的市场开拓地域内进行商标信息检索。其二，用户通过商标信息检索为本企业鉴别、判断同业竞争者提供战略情报，根据商标数据，还可以勾画出对手的商业动向、并购活动及全球商业计划。其三，通过商标信息检索为企业提供贸易机会，因为就一家新公司而言，选择一个信誉良好的商标并购买其使用许可证，可起到事半功倍的效果。其四，商标相似性检索可帮助商标局工作人员判断申请注册商标是否具有注册资格。应当注意的是，并非所有的商标都必须注册，商标信息的表现形式也多种多样，因而利用商标数据库并不能获取所有商标信息。

三、商标信息管理制度及商标信息管理在技术创新中的独特价值

商标信息管理制度是商标法律制度的法定产物，因而商标信息管理的技术创新价值同商标信息管理制度本身的技术创新价值不可分割。

（一）商标信息管理制度在技术创新中的独特作用

技术创新是将科学研究、技术开发等科技活动置入以建立市场竞争优势为目的的生产体系，是将技术转化为有竞争力的商品

或服务，并实现市场份额和经济增长的过程，商标信息管理制度在技术创新中发挥着重要作用。有关研究者分析指出，其原因主要是：其一，技术创新产生的自主知识产权不仅指自主开发技术获得的专利权，还应包括由应用受让或被许可的他方的专利技术或应用公有技术创造市场优势而取得的自主知识产权，如商标权、商号权、商业秘密等。其二，商标权制度通过为注册商标的专有使用权提供法律保护，来向被该商标识别的产品或服务所代表的竞争优势提供法律保护，并使其得以持久和稳定，功能在于界定商标资产归属、强化公众识别意识、保护竞争优势、激励人们培育驰名商标，从而创造社会财富。此外，商标除了识别作用以外，它的更大的作用在于商标与被识别的商品或服务在市场力量的作用下所形成的一种良性互推，即任何对商标的经营性使用都是对商标的宣传，广告等营销手段则增加市场对商标的认识，被识别的商品要素的先进性和优良性也可大大提高商标的知名度。反过来，商标越知名，越能增加被识别商品或服务的市场份额，从而使企业更有能力去提高或改善各商品要素的品质和水准。商标具有的这种增值功能是商标具备创造性的实质所在。可以说，在整个推动知识创新的知识产权体系中，企业将技术创新优势转化为市场竞争优势的主要载体是商标，企业产品及服务的知名度和信誉也主要是通过商标权得到延续性保护，这是其他知识产权难以做到的。

（二）商标信息管理的技术创新价值

基于对商标功能的上述认识，增强商标的识别力应是商标信息管理的重点，而开展商标信息管理活动对增强商标的识别力有着独特的作用。这种作用可以通过建立各种商标信息管理机制来实现，包括：

建立商标信息传播机制，增强商标的社会认知。鉴于传统商标档案服务的物理及地理局限性，大力建设我国商标信息网站，加强网络商标信息传播与宣传功能，是商标行政管理部门的重要职责，也是商业化网络信息服务机构介入商标信息管理的良好契机。

建立商标信息监督机制，加大反假冒商标、反冒充商标的力度。商标行政管理部门建立或出版发行的商标登记簿、商标档案、商标公告等，在宣传商标法律保护方面起到了至关重要的作用，然而对市场中出现的假冒商标、冒充商标的打击，仅靠行政手段是不够的。建立商标信息监督网站、跟踪商标的使用状况、曝光假冒商标与冒充商标，对于体现商标技术创新价值、维护注册商标的社会认知度与信誉度，将起着积极作用。

建立商标信息服务机制，增加商标转让或许可使用的机会等。商标无形资产的价值在许多情况下是通过商标转让或许可使用体现出来的，传统环境的商标贸易行为往往受到商标信息资源不足、信息渠道不畅等因素的制约。建立商标信息服务网站，提供商标数据库检索功能、设计有效的商标信息管理系统，可以在很大程度上提高企业商标信息交流能力，扩大商标的贸易渠道。

原载《中华商标》2002 年第 12 期，作者马海群。

On the Reform of Library and Information Science Education According to the Changes of Librarians' Function under Network Environment

1 Developing direction of library cause under network environment

With the improvement of information resource's position in economic growth, information resource management, especially in international information exchange, has become a new strategic commanding point of competition and cooperation. Internet, regarded as embryo of information highway, has led us into a network age. It changed the time and space pattern of information exchange essentially, and provided us with extremely abundant information resource. As a result, libraries, which traditionally dealt mainly with books and periodicals, have to reform through at information collection and processing and service, to construct a new type of service model attaching more importance to proving knowledge. Libraries should take the guiding principle of " coming public welfare with industrialization", to reconstruct the new model of " multifunction, networking, multi-carrier and intelligent", in order to quicken global networking and allocate information source correctly for education and research. It also develop information consulting business service for reform and decision. Complying with need of library cause, librarians should redefine their social responsibilities; library and information education organizations should adjust its reform thoughts too.

2 Librarians' social responsibilities under network environment

Facing more expanded and disordered information resource, librarians should put their specialty of information management to good use, and bring the function of intellectual information service into play. We can generalize their responsibilities in network age as blow.

2. 1 Internet information navigation, providing source information

Under network environment, Internet has become a large library form which people obtain information. Librarians should correspondingly become the type of information navigation, who can lead users to enjoy a trip online and show Internet information for them. For the reason that Internet information are numerous, wide, diversified, dynamic, uneven in quality, and librarians are good at information collecting, processing, distribution, construction, researching and serving, they can bring this function of information navigation into play.

2. 2 Internet information organization, providing processed information

The working object of information organization is either information online or information in self-developed database. In the world, this kind of business done by librarians has gotten a great success, such as "clearing house Internet special resource guide" developed in America, "guide of Internet special information database" discussed and setting up in China. Besides this, information organization based on library collection source are more diversified. The forms are: 1) document base, such like frontpage of library; 2) database, such like

Chinese Academic Journals, etc. ; 3) knowledge database like topic information journals, topic information base or topic consulting report, etc., which are processed at deep layer.

2.3　Internet information development, providing desired information

"Desired information" is put forward by Belkin, expressing more concerns with users subjectivity and reflecting their cognition structure. Desired information is distinguished with what we called "needed information", because it must be gained by developing. Information development at present has a more special and profound form namely "information mining", which has become a special concept. It provides users with profound information, by comparing with concepts and their relevance, from information base consisting of non-isomorphic data. By this way we can do data mining and full-text mining, and reform the intention of traditional SDI (Selected Dissemination of Information), making great progress at width and depth of information than before. Only when more and more information developing means have been researched and provided, users' information need which are more personal and reflects their cognition structure, can be met well.

2.4　Internet information consulting service

As important component of social information consulting industry, libraries should develop consulting business and improve service quality. These business include: set up records of consulting cases and classifying index of Internet resource; help to build information retrieval formula; help to construct users' own information logging in; set up frontpages; search database; train users online, etc. Compared with traditional information consultation, the business online has some outstanding features as: more usage of computers and information techniques to search and process information; more information exchange

図书情报与档案管理 无尽的前沿之二 风华正茂

with users through Internet; consultants having more knowledge about broadcast, TV station, computer network, communication, etc. ; consultants being more skilled at using information techniques, than traditional consultants. Therefore, library consultants must train themselves of knowledge online and renew old knowledge, in order to undertake responsibilities for society.

Along with transform of librarians' responsibilities, their social image and orientation have changed. According to present materials, we can sum up three points of view. Firstly, regarded in foreign, so called "infor-librarian" is such a librarian who can extract information resource from a large special digital library, then distinguish, choose, process, finally provide relevant index and electronic journals, technical reports, data files, and other visual materials for users. Secondly, by a German at 62th ILAS in Beijing, the librarian can be defined as "network professional", "information middleman", "system designer". Thirdly, by internal scholar, the librarian should become the network manager. Their working model is: set up library workstation from which they can collect, arrange, analysis and convey Internet resource timely, becoming "electronic navigator". Moreover, librarians are considered as "Electronic serving librarian", "CD-ROM librarian", "Internet librarian", etc. Obviously , this means not adding new positions, but reforming librarians to get used to new technical environment. To some extent, the change of librarians' social image and orientation determined direction of the reform library and information science education.

3 Principles and measure of library and information science education reform

Conducted by social demand, the reform direction should be:

conform to development of network, bring librarians' abilities at information and knowledge management into good play. The main goal of reform is to develop persons who are good at Internet resource collection, processing, protecting and consulting, etc. To realize it, many problems should be considered and solved, but the author will discuss mainly on some key measures of the reform.

3. 1   Put more weight on the practical teaching of Internet information

It means, in this kind of teaching, theory knowledge is necessary, but we should also develop practical ways, combining topic subjects.

The theoretical teaching should be taken according to the following: 1) guide students to understand main situation of Internet, such as: network construction, information resource distribution, features of multimedia information; 2) help students be familiar with network functions, such as E-mail, FTP, BBS, E-meeting, information search, etc. 3) students should master some necessary network techniques.

In practical teaching, our principle should ally with library's business departments, educating students with thought of " problem solving", including as below: construct users to get correct searching roads of information; help to download relevant information and arrange into topic information base; organize to develop practical software; do at deeper layer information producing and announcing service. We can also attract students to join in some research or development tasks, so as to improve their abilities at information management.

3. 2   Take seriously the guidance and education of the idea of intellectual properly rights balance

Advance of information techniques has greatly changed the system and structure of intellectual property law, and even extent their intention. The main reasons lie in two aspects. On one side, the revolutionary changes of information resource's creating, spreading and using originating from techniques must be adjusted by the intellectual property rights system. On another side, establishing and perfecting the system can also improve the development and reform of social information resource management's mechanism, at both lays and links. Therefore, we can learn and master essentially the balance of intellectual rights protection and encouragement. It's useful to strengthen social consciousness of valuing intellectual property rights and developing or using information properly, it's also useful to understand for students many problems about intellectual properties protection, especially in specific stage of IRM and for specific information subject.

For instance, for information producers, the system of intellectual property rights can protect their rights and interests, encourage their activities to research, develop, produce and spread the productions of science technique, art, literature and industrial. For system of social information resource, with more and more people's creating activities and information resource, the management of information have more abundant working source. For managers of information, it's reasonable that their work is a kind of intellectual one and their rights and interests should be met by intellectual property law, so their social status will be higher. For information spreader, the system of intellectual property rights can standardize their actions of reproducing documents, duplicating, reporting, setting up bookstore online or other authors' works base, spreading and exchanging others' information productions with intellectual property rights by BBS or E-mail, etc. Intellectual property rights system is the best way to adjust and administer the electronic or virtual environment. For information

traders, the system can restrain their blind, free or illegal market ac-
tivities; for information users, since it's easy to break rules by infor-
mation techniques, the system can also be the balance of the contra-
dictories.

3.3   Strengthen education of information literacy for the
students in LIS specialty

Information literacy can be understood in broad sense as: the
qualities about information including information intelligence, informa-
tion morality, information awareness, information conception pos-
sessed by information society members. For everybody, the process of
recognizing and reforming the world is also the process of information
inputting, processing and outputting. In this course, they should have
the aid of producing tools and bring their subjective enthusiasm into
function in order to influence the world profoundly. Advance of infor-
mation techniques and information system extend social members' infor-
mation organs, and provide them with high effective tools. Otherwise,
in reality, information literacy is different between different subjects.
Besides the difference of their knowledge structure, the most important
reason is that, the applying pattern and extent of information tech-
niques system are closely related to people's information literacy. Only
when librarians possess excellent information literacy, their social re-
sponsibilities will be brought into good play. For this reason, first of
all, students in our principle must be strengthened at their information
literacy, then to improve those of the whole society.

3.4   Reform and design course system of library and informa-
tion science education

Changes of librarians' responsibilities under network environment
demand to reform the goal of library and information science education.
Since that librarians undertake functions of not only information naviga-

tion and processing, but also developing and consulting service at deep layer, which request them to go deep into content of special knowledge, mining or processing, in order to provide specialized and designated information products. To realize these functions, librarians should be provided with wide knowledge, all-round knowledge structure, as well as profound special knowledge. But this article will not discuss on particular course system or module, but some trains of thought in education reform. According to responsibilities of librarians under network environment, we should set up the general curricula, the specialty courses, the specialty foundation courses, interrelated specialty courses and particular specialty courses; pay more attention to allying our subject with other subject; encourage sharing and coordinating of education force between different subjects and different colleges; making our principle become a really very open principle, so as to develop a large mount of talent persons of information resource management.

原载第 67 届 IFLA 大会会议论文集，作者马海群。